Vertiefen und vernetzen mit den Sonderseiten:

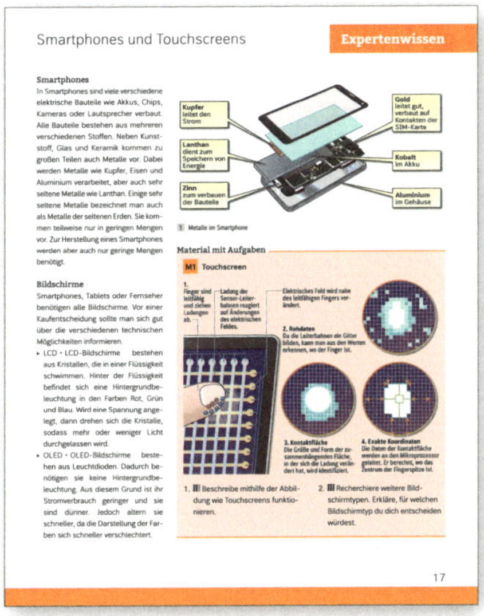

Expertenwissen: Auf diesen Seiten werden bestimmte Themen des Kapitels vertieft. Hier wirst du zur Expertin oder zum Experten.

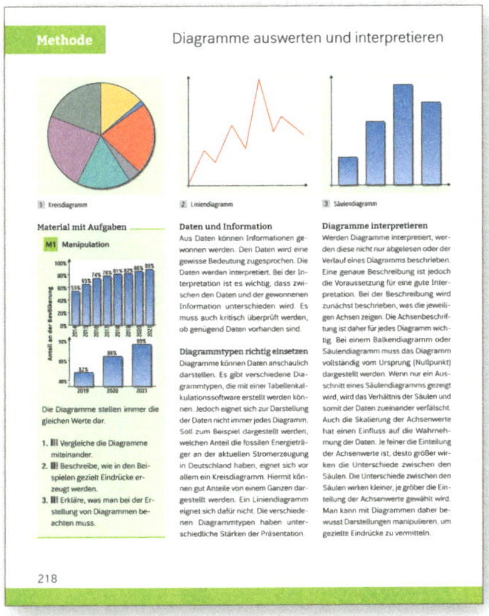

Methode: Auf diesen Seiten werden dir naturwissenschaftliche Methoden vorgestellt. Du lernst auch, diese selber anzuwenden.

Auf einen Blick: Auf diesen Seiten werden verschiedene Themen des Kapitels miteinander vernetzt.

Zusammenfassung: Auf diesen Seiten sind die wichtigsten Inhalte des Kapitels noch einmal für dich zusammengefasst.

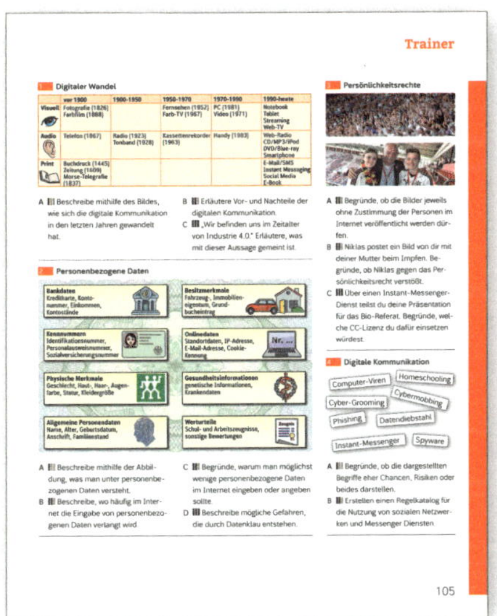

Trainer: Auf diesen Seiten findest du viele Aufgaben, mit denen du dein Wissen trainieren kannst.

Digital+

Digitale Ergänzungen zu deinem Buch erkennst du an dem Symbol **Digital+**. Gehe auf ***www.westermann.de/webcode*** und gib den jeweiligen Webcode ein. Du kannst auch den QR-Code scannen. Dort findest du Animationen und Übungen passend zum jeweiligen Thema.

W02787 38

westermann

blickpunkt.

INFORMATIK

blickpunkt.
INFORMATIK

in Teilen eine Bearbeitung von: 978-3-14-149717-5

erarbeitet von: Daniel Scholz

unter Mitarbeit der Verlagsredaktion

Druck A[1] / Jahr 2024
Alle Drucke der Serie A sind im Unterricht parallel verwendbar.

Grafikkonzept: Atelier tigercolor Tom Menzel
Illustrationen: Atelier tigercolor Tom Menzel, Scharbeutz/Klingberg; Hardel, Thorsten/www.39punkt.de, Wees; Rosier, Susanne, Braunschweig; von Goessel, Hannes, Erding; Wildermuth, Werner, Würzburg
Umschlaggestaltung: LIO Design GmbH, Braunschweig
Layout: LIO Design GmbH, Braunschweig
Druck und Bindung: Westermann Druck GmbH, Georg-Westermann-Allee 66, 38104 Braunschweig

ISBN 978-3-14-188528-6

1

Daten und ihre Verarbeitung

Daten verschlüsseln

Informatik und Gesellschaft

4

Algorithmen und Problemlösen

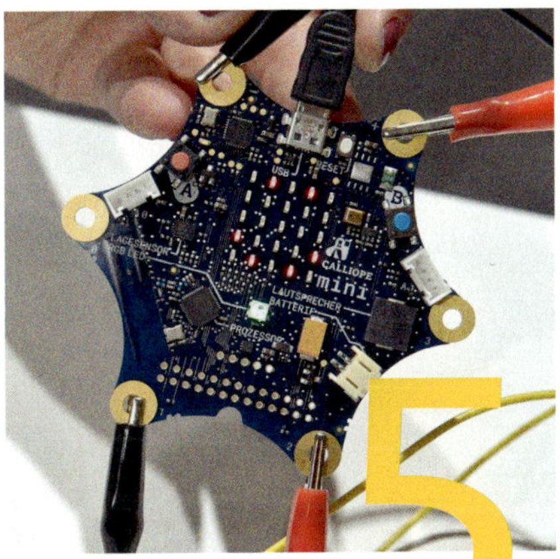

5

Einen Mikrocontroller programmiern

6 Maschinelles Lernen

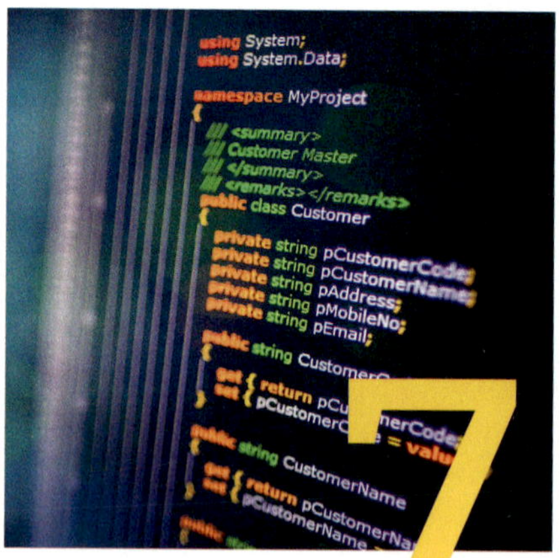

7 Programmieren mit Programmiersprachen

8 Daten und Datenbanken

Anhang

Daten und ihre Verarbeitung

1

Was ist Informatik?
Wie ist das Internet aufgebaut?
Wie werden Daten codiert?

Computer, Handys, moderne Waschmaschinen und Spielekonsolen sind Informatiksysteme, die alle nach einem bestimmten Schema funktionieren. Mithilfe von Programmen können sie zur Kommunikation und zur Datenverarbeitung genutzt werden. Dabei kommen bestimmte Codierungen zum Einsatz.

1 Nutzung eines Navigationsgeräts

Was ist Informatik?

Informatik

Die meisten Menschen nutzen bei der Autofahrt ein Navigationsgerät. Es wird ein Startort und der Zielort eingegeben und es wird die Route berechnet, die Fahrtzeit bestimmt und sogar mögliche Staus auf der Route angezeigt. Folgt man mit dem Auto der Route, werden die Daten stetig angepasst. Eine Stimme informiert über Abzweigungen, die man während der Fahrt nehmen muss. In einem Navigationsgerät befindet sich viel Technik, die Zugriff auf viele Informationen hat. Ohne Informatik würde das Navigationsgerät nicht funktionieren. Die Informatik ist die Wissenschaft, die sich mit der Darstellung, Speicherung, Übertragung und Verarbeitung von Informationen beschäftigt.

Informatik arbeitet mit Daten

Ein Navigationsgerät muss die einzelnen Adressen, die zugehörigen Orte und die Straßennamen so abspeichern, dass jederzeit ein zuverlässiger Zugriff auf diese Informationen möglich ist. In der Informatik bezeichnet man diese Informationen auch als Daten. Die vom Navigationsgerät abgerufenen und verarbeiteten Daten werden aus einem geordneten Datensatz abgerufen.

Material mit Aufgaben

M1 Navigationsgerät

Informatik		
...strukturiert	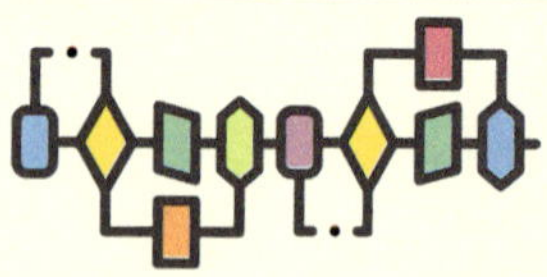	Das real existierende Straßennetz muss in einer digitalen Karte abgebildet werden, mit der ein Informationssystem wie ein Navigationsgerät arbeiten kann.
...befolgt Regeln		Auf die digitale Karte kann mithilfe einer Programmiersprache zugegriffen werden.
...ist kreativ	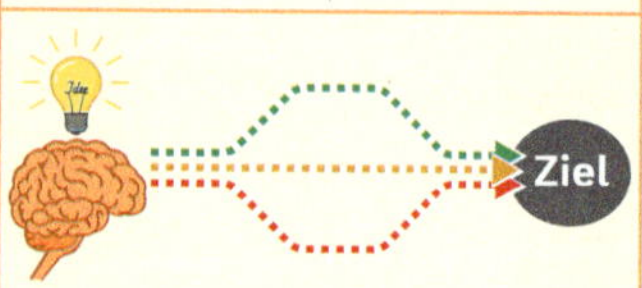	Die Erstellung einer Route erfolgt über eine Handlungsanweisung, die den kürzesten, wirtschaftlichsten oder schnellsten Weg ermittelt.
...kommuniziert	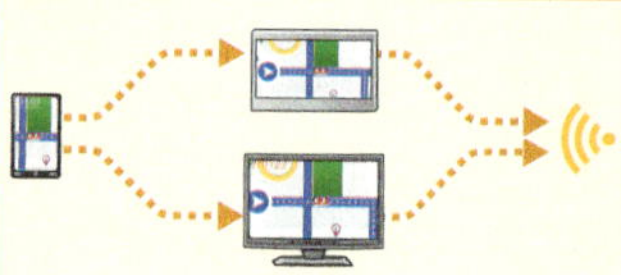	Die aktuelle Position wird ständig über Kommunikation mit Satelliten ermittelt.

1. Beschreibe die einzelnen Aufgaben der Informatik, damit ein Navigationsgerät funktioniert.

2. Erkläre, warum während der gesamten Fahrt eine Satellitenverbindung aufrecht erhalten wird.

Teilbereiche der Informatik

Die Informatik besteht aus mehreren Teilbereichen, die miteinander verknüpft sind. In der technischen Informatik werden technische Bauteile entworfen und betrieben, die in elektrischen Geräten benötigt werden. Die praktische Informatik entwickelt Programme, die zur Lösung eines Problems benötigt werden. In einem Programm werden Regeln zur Verarbeitung von Daten festgeschrieben. Ein Programm wird mit einer Programmiersprache entwickelt. Die theoretische Informatik beschäftigt sich mit der Lösbarkeit von Problemen mit dem Computer, der Entwicklung von Datenbankstrukturen und Programmiersprachen. Die angewandte Informatik ist die Anwendung der Informatik in einem anderen Themenbereich wie zum Beispiel der Medizin oder der Biologie.

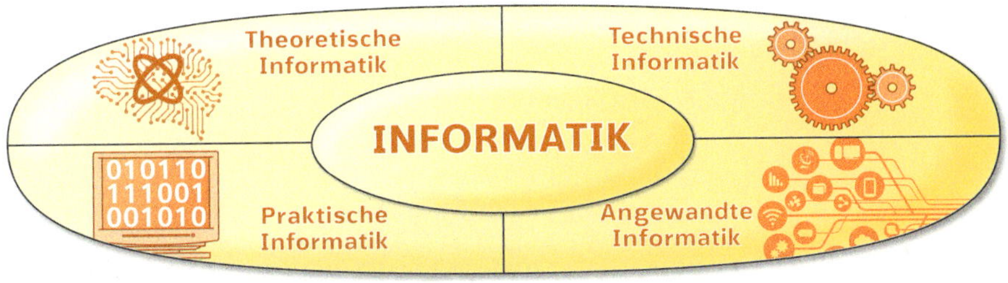

2 Teilbereiche der Informatik

Material mit Aufgaben

M2 Informatik an der Supermarktkasse

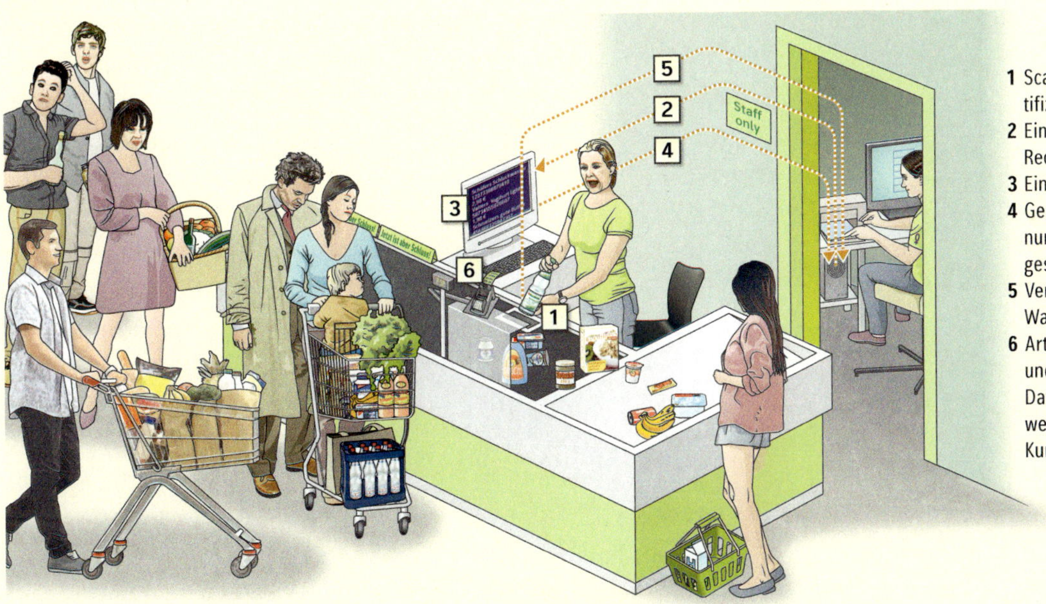

1 Scannen des Strichcodes identifiziert Ware
2 Einzelpreise werden im zentralen Rechner abgefragt
3 Einzelpreise werden addiert
4 Gesamtsumme wird zur Berechnung der Tageseinnahmen gespeichert
5 Verkaufte Waren werden als Warenausgang gespeichert
6 Artikelbezeichnung, Einzelpreis und Gesamtsumme werden mit Datum, Uhrzeit, Rückgeld und weiteren Informationen für den Kunden ausgedruckt

Das Bezahlen an der Supermarktkasse ist heute ein Vorgang, der die Bedeutung der Informatik gut darstellt.

1. II Beschreibe in eigenen Worten, wie die Informatik den heutigen Bezahlvorgang an der Supermarktkasse maßgeblich prägt.

2. III Erkläre, welche Bedeutung eine gut organisierte Datenverwaltung für einen Inhaber oder eine Inhaberin eines Supermarktes hat.

1 Nutzung von Informatiksystemen

Computer sind Informatiksysteme

Informatiksysteme

Viele elektrische Geräte werden häufig im Alltag genutzt. So ist das Smartphone nicht mehr aus dem täglichen Leben wegzudenken. Man nutzt verschiedene Apps, schreibt E-Mails, hört Musik oder surft im Internet. Smartphones, Computer, Spielekonsolen und Tablets sind Informatiksysteme.

Informatiksysteme

Jedes Informatiksystem soll bestimmte Aufgaben für Nutzer lösen: Hardware, Software und Netzwerkkomponenten kennzeichnen ein Informatiksystem.

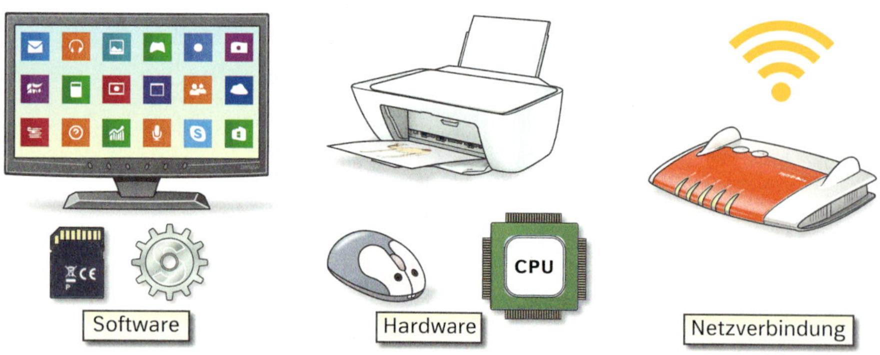

2 Bestandteile eines Informatiksystems

Hardware

Zur Hardware gehört das Gerät an sich mit seinen Bauteilen. Zu den von außen sichtbaren Bauteilen zählen Kabel, Schalter, Kabelanschlüsse, Monitor, Controller und das schützende Gehäuse. Zu den inneren Bauteilen gehören zum Beispiel Arbeitsspeicher, Akku, Grafikkarte, Prozessor und so weiter.

Software

Mit verschiedenen Programmen können unterschiedliche Aufgaben mit dem jeweiligen Gerät erledigt werden. Alle Programme wie Spiele, Internetbrowser oder Textverarbeitung, die auf dem Informatiksystem laufen, nennt man Software. Im Gegensatz zur Hardware kann die Software nicht angefasst werden. Die Software steuert die Hardware. Software ist an die jeweiligen Aufgaben und die jeweilige Hardware angepasst. So muss ein Computerspiel, das auf verschiedenen Endgeräten laufen soll, in seiner Programmierung auf das jeweilige Endgerät angepasst sein.

Betriebssystem

Eine besondere Software ist das Betriebssystem, das beim Starten des Informatiksystems geladen wird.
Die meisten Betriebssysteme haben eine grafische Benutzeroberfläche. Die Benutzeroberfläche ist wie ein persönlicher Schreibtisch, da von dort aus die jeweiligen Anwenderprogramme gestartet werden können. Mit Anwendungsprogrammen werden zum Beispiel Texte geschrieben, Tabellen bearbeitet, Videos gestreamt oder Bilder angeschaut und bearbeitet.

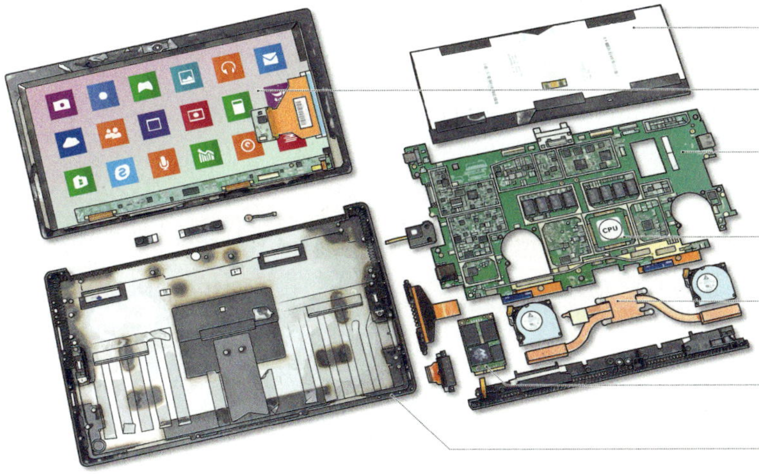

3 Bauteile eines Tablets

Netzwerkkomponenten

Nutzer möchten miteinander kommunizieren und zum Beispiel Daten austauschen. Dafür sind manche Informatiksysteme wie zum Beispiel Tablets oder Smartphones miteinander verbunden und in einem Netzwerk zusammengeschlossen. Diese Informatiksysteme besitzen Hardware, die es ermöglicht, Daten in Netzwerken auszutauschen. Computer haben zum Beispiel eine Netzwerkkarte, die den Zugriff auf ein Netzwerk ermöglicht. Das größte zusammengeschlossene Netzwerk ist das Internet. Die Geräte können Daten über das Internet empfangen und versenden. Informatiksysteme können ohne Netzwerkkomponente oder mit Netzwerkkomponente ausgestattet sein.

A Nenne Informatiksysteme, die du täglich nutzt.

B Beschreibe die Bestandteile eines Informatiksystems mit Bild 2.

C Erkläre Hardware und Software mit eigenen Worten.

Material mit Aufgaben

M1 Spielekonsole

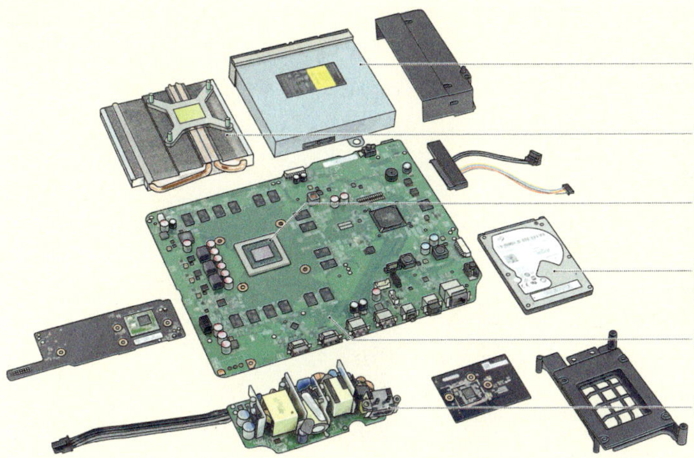

1. Nenne die Hardware-Komponenten der abgebildeten Spielekonsole.
2. Beschreibe kurz die Aufgaben der einzelnen Hardware-Komponenten mithilfe der Abbildung.
3. Erkläre mithilfe der Abbildung, warum die Spielekonsole ein Informatiksystem ist.
4. Begründe, ob folgende Dinge Informatiksysteme sind: Fernsehgerät, Smartphone, Wasserhahn. Denke an alle Bestandteile eines Informatiksystems.
5. Die grafische Benutzeroberfläche bei Spielekonsolen wird ständig aktualisiert. Erläutere die Funktion der Benutzeroberfläche.

1 Schüler arbeiten am Laptop

Das EVA-Prinzip

EVA-Prinzip

Computer arbeiten nach einem bestimmten Prinzip, dem EVA-Prinzip. Das EVA-Prinzip ist das zentrale Prinzip für die Datenverarbeitung von Informatiksystemen. Die Abkürzung EVA steht für die Begriffe: **E**ingabe, **V**erarbeitung und **A**usgabe. Über ein Eingabegerät wie eine Tastatur bekommt ein Computer Daten und Informationen, die er weiterverarbeiten soll. Die Verarbeitung der Daten erfolgt zum Beispiel beim Computer durch einen Prozessor (CPU), den Arbeitsspeicher, die Grafikkarte und andere Bauteile. Die verarbeiteten Daten müssen anschließend ausgegeben werden, zum Beispiel über einen Monitor oder über einen Drucker. Besteht ein System aus mehreren Geräten für die Ein- und Ausgabe von Daten, müssen sie miteinander verbunden sein.

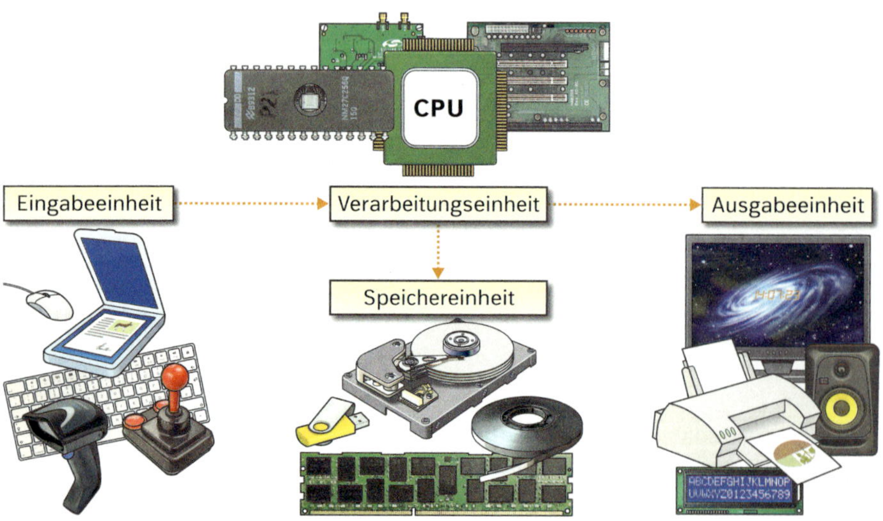

2 EVA-Prinzip

Eingabe

Die Eingabe ist der erste Schritt beim EVA-Prinzip. Ohne die Eingabe können die Folgeschritte nicht ablaufen. Es eignen sich zahlreiche Hardware-Geräte für die Eingabe von Daten. Neben der Tastatur sind auch andere Eingabegeräte wie die Maus, ein Touchpad oder Touchscreen geläufig. Daten können auch über Speichermedien eingegeben werden, die über eine USB-Schnittstelle wie externe Festplatten angeschlossen sind. Auch über Netzwerkverbindungen kann die Eingabe von Daten erfolgen, sei es über Bluetooth oder WLAN.

Verarbeitung

Es gibt sehr viele Möglichkeiten, wie eingegebene Daten weiterverarbeitet werden. Software, Anwendungen und Apps verarbeiten eingegebene Daten. Wird zum Beispiel am Computer ein Programm zur Textverarbeitung gestartet, verarbeitet das Programm die eingegeben Zeichen. Die eingegebenen Zeichen sollen am Monitor auch sichtbar werden. Sie sollen auch gespeichert werden können, damit sie später nochmal zur Verfügung stehen.

Ausgabe

Die Ausgabe der Daten kann erst nach der Verarbeitung erfolgen. Es gibt verschiedene bekannte Ausgabegeräte wie Monitor, Lautsprecher oder Drucker. Bei einem Smartphone sind beim Touchscreen beide Funktionen, die Eingabe und die Ausgabe, in einer Hardware miteinander kombiniert.

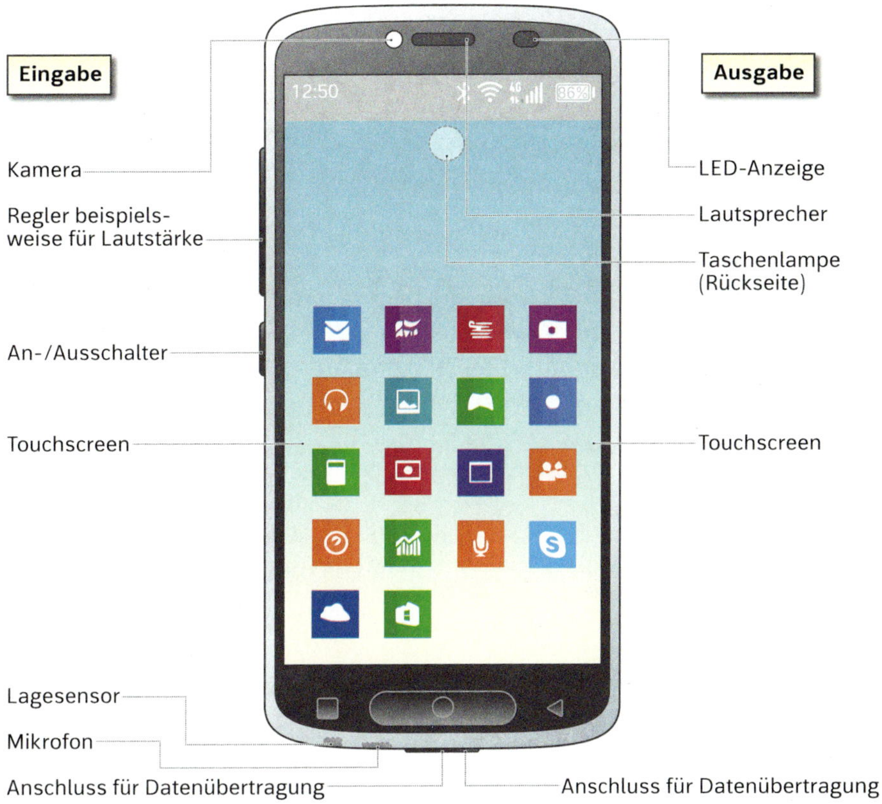

3 EVA-Prinzip am Beispiel eines Smartphones

Material mit Aufgaben

M1 EVA-Prinzip

1. Ordne den Geräten der Abbildung die Begriffe Ein- oder Ausgabegerät zu. Begründe.
2. Überlege dir weitere Beispiele für Eingabegeräte und Ausgabegeräte.
3. Beschreibe das EVA-Prinzip: Du suchst am Tablet mit der Karten-App einen Ort.
4. Erkläre am Beispiel eines Headsets, dass die Zuordnung in Ein- und Ausgabegerät nicht immer eindeutig ist.

Material mit Aufgaben

M2 Supermarktkasse II

1 Scannen des Strichcodes identifiziert Ware
2 Einzelpreise werden im zentralen Rechner abgefragt
3 Einzelpreise werden addiert
4 Gesamtsumme wird zur Berechnung der Tageseinnahmen gespeichert
5 Verkaufte Waren werden als Warenausgang gespeichert
6 Artikelbezeichnung, Einzelpreis und Gesamtsumme werden mit Datum, Uhrzeit, Rückgeld und weiteren Informationen für den Kunden ausgedruckt

1. Nenne Stellen, an denen Daten an der Supermarktkasse eingegeben und ausgegeben werden.
2. Erläutere an diesem Beispiel das EVA-Prinzip.

M3 Videokonferenz

Bei einer Videokonferenz können viele Personen in Austausch treten.

1. Nenne Ein- und Ausgabegeräte.
2. Beschreibe an dieser Situation das EVA-Prinzip.

M4 Tastatur – ein Eingabegerät

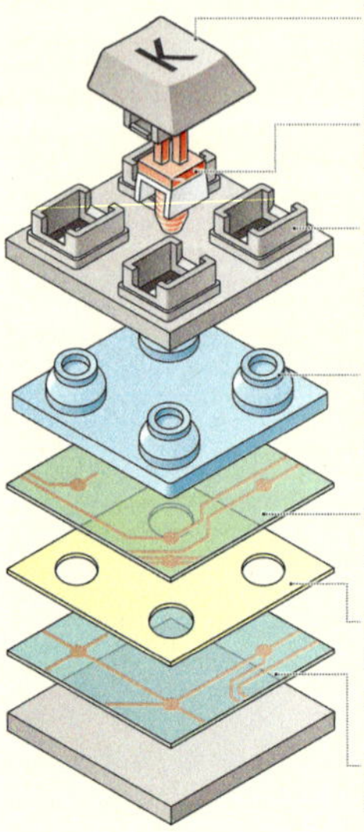

Tastenkappe mit Buchstaben
Ein Gleiter drückt die Leiterfolien zusammen
Gehäuseteil mit Führungslöchern für die Gleiter
Gumminoppen heben Taste wieder an, wenn man sie loslässt.
Obere Folie mit elektrischen Leiterbahnen
Löcher in dieser Folie ermöglichen, dass sich die Folien berühren.
Untere Folie mit elektrischen Leiterbahnen

1 Taste in Ruheposition
Unter jeder Taste befinden sich zwei Folien mit Leiterbahnen.
Sie sind nicht in Kontakt, solange die Taste nicht gedrückt wird.

Leiterbahn obere Folie

unterbrochene Leiterbahn der unteren Folie

2 Tastendruck
Die Taste drückt die beiden Folien zusammen und schließt den für jede Taste spezifischen Stromkreis.

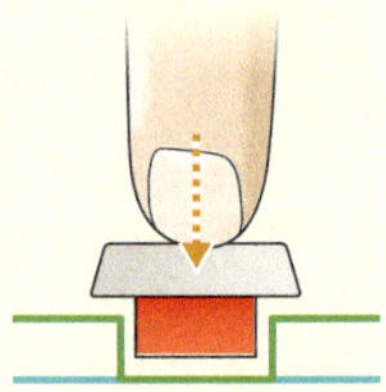

3 Signal an den Computer
Der integrierte Schaltkreis erkennt, welche Taste gedrückt wird und sendet eine für diese Taste eindeutige Digitalzahl an den Computer

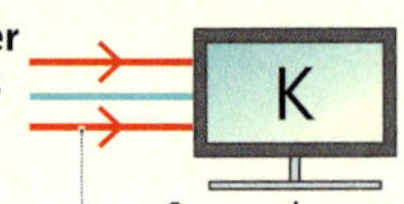

Scancode von Tastatur zu Computer

Smartphones haben eine virtuelle Tastatur, die über den Touchscreen angezeigt wird. Laptops haben dagegen physische Tastaturen. Die Tastatur ist das wesentliche Bauteil zur Eingabe von Daten. In jeder Taste der Tastatur ist ein Schalter. Beim Drücken des Schalters schließt sich der Stromkreis und ein Signal wird an den Computer geleitet.

1. Beschreibe den Aufbau einer Taste einer Tastatur.
2. Beschreibe, wie ein Signal an den Computer gelangt.
3. Erläutere am Beispiel des Anzeigens eines eingegebenen Buchstabens auf dem Monitor das EVA-Prinzip.

Smartphones und Touchscreens

Smartphones

In Smartphones sind viele verschiedene elektrische Bauteile wie Akkus, Chips, Kameras oder Lautsprecher verbaut. Alle Bauteile bestehen aus mehreren verschiedenen Stoffen. Neben Kunststoff, Glas und Keramik kommen zu großen Teilen auch Metalle vor. Dabei werden Metalle wie Kupfer, Eisen und Aluminium verarbeitet, aber auch sehr seltene Metalle wie Lanthan. Einige sehr seltene Metalle bezeichnet man auch als Metalle der seltenen Erden. Sie kommen teilweise nur in geringen Mengen vor. Zur Herstellung eines Smartphones werden aber auch nur geringe Mengen benötigt.

Bildschirme

Smartphones, Tablets oder Fernseher benötigen alle Bildschirme. Vor einer Kaufentscheidung sollte man sich gut über die verschiedenen technischen Möglichkeiten informieren.

- LCD • LCD-Bildschirme bestehen aus Kristallen, die in einer Flüssigkeit schwimmen. Hinter der Flüssigkeit befindet sich eine Hintergrundbeleuchtung in den Farben Rot, Grün und Blau. Wird eine Spannung angelegt, dann drehen sich die Kristalle, sodass mehr oder weniger Licht durchgelassen wird.
- OLED • OLED-Bildschirme bestehen aus Leuchtdioden. Dadurch benötigen sie keine Hintergrundbeleuchtung. Aus diesem Grund ist ihr Stromverbrauch geringer und sie sind dünner. Jedoch altern sie schneller, da die Darstellung der Farben sich schneller verschlechtert.

1 Metalle im Smartphone

Material mit Aufgaben

M1 Touchscreen

1. II Beschreibe mithilfe der Abbildung wie Touchscreens funktionieren.
2. III Recherchiere weitere Bildschirmtypen. Erkläre, für welchen Bildschirmtyp du dich entscheiden würdest.

1 Ein Computer besteht aus vielen wichtigen Teilen.

Der Computer

Computer in vielen Formen

Computer spielen eine wichtige Rolle im Alltag. Es gibt sie in vielen Formen und Größen wie Smartphones, Laptops oder Spielekonsolen. Aber auch wenn diese Geräte alle unterschiedlich aussehen, funktionieren sie alle auf die gleiche Weise.

Computer bestehen aus vielen verschiedenen Teilen. Teile, die angefasst werden können, wie das Gehäuse oder die Festplatte des Computers, werden **Hardware** genannt. Das Betriebssystem und andere Programme, die man nicht anfassen kann, werden **Software** genannt.

Die Abkürzung **CPU** steht für **C**entral **P**rocessing **U**nit und kann mit zentraler Verarbeitungseinheit übersetzt werden.

2 Eine CPU

Die Abkürzung RAM steht für **R**andom **A**ccess **Me**mory und kann mit Speicher mit direktem Zugriff übersetzt werden.

Hardware eines Computers

Die Hardware-Bauteile eines Computers werden **Komponenten** genannt. Damit alle Komponenten eines Computers miteinander arbeiten können, müssen diese mit der **Hauptplatine** verbunden werden. Eine Hauptplatine besitzt dafür bestimmte Steckplätze und andere Befestigungsmöglichkeiten für die verschiedenen Komponenten. Über Leiterbahnen sind diese miteinander verbunden. Auf der Hauptplatine befinden sich außerdem die Anschlüsse für das Internet, den Monitor oder USB-Geräte.

Herz eines Computers

Die zentrale Komponente eines Computers ist der **Prozessor** oder auch **CPU**. Im Prozessor werden alle Daten empfangen und in Codes umgerechnet. Anschließend werden Anweisungen formuliert und an die anderen Komponenten des Computers weitergeleitet. Zum Schluss rechnet der Prozessor die Codes wieder zurück, sodass der Benutzer diese auch verstehen kann. Der Prozessor steuert alle Abläufe in einem Computer. Dabei kann er viel Wärme freisetzen. Damit die Temperatur nicht zu stark ansteigt, ist ein Prozessor mit einem eigenen Ventilator, einem sogenannten **Lüfter** ausgestattet. Dieser kühlt die CPU. Es gilt, je leistungsstärker der Prozessor ist, desto schneller laufen Prozesse im Computer ab. Damit ein Prozessor arbeiten kann, braucht er einen Speicher, auf den er zugreifen kann.

Speicher eines Computers

Der **Hauptspeicher** eines Computers wird auch Arbeitsspeicher oder **RAM** (Random-Access Memory) genannt. Er enthält alle Daten, mit denen der Prozessor gerade arbeitet. Werden die Daten im Arbeitsspeicher nicht mehr benötigt oder wird der Computer heruntergefahren, werden die Daten aus dem RAM gelöscht. Der Hauptspeicher ist wie ein Kurzzeitgedächtnis des Computers. Kleine Datenmengen werden nur so lange gespeichert, wie sie für Prozesse benötigt werden, und anschließend gelöscht. Der Zugriff auf Daten im Hauptspeicher läuft sehr schnell ab. Neben dem Hauptspeicher gibt es noch den **sekundären Speicher** in Form einer Festplatte (HDD, engl. Hard Disc Drive) oder einer SSD (engl. Solid State Drive). Die Festplatte ist wie ein großes Lager an Daten. Anders als beim Arbeitsspeicher werden die Daten aus dem sekundären Speicher nicht gelöscht, wenn der Computer heruntergefahren wird. Die Festplatte besitzt eine größere Speicherkapazität als der Arbeitsspeicher. Der sekundäre Speicher ist das Langzeitgedächtnis des Computers. Hier werden große Datenmengen für lange Zeit gespeichert. Um auf die gewünschten Daten zugreifen zu können, müssen diese erst aus dem großen Datenlager herausgesucht werden. Daher läuft der Zugriff auf die Daten im sekundären Speicher vergleichsweise langsam ab.

Die Grafikkarte

Damit die Abläufe im Computer für den Benutzer sichtbar werden, wird eine Komponente benötigt, die Prozesse in Bilder verarbeitet. Hierfür ist die **Grafikkarte** zuständig. Eine Grafikkarte besitzt eine große Rechenleistung und ist sehr komplex aufgebaut. Sie funktioniert wie ein eigener kleiner Computer. In Notebooks ist keine Grafikkarte, sondern eine kleine Grafikeinheit, die ähnlich funktioniert, verbaut. ▶

3 Ein Arbeitsspeicher

4 Eine Grafikkarte

Material mit Aufgaben

M1 Komponenten eines Computers

1. Nenne Software und Hardware, die du kennst oder mit der du bereits gearbeitet hast.
2. Beschreibe die Funktionen der Komponenten eines Computers. Nutze dafür die Tabelle.
3. Erkläre, dass Daten, die sich im Arbeitsspeicher befinden, schneller abgerufen werden können als Daten auf der Festplatte.
4. Stelle eine Vermutung an, warum moderne Grafikkarten bis zu drei Lüftern besitzen.

Komponenten	Funktion
CPU	
RAM	
Festplatte	
Grafikkarte	
Hauptplatine	
Netzteil	

5 Die verschiedenen Komponeten eines Computers

Stromversorgung

In jedem Computer ist ein Netzteil verbaut, das die Komponenten mit elektrischer Energie aus der Steckdose versorgt. Da das Netzteil viel Wärme freisetzen kann, ist dieses mit einem Lüfter ausgestattet.

Internetverbindung

Um eine Internetverbindung herstellen zu können und Daten auszutauschen, braucht ein Computer noch eine Netzwerkkomponente. Sie organisiert das Senden und Empfangen von Daten. Die Netzwerkkarte ist fest mit der Hauptplatine verbaut. Für die Nutzung von Wireless-LAN oder kurz WLAN muss zusätzlich eine WLAN-Karte mit der Hauptplatine verbaut sein

Peripherie

Damit ein Computer bedient werden kann, werden verschiedene Peripherie-Geräte benötigt. Als Peripherie-Geräte bezeichnet man alle Teile eines Computers, die nicht im Inneren des Computers verbaut sind, sondern außen, zum Beispiel per USB, angeschlossen werden. Beispiele für Peripheriegeräte sind Maus, Tastatur, Monitor oder Kopfhörer.

Material mit Aufgaben

M2 Die Komponenten eines Computers

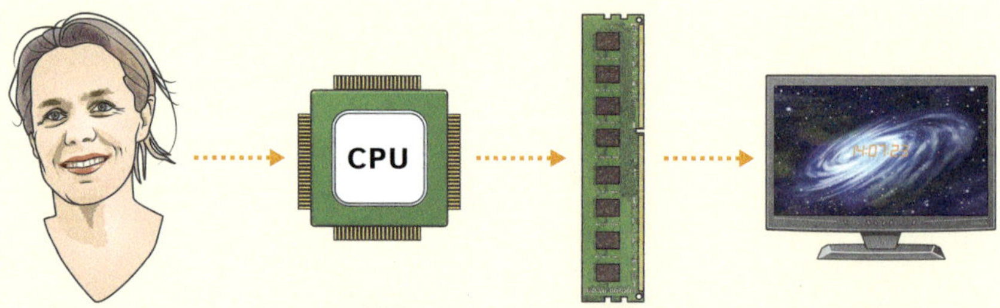

Benutzer: öffnet Programm

CPU holt sich Programm von Festplatte

RAM erhält Kopie der Programmanweisung

Monitor: stellt Programm dar

1. ||| Beschreibe, wie die einzelnen Hardware-Komponenten beim Aufrufen eines Programms zusammenwirken.

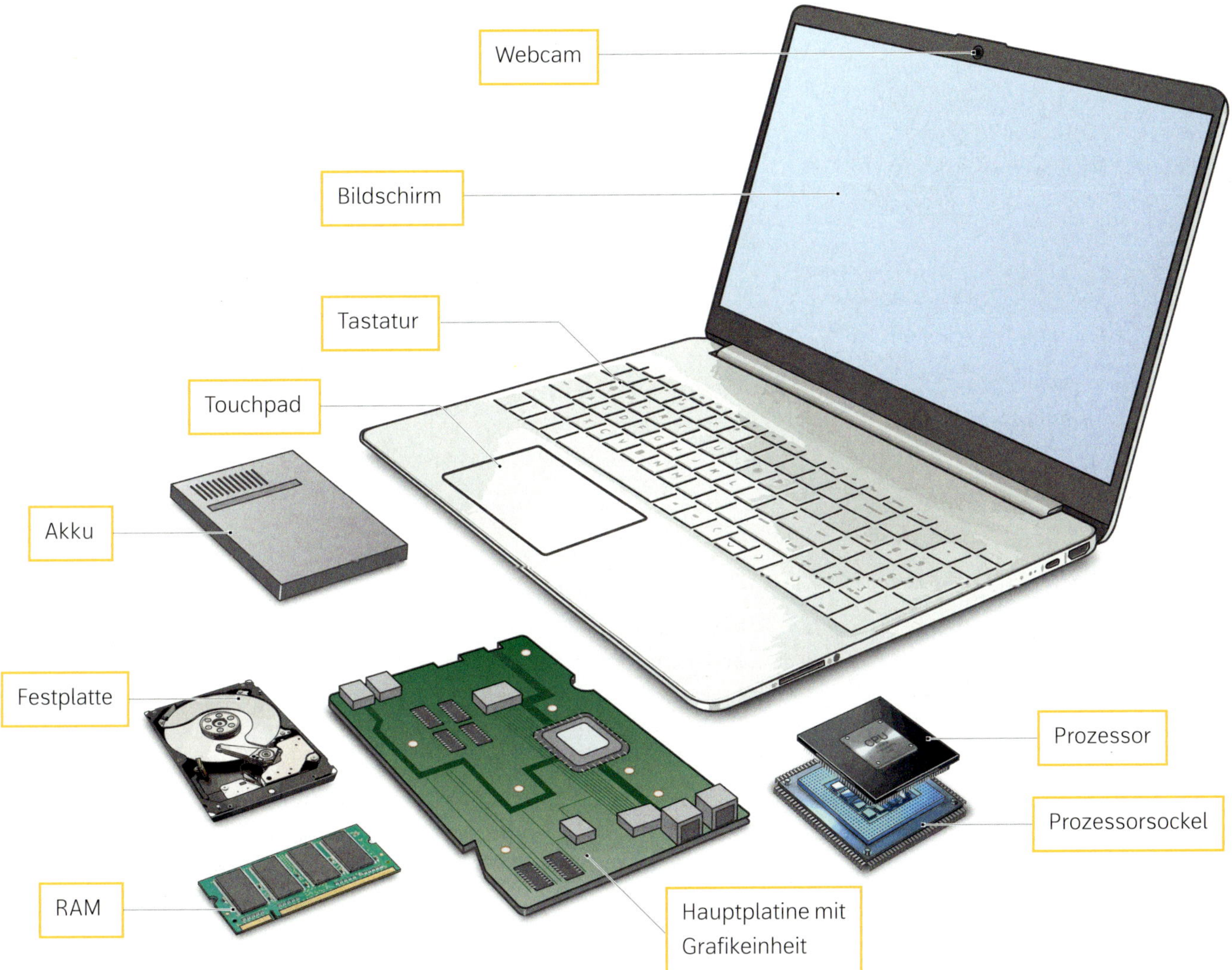

Laptopkomponenten

Ein Laptop besitzt fast die gleichen Komponenten wie ein Desktop-Computer. Allerdings sind viele Komponenten kleiner oder fest verbaut, da in einem Laptop-Gehäuse weniger Platz ist als in einem Computer-Gehäuse. So befindet sich in einem Laptop nicht immer eine Grafikkarte, sondern eine kleinere und leistungsschwächere Grafikeinheit, die auf der Hauptplatine verbaut ist. Ein Laptop besitzt außerdem einen Akku mit einem externen Netzteil. Die Tastatur, der Bildschirm und die Webcam sind bei einem Laptop fest im Gerät verbaut.

1 Unterschiedliche Speichermedien

Datenspeicherung

Material mit Aufgaben

M1 Backup-Strategien

Backupart	gesicherte Daten
Vollbackup	alle Daten
Differentielles Backup	...
Inkrementelles Backup	...

1. Übertrage und vervollständige die vorgegebene Tabelle.
2. Erkläre, ob es sinnvoll ist, bei jeder Gelegenheit ein Vollbackup zu erstellen.
3. Entwickle eine eigene Backupstrategie. Beschreibe, wie häufig du welche Backupart nutzen würdest und welche Speichermedien für dich in Frage kämen.

Dokument-Datei-Daten

Die Erstellung von Daten läuft in bestimmten **Programmen**. Texte werden beispielsweise in Textprogrammen erstellt. Die Informationen eines jeden **Dokuments** müssen gespeichert werden. Dafür werden sie in einer **Datei** zusammengefasst. In Informatiksystemen werden die Dokumente beim Speichern in eine Abfolge aus 0 und 1, dem Binärcode, übersetzt. Dieser Code kann auf Speichermedien gesichert werden. Von dort sind die Dateien abrufbar.

Datenspeicherung

Häufig werden Daten **intern**, auf dem Gerät selbst, gespeichert. Es gibt aber auch die Möglichkeit, sie außerhalb des Gerätes, **extern**, zu sichern. Datenspeicher unterscheiden sich in ihrer Kapazität, der Art der Speicherung und in ihren Anschlüssen an ein Informatiksystem. Für die externe **Sicherung** gibt es neben Festplatten auch USB-Sticks. Solche Datenspeicher lassen sich einfach mitnehmen und mit einem anderen Informatiksystem nutzen. Eine Beschädigung kann den Zugriff auf die gespeicherten Dateien verhindern. Bei Verlust können Fremde auf die gespeicherten Daten zugreifen.

Datensicherung

Um Daten nicht vollständig zu verlieren, wenn das Speichermedium beschädigt oder verloren wird, sollte ein **Backup** der Daten erstellt werden. Bei einem **Vollbackup** werden alle Daten eines Systems gesichert. Ein **diferentielles Backup** sichert alle Daten, die seit dem letzten Vollbackup geändert wurden. Ein **inkrementelles Backup** funktioniert ähnlich wie ein diferentielles Backup. Es sichert nur Änderungen seit dem letzten Backup. Hierbei ist es egal, ob das letzte Backup ein Vollbackup oder ein differentielles Backup war.

Optische Speicherung

Zum Lesen und Schreiben der Daten wird ein Laserstrahl verwendet. Die optische Speicherung, wie sie beispielsweise bei CDs zum Einsatz kommt, nutzt dabei die Reflexionseigenschaften des Speichermediums. Dabei wird ein Laserstrahl durch eine bestimmte Textur auf der Oberfläche mehr oder weniger abgelenkt.

Magnetische Speicherung

Die magnetische Speicherung von Informationen erfolgt auf magnetisierbarem Material. Dieses kann auf Bänder, Karten, Papier oder Platten aufgebracht werden. Magnetische Medien werden mittels eines Lese-Schreib-Kopfes gelesen und beschrieben. Hierzu zählen beispielsweise Festplatten und Tonbänder.

Elektronische Speicherung

Speichermedien, die Daten von elektronischen Bauteilen speichern, werden elektronische Datenspeicher genannt. Beispiele hierfür sind Speicherkarten, die in digitalen Kameras oder Smartphones verwendet werden. Elektronische Speicheremedien werden je nach Speichervorgang und Art der Speicherung unterscheiden. Primäre Speicher wie ein RAM gehört zur Gruppe der **flüchtigen Speicher**. Ihre Informationen werden gelöscht, sobald die Stromverbindung unterbrochen wird. Neben den flüchtigen Speichern gibt es **permanente Speicher** und **semi-permanente Speicher**. Diese Speicher speichern Daten, auch wenn die Stromverbindung unterbrochen wird.

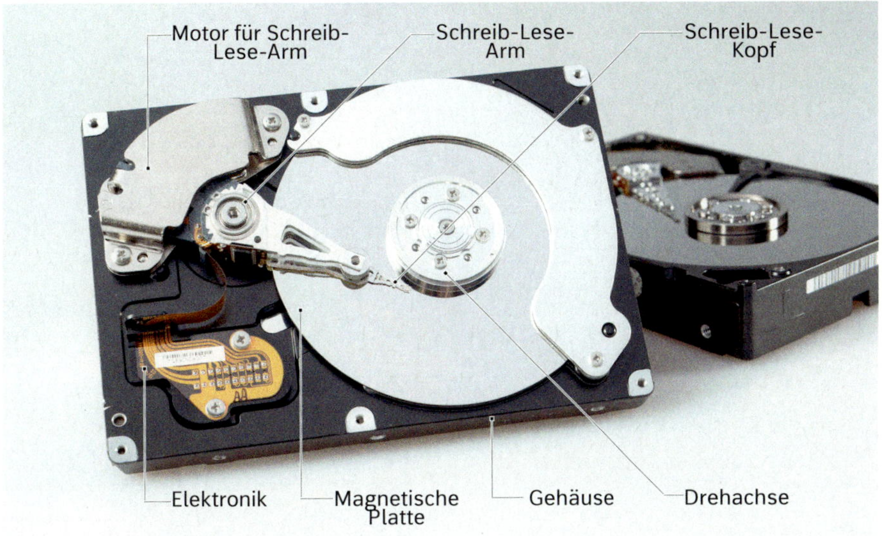

2 Aufbau einer Festplatte

Material mit Aufgaben

M2 Aufbau einer CD

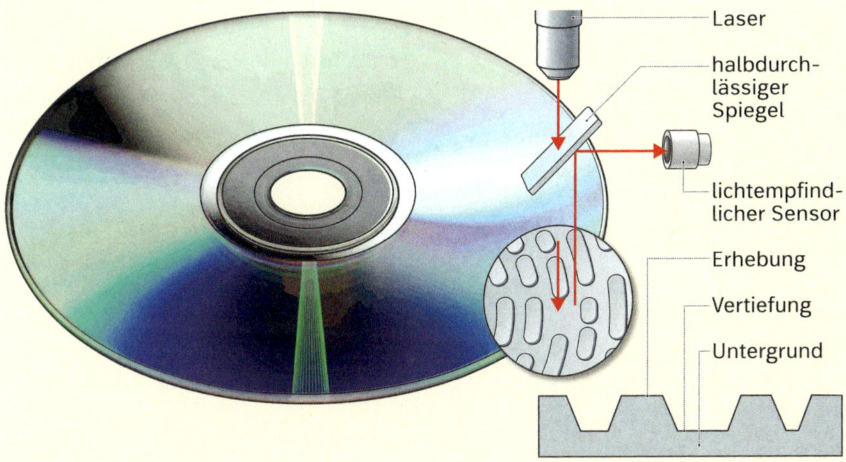

1. Beschreibe mihilfe der Abbildung den Aufbau einer CD.
2. Erkläre, ob es sich bei der Speicherung auf einer CD um eine optische, eine magnetische oder elektronische Speicherung handelt.
3. Informationssysteme arbeiten mit 0 und 1. Beschreibe, wie diese Arbeitsweise auf einer CD abgebildet wird.
4. Erläutere, warum die Daten auf einer CD nicht mehr lesbar werden, wenn die CD zerkratzt ist.

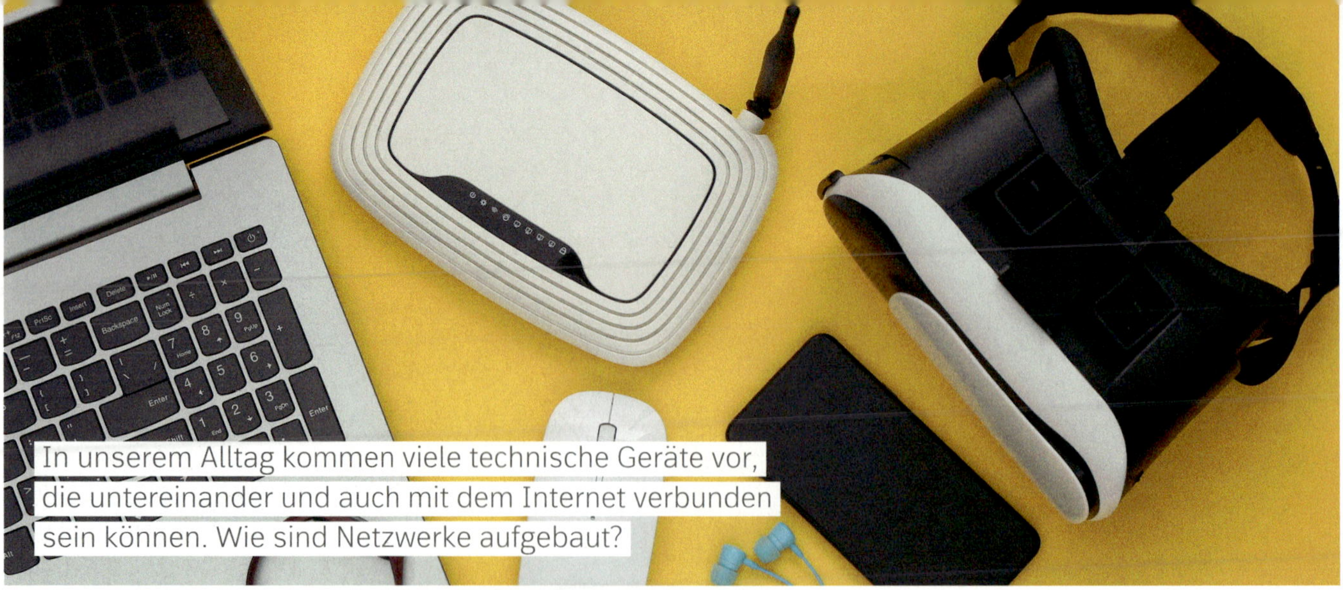

In unserem Alltag kommen viele technische Geräte vor, die untereinander und auch mit dem Internet verbunden sein können. Wie sind Netzwerke aufgebaut?

1 Verschiedene Geräte können mit einem lokalen Netzwerk verbunden sein.

Netzwerke

Lokale Netzwerke

Das Internet ist eine weltweite Verbindung der Rechnernetze und internetfähiger Geräte. Es ist ein „Netzwerk aus Netzwerken". Die kleinsten Netzwerke bezeichnet man als lokale Netzwerke, kurz **LAN**. In der Regel ist ein lokales Netzwerk auf eine kleine räumliche Umgebung, zum Beispiel eine Schule oder eine Firma, beschränkt. Auch ein privates Heimnetzwerk ist ein lokales Netzwerk. Ein LAN ist normalerweise kabelgebunden. Bei einem drahtlosen, lokalen Netzwerk, kurz **WLAN**, kommunizieren die Geräte per Funk untereinander.

Die Abkürzung **LAN** steht für local area network.

Die Abkürzung **LTE** steht für long term evolution.

Die Abkürzung **WLAN** steht für wireless local area network. Das Wort wirless heißt übersetzt kabellos.

A

B

2 Netzwerkkomponenten: **A** Router, **B** Switch mit vielen LAN-Anschlüssen

Netzwerkkomponenten

Bei einem Heimnetzwerk steht der Router im Mittelpunkt. Er verbindet alle Geräte, die zum Heimnetzwerk gehören, mit dem Internet. Der Router ermöglicht auch, dass die Geräte des Netzwerkes untereinander kommunizieren. So kann vom Computer ein Druckauftrag zum Drucker gesendet werden. Der Router ist über Glasfaserkabel, das Kabelnetz, (DSL) oder per **LTE** mit dem Internetanbieter, dem Provider, verbunden. Für die Verbindung zum Internetdienstanbieter benötigt man ein Modem. Dieses Gerät ermöglicht die Kommunikation zwischen dem Router des Heimnetzwerks und dem Internetdienstanbieter. Mittlerweile enthalten die meisten von den Internetdienstanbietern bereitgestellten Router ein integriertes Modem. An einen Router können mehrere Geräte per LAN-Kabel angeschlossen werden. Jedoch unterstützen heutzutage die meisten Router auch drahtlose Verbindungen. In den Heimnetzwerken finden sich daher überwiegend WLAN-Router.

Switch

In einem Computerraum der Schule stehen oft viele Computer. Die Anschlüsse an einem Router reichen nicht aus, um mehrere Geräte miteinander zu verbinden. Dafür benötigt man in einem Netzwerk eine weitere Komponente: einen **Verteiler**, zum Beispiel einen **Switch** oder einen **Hub**. Ein Switch dient als Verbindungsstück und ermöglicht es, mehrere Endgeräte per LAN-Kabel mit dem Internet zu verbinden. Ein Switch hat zwischen 5 und 24 LAN-Anschlüsse. Sie eignen sich für kleinere Heimnetzwerke oder sogar größere Schulnetzwerke. Es gibt auch Switche, mit denen sich Geräte per Funk verbinden lassen. Solch einen drahtloser Switch bezeichnet man auch als Wireless **A**cces **P**oint, kurz **AP**. Ein Switch verbindet Geräte innerhalb eines lokalen Netzwerkes. Ein Router stellt eine Verbindung zwischen verschiedenen Netzwerken her. In vielen WLAN-Routern ist ein Acces Point integriert. ▶

3 Netzwerkkomponenten: **A** Modem, **B** Endgeräte (Smartphone und Laptop)

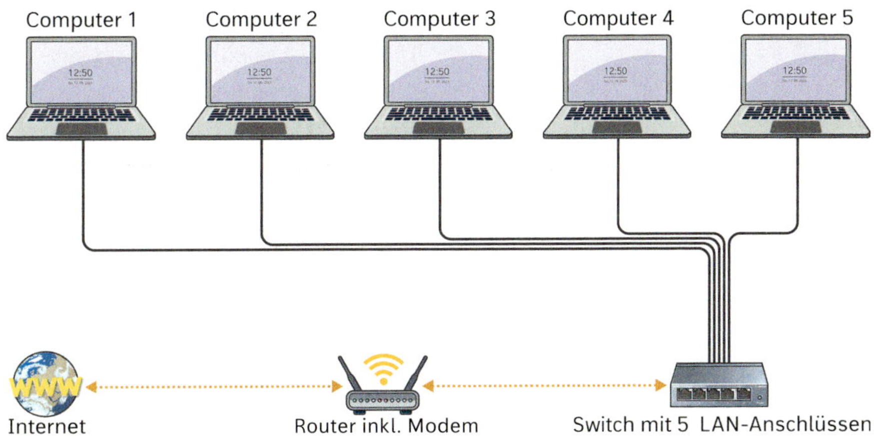

4 Funktion eines Switch im Computerraum

Material mit Aufgaben

M1 Heimnetzwerk

1. Nenne die Geräte, die zu deinem Heimnetzwerk gehören.
2. Beschreibe den Aufbau des dargestellten lokalen Netzwerkes.
3. Ordne den Netzwerkkomponenten ihre Aufgaben zu. Nutze die vorgegebene Tabelle.
4. Skizziere den Aufbau deines Heimnetzwerkes. Vergleicht die Netzwerke in eurer Klasse.

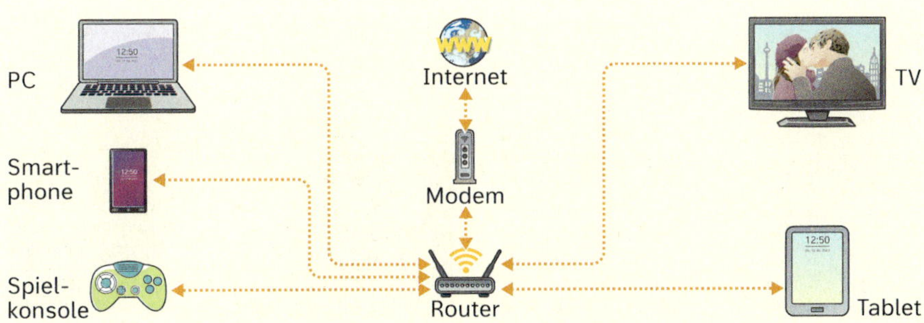

Netzwerkkomponenten	Router	Modem	Endgerät
Aufgaben	...	...	...

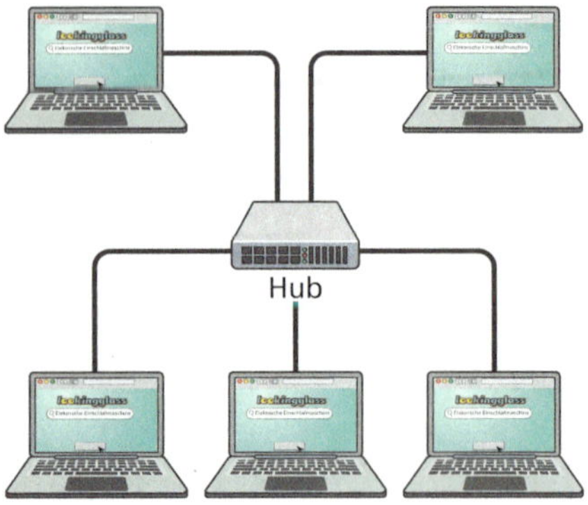

5 Netzwerk mit Hub

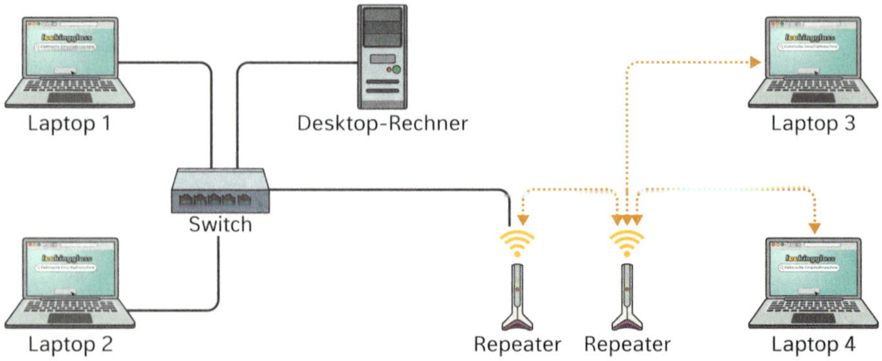

6 Einsatz von Repeatern

Verteiler zur Wahl

Damit Computer in einem Netzwerk verbunden werden, benötigt man Verteiler. Ein Hub verteilt alle Signale an die sternförmig angeschlossenen Computer. Ein Switch leitet Signale gezielt nur an die angeschlossenen Computer weiter, die diese Signale auch empfangen sollen. Dadurch wird der Datendurchsatz erhöht und Daten können im Gegensatz zu einem Hub mit unterschiedlicher Geschwindigkeit gesendet werden. Aufgrund dieser zusätzlichen Funktionalität ist ein Switch teurer als ein Hub, jedoch werden Switches meist bevorzugt.

7 Hub

8 Repeater

Repeater

Oft muss die Reichweite innerhalb eines Netzwerkes erweitert werden. Dazu werden spezielle Netzwerkkomponenten zwischengeschaltet, sogenannte Repeater. Die Repeater verstärken die Funk-Signale. Der Standort eines Repeaters muss gut gewählt sein, damit er die Signale auch gut empfangen kann und diese nicht von Hindernissen wie Stahlbetonwände blockiert werden. Der Repeater bereitet das empfangene Signal auf und leitet es dann weiter. Die Anzahl der Repeater in einem Netzwerk sollte möglichst gering sein. Sie können die Geschwindigkeit der Datenübertragung verringern.

Architektur eines Netzwerkes

In einem Netzwerk können alle angeschlossenen Computer gleichberechtigt sein. Es werden alle Dateien und Anwendungsprogramme geteilt. Das nennt man Peer-to-Peer-Architektur (P2P). In der Regel stellen Betriebssysteme Schnittstellen zur Verbindung mit Netzwerken bereit. Jeder Teilnehmer ist für den Zugriff, den er den anderen Rechnern erlaubt, selbst verantwortlich.

Client-Server-Architektur

Schulen haben auch Netzwerke. Es gibt Schulen, die den Schülerinnen und Schülern auch Speicherplatz zur Verfügung stellen. Damit jeder auf den Speicher über das Internet zugreifen kann, wird ein Server benötigt. Dort befindet sich der Speicherplatz. Ein Computer wendet sich über seinen Browser oder andere Software an einen Server, um zum Beispiel an Dateien zu gelangen. Der Computer ist wie ein „Kunde" und wird daher als Client bezeichnet. Dem Client muss die Adresse des Servers bekannt sein. Der Server wertet die Anfrage des Clients aus und antwortet. Es können viele Clients gleichzeitig auf einen Server zugreifen. Man spricht in diesem Beispiel von Client-Server-Architektur. Das World-Wide-Web (WWW) ist nach diesem Prinzip aufgebaut.

Verbindungen zwischen Netzwerken

Router sind wichtig für die Interneteinwahl. Sie versenden, empfangen und leiten Datenpakete weiter. Sie stellen auch Verbindungen zu anderen Netzwerken her. In Routern ist meist eine Software integriert, die zwischen dem Internet und dem lokalen Netzwerk eine Kontrollstelle aufbaut. Man spricht von Firewall. Die Firewall kontrolliert mithilfe von Regeln den Zugriff auf das Netzwerk von außen. Liegt Verdacht auf Gefährdung vor, blockiert die Firewall zum Beispiel den Datenzugriff. Eine Firewall kann so aufgestellt werden, dass zum Beispiel nur gewisse Webseiten aufgerufen werden (Whitelist) können oder auch gezielt Webseiten blockiert werden (Blacklist).

Material mit Aufgaben

M2 Netzwerke verbinden

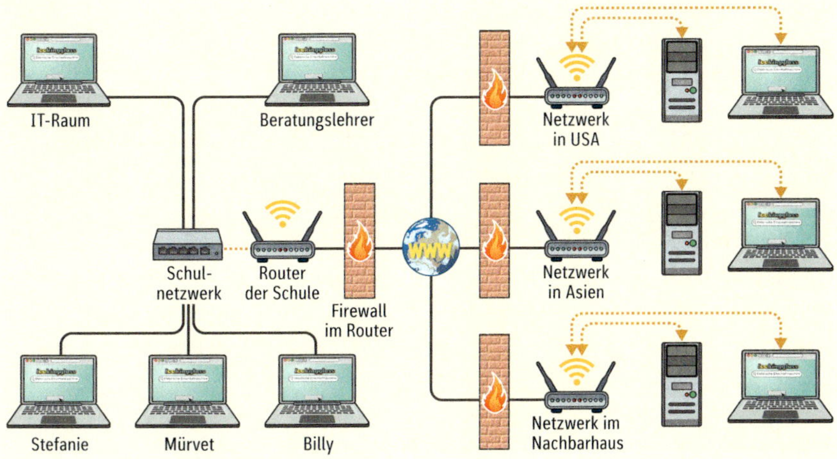

1. Beschreibe, wie Netzwerke miteinander in Verbindung treten.
2. Erkläre die Aufgabe von Firewalls.
3. Diskutiert in der Klasse, welche Webadressen auf eine Whitelist gehören können und welche auf einer Blacklist der Schule stehen sollten.

M3 Netzwerkarchitekturen vergleichen

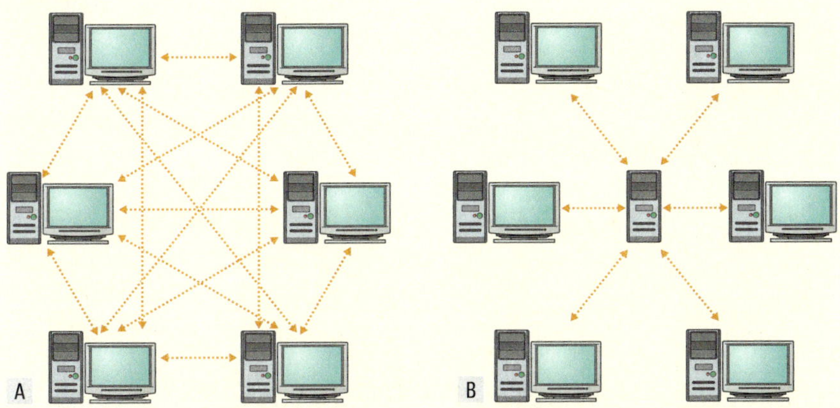

1. Vergleiche die beiden Grundmodelle der Netzwerke miteinander.
2. Erkläre, warum man das Modell B als Client-Server-Modell bezeichnet.
3. Nimm Stellung zu folgender Aussage: „Ein Client-Server-Netzwerk beruht auf Arbeitsteilung. Der Client ist für die Anwendung optimiert, der Server stellt zentrale Funktionen zur Verfügung."

1 Ein Autobahnkreuz mit verschiedenen Auffahrten und Abfahrten.

Routing in Netzwerken

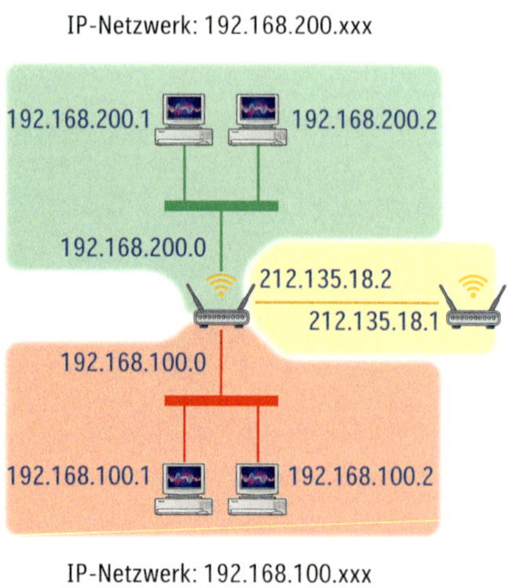

2 IP-Adressen verschiedener Netzwerke

Subnetzwerke

Ein lokales Netzwerk kann in mehrere kleinere **Subnetzwerke** aufgeteilt werden. Das hat verschiedene Vorteile: Sollten Probleme in einem Subnetzwerk auftreten, können die anderen Subnetzwerke weiter genutzt werden. Außerdem lässt sich ein kleineres Subnetzwerk schneller nach Fehlern durchsuchen als ein großes Gesamtnetzwerk. Die Erstellung einzelner Subnetzwerke erfolgt mit einer **Subnetzmaske**. Diese besteht aus vier dezimalen Zahlenblöcken, die jeweils zwischen 0 und 255 liegen können und die aus 8 Binärzahlen gebildet werden.

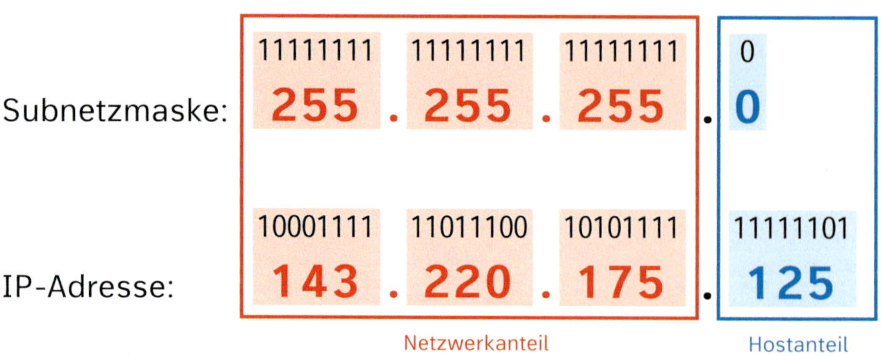

3 Zusammensetzung von IP-Adresse und Subnetzmaske

Aufbau von IP-Adressen

Die IP-Adresse bildet zusammen mit der Subnetzmaske eine Einheit. Die IP-Adresse besteht wie die Subnetzmaske aus vier dezimalen Zahlenblöcken. Jeder dieser Zahlenblöcke kann zwischen 0 und 255 liegen und wird durch 8 Binärzahlen gebildet. Eine IP-Adresse besteht aus einem **Netzwerkanteil** und einem **Hostanteil**.

Netzwerkanteil und Hostanteil

Meist sind die ersten drei Zahlenblöcke der Subnetzmaske mit 255 angegeben. In diesem Fall bilden die ersten drei Zahlenblöcke der IP-Adresse die Netzwerkanteil. Sind die Netzwerkanteile mehrerer Geräte identisch, gehören sie zum selben Netzwerk. Andernfalls zählen die Geräte zu verschiedenen Netzwerken. Der letzte Zahlenblock der IP-Adresse ist der Hostanteil. Hier kann jeder Wert von 1-254 stehen. Jedes Gerät erhält einen individuellen Hostanteil, damit in einem lokalen Netzwerk jedes Gerät einzeln adressiert werden kann.

Das Routenproblem

In komplexen Netzwerken bilden Router sogenannte **Netzwerkknoten**. Diese verbinden eine Vielzahl weiterer Netzwerkknoten miteinander, woraus sich ein großes Netz aus vielen Knoten ergibt. Datenpakete werden in diesem Netz über bestimmte Routen von einem Gerät zum anderen transportiert. Welche Route ein Datenpaket im Internet genommen hat, lässt sich mithilfe von Apps und Webseiten anzeigen.

Routing

Jeder Router erstellt mithilfe eines Routingprotokolls eine **Routingtabelle**. In einer Routingtabelle ist genau festgelegt, wie ein Datenpaket weitergeleitet wird. Eine Routingtabelle wie in Bild 4 kann folgendermaßen gelesen werden: Zum Zielknoten Z gelangt ein Datenpaket über den Nachbarknoten N über die Sprunganzahl H (**H** steht für Hops dt. Sprünge). Soll in Bild 4 ein Datenpaket von Knoten A zum Zielknoten E transportiert werden, wird das Datenpaket also über den Nachbarknoten B zu D zu E mithilfe von drei Sprüngen übertragen. Es wäre jedoch mit der gleichen Zahl an Sprüngen auch eine Übertragung von A zu C zu D zu E möglich. In der Routingtabelle wird in so einem Fall nur eine von mehreren gleich günstigen Möglichkeiten vermerkt. Routingtabellen werden dynamisch von Routern erstellt, das heißt sie werden in regelmäßigen Abständen neu berechnet. So können Routen angepasst werden, sollten Router auf dem Weg ausfallen oder sollten andere Routen günstiger zum Ziel führen.

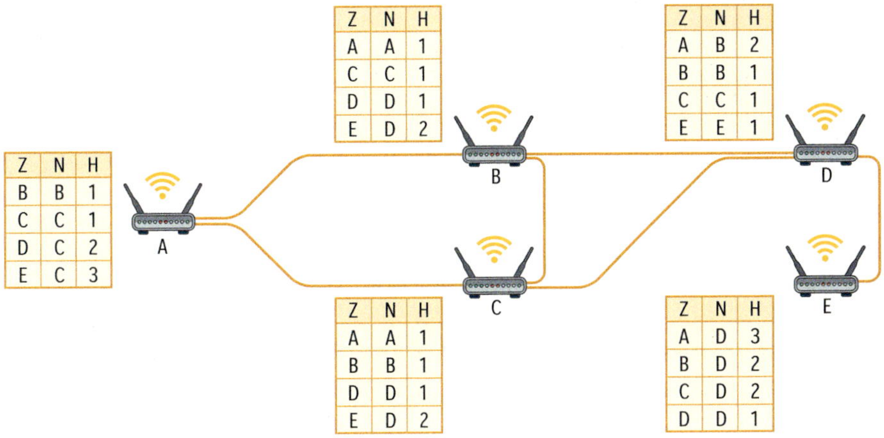

Router A:

Z	N	H
B	B	1
C	C	1
D	C	2
E	C	3

Router B:

Z	N	H
A	A	1
C	C	1
D	D	1
E	D	2

Router C:

Z	N	H
A	A	1
B	B	1
D	D	1
E	D	2

Router D:

Z	N	H
A	B	2
B	B	1
C	C	1
E	E	1

Router E:

Z	N	H
A	D	3
B	D	2
C	D	2
D	D	1

4 Routingtabellen mehrerer Router in einem Netzwerk

Material mit Aufgaben

M1 Adressen in Netzwerken

195.167.174.135

Florina Schäffler
Heldenalle 77
D-12345 Blauschweig

1. Gib die Netzwerkkennung und den Hostanteil der angegebenen IP-Adresse an.
2. Nenne Vorteile von Subnetzwerken.
3. Gib an, welche Geräte zum selben Netzwerk und welche zu unterschiedlichen Netzwerken gehören:
   192.245.178.24, 192.245.178.52, 204.211.179.21, 147.103.98.12, 147.103.98.4
4. Beschreibe Gemeinsamkeiten der beiden Abbildungen.
5. Erkläre, warum die Zahlenblöcke einer IP-Adresse und einer Subnetzmaske auch Oketette genannt werden

M2 Routing in der Lernsoftware „Filius“

Digital+ WES-188528-01

1. Folge dem Webcode, lade dir die Lernsoftware „Filius“ herunter und mach dich damit vertraut.
2. Führe in „Filius“einen Routingvorgang durch. Nutze als Vorlage das Netzwerk in Bild 4.

1 Verlegen eines Glasfaserkabels

Das Internet

Ein Netzwerk von Computern

Das Internet ist ein globales Netz aus miteinander verbundenen Computern, die nach einheitlichen Regeln Daten austauschen. Jeder Computer kann mit anderen Computern über ein System verbundener Netzwerke kommunizieren. Durch diesen Zusammenschluss aus sehr vielen Netzwerken können untereinander Daten ausgetauscht werden.

So können von überall Dateien heruntergeladen, Videos gestreamt oder auch E-Mails verschickt werden. Das Internet ermöglicht auch den Zugriff auf das World Wide Web, kurz WWW. Dieses System von Webseiten kann von jedem Benutzer jederzeit aufgerufen werden. Mithilfe des Internets können Daten blitzschnell von einem Ort zum anderen transportiert werden.

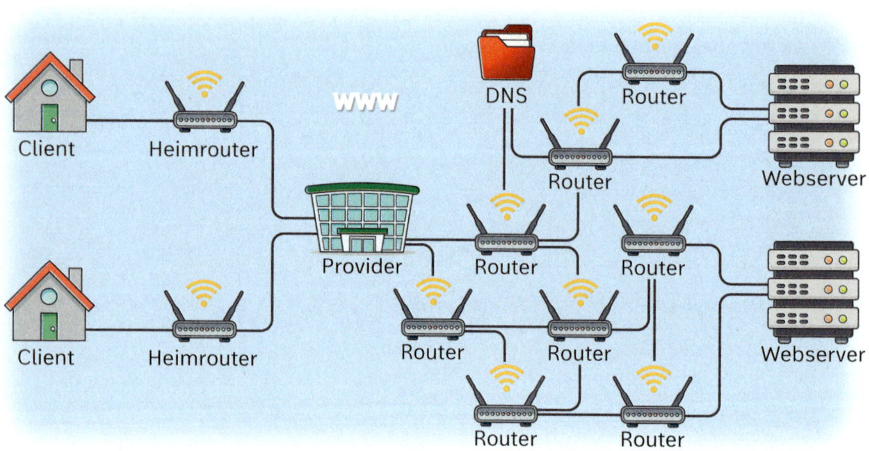

2 Funktionsweise des Internets

Daten und das Internet

Benutzer können das Internet mit verschiedenen Geräten wie Smartphones oder Computern erreichen. Der Zugang zum Internet ist jedoch nicht kostenlos. Man benötigt einen **Provider**, der das eigene Gerät, auch **Client** genannt, gegen Bezahlung mit dem Internet verbindet. Wenn man sich über den Provider ins Internet einloggt, erhält man dabei eine spezielle Zahlenkombination, die **IP-Adresse**. Diese Adresse ist die „Anschrift" im Internet. Jedes mit dem Internet verbundene Gerät besitzt eine eigene IP-Adresse. So können alle Geräte gefunden und Daten ausgetauscht werden. Alle IP-Adressen im Internet sind im **DNS**, dem **Domain-Name-System** gesammelt. Es ist wie ein großes Telefonbuch, das die Adressen aller Geräte im Internet enthält. Der Datenaustausch im Internet wird über **Router** organisiert. Sie funktionieren wie Wegweiser und leiten Anfragen auf dem schnellsten Weg zum Ziel. Große Datenmengen werden vor dem Versenden in kleine Pakete zerteilt. Diese gelangen dann einzeln und oft auf ganz unterschiedlichen Wegen durch Glasfaserkabel und Drahtlosverbindungen zum Ziel und werden dort wieder zusammengesetzt. Man nennt dies **Paketvermittlung** der Datenübertragung.

Weltweite Kommunikation

Um eine störungsfreie internationale Vernetzung zu ermöglichen, wurden Glasfaserkabel als Land- und als Seekabel verlegt. Die Kabel haben große Übertragungskapazitäten für Daten. Sie sind zudem gut geschützt, sodass eine verlässliche Kommunikation zwischen den einzelnen Internet-Knoten ermöglicht wird. Außerdem sind noch Satelliten und Richtfunkstrecken in das Internet eingebunden, allerdings läuft hierüber nur ein geringer Teil des Datenverkehrs. ▶

A Nenne mithilfe von Bild 2 die Elemente, aus denen das Internet besteht.

B Das Internet ist ein Zusammenschluss von Computern. Nimm Stellung zu dieser Aussage.

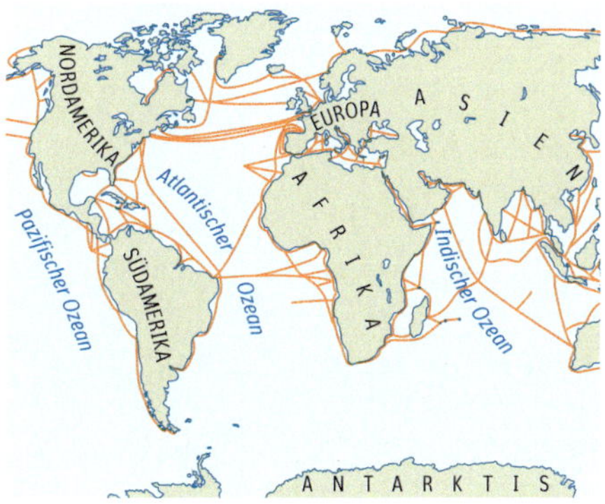

3 Karte mit Seekabeln

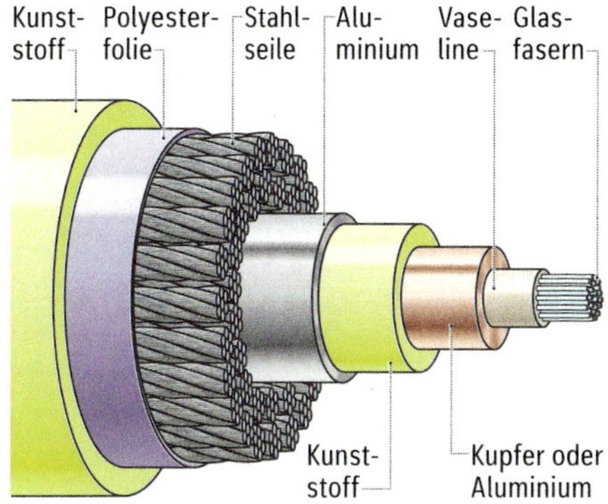

4 Querschnitt eines Seekabels

Material mit Aufgaben

Digital+ WES-188528-02

M1 Aufbau des Internets

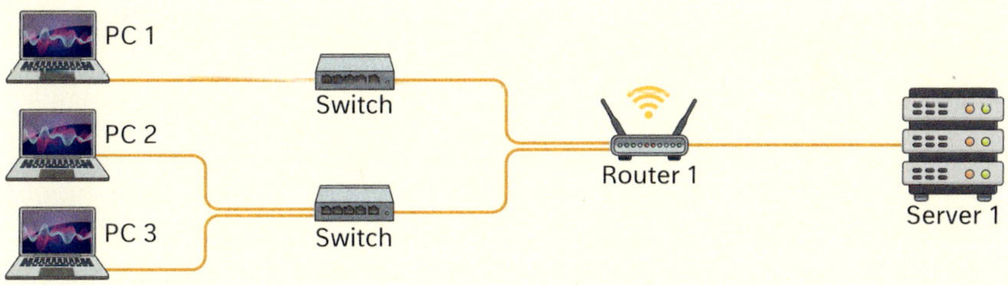

1. Folge dem Webcode und lade dir die Lernsoftware „Filius" herunter.
2. Mache dich mit der Lernsoftware „Filius" vertraut und erstelle ein erstes einfaches Rechnernetz.
3. Übertrage das oben abgebildete Rechnernetz in die Lernsoftware „Filius".
4. Entwerfe ein eigenes lokales Rechnernetz mit DNS, Namensauflösung und Webserver.

M2 Daten übermitteln

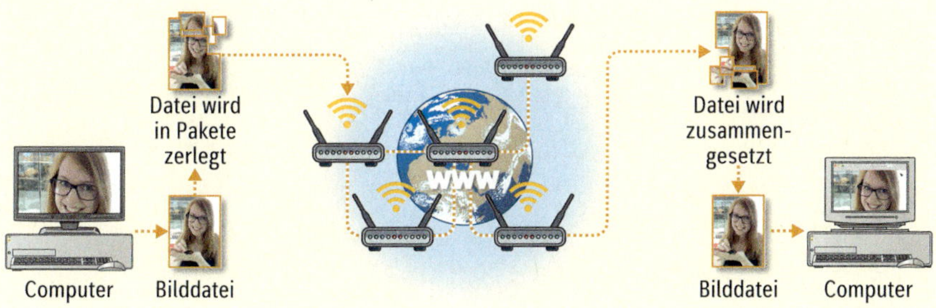

1. Beschreibe die im Bild dargestellte Datenübermittlung.
2. Recherchiere, warum die Daten in kleinere Pakete zerteilt werden.

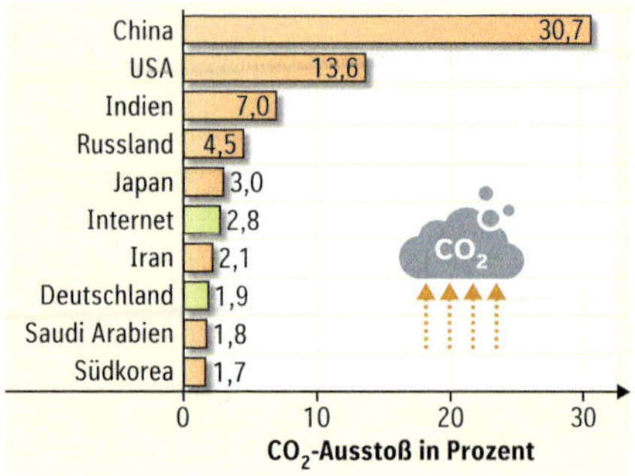

5 Anteil am weltweiten CO_2-Ausstoß

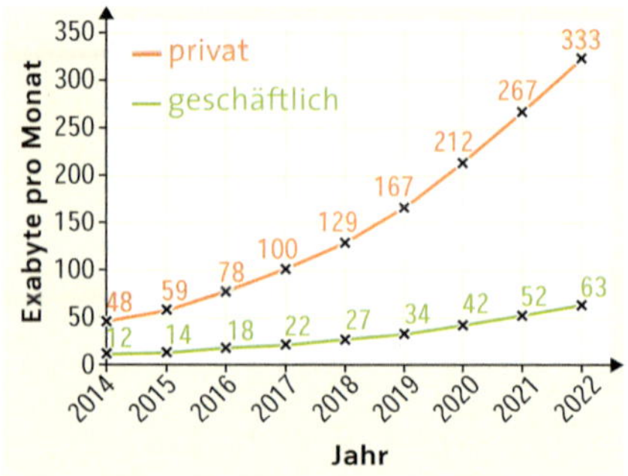

6 Datenübertragungen im Internet

Energieverbrauch des Internets

Vielen Menschen ist überhaupt nicht bewusst, dass der Betrieb des Internets sehr viel Energie verbraucht. Die unzähligen Seiten des Internets liegen nämlich gespeichert auf riesigen Servern, die 24 Stunden am Tag und 365 Tage im Jahr im Betrieb sind. Diese oft riesige Hallen füllenden Server benötigen sehr viel elektrischen Strom. Jede einzelne Datei wird durch verschiedene Server geleitet und gespeichert. Dies benötigt sehr viel Energie. Dabei entsteht auch sehr viel Wärme. Daher werden Serverräume energieaufwändig klimatisiert und bei möglichst kühlen 22 bis 24 Grad Celsius gehalten.

Im Jahr 2020 umfasste der Stromverbrauch für das Internet in Deutschland etwa 13,0 TWh/Jahr. Das ist etwa viermal so viel wie der Stromverbrauch aller Privathaushalte in einer Millionenstadt wie Berlin. Da ein Großteil des elektrischen Stroms weltweit noch aus fossilen Brennstoffen gewonnen wird, verursacht die Nutzung des Internets auch die Freisetzung des klimaschädlichen Kohlenstoffdioxids (CO_2). Im Jahr 2020 verursachte somit das weltweite Internet einen höheren CO_2-Ausstoß als Deutschland.

Material mit Aufgaben

M3 Internet und CO_2

	verursachte CO_2-Emission in g
Eine Google-Suchanfrage	0,2
Eine E-Mail ohne Anhang	4
Eine E-Mail mit angehängtem Foto	30
Eine Stunde Video streamen oder Videokonferenz	3200
Zum Vergleich: 10 km Autofahrt	1500

1. Nutzen von Ökostromtarifen.
2. Wechsel zu nachhaltigen Internetanbieter.
3. Nutzen von grünen Suchmaschinen.
4. Nutzen von WLAN statt mobiler Daten.
5. Nutzen von energieeffizienter Hardware.

1. Begründe, warum eine E-Mail mit einem Bild im Anhang mehr CO_2 verursacht als eine E-Mail mit Text.

2. Erkläre, warum mehrfaches Streamen der Lieblingsmusik mehr CO_2 verursacht als ein einmaliger Download.

3. Bewerte deine eigene Internetnutzung. Überprüfe mithilfe der Tipps, ob du das Internet nachhaltig nutzt.

4. Diskutiert in Gruppen die Klimafreundlichkeit der vermehrten Nutzung von Videokonferenzen beim Homeschooling.

Steigender Energiebedarf

In den letzten Jahren stieg die Internetnutzung stark an und somit auch der Datenverkehr. Das liegt auch daran, dass immer mehr Geräte mit dem Internet verbunden werden wie Sprachassistenten, Fernseher, Kaffeemaschinen oder Waschmaschinen. Durch dieses sogenannte Internet of Things bekommt das Internet einen immer größer werdenden Energiebedarf. Den meisten Strom verbrauchen in den letzten Jahren aber Videostreaming-Angebote. Sie erzeugen einen immensen Datenverkehr. Für eine Stunde Videostreaming bei hoher Auflösung werden etwa drei Gigabyte Daten verbraucht. Im Vergleich dazu kann eine 30 Watt Glühlampe bis zu 360 Minuten leuchten.

Satelliten-Internet

Expertenwissen

Netzwerk aus Satelliten

Heute werden viele Glasfaserkabel in Wohnungen und Häuser verlegt, damit Haushalte mit einem schnellen Internetanschluss verbunden werden. Glasfaserkabel bestehen aus Quarzglas, die Daten mithilfe von Lichtsignalen übermitteln.

Eine amerikanische Firma hat es sich zum Ziel gesetzt, mithilfe von Satellitenkommunikation Internetzugänge großflächig anzubieten. Es handelt sich um ein Netzwerk aus Satelliten, die künftig weltweit empfangbares Internet ermöglichen soll. Mitte 2022 sind bereits etwa 2.500 Satelliten von der Firma in die Erdumlaufbahn geschickt worden. Bis ins Jahr 2027 sollen weitere 20.000 Satelliten dazukommen. Durch dieses Satellitennetzwerk sollen auch abgelegene, dünn besiedelte Gebiete der Erde mit schnellem Internet versorgt werden. In diese Gebiete lohnt es sich kaum Glasfaserkabel zu verlegen.

Funktionsweise

Zur kostenpflichtigen Nutzung des Internets werden eigene Empfänger produziert, die man als Terminals bezeichnet. Diese sind mit einer automatisch drehbaren Antenne ausgestattet, sodass sie immer Kontakt zu einem Satelliten halten können. Die Weltraumsatelliten kommunizieren untereinander per Laser in Lichtgeschwindigkeit, mit knapp 300.000 Kilometern pro Sekunde. Im luftleeren Raum wird Licht nicht abgebremst. Im Glasfaserkabel wird die Geschwindigkeit der Lichtsignale um ein Drittel reduziert, weil es durch das Quarzglas abgebremst wird.

1 Internet-Satellit

2 Terminal

Ein Terminal braucht eine Sichtverbindung mit mindestens einem Satelliten. Diese bewegen sich nicht mit der Geschwindigkeit der Erddrehung, sondern fliegen um die Erde. Sie „stehen“ also nicht fest am Himmel wie die meisten Satelliten. Die Sichtverbindung zwischen Terminal und Satellit ändert sich im Tagesverlauf. Bereits ein Baum kann die Internetverbindung beeinflussen.

Material mit Aufgaben

M1 Internet mit Satelliten empfangen

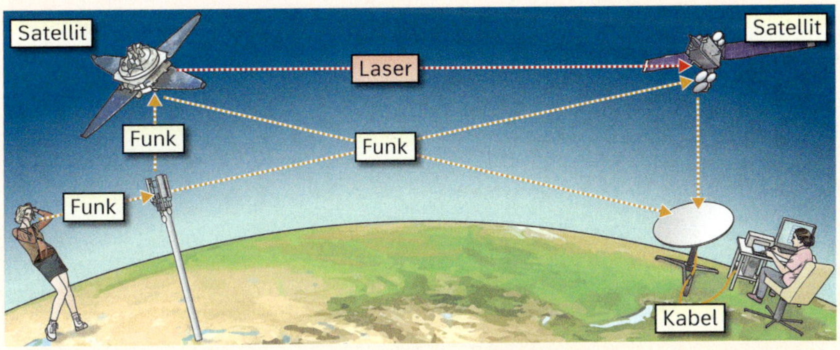

1. Beschreibe den Weg einer Nachricht mithilfe des Satelliten-Internets.
2. Erkläre, warum die Datenübertragung zwischen den Satelliten sehr schnell ist.
3. Diskutiert gemeinsam Vor- und Nachteile des Satelliten-Internets.

1 Videospiel online gegeneinander spielen.

Internetdienste

Internetdienste

Die meisten Internetnutzer verbinden das Internet mit dem Aufrufen von Webseiten. Dies ist jedoch nur ein **Dienst** des Internets, der in Anspruch genommen wird. Viele nutzen das Internet auch, um Serien zu schauen, Musik abzurufen oder zu telefonieren. Das Internet bietet verschiedene **Internetdienste**. Ein Internetdienst ist eine Anwendung des Internets. Das Internet selbst stellt lediglich die Infrastruktur zur Übertragung der Daten zur Verfügung.

Dienste	E-Mail	FTP	WWW	Internettelefonie
aufbauende Protokolle	SMTP simple mail transfer protocol IMAP internet message access protocol	FTP file transfer protocol	HTTP hyper text transfer protocol HTTPS hypertext transfer protocol secure	VoIP voice over internet protocol
Transportprotokoll	TCP/IP oder UDP			
Internetprotokoll	IPv4/IPv6			

2 Internetdienste und Protokolle

Regeln für die Kommunikation

Wenn wir mit Sprache kommunzieren befolgen wir verschiedene Regeln. Beispielsweise sprechen bei einem Gespräch nicht alle Gesprächsteilnehmer gleichzeititg, sondern meistens spricht ein Teilnehmer während die anderen Teilnehmer zuhören. Würde diese Regel nicht befolgt werden, würde Chaos entstehen und das Gespräch wäre sinnlos.

Protokolle

Für die Kommunikation im Internet sind die Regeln in verschiedenen **Protokollen** festgehalten. Jedes mit dem Internet verbundene Geräte hat eine eindeutige Adresse, die **IP-Adresse**. Wie eine Postleitzahl sind die IP-Adressen dafür zuständig, dass alle mit dem Internet verbundenen Geräte miteinander kommunizieren. Dafür ist das **Internetprotokoll** IPv4 oder IPv6 zuständig. Die Art der Datenübertragung zwischen den Geräten wird über **Transportprotokolle** festgelegt. Es gibt die Transportprotokolle TCP oder UDP. Die verschiedenen Internetdienste und Anwendungen haben ihre je nach Einsatzzweck zugehörigen Anwendungsprotokolle. Sie regeln für die jeweilige Anwendung den sicheren und zuverlässigen Verbindungsaufbau zwischen den Clients und Servern. Die Protokolle sorgen für den verlässlichen Austausch der Datenpakete vom Sender zum Empfänger und dass die Datenpakete wieder richtig zusammengefügt werden. Zur Sicherheit werden die Daten verschlüsselt.

Dateiverwaltung

Mithilfe des Internets können Daten gespeichert werden. Der Austausch von Daten zwischen mehreren Computern ist in einem Netzwerk geregelt. So können von einem Server Dateien heruntergeladen und hochgeladen werden. Oft wird das Protokoll **FTP** verwendet, um Daten auf einem FTP-Server zu verwalten. Heutzutage gibt es auch viele verschiedene Dienste, um Dateien zu verwalten und über das Internet zu transportieren. Auch Cloudspeicher sind Internetdienste.

Word-Wide-Web

Zu den bekanntesten Internetdiensten gehört das **World Wide Web**, kurz WWW: Das World Wide Web überträgt Webseiten. Die Webseiten werden über Browser-Programme angezeigt. Viele Anwendungen, die ursprünglich mit lokalen Programmen genutzt worden sind, werden immer häufiger über Webanwendungen angeboten. So können heute zum Beispiel auch Textverarbeitungsprogramme, Office-Anwendungen, mithilfe eines Webbrowsers genutzt werden.

Fernsehen übers Internet

Fußballspiele werden heute vermehrt als Livestreams übers Internet übertragen. Filme und Serien können heute zu jeder Zeit über **Streamingportale** abgerufen werden. Man spricht vom Video-on-demand. Beim **Streaming** besteht eine Direktverbindung zwischen dem Server des Senders und dem Client des Benutzers. Die Daten werden verschlüsselt mit mithilfe von Protokollen übertragen. Beim Streaming werden die Daten direkt ausgegeben und nicht beim Nutzer gespeichert. Viele Streaming-Anbieter bieten auch die Möglichkeit, Videos herunterzuladen und später ohne Internetverbindung abspielen.

Videospiele übers Internet

Viele nutzen das Internet, um miteinander oder gegeneinander Videospiele zu spielen. Ohne das Internet wären Multiplayerspiele auf Spielekonsolen nicht möglich. Das gemeinsame Spielen wird über **Gameserver** ermöglicht. Startet man das Fußballspiel auf der eigenen Konsole und startet ein Online-Match, verbindet sich die Spielekonsole mit dem Gameserver. Beide haben eine IP-Adresse und verbinden sich mithilfe von IPv4. Die Hauptaufgabe eines Spieleservers liegt in der Verwaltung, Verarbeitung und Verteilung der Daten an einzelne oder auch mehrere Spieler. Der Gameserver sorgt für die zeitgleiche Koordination des Spieleablaufs, auch zwischen mehreren Spielern. Die Daten werden mithilfe eines Transportprotokolls und Anwendungsprotokolls übertragen. Das zeitgleiche Spiel wird ermöglicht.

Material mit Aufgaben

M1 Internetdienste

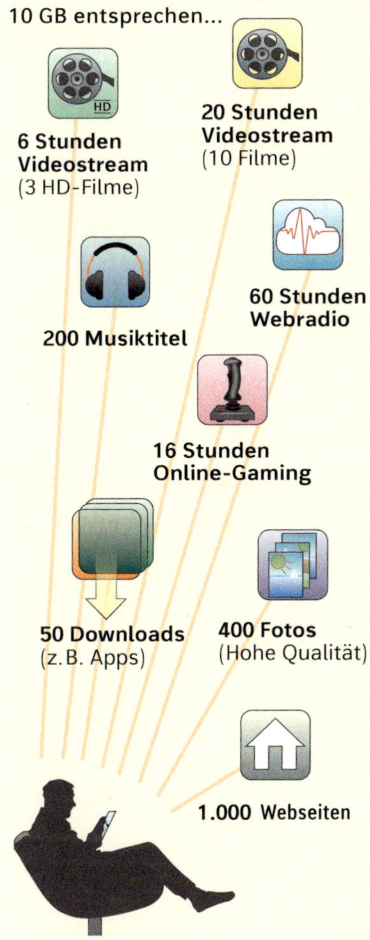

1. Vergleiche die Werte im Bild.
2. Beschreibe, welche verschiedenen Internetdienste im Bild dargestellt sind.
3. Erläutere, welche Bedeutung die verschiedenen Protokolle für die Internetdienste haben.
4. Du sollst ein Gespräch zwischen deinen Mitschülern moderieren. Stelle eigene Protokolle für die Kommunikation auf.

1 Das World Wide Web ist ein Informationsnetz, das die ganze Welt umspannt.

Das World Wide Web

Die Abkürzung URL steht für **U**niform **R**esource **L**ocator und kann mit einheitlicher Ressourcenanzeiger übersetzt werden.

Aufbau des World Wilde Web

Das **W**orld **W**ide **W**eb, kurz **WWW**, ist ein Dienst des Internets für die Übertragung von Webseiten. Die erste Webseite dieses Dienstes entstand 1991 für die Europäische Organisation für Kernforschung (CERN). Heute besteht das World Wide Web aus Milliarden von Webseiten. Mithilfe eines Computerprogramms, eines **Browsers**, können die Webseiten aufgerufen werden. Jede Webseite hat eine individuelle Adresse, die IP-Adresse. Da man sich IP-Adressen jedoch nur schwer merken kann, wird einer IP-Adresse oft eine **Web-Adresse** (**URL**) zugeordnet. Bei Eingabe der URL ins Browserfenster liefert der DNS-Server dann die zugehörige IP-Adresse. Diese Übersetzung der URL in die IP-Adresse wird **Namesauflösung** genannt.

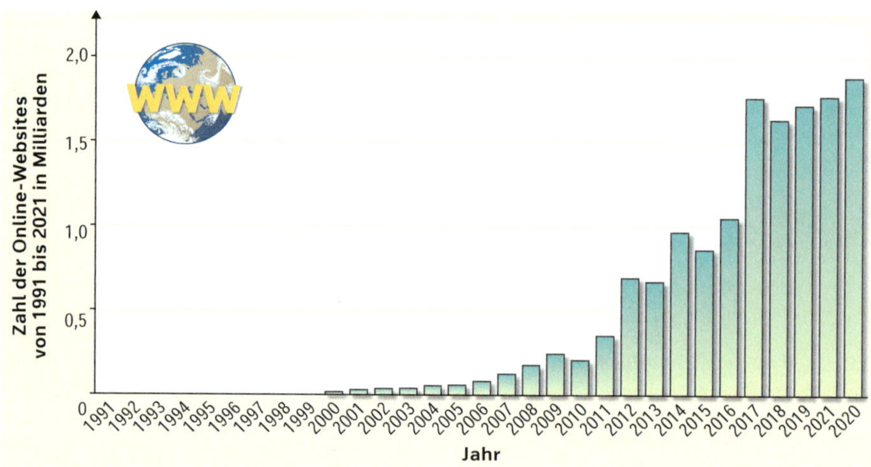

2 Zahl der Webseiten im WWW

```
<p> ... </p>
// Absatz

<img> ... </img>
// Bild

<b> ... </b>
// fettgedruckt

<body> ... </body>
// Seiteninhalt

<button> ... </button>
// anklickbare Schaltfläche
```

3 HTML-Tags

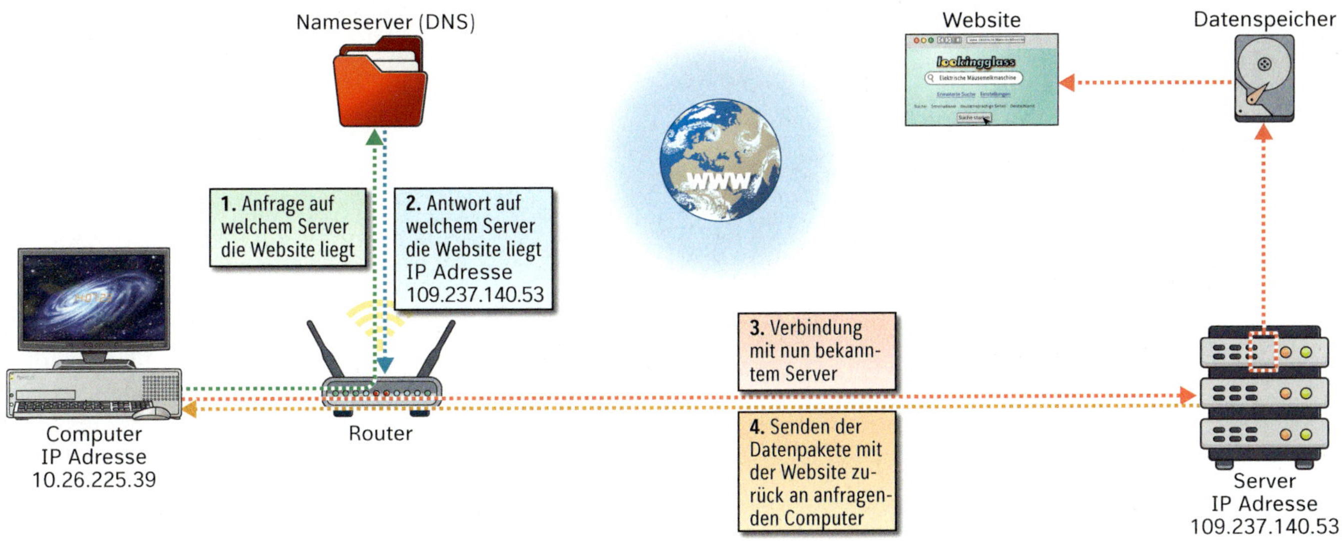

4 Webseiten aufrufen im WWW

Auszeichnungssprache HTML

Für die Gestaltung von Webseiten benötigt man eine Auszeichnungssprache. Diese heißt HTML. Der Browser erhält vom Server HTML-Dokumente. Diese stellt er für die Betrachtenden als lesbare Texte und Medien dar. Mithilfe bestimmter Codes, den **HTML-Tags**, kann dem Browser die Struktur der Seite mitgeteilt werden. HTML-Tags klammern bestimmte Bereiche ein und transportieren so Informationen. Mithilfe von „<b> und </b>" können beispielsweise Textabschnitte fettgedruckt werden.

HTTP - ein Internetprotokoll

Für die Übertragung von Seiten im Web gibt es ein Regelwerk, ein sogenanntes **Internetprotokoll**. Dieses legt fest, wie Browser, Server und andere Komponenten auf Anweisungen eines Benutzers reagieren. Wenn der Benutzer über den Browser eine URL eingibt, erfragt der Browser die IP-Adresse des Servers für diese URL. Der Server beantwortet die Anfrage mit einem Statuscode, ob die URL gültig und die Seite vorhanden ist. In der Regel kommt es zu mehreren Anfragen und Antworten, die nicht verschlüsselt sind. Das mehrmalige Anfragen und Antworten bezeichnet man auch als HTTP-Sitzung. Soll die Sicherheit beim Browsen im Web erhöht werden, muss ein **Verschlüsselungsprotokoll** genutzt werden. Dieses Protokoll heißt HTTPS. Dieses Protokoll schützt die Sicherheit beim Aufrufen von Webseiten im World Wide Web.

HTTP steht für **h**yper**t**ext **t**ransfer **p**rotocol.
HTML steht für **h**yper**t**ext **m**arkup **l**anguage.

HTTPS steht für **h**yper**t**ext **t**ransfer **p**rotocol **s**ecure.

Material mit Aufgaben

M1 HTTP-Sitzung

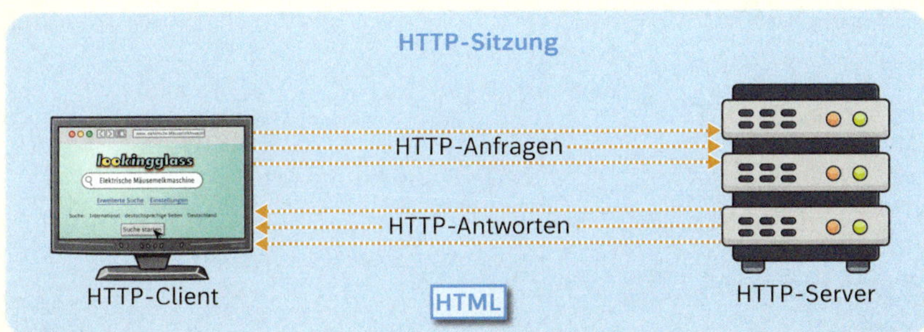

1. Beschreibe das Abrufen von Webseiten über einen Browser.
2. Erkläre die Bedeutung der Auszeichnungssprache HTML beim Aufrufen von Webseiten.
3. Erkläre die Aufgabe des Internetprotokolls HTTP.
4. Begründe, warum es in bestimmten Fällen sinnvoll ist, das Protokoll HTTPS zu nutzen.

Man kann seine Daten nicht nur lokal auf dem Gerät speichern, sondern dafür auch einen Cloud-Speicher nutzen. Von riesigen Serverfarmen können Daten abgerufen werden. Wie funktioniert eine Cloud?

1 Eine Server-Farm für Clouddienste

Aufbau einer Cloud

Datenzugriff von überall

Wenn jemand seine Lieblingsmusik auf dem Smartphone hören möchte, öffnet er oft eine Musik-App und sucht nach dem gewünschten Lied. Das Smartphone stellt dann eine Verbindung zu dem Server her, auf dem der Titel gespeichert ist und lädt ihn herunter, damit man ihn anhören kann.
Die Musik-App stellt die Verbindung zu einem Datenspeicher im Internet her, den man als Cloudspeicher, kurz **Cloud**, bezeichnet. Die Cloud wird für viele verschiedene Dinge genutzt. Manche Menschen nutzen sie zum Speichern von Fotos und Videos, andere zum Bearbeiten von Dokumenten.
Auf einen privaten Cloudspeicher können mehrere Geräte zugreifen. Die Daten sind unabhängig vom Gerät abrufbar. Einige Unternehmen nutzen sie für ihre gesamte Geschäftstätigkeit mit all ihren Dokumenten.

2 Nutzen eines privaten Cloud-Speichers

Aufbau einer Cloud

Eine Cloud ist ein Netz von Servern, die miteinander verbunden sind. In sogenannten Server-Farmen sind eine große Zahl von Servern zusammengeschaltet. Diese Serverfarmen benötigen viel elektrischen Strom. Personen können von überall auf der Welt auf Informationen und Anwendungen zugreifen. Die Cloud ermöglicht es den Menschen, Anwendungen und Websites zu nutzen, ohne sie auf den eigenen Computer oder das Smartphone herunterladen zu müssen.

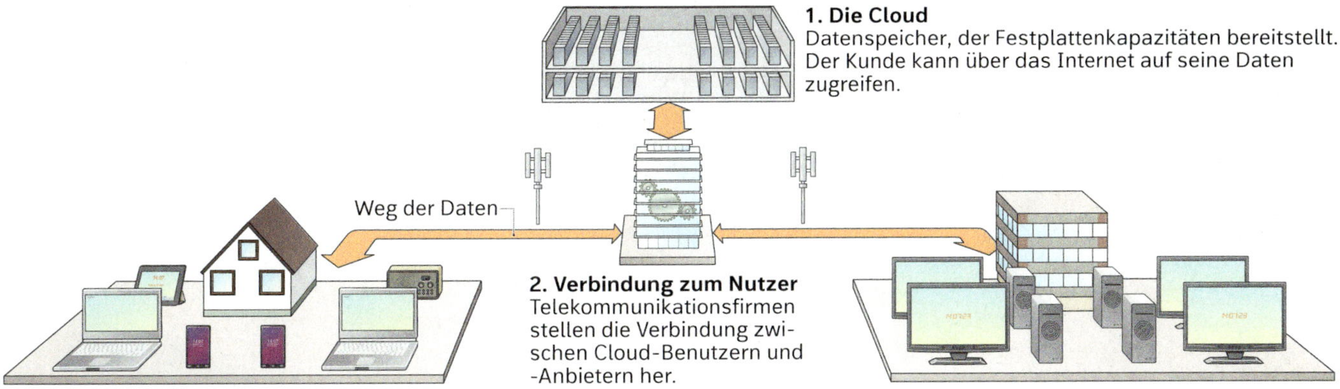

3 Funktionsweise einer Cloud

Wie funktioniert die Cloud?

Wird die Musik-App gestartet, stellt das Smartphone eine Verbindung zu den Cloud-Servern her, auf dem diese Informationen gespeichert sind. Der Server sendet dann die Informationen zurück an das Gerät, damit das Lied abgespielt wird. Dies geschieht bei den meisten Datenleitungen so schnell, dass kaum Zeitverluste auftreten.

Kritik an Clouds

Der private Cloudspeicher kann mit anderen Personen geteilt werden. Diese können alle dort gespeicherten Daten lesen und gemeinsam bearbeiten. Der Zugang zum Cloudspeicher muss durch ein sicheres Passwort geschützt werden. Sonst haben auch Unbefugte Zugriff auf die Daten. Kritisiert wird häufig der Datenschutz. Viele Anbieter kommen aus dem außereuropäischen Ausland. Es ist kein Verlass auf den strengen, in der EU geltenden Datenschutz. Das betrifft vor allem die personenbezogenen Daten.

A Beschreibe mithilfe von Bild 3 den Datenfluss zwischen Nutzern und Cloudspeicher.

Material mit Aufgaben

M1 Nutzungsverhalten

Das Diagramm zeigt, für welche Zwecke Clouds von privaten Nutzern verwendet werden.

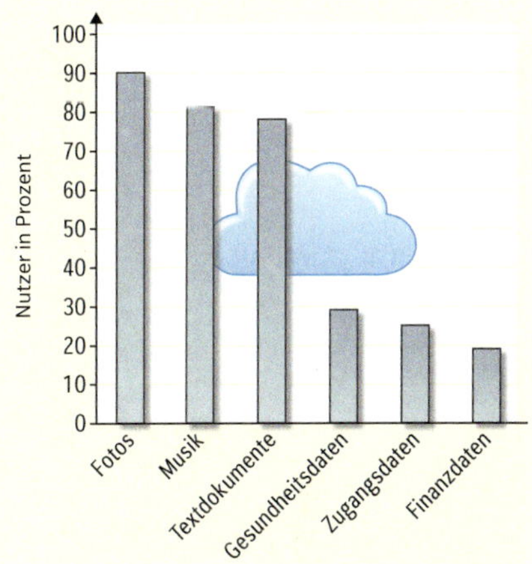

1. Beschreibe mit dem Diagramm, für welche Zwecke Clouds am meisten privat genutzt werden.
2. Beschreibe deine Erfahrungen in der Nutzung von Clouds.
3. Stelle die Vorteile und Nachteile von Clouds mithilfe des Dialogs tabellarisch gegenüber.

Alina: *Ich speichere fast alles in der Cloud. Meine Daten in der Cloud kann ich auch mit allen meinen Geräten von überall abrufen.*
Henry: *Aber nur, wenn du eine Internetverbindung hast.*
Alina: *Das stimmt. In der Cloud sind meine Daten aber auch vor Datenverlust geschützt.*
Henry: *Dafür könnten vielleicht auch andere auf deine Daten zugreifen, wenn sie dein Passwort kennen. Solche Datenschutzverletzungen kannst du verhindern, wenn du deine Daten auf deinem PC speicherst.*
Alina: *Solche Hacks passieren ja aber selten. Und was wollen die schon mit meinen Daten. Ich habe nichts zu verbergen.*
Henry: *Und du machst dich von deinem Cloudanbieter anhängig.*
Alina: *Das schon, er bietet mir dafür aber immer aktuelle Software und Sicherheitsupdates.*

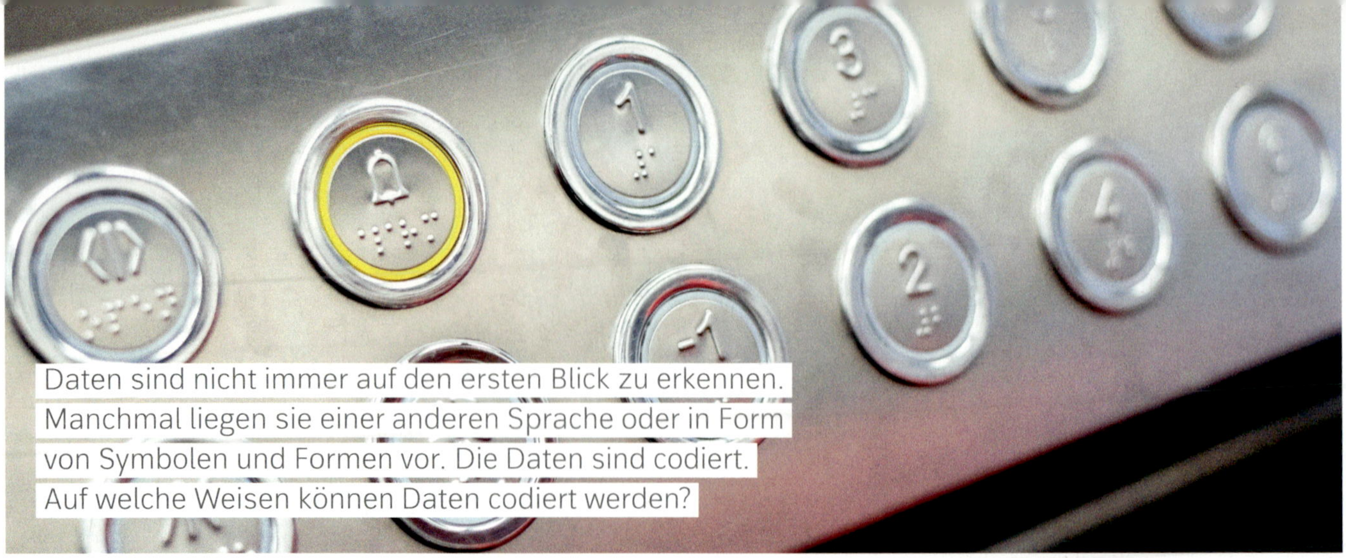

1 Mit der Blindenschrift können Informationen übermittelt werden.

Daten und ihre Codierungen

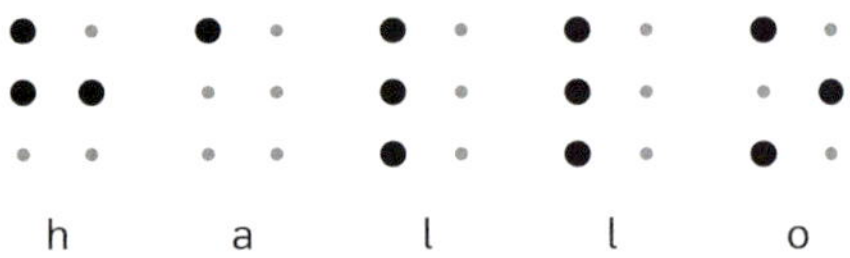

2 Das Wort „Hallo“ in Brailleschrift

3 Das Wort „Hallo“ in Kyrillisch

Daten codieren

Das Wort „Hallo“ heißt auf ukrainisch „Pryvit“. In der Landessprache wird das Wort mit Buchstaben des kyrillischen Alphabets geschrieben: Die Buchstaben und Laute sind anders verschlüsselt. Nur, wenn jemand die Sprache versteht und die kyrillischen Zeichen lesen kann, ist er in der Lage, die Information zu erhalten. Die Zeichen sind ein Code. Ein Informatiksystem kann mit dem Wort „Hallo“ nichts anfangen, jedoch mit dem Code 01001000 01100001 01101100 01101100 01101111 für das Wort „Hallo“ schon.

Die Eingabe des Wortes „Hallo“ über die Tastatur wird vom System in einen Code übersetzt. Beim Codieren werden die Buchstaben eines Wortes anders dargestellt, sodass entweder nur bestimmte Personen oder auch Maschinen und Computer dies verstehen. Eine Codierung erfüllt daher einen bestimmten Zweck.

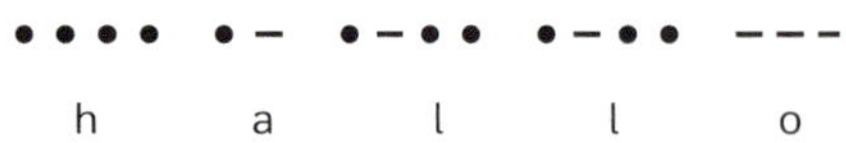

4 Das Wort „Hallo“ im Morsealphabet

Brailleschrift

Blinde Menschen können die Wörter in einem Buch nicht lesen. Der Franzose Louis Braille hat im Jahr 1825 eine Blindenschrift entwickelt, mit der sehbehinderte Menschen lesen können. Dabei werden Buchstaben mithilfe von Punkten codiert.

Jeder einzelne Buchstabe des Alphabets besteht aus 6 Punkten, die in einem Rechteck angeordnet sind. Bei jedem Buchstaben sind andere Punkte hervorgehoben und bilden ein Punktmuster. Diese können durch Erhöhungen ertastet werden. In digitalen Medien erhalten blinde und sehbehinderte Menschen häufig die Sprachausgabe von Texten.

Morsealphabet

Anfang des 19. Jahrhunderts mussten Nachrichten per Post zugestellt werden. Selbst mit einem schnellen Pferd benötigte die Zustellung der Nachricht je nach Entfernung Stunden oder auch Tage. Im Jahr 1837 entwickelte Samuel Morse einen Code, mit dem Nachrichten innerhalb weniger Minuten übermittelt werden konnten. Er entwickelte dazu einen elektromagnetischen Schreibetelegraf. Durch Ein- und Ausschalten über eine Taste konnten elektrische Impulse über eine Leitung geschickt werden, um Signale zu übermitteln. Mithilfe der Signale konnten Nachrichten codiert werden. Samuel Morse entwickelte zusammen mit Alfred Vail ein Zeichensystem: die **Morsezeichen**. Jeder Buchstabe und jede Zahl von 0-10 haben eine bestimmte Kombination von kurzen Signalen, langen Signalen und Pausen. Ein kurzes Signal kann als „Punkt“ dargestellt werden, ein langes Signal als „Strich“.

Codes für Verbraucher

Heute begegnen uns beim Einkaufen häufig Codes, die bestimmte Informationen codieren. Viele Verpackungen tragen zum Beispiel Bildsymbole. Der Grüne Punkt bedeutet, dass die Verpackung im Kunststoff-Müll entsorgt werden kann. Andere Symbole auf Lebensmitteln zeigen an, wie Lebensmittel produziert worden sind oder die Nutztiere gehalten werden. Ein bekanntes Beispiel ist der Erzeugercode für Eier, der in der gesamten Europäischen Union verbreitet ist. Beim Kauf von Eiern kann die Information über das Erzeugerland und auch die Haltungsform der Hühner vom Verbraucher erschlossen werden.
Das Pfandsymbol auf Getränkeflaschen zeigt an, dass diese in Pfandautomaten zurückgegeben werden können. Dieser Code ist vom Automaten digital lesbar. Ein weiterer bekannter digital lesbarer Code ist der Strichcode auf den Waren im Supermarkt. Dieser EAN-Code, **E**uropean **A**rticle **N**umber, identifiziert eindeutig jeden Artikel im Warenbestand eines Supermarkts und ermöglicht den Bezahlvorgang an der Kasse. Viele Verpackungen sind auch mit **QR-Codes** versehen, mit denen Interessierte sich weitere Information über die Waren und die Hersteller im Internet anschauen können.

5 Barcode auf einer Lebensmittelverpackung

QR bedeutet auf Englisch **q**uick **r**esponse, übersetzt „schnelle Antwort“.

Material mit Aufgaben

M1 Morsealphabet

Digital+ WES-188528-03

Buchstabe	Morsezeichen	Buchstabe	Morsezeichen	Buchstabe	Morsezeichen
A	• −	J	• − − −	S	• • •
B	− • • •	K	− • −	T	−
C	− • − •	L	• − • •	U	• • −
D	− • •	M	− −	V	• • • −
E	•	N	− •	W	• − −
F	• • − •	O	− − −	X	− • • −
G	− − •	P	• − − •	Y	− • − −
H	• • • •	Q	− − • −	Z	− − • •
I	• •	R	• − •		

1. Übersetze folgenden Morsecode: • • • / − − − / • • •
2. Schreibe folgende Wörter im Morsealphabet: Hund, Katze und Informatik.
3. Erkläre, welche Vorteile sich durch die Entwicklung des Morsecodes ergaben.
4. Scanne den QR-Code. Bearbeite die interaktiven Aufgaben zum Thema Braille-Schrift.

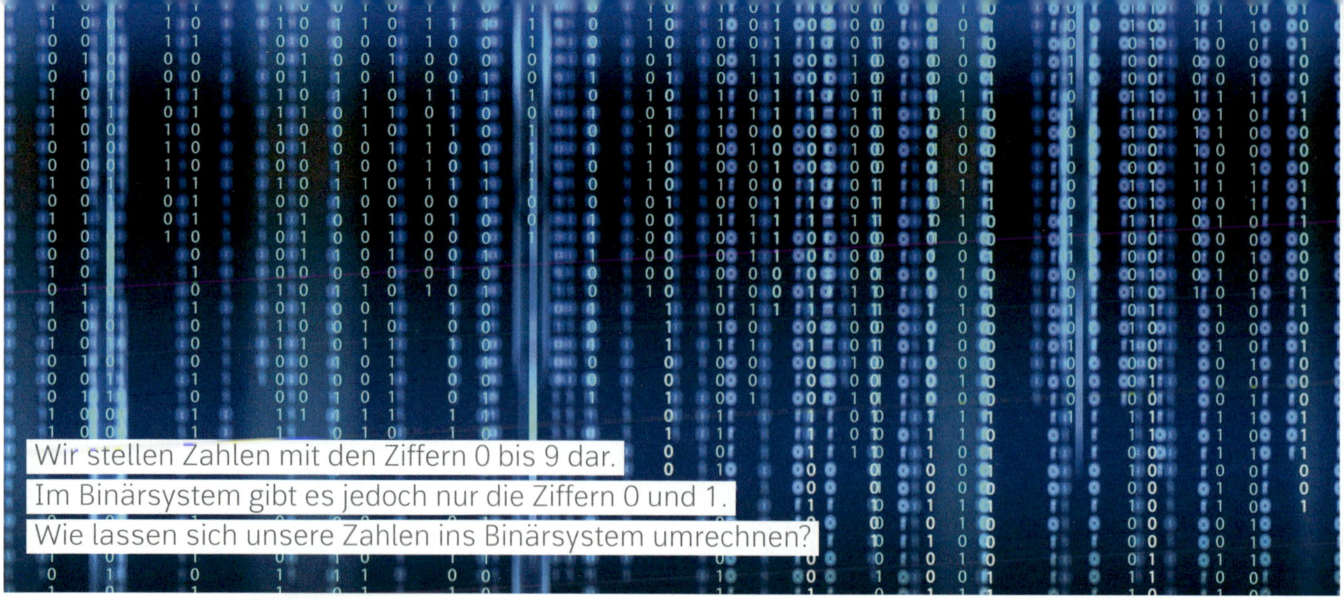

1 Computer arbeiten nur mit den Ziffern 0 und 1.

Das Binärsystem

Binärsystem

In der Regel stellen wir Zahlen mit den Ziffern 0 bis 9 dar. Mit dem 10er-System oder **Dezimalsystem** werden alle Zahlen dargestellt.

Ein Computer arbeitet jedoch nur mit den Ziffern 0 und 1. Der Computer verwendet als Code das **binary digit**, kurz **Bit**. Mit einem Bit können zwei Zustände ausgedrückt werden. Dabei bedeutet die Zahl „0" den Zustand „Aus", die Zahl „1" den Zustand „An".

Die Abkürzung **LAN** steht für local area network.

·10 ·10 ·10

Tausender	Hunderter	Zehner	Einer
3	4	1	7

2 Darstellung der Zahl 3417 in einer Stellenwerttafel

·2 ·2 ·2 ·2 ·2 ·2 ·2 ·2

256	128	64	32	16	8	4	2	1
1	1	0	0	1	0	0	0	1

3 Darstellung der Binärzahl 110010001_2 binären Stellenwerttafel

Stellenwerttafeln

Aus der Mathematik kennt man die sogenannten Stellenwerttafeln. Mit diesen können Zahlen dargestellt werden. In Bild 2 siehst du, wie beispielsweise die Zahl 3417 mithilfe einer Stellenwerttafel im Dezimalsystem dargestellt werden kann.

Auch Binärzahlen lassen sich mithilfe einer Stellenwerttafel darstellen. Jedoch werden die Stellenwerte nicht mit Einer, Zehner, Hunderter und so weiter bezeichnet. Im Binärsystem werden die Stellenwerte mit 1, 2, 4, 8 und so weiter bezeichnet. Die Zahlen im Binärsystem nennt man Binärzahlen oder auch **Dualzahlen**. Die Kennzeichnung einer Dualzahl erkennt man an der tiefgestellten Zahl am Ende der Zahlenfolge. Da im Binärsystem nur mit den Ziffern 0 und 1 gearbeitet wird, bestehen die Dualzahlen auch nur aus einer Abfolge von Nullen und Einsen. So wird zum Beispiel die Zahl 110010001_2 „Eins Eins Null Null Eins Null Null Null Eins im Dualsystem" ausgesprochen.

Umrechnung

Zahlen verschiedener Zahlensysteme lassen sich ineinander umrechnen. So lässt sich eine Dualzahl des Binärsystems in eine Dezimalzahl umrechnen. Dabei wird die Ziffer mit ihrem jeweiligen Stellenwert multipliziert und anschließend alle Stellen addiert. Die Dualzahl 11100_2 entspricht somit der Dezimalzahl 28:

$$1 \cdot 16 + 1 \cdot 8 + 1 \cdot 4 + 0 \cdot 2 + 0 \cdot 1 = 28$$

Dezimalzahlen können auch umgekehrt in Binärzahlen dargestellt werden. Dabei wird die umzurechnende Dezimalzahl in mehreren Schritten durch die Zahl 2 dividiert. Die Reste bilden dann die Dualzahl im Binärsystem.
Die Dezimalzahlen von 0 bis 255 lassen sich so mit einer Folge von 8 Bits, also 1 Byte, darstellen.

Beispiel: Umrechnung der Zahl **28** ins Binärsystem

28 : 2 = 14	Rest 0
14 : 2 = 7	Rest 0
7 : 2 = 3	Rest 1
3 : 2 = 1	Rest 1
1 : 2 = 0	Rest 1

Die Dualzahl ergibt sich durch die Reste in der Reihenfolge von unten nach oben: **11100**

4 Umrechnung in Binärzahlen

Material mit Aufgaben

M1 Dualzahlen und Dezimalzahlen

16 + 4 + 2 + 1 = 23

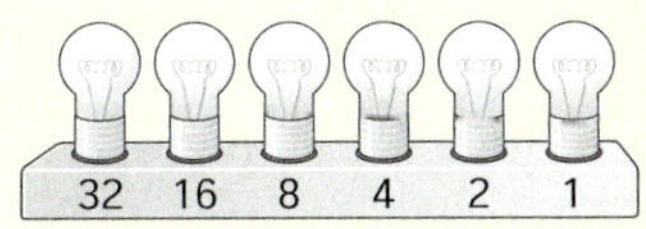

Zahlen im Zehnersystem	32	16	8	4	2	1
1						1
2					1	0
3					1	1
4				1	0	0
5				1	0	1
…						
32						

Zahlen im Zweiersystem

Mithilfe einiger Lampen können Zahlen im Binärsystem dargestellt werden. Eine leuchtende LED entspricht dem Zustand 1. Leuchtet die LED nicht, entspricht sie dem Zustand 0.

1. Schreibe die Dualzahl auf, die bei den jeweiligen Lampenreihen dargestellt wird.
2. Rechne die Dualzahlen jeweils in die zugehörigen Dezimalzahlen um.
3. Welche LEDs müssen leuchten, um die Dezimalzahl 40, 33 und 17 darzustellen? Begründe.
4. Rechne folgende Zahlen entweder in Dualzahlen oder in Dezimalzahlen um: 2023, 154, 89, 11001_2, 10_2
5. Bitfolgen darstellen
   a Stelle die Bitfolge 10101001 als Dezimalzahl dar.
   b Überlege dir eine eigene Bitfolge und stelle diese als Dezimalzahl dar.
   c Stelle die Dezimalzahl 162 als Bitfolge dar.
6 Übertrage die Stellenwerttafel in dein Heft und ergänze diese bis zur Zahl 63.

1 Daten werden in Binärcode in Datenbanken gespeichert.

Bits und Bytes

Daten speichern

Sollen zum Beispiel Informationen eines Textdokumentes gespeichert werden, muss das Textdokument als Datei zusammengefasst werden. Dokumente lassen sich in Form von Dateien speichern und auch wieder öffnen. Das Speichern erfolgt im Computer in einem Binärcode aus Nullen und Einsen. In dieser Form kann dann die Datei auf einer Festplatte, einem USB-Stick oder einer Speicherkarte gespeichert werden. Smartphones, moderne Fernseher oder Computer sind Informatiksysteme. Diese können Daten speichern. Bilder, Musik, Videos oder auch Programme können in unterschiedlichen Dateiformaten mit unterschiedlichen Speicherkapazitäten abgespeichert werden.

Bit ist die englische Abkürzung für binary digit. In Deutsch übersetzt, heißt das Binärziffer)

Kleinste Speicherkapazität

In der Informatik ist die kleinste Informationseinheit das sogenannte Bit. Ein Bit entspricht den Zuständen „An/Wahr“ in Form einer 1 und „Aus/falsch“ in Form einer „0“. Da ein Informatiksystem immer auf einer elektronischen Schaltung basiert, können Daten nur mithilfe der Merkmale „Strom an“ und „Strom aus“ codiert werden. Bei einer Kommunikation zwischen den einzelnen Bauteilen eines Informatiksystems oder inneralb eines Netzwerkes können Daten dann in Form der Zustände „1“ und „0“ mithilfe von Stromsignalen übermittelt werden. Für die Codierung von Zahlen oder Buchstaben werden mehrere Bits zu einer Bitfolge zusammengefasst.

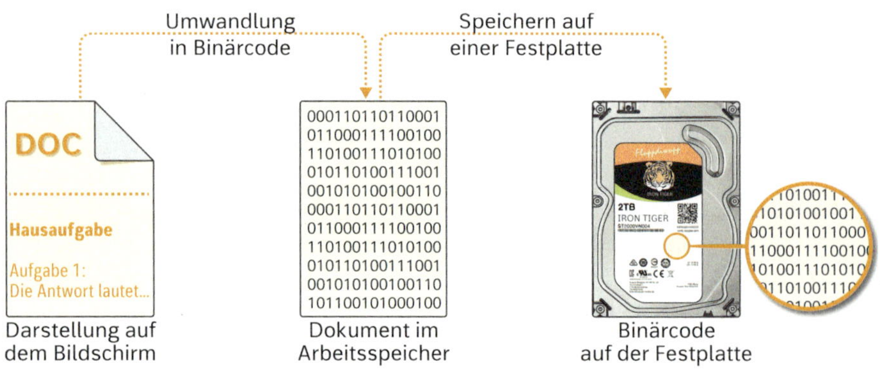

2 Daten speichern

Bytes

Mit zwei Zeichen allein, sind die Möglichkeiten begrenzt. Daher werden jeweils 8 Bits zu einem Paket zusammengefasst. Ein solches 8er-Paket wird als Byte (B) bezeichnet. Der Buchstabe A codiert mit einer 8-stelligen Bitkombination im Binärsystem: 01000001. Durch unterschiedliche Anordnung der Zeichen 0 und 1 im 8er-Paket ergeben sich 2^8=256 Kombinationen.

Speichereinheiten

Der Informationsgehalt großer Dateien lässt sich nur mit großen Zahlen an Bytes darstellen. Dafür wurden weitere Speichereinheiten eingeführt:

1 Kilobyte (KB) = 1024 Bytes
1 Megabyte (MB) = 1024 KB
1 Gigabyte (GB) = 1024 MB
1 Terabyte (TB) = 1024 GB

Die 1024-Sprünge ergeben sich aus dem binären Charakter der Daten: Die Zahl 2 wird verdoppelt, dann wird die Zahl 4 wieder verdoppelt und so weiter. Es ergibt sich die Zahlenreihe 2, 4, 8, 16, 32, 64, 128, 256, 512, 1024. Mittlerweile wurde die Umrechnung der Speichereinheiten auf den Faktor 1000 festgelegt.

Daten übertragen

Speicherkapazitäten werden in Byte angegeben. Datenübertragungsgeschwindigkeiten werden in Bit pro Sekunde angegeben. Internetanbieter werben etwa mit Datenübertragungen von 100 Mbit pro Sekunde. Das entspricht: 100 x 1000 = 100000 Bit/Sekunde.

Festplatten bilden Speichergrößen in Bytes ab, die sich aus Bits zusammensetzen. Datentransferraten hingegen zeigen Bits an.

A Beschreibe den Unterschied zwischen Bits und Bytes.

B Rechne um: 2 TB in GB, 5 B in Bit, 2 MB in B.

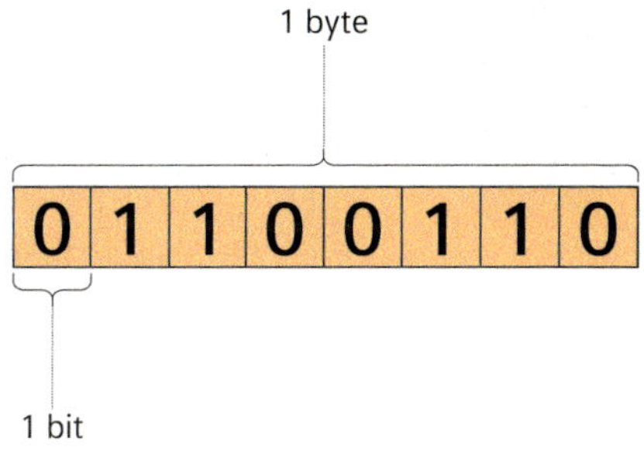

3 Bits und Bytes

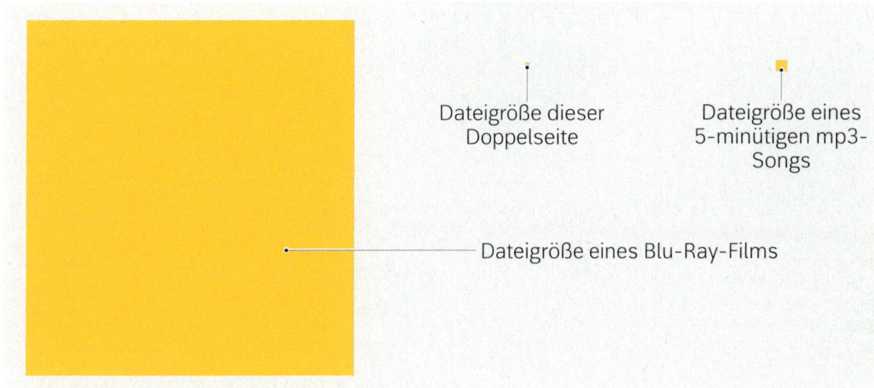

4 Datenvolumen verschiedener Dateiformate

Material mit Aufgaben

M1 Internetanbieter

1. Vergleiche die Datenvolumen und Übertragungsgeschwindigkeiten der drei Handyvertragsangebote.
2. Sebastian streamt gerne Serien oder Musik mit seinem Smartphone. Gib Sebastian eine Empfehlung, auf was er mit seinen Interessen bei einem Angebot achten sollte.
3. Ermittle die Downloadzeit eines 12 GB großen Films bei einer Datenübertragung von 50 Mbit/Sekunde.

Arbeitsweise eines Computers

1 Hauptplatine (Motherboard)

Grundmodell eines Computers

In einem Informatiksystem wie einem Computer ist die Hauptplatine, das Motherboard, der Ort an dem alle elektrischen Verbindungen zusammenlaufen. Die zentrale Einheit besteht aus einem Prozessor (CPU), einem Speicherwerk in einem Baustein und einem Ein- und Ausgabewerk.

1	000000000
2	001000001
3	011000010
4	010000100
5	110001000
6	100010000
7	111100000

000: Daten
001: Addiere zur Zahl in der Zelle 1
011: Ziehe von der Zahl in der Zelle 1 ab
010: springe in Zelle die nächste Zelle
110: springe zu Anfang
100: Stopp
111: Daten

000000: 1
000001: 2
000010: 3
000100: 4
001000: 5
010000: 6
100000: 7

2 Beispielhafte Speicherbelegung

Programme und Daten

Im Speicher sind Programme und die zugehörigen Daten abgelegt. Der Speicher besteht aus Zellen, die eine eigene Adresse haben. Dadurch kann gezielt auf Daten zugegriffen werden. Die kleinsten Einheiten von Informatiksysteme können zwei Zustände annehmen. Diese beiden Zustände werden mit den Ziffern 0 und 1 bezeichnet. Damit mehr als zwei Werte abgebildet werden können, können Folgen von Nullen und Einsen zusammengefasst werden. Es steht daher in den Zellen des Speichers eine Folge von Nullen und Einsen. Programme werden in Maschinenbefehle übersetzt und anschließend in eine Folge von Nullen und Einsen im Speicher abgelegt. Ein Maschinenbefehl ist eine Anweisung an den Prozessor, eine Operation durchzuführen wie beispielsweise eine Addition oder einen Wertevergleich. Jede funktionelle Leistung eines Prozessors ist daher Ergebnis der Ausführung eines Programms, das in Maschinensprache vorliegt.

Befehle verarbeiten im Prozessor

Der Prozessor ist die Zentraleinheit. Er arbeitet das im Speicher befindliche Programm ab. Dabei arbeitet er Befehl für Befehl ab. Das Steuerwerk koordiniert dabei die Befehle und entschlüsselt die Befehle. Es lädt die Befehle aus dem Speicher. Soll zum Beispiel eine Rechenoperation durchgeführt werden, wird diese Operation vom Rechenwerk des Prozessors ausgeführt. Das Steuerwerk koordiniert auch die Zusammenarbeit mit anderen Komponenten des Rechners.

Bus-System

Für den Datenaustausch zwischen den einzelnen Komponenten gibt es ein Verbindungssystem, das Bus-System. Es handelt sich um Leiterbahnen zum Datentransport. Das Steuerwerk steuert den Datenaustausch über das Bus-System. Je schneller der Transfer im Bus gelingt, desto schneller ist ein Rechner.

Ein- und Ausgabewerk

Das Ein- und Ausgewerk ist die Schnittstelle zu allen anderen an den Prozessor angeschlossenen Ein- und Ausgabegeräten. Man spricht von peripheren Ein- und Ausgabegeräten. Das Ein- und Ausgabewerk ermöglicht den Datentransport zu diesen Geräten wie zum Beispiel einer Tastatur.

Material mit Aufgaben

M1 **Zusammenspiel der Komponenten**

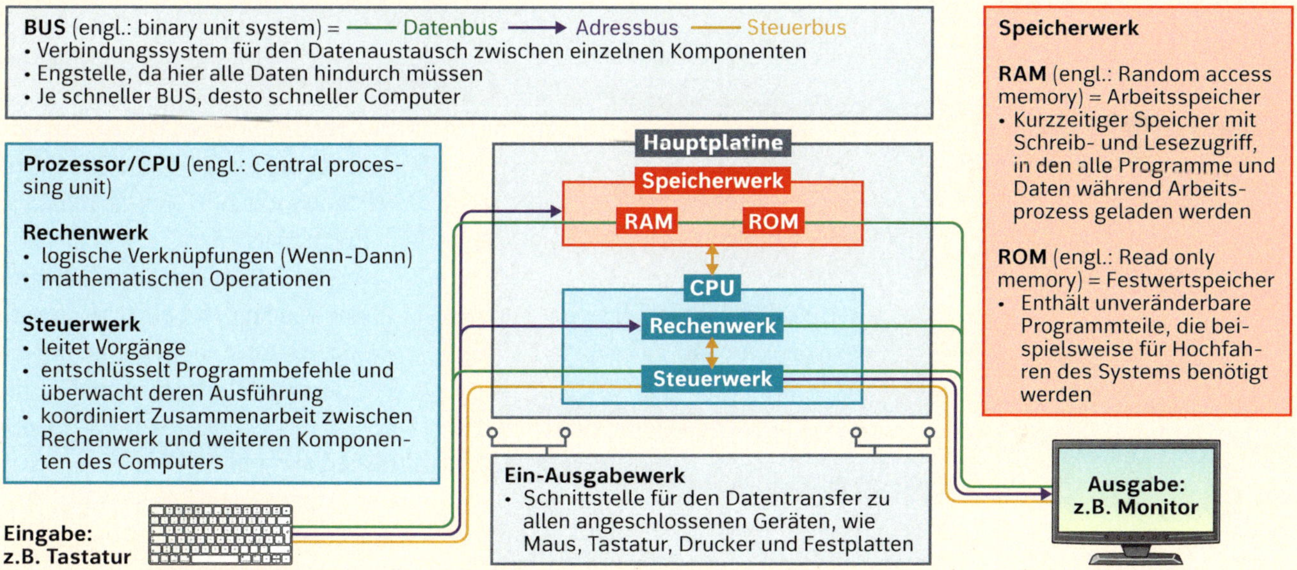

1. Nenne die Komponenten eines Computers, die das Grundmodell eines Computers darstellen.
2. Beschreibe die Aufgaben des Speichers, des Steuerwerks und des Rechenwerks.
3. Beschreibe, wie das Steuerwerk, der Speicher und das Rechenwerk beim Ausführen einer Rechenoperation zusammenarbeiten.
4. Beschreibe die Aufgabe des BUS-Systems.
5. Erkläre den Unterschied zwischen RAM und ROM mithilfe der Abbildung.
6. Erläutere mithilfe der Abbildung die Unterschiede zwischen Datenbus, Adressbus und Steuerbus.
7. Die dargestellte Abbildung stellt einen „Von-Neumann-Rechner" dar.

   a. Recherchiere, was man unter der „Von-Neumann-Architektur" versteht und welche Vorteile daraus entstanden sind.

   b. Recherchiere zum Begriff „Von-Neumann-Flaschenhals" und fasse dies kurz zusammen.

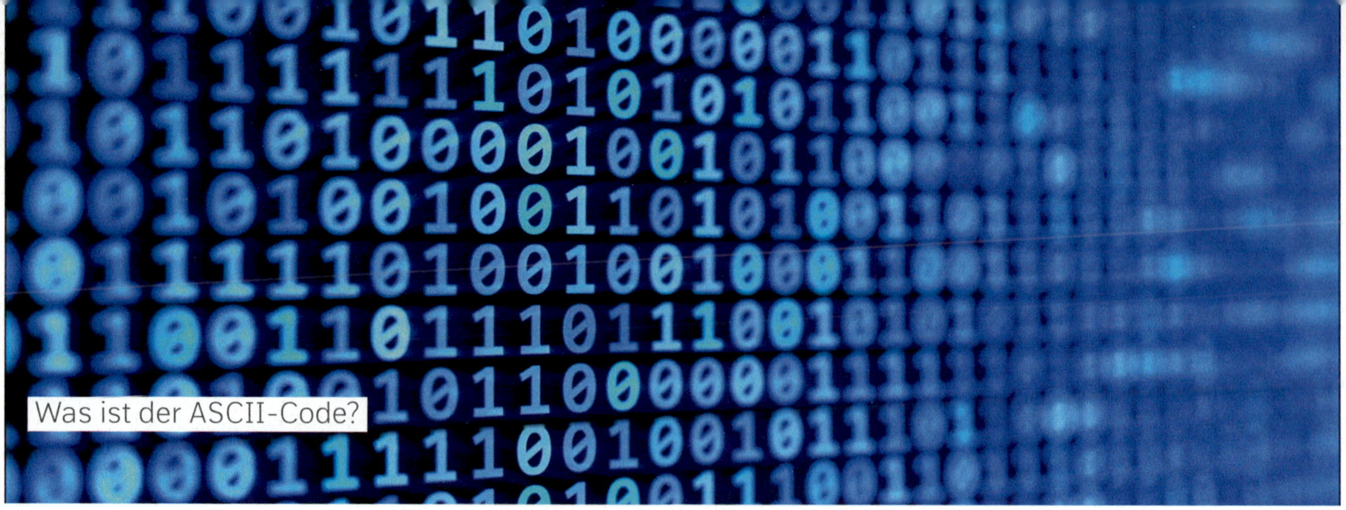

1 ASCII-Codierung

Texte codieren – der ASCII-Code

ASCII = engl. **A**merican **S**tandard **C**ode for **I**nformation **I**nterchange

Codieren von Texten

Ein Computer versteht die menschliche Sprache nicht. Damit ein Computer Zahlen und Buchstaben darstellen kann, benötigt der Computer eine Codierungsvorschrift. Da Computer nur binär mit Dualzahlen arbeiten können, müssen die Buchstaben, Zeichen und Ziffern codiert werden. Die Buchstaben unseres Alphabets, Ziffern und Sonderzeichen bezeichnet man allgemein als Zeichen. Die darstellbaren Zeichen bezeichnet man auch als Zeichensatz. Eine Zeichencodierung legt für jedes Zeichen eines Zeichensatzes fest, wie ein Zeichen binär codiert wird.

ASCII

Der ASCII-Code besteht aus 128 Zeichen, die sich mit 7 Bits codieren lassen. Darunter befinden sich 95 druckbare und 33 nicht druckbare Zeichen wie zum Beispiel ein Zeilenvorschub. Jedem einzelnen Zeichen wird ein Bitmuster aus 7 Bit zugeordnet. Da jedes Bit nur zwei Zustände annehmen kann, die Zustände „0“ und „1“, ergeben sich 2^7, also insgesamt 128 Zustände. Im ASCII-Code stellen nur die Zeichen 32-126 die druckbaren Zeichen dar. Darunter zählen die Buchstaben, Sonderzeichen wie Satzzeichen und Rechenzeichen und auch die Ziffern.

Nummer	Bezeichnung	Beschreibung
0 - 31 127	Steuerzeichen	Textanweisungen (Tabulator, Leerzeichen, Textanfang)
32 - 47 58 - 64 91 - 96 123 - 126	Sonderzeichen	Satzzeichen (!, ?) und Rechenzeichen (-, +, =)
48 - 57	Ziffern	0 - 9
65 - 90 97 - 122	Buchstaben	Groß- und Kleinbuchstaben

2 ASCII-Codierung

	010	011	100	101	110	111
...0000	*SPC*	0	@	P	´	p
...0001	!	1	A	Q	a	q
...0010	„	2	B	R	b	r
...0011	#	3	C	S	c	s
...0100	$	4	D	T	d	t
...0101	%	5	E	U	e	u
...0110	&	6	F	V	f	v

3 Ursprüngliche ASCII-Tabelle, 7 Bit (Auszug)

Erweiterung des ASCII-Codes

Der ASCII-Zeichensatz wurde zur Codierung englischsprachiger Texte entwickelt. Die 128 Zeichen einer 7-Bit-Codierung reichten nicht aus, um andere Sprachen mit ihren Zeichen von einem Computer darzustellen. Zum Beispiel fehlten die Umlaute ö, ü oder ä oder Vokale mit Akzenten. Auch Buchstaben anderer Alphabete konnten nicht dargestellt werden. Daher wurde der ASCII-Code bereits in den 1970er Jahren um 1 Bit auf eine 8-Bit-Codierung erweitert. Es können $2^8 = 256$ Zeichen codiert werden. Die ASCII-Tabelle konnte um die Stellen 128-255 erweitert werden. Jedes Zeichen wird mit 8 Bit codiert. Es ist wichtig, dass der Computer bei längeren Bitfolgen weiß, wann ein Zeichen beginnt und aufhört.

Unicode

Bis heute entstand eine Vielzahl von Zeichencodierungen für verschiedene Alphabete. Zunächst wurden 8-Bit-Codierungen verwendet, die je nach Codierungsvorschrift unterschiedliche Zeichen codieren. Es entstanden auch Codierungen, die teilweise mehr Bits pro Zeichen verwenden. So können mehr Zeichen codiert werden, wie die Zeichen des chinesischen Schriftsystems. Unicode ermöglicht die Darstellung von über einer Million Zeichen und löst nach und nach alle anderen Zeichensätze ab. Besonders wichtig ist das Unicode-Format UTF-8, welches mittlerweile das vorherrschende Textformat im World Wide Web ist. Es hat den Vorteil, dass es ASCII-kompatibel ist, da die ersten 128 Zeichen identisch sind.

Material mit Aufgaben

M1 Erweiterter ASCII-Code anwenden

Nr.	Codierung		Nr.	Codierung		Nr.	Codierung		Nr.	Codierung	
33	00100001	!	54	00110110	6	79	01001111	O	104	01101000	h
34	00100010	„	55	00110111	7	80	01010000	P	105	01101001	i
37	00100101	%	56	00111000	8	81	01010001	Q	106	01101010	j
38	00100110	&	57	00111001	9	82	01010010	R	107	01101011	k
39	00100111	'	58	00111010	:	83	01010011	S	108	01101100	l
40	00101000	(	65	01000001	A	84	01010100	T	109	01101101	m
41	00101001	)	66	01000010	B	85	01010101	U	110	01101110	n
42	00101010	*	67	01000011	C	86	01010110	V	111	01101111	o
43	00101011	+	68	01000100	D	87	01010111	W	112	01110000	p
44	00101100	,	69	01000101	E	88	01011000	X	113	01110001	q
45	00101101	-	70	01000110	F	89	01011001	Y	114	01110010	r
46	00101110	.	71	01000111	G	90	01011010	Z	115	01110011	s
47	00101111	/	72	01001000	H	97	01100001	a	116	01110100	t
48	00110000	0	73	01001001	I	98	01100010	b	117	01110101	u
49	00110001	1	74	01001010	J	99	01100011	c	118	01110110	v
50	00110010	2	75	01001011	K	100	01100100	d	119	01110111	w
51	00110011	3	76	01001100	L	101	01100101	e	120	01111000	x
52	00110100	4	77	01001101	M	102	01100110	f	121	01111001	y
53	00110101	5	78	01001110	N	103	01100111	g	122	01111010	z

Mithilfe eines Auszugs der erweiterten ASCII-Tabelle können Wörter in eine Bitfolge übersetzt werden. Ein Leerzeichen wird mit 00100000 codiert.

M	a	u	s
01001101	01100001	01110101	01110011

1. Decodiere mithilfe der Tabelle folgendes codiertes Wort:
   01010111 01110101 01110010 01101101
2. Codiere die beiden Wörter mithilfe der ASCII-Tabelle und schreibe die Bitfolge auf: Computer und Informatik.
3. Codiere deinen Vor- und Nachnamen. Achte auf Ziffern und Leerzeichen.
4. Arbeitet zu zweit. Tauscht gegenseitig codierte Wörter oder Sätze aus und decodiert sie.
5. Erkläre, warum durch die Erweiterung auf eine 8-Bit-Codierung mehr Zeichen vom Computer dargestellt werden können.
6. Begründe, warum für jedes Zeichen im ASCII-Code die gleiche Anzahl an Stellen vorhanden ist.

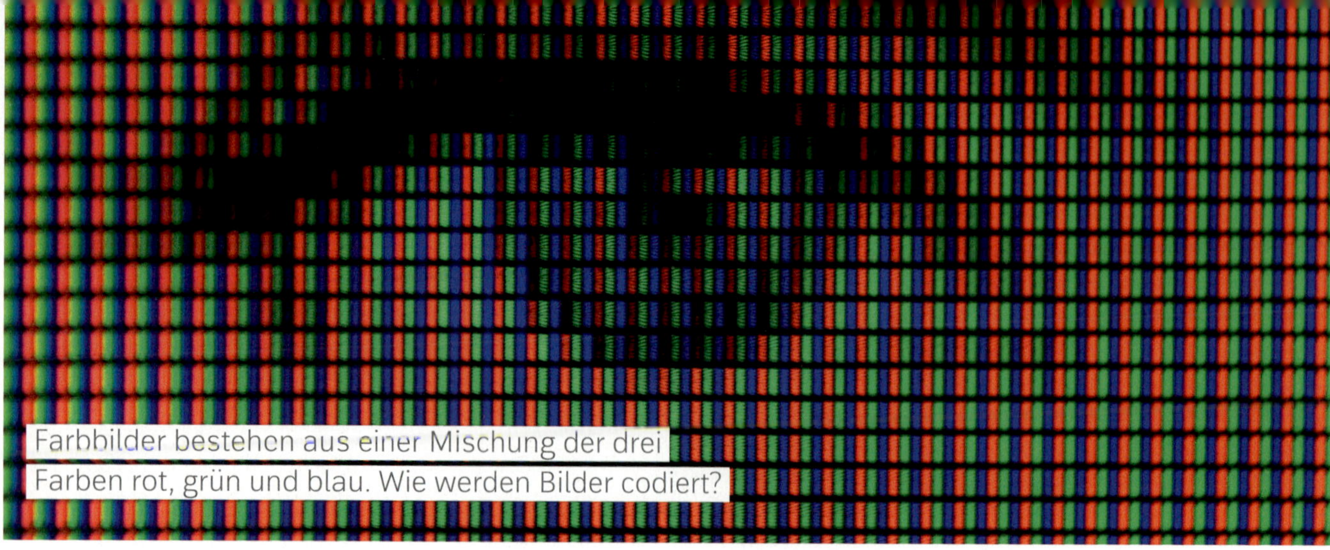

1 Das Bild eines Monitors besteht aus Bildpunkten.

Codierung von Bildern

Bilder codieren

Smartphones machen heutzutage tolle Fotos. Damit ein Computer solche Bilder verarbeiten und speichern kann, stellt er das Bild mithilfe vieler Bildpunkte dar. Die Bildpunkte bezeichnet man auch als Pixel. Jeder einzelne Pixel ist codiert. Die Auflösung eines Bildes ist umso höher, je mehr Pixel ein Bild erhält. Bei einem einfachen Schwarz-Weiß-Bild ist ein schwarzer Pixel mit 0 codiert, alle weißen Punkte mit 1. In einer Bilddatei steckt daher ein binärer Code. Ein Computer kann diese Dateien verarbeiten und dann anzeigen.

2 Pixelraster eines Schwarz-Weiß-Bildes

1	1	0	0	0	0	1	1
1	0	0	0	0	0	0	1
0	0	1	0	0	1	0	0
0	0	1	0	0	1	0	0
0	0	0	0	0	0	0	0
0	0	1	1	1	1	0	0
1	0	0	1	1	0	0	1
1	1	0	0	0	0	1	1

Codierung Schwarz-Weiß-Bild

Mithilfe eines Editors kann der Code eines Bildes angezeigt werden. Mithilfe eines Pixelrasters kann der jeweilige codierte Zustand eines Pixels dargestellt werden. Wird ein Bild in ein solches Raster von Pixeln aufgeteilt, spricht man von einer Rastergrafik. Die wichtigsten Eigenschaften einer Rastergrafik sind die Bildgröße und die Farbtiefe. Die Bildgröße entspricht dabei der Breite und Höhe an Pixeln. Wird nur ein Bit pro Pixel verwendet, lassen sich nur zwei Farbwerte unterscheiden. In den meisten Fällen sind das schwarz und weiß. Im Code werden die Pixelwerte von oben links nach unten rechts als Bitfolge dargestellt.

Beispiel: In Bild 2 ist ein Pixelraster mit 8 x 8 Pixeln zu sehen. Es sind insgesamt 64 Pixel dargestellt. Die Bitfolge hat die Länge 64 Bit. Im Code des Pixelrasters steht die 1 für ein „weißes Pixel" und die 0 für ein „schwarzes Pixel". Das Schwarz-Weiß-Bild kann am Monitor betrachtet werden.

Codierung von Graustufenbildern

In Graustufenbildern kann ein Pixel verschiedene Graustufen als Wert haben. Dabei wird jedes Pixel durch 8 Bit, also 1 Byte, codiert. Es können daher $2^8 = 256$ Graustufen im Bild angezeigt werden. Der Wert 0 bedeutet „schwarzes Pixel". Ein „weißes Pixel" hat den Wert 255. Die Werte 1 bis 254 stehen für die dazwischen liegenden Grautöne.

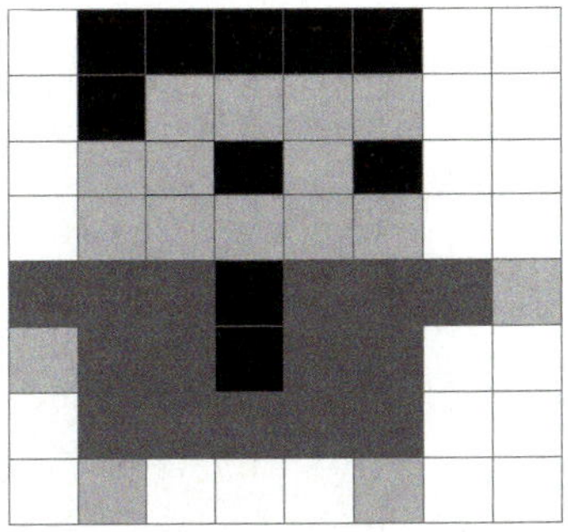

255	0	0	0	0	0	255	255
255	0	160	160	160	160	255	255
255	160	160	0	160	0	255	255
255	160	160	160	160	160	255	255
64	64	64	0	64	64	64	160
160	64	64	0	64	64	255	255
255	64	64	64	64	64	255	255
255	160	255	255	255	160	255	255

3 Pixelraster eines Graustufenbildes, Raster 8x8, 256 Abstufungen

Codierung von Farbbildern

In Farbbildern wird pro Pixel oft ein Rot-Grün- und Blauwert gespeichert. Man spricht von RGB-Werten. Mit diesen drei Werten lassen sich alle Farben des RGB-Farbraums darstellen, in dem durch das Mischen der drei Grundfarben Rot, Grün und Blau jeder beliebige Farbeindruck nachgebildet wird. Gelb ergibt sich beispielsweise durch 100% Rot + 100% Grün + 0% Blau.

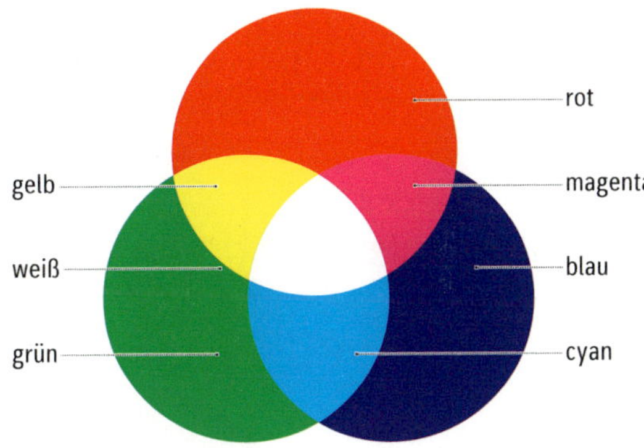

4 Farbbild mit RGB-Farbpalette

Material mit Aufgaben

M1 Schwarz-Weiß-Bild

Digital+
WES-188528-04

A

B

0	0	0	1	0	0	0
1	1	1	1	1	1	1
0	1	1	1	1	1	0
0	1	1	1	1	1	0
0	0	1	1	1	0	0
0	0	0	1	0	0	0

C

1	0	0	1	0	0	1
0	0	0	0	0	0	0
0	0	0	0	0	0	0
1	0	0	0	0	0	1
1	1	0	0	0	1	1
1	1	1	0	1	1	1

1. Betrachte das Pixelbild in A. Bestimme die Bildgröße und die Anzahl der Pixel.
2. Ordne dem Bild den passenden Code B oder C zu. Begründe deine Zuordnung.
3. Zeichne auf ein Blatt Papier zwei Quadrate mit 10x10 Kästchen. Zeichne in das erste Quadrat ein Schwarz-Weiß-Muster deiner Wahl. Erstelle im zweiten Quadrat die Binär-Codierung für das Pixelbild.
4. Verändere das Pixelraster und die Bildgröße bei dem Bild hinter dem QR-Code.
5. Erkläre, wie in einem Graustufenbild Pixel in Graustufen dargestellt werden können.

Codierung von Bildern

0	0	1	1	1	1	0	0
0	1	1	1	1	1	1	0
1	1	0	1	1	0	1	1
1	1	0	1	1	0	1	1
1	1	1	1	1	1	1	1
1	1	0	0	0	0	1	1
0	1	1	0	0	1	1	0
0	0	1	1	1	1	0	0

1 Binärbild (PNM)

```
P1 ——— Binärbild im ASCII-Textformat
8  8 ——— Rastergröße
0  0  1  1  1  1  0  0
0  1  1  1  1  1  1  0
1  1  0  1  1  0  1  1
1  1  0  1  1  0  1  1
1  1  1  1  1  1  1  1
1  1  0  0  0  0  1  1
0  1  1  0  0  1  1  0
0  0  1  1  1  1  0  0
```

2 PNM

Material mit Aufgaben

M1 **RGB codieren**

Digital + WES-188528-05

1. Erkläre, warum ein RGB-Bild im abgebildeten Format drei Werte für einen Pixel codieren.
2. Erkläre die Unterschiede im PNM-Format zwischen einem Binär-Bild, einem Graustufenbild und einem RGB-Bild.
3. Begründe, wie die Dateistruktur geändert werden muss, um ein Graustufenbild zu erzeugen.
4. Hinter dem QR-Code liegt eine interaktive Farbpalette. Versuche Farben von Gegenständen in deiner Umgebung damit nachzustellen.

Portable Anymap

Portable Anymap, kurz PNM, ist ein sehr einfaches Dateiformat für Rastergrafiken. Mit diesem Dateiformat können Binärbilder, Graustufenbilder, aber auch RGB-Bilder im Binärformat und auch als reine Textdatei im ASCII-Format gespeichert werden. PNM-Dateien lassen sich auch mit einem einfachen Texteditor erstellen und bearbeiten. Jedoch können sie nicht als Bild angezeigt werden. Dafür benötigt man ein eigenes Programm. Der Header einer PNM-Datei ist immer im ASCII-Textformat gespeichert, Breite, Höhe und maximale Helligkeit sind hier als Dezimalzahlen angegeben. Die einzelnen Werte können durch beliebig viele Leerzeichen, Zeilenumbrüche oder Tabulatorzeichen voneinander getrennt sein. Auf den letzten Eintrag des Headers folgen die eigentlichen Bilddaten, je nach „Magic Number" entweder als Dezimalzahlen im ASCII-Format oder bei Schwarz-Weiß-Bildern binär codiert. Bilder im PNM-Format sind sehr groß, weil sie nicht komprimiert sind.

RGB-Bilder codieren

In Farbbildern wird pro Pixel üblicherweise ein Rot-, Grün- und Blau-Wert gespeichert. Man spricht daher von RGB-Werten. Ein RGB-Bild ist ein Mehrkanalbild. Mit den drei RGB-Werten lassen sich alle Farben des RGB-Farbraums darstellen, in dem durch das additive Mischen der drei Grundfarben Rot, Grün und Blau jeder beliebige Farbeindruck nachgebildet wird. Ein dunkles Gelb für einen Pixelergibt sich zum Beispiel durch die Werte 127 94 0.

Dateiformate für Rastergrafiken

Bilddaten im PNM-Format sind im Vergleich zu anderen Dateiformaten sehr groß und benötigen viel Speicherplatz. Ein RGB-Farbbild mit der Größe 4000 x 3000 Pixel kann bis zu 143 MB groß sein. Es gibt daher weitere Dateiformate für Rastergrafiken, die weniger Speicherplatz benötigen. Bei diesen Dateiformaten sind die Daten unterschiedlich stark komprimiert. Beim bekannten JPEG-Format gehen bei der Komprimierung Teile der Bildinformation verloren. Man spricht von verlustbehafteter Kompression. Jedoch fallen zum Beispiel bei Fotos bei normaler Vergrößerung keine großen Qualitätsverluste auf. Bei PNG-Dateien werden die Bilddaten ebenfalls komprimiert. Jedoch gehen keine Bildinformationen verloren. Man spricht von verlustfreier Kompression.

1 Bildkomprimierung

Material mit Aufgaben

M1 Dateiformate

	Name	Dateiendung	Beschreibung
JPG	JPEG Joint Photographic Experts Group	.jpg .jpeg	Um Dateigröße zu minimieren, werden Bilddaten sehr effektiv komprimiert, wobei ein Teil der Bildinformationen verloren gehen. Das fällt bei normaler Vergrößerung aber kaum auf.
PNG	PNG Portable Network Graphics	.png	Bei Komprimierung gehen keine Bildinformationen verloren. Sie funktioniert besonders gut bei Bildern mit Linien und Flächen ohne Schattierungen, also eher für Grafiken als für Fotos. Transparenzen werden unterstützt.
GIF	GIF Graphics Interchange Format	.gif	Dateiformat für Bilder mit Farbpalette, das wie PNG verlustfreie Kompression verwendet. Es können auch mehrere Einzelbilder sein, die von Anzeigeprogrammen wie Webbrowern als Animationen abgespielt werden.
BMP	BMP Windows Bitmap	.bmp	Einfaches Dateiformat für RGB-Bilder, in dem ein verlustfreies aber sehr einfaches Kompressionsverfahren verwendet wird. Dadurch sind die Dateien größer als etwa PNG-Dateien.
TIFF	TIFF Tagged Image File Format	.tif .tiff	Sehr flexibles Dateiformat, das verlustfreie Kompression verwendet und Bilder mit hoher Qualität und Größe speichern kann. Die Dateien sind allerdings sehr groß und finden im Internet kaum Verwendung, sondern im Druckbereich.

1. Erkläre, warum Bilder komprimiert werden.
2. Beschreibe, bei welchen der dargestellten Dateiformate Bildinformationen verloren gehen und bei welchen nicht.
3. In diesem Schulbuch sind viele farbige Fotos in hoher Qualität abgedruckt. Begründe, welches der Dateiformate für den Druck von Fotos geeignet ist.
4. Mila soll ein Logo für die Schul-Webseite entwickeln, das wie ein Wasserzeichen über andere Inhalte gelegt werden kann. Begründe, welches Dateiformat sich eignet.

1 Manchmal können E-Mails nicht versendet werden.

Daten komprimieren

Datenmenge verkleinern

Beim Senden einer E-Mail kann je nach Anbieter manchmal der Dateianhang zu groß sein. Die E-Mail gelangt nicht vom Sender zum Empfänger. Oft sind Fotos oder Videos als Originaldaten zu groß. Daher werden oft Packprogramme genutzt, damit größere und eine größere Anzahl an Dateien in einer komprimierten Archiv-Datei verpackt werden. Datenmengen werden mithilfe von bestimmten Verfahren reduziert. Man spricht von **Datenkompression**. Die komprimierten Daten haben dann einen geringeren Speicherbedarf als die Originaldaten.

Kompressionsfaktor

Daten können unterschiedlich stark komprimiert werden. Wie stark die Daten komprimiert werden, lässt sich mithilfe des **Kompressionsfaktors** bestimmen. Der Kompressionsfaktor gibt an, wie groß die komprimierten Daten im Verhältnis zu den ursprünglichen Daten sind. Er lässt sich errechnen, indem die komprimierte Datenmenge durch die ursprüngliche Datenmenge dividiert wird:

Kompressionsfaktor = komprimierte Datenmenge **:** ursprüngliche Datenmenge

2 Datenkompression bei einer JPEG-Datei: **A** Dateigröße: 87 kB, **B** Dateigröße: 31 kB, **C** Dateigröße: 11 kB

Verluste der Datenkompression

Bei der Kompression von Daten können bei der Codierung und Decodierung Teile der Information verloren gehen. Die ursprünglichen Daten können nicht wieder genau hergestellt werden. Man spricht von **verlustbehafteter Datenkompression**. Vor allem bei der Kompression von Bildern, Video- und Audiodateien wird versucht, unwichtige Informationen wie einzelne Bilddetails wegzulassen. Mit zunehmendem Kompressionsfaktor verringert sich die Bild- oder Tonqualität. Ein bekanntes Dateiformat ist das JPEG-Format.

Lauflängencodierung

Ein oft genutztes, verlustfreies Kompressionsverfahren ist die **Lauflängencodierung**. Bei dieser Form der Komprimierung werden Daten nicht Zeichen für Zeichen codiert. Es wird das Zeichen und seine folgenden Wiederholungen codiert. Bei den Wiederholungen spricht man dann von der Lauflänge. Die Lauflängencodierung kann auch auf Bilder angewendet werden. Insbesondere bei Rasterbilddaten ist dieses Verfahren gut geeignet, wenn das Bild größere Bereiche mit gleicher Farbe enthält. Die Bitfolgen bei Binärbildern bestehen aus Folgen von Nullen und Einsen. Bei der Lauflängencodierung werden die Längen der abwechselnden Null- und Eins-Folgen angegeben. Üblicherweise wird mit einer Nullfolge gestartet. In diesem Fall beträgt die erste Ziffer der Lauflänge 1. Wenn nicht mit einer Nullfolge gestartet wird, beträgt die erste Ziffer der Lauflänge 0.

Bitfolge:
1111 1100 1011 1111 1000 0000

Lauflängen:
0, 6, 2, 1, 1, 7, 7

3-Bit-Codierung der Ganzzahlen:
110 010 001 001 111 111

Die ursprüngliche Bitfolge von 24 Bit wurde durch die Codierung der Lauflängen auf 18 Bit reduziert. Diese Reduzierung ist ein Beispiel für eine Datenkompression bei einem Binärbild.

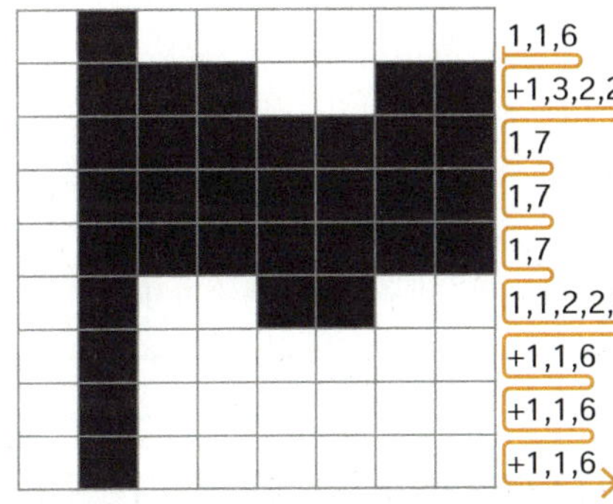

Die Lauflängencodierung der Bitfolge ergibt die folgenden 23 Zahlen:
1,1,7,3,2,2,1,7,1,7,1,7,1,1,2,2,3,1,7,1,7,1,6

3 Binärbild und Lauflängen

Material mit Aufgaben

M1 Binärbild komprimieren

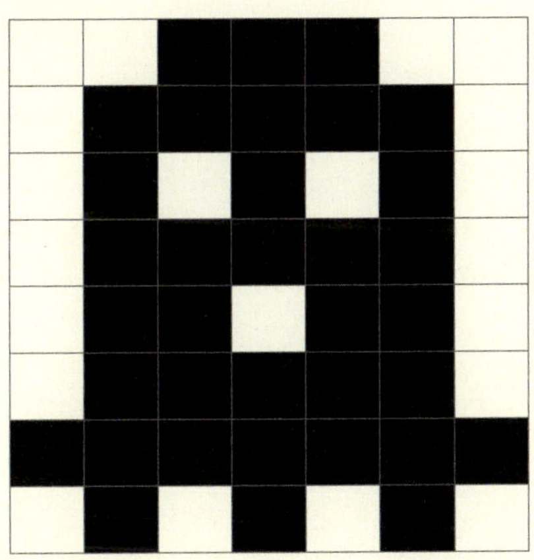

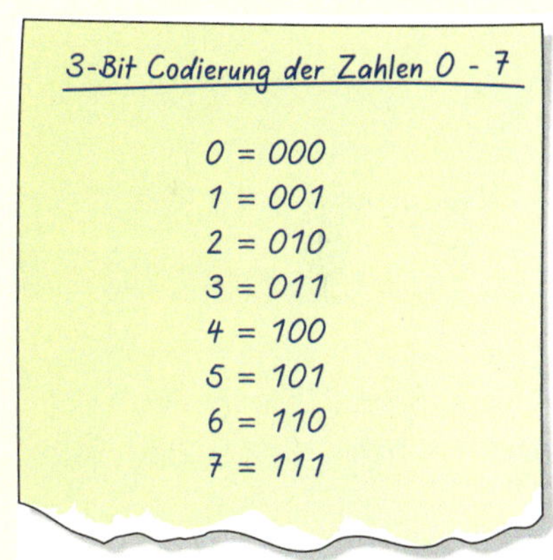

1. Bestimme die Bitfolge für das abgebildete Binärbild. Bedenke, dass weiße Felder mit 1 und schwarze Felder mit 0 codiert werden.
2. Bestimme die Lauflängen für die Bitfolge des Binärbildes.

Tipp: Schreibe dir die Lauflängen pro Zeile wie in Bild 3 an die Seite.

3. Überführe die Lauflängen des Binärbildes in eine 3-Bit-Codierung.
4. Erkläre, wann ein Binärbild nicht mit der 3-Bit-Codierung der Zahlen 0-7 komprimiert werden kann.

1 Darstellung vieler Farben in einem Browserfenster

Das Hexadezimalsystem

hexa kommt aus dem Griechischen und bedeutet „sechs“, während **dezem** das lateinische Wort für „zehn“ ist.

Stellenwertsysteme

In unserem normalen Alltag ist das Dezimalsystem mit seinen 10 Ziffern kaum wegzudenken. 30 Euro Taschengeld, 14 Tage Ferien oder 365 Tage – dieses Stellenwertsystem ist uns allgegenwärtig. In der Informatik wird der Binärcode genutzt. Jedoch haben große Binärzahlen den Nachteil, dass sie unübersichtlich sind. Deswegen nutzt man in der Informatik auch ein anderes Stellenwertsystem: das **Hexadezimalsystem**.

·2	·2	·2	·2	·2	·2	·2	·2	·2	·2	·2	
2048	1024	512	256	128	64	32	16	8	4	2	1
1	0	0	0	1	1	1	1	0	1	0	0

2 Darstellung der Dezimalzahl 2 292 in einer binären Stellenwerttafel

·16	·16	·16	·16	
65536	4096	256	16	1
-	-	8	F (15)	4
		256 · 8 +	16 · 15 +	1 · 4 = 2292

3 Darstellung der Dezimalzahl 2 292 in einer hexadezimalen Stellenwerttafel

Hexadezimalsystem

Das Wort Hexadezimal setzt sich aus den Begriffen **hexa** und **decem** zusammen. Das Hexadezimalsystem ist ein Stellenwertsystem. Es stellt Zahlen zur Basis 16 dar. Im Hexadezimalsystem werden daher 16 Ziffernsymbole genutzt (0-9 und A-F). Das Binärsystem arbeitet dagegen nur mit zwei Ziffern (1 und 0), das Dezimalsystem mit 10 Ziffern (0-9). Mit dem Hexadezimalsystem lassen sich Informationen, die im Binärsystem 8 Stellen bräuchten, mit nur 2 Hexadezimalzahlen ausdrücken. Die dezimale Zahl 2 292 beträgt als Binärzahl $1000\,1111\,0100_2$ und als Hexadezimalzahl 8F4.

Hexadezimalsystem verstehen

Bei der Dezimalschreibweise können die Dezimalzahlen 10, 11, 12, 13, 14 und 15 genutzt werden. Diese bestehen jeweils aus zwei zusammenhängenden Symbolen. Bei der Zahl 10 ist daher nicht klar, ob die Dezimalzahl 10 oder die Binärzahl 10 gemeint ist. Das Hexadezimalsystem schafft hier Abhilfe. Die Werte 0-9 werden als Zahlen geschrieben, aber die Werte von 10 bis 15 durch die Großbuchstaben A, B, C, D, E und F ersetzt. So können binäre und auch dezimale Zahlen in hexadezimale Schreibweise umgewandelt werden.

Farben darstellen

HTML ist eine textbasierte Auszeichnungssprache zur Erstellung von Dokumenten mit Hyperlinks und Bildern. HTML-Dokumente sind Grundlage des World Wide Web. Diese werden von Webbrowsern dargestellt. HTML nutzt die hexadezimale Schreibweise, um Farben zu beschreiben. Eine zweistellige hexadezimale Zahl kann genau 25610 mögliche Werte darstellen. Das liegt an der Beschränkung alter Hardware, welche nur 25610 Farben darstellen kann. Hexadezimal-Farben werden immer mit genau sechs Stellen beschrieben.

Farbsystem verstehen

Auf einem Bildschirm werden Farben durch die Kombination von drei Werten bestimmt: rot, grün und blau. Beim hexadezimalen Farbsystem stehen die ersten beiden Stellen für die roten Werte, die mittleren beiden für die grünen Werte und die letzten beiden Stellen für die blauen Werte. #000000 ist schwarz, während #FFFFFF weiß ist. Komplexere Farben lassen durch die Verwendung aller drei Farben erzeugen. Ein heller orangener Bildpunkt lässt sich wie folgt darstellen:

RGB: 255 165 000
Hexadezimal: FF A5 00

FF FF FF R 255 G 255 B 255	FF 00 FF R 255 G 000 B 255	87 CE EB R 135 G 206 B 235	00 8B 00 R 000 G 139 B 000
FF FF 00 R 255 G 255 B 000	A0 20 F0 R 160 G 032 B 240	00 FF FF R 000 G 255 B 255	55 6B 2F R 085 G 107 B 047
FF A5 00 R 255 G 165 B 000	41 69 E1 R 065 G 105 B 225	54 FF 9F R 084 G 255 B 159	8B 45 13 R 139 G 069 B 019
FF 00 00 R 255 G 000 B 000	00 00 FF R 000 G 000 B 255	00 FF 00 R 000 G 255 B 000	00 00 00 R 000 G 000 B 000

4 Farben hexadezimal darstellen (Hex-Werte)

Material mit Aufgaben

M1 Hex-Werte

Farbe	Hex-Wert	R	G	B
Schwarz	#000000	...	...	...
Blau	...	0	0	255
Grün	#00FF00	...	...	...
Cyan	...	0	255	255
Rot	#FF0000	...	...	...
Gelb	#FFFF00	...	...	...

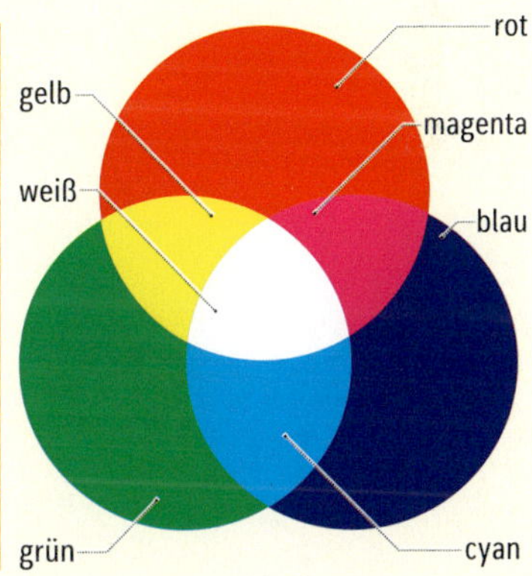

1. Beschreibe, wie sich ein Hex-Wert für eine Farbe zusammensetzt.
2. Übertrage die Tabelle in ein Dokument oder ins Heft. Ergänze die fehlenden Werte.
3. Stelle Vermutungen an, um welche Farben es sich bei #00008B, #FCFCFC und #00EE00 handeln könnte.

1 Einsingen eines Songs im Tonstudio

Analoge und digitale Daten

Analoge Daten

Hört man einer Band beim Live-Act zu, übertragen sich die Töne der Musik über Schallwellen. Diese Signale können sich gleichmäßig verändern. Sie sind kontinuierlich. Man spricht von analogen Signalen. Früher wurde Musik häufig mit Kassettenrecordern aufgenommen. Er zeichnet analoge Daten auf. Spielt man die Musik von der Kassette ab, klingt sie weitestgehend identisch mit dem Original. Man kann die Wiedergabe vereinfacht als Kurve darstellen.

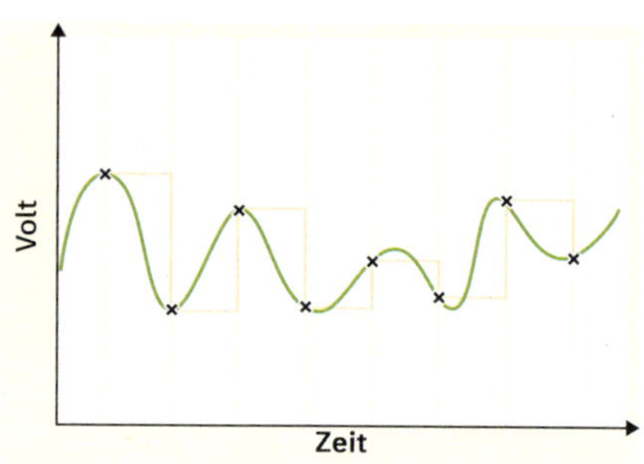

2 Analoges Signal

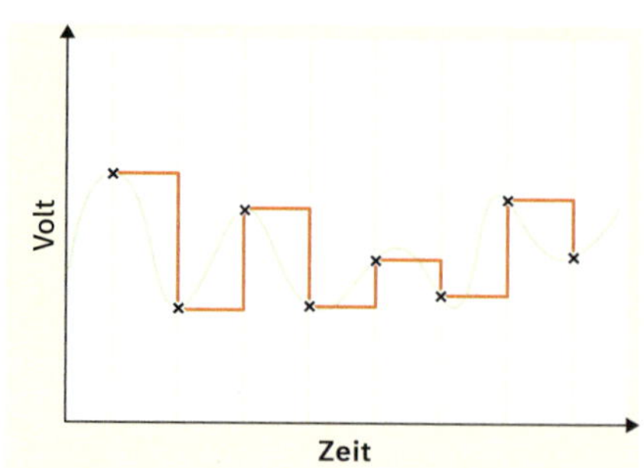

3 Digitales Signal

Digitale Daten

Computer speichern ihre Daten digital. Diese Daten werden dazu in eine Folge von 0 und 1 übersetzt. Je nach der Folge von 0 und 1 können unterschiedliche Zahlen interpretiert werden. Einem Computer stehen jedoch nicht unendlich viele Bits als Speicherplatz zur Verfügung. Ein Computer kann daher auch nur eine endliche Anzahl von Zahlen speichern.

Durch die begrenzte Zahl von Bits gibt es auch eine größte Zahl, die gespeichert werden kann. Zwischen der größten und kleinsten Zahl kann ein Computer nur mit einer zählbaren Anzahl von Werten arbeiten. Man spricht von diskreten Werten. Digitale Signale können von Computern gemessen und auch gespeichert werden. Es handelt sich dann um eine bestimmte Folge von solchen diskreten Werten, die aus 0 und 1 bestehen.

Digitalisierung von Tönen

Töne werden durch Schwingungen erzeugt, die über das Medium Luft transportiert werden. Durch Druckschwankungen in der Luft bildet sich ein analoges Signal, das im Laufe der Zeit unterschiedlich nach oben und unten im Diagramm ausschlägt.

Nimmt man mit einem Computer Musik auf, werden die Daten digitalisiert. Das analoge Signal wird zunächst schrittweise abgetastet. Bei der Digitalisierung werden beim Abtasten zu unterschiedlichen Zeitpunkten der Wert des Signals gemessen und mithilfe von Dualzahlen dargestellt. Das analoge Signal wird Schritt für Schritt zerlegt und in ein digitales Signal gewandelt. Bei der Digitalisierung gehen die Werte zwischen den einzelnen Messpunkten verloren. Die Qualität der digitalen Daten lässt sich jedoch auch verbessern: Je zahlreicher die Einzelschritte sind, desto näher kommt die Wiedergabe dem Original. Die Abtastung wird in Hertz (Hz) angegeben. Ein Abtastvorgang pro Sekunde entspricht 1 Hz.

Die Wiedergabe digitalisierter Daten reicht oft nah ans Original heran. Im Alltag fallen kleinere Abweichungen meist nicht auf, weil die menschliche Wahrnehmung nur eine begrenzte Anzahl von Informationen gleichzeitig verarbeiten kann.

A Viele Alltagsgeräte gibt es in zwei verschiedenen Varianten: Mit einer analogen und mit einer digitalen Anzeige. Nenne Beispiele aus dem Alltag. Beschreibe Vor- und Nachteile der jeweiligen Geräte.

Daten digitalisieren

Man kann auch andere analoge Vorlagen wie zum Beispiel Texte und Bilder digitalisieren. Digitalisierte Daten lassen sich leichter bearbeiten, verwalten oder veröffentlichen. Je nach Dateiformat benötigt man unterschiedlich viel Speicherplatz für die Daten. Daten lassen sich auch komprimieren, sodass weniger Speicherplatz benötigt wird. Audiodateien lassen sich zum Beispiel als „*.wav“-Datei oder „*.mp3“-Datei speichern. Die „*.mp3“-Datei benötigt jedoch nur ein Zehntel des Speicherplatz beim gleichen Musikstück.

Material mit Aufgaben

M1 **Analoge Signale digitalisieren**

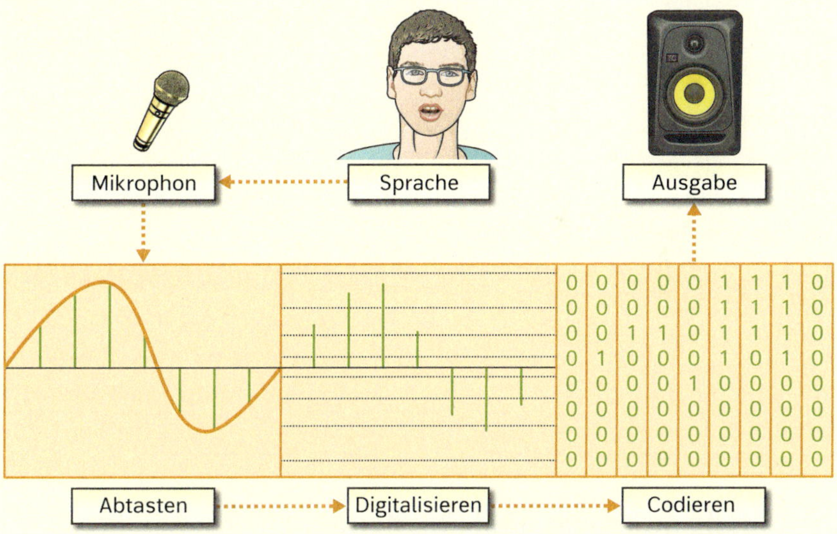

1. Vergleiche die Kurve eines analogen Signals und eines digitalen Signals miteinander.
2. Beschreibe, wie schrittweise ein analoges Signal in ein digitales Signal übersetzt wird.
3. Erkläre, wie ein digitales Signal in eine Folge von Binärzahlen übersetzt wird.
4. Begründe, weshalb die Zahl der Messpunkte Einfluss auf die Qualität des digitalen Signals hat.

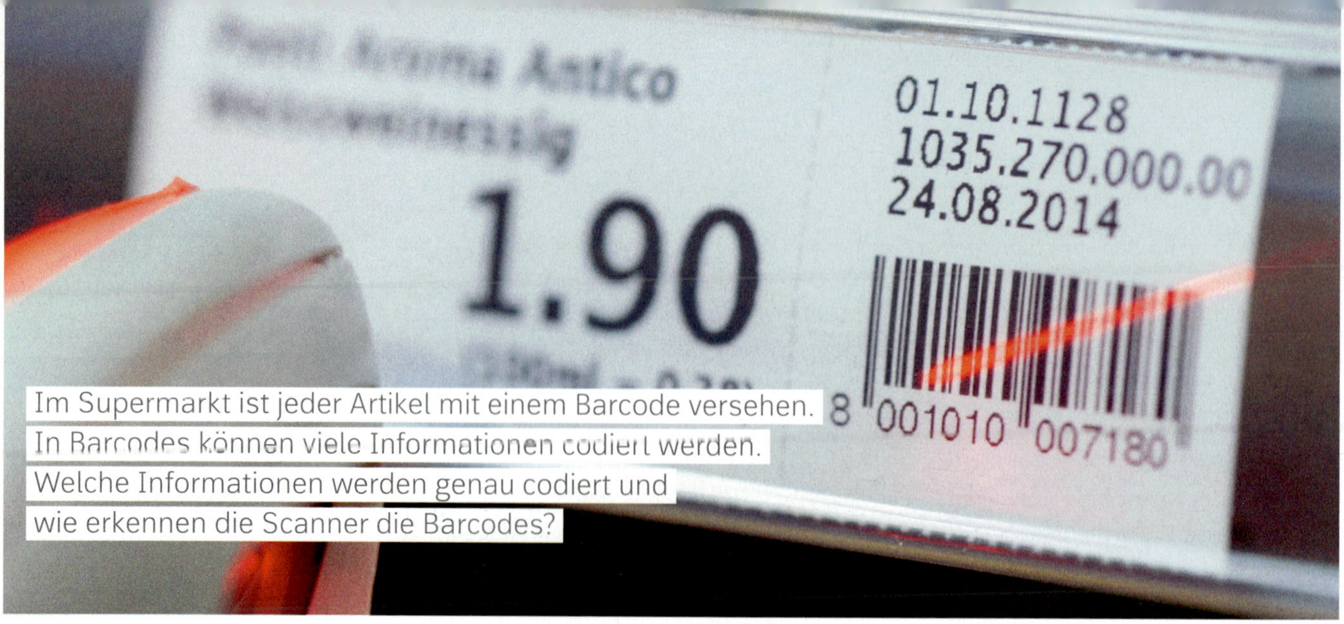

Im Supermarkt ist jeder Artikel mit einem Barcode versehen. In Barcodes können viele Informationen codiert werden. Welche Informationen werden genau codiert und wie erkennen die Scanner die Barcodes?

1 Ein Barcode wird gescannt.

Grafische Codes

Codes grafisch darstellen

Auf vielen Artikeln im Supermarkt, auf Konzerttickets oder auf Informationstafeln findet man auffällige Codes. Diese grafischen Codes können mit optischen Geräten wie Scannern an der Kasse oder dem Smartphone eingelesen werden. Anschließend werden die mit dem Code vermittelten Informationen automatisch interpretiert. Die häufigsten auf Artikeln maschinell einlesbaren Codes sind Barcodes, die man Strichcodes nennt. Häufig begegnen uns auch **QR-Codes**, die mit Apps vom Smartphone eingelesen werden.

QR steht für **q**uick **r**esponse (engl.)

EAN steht für **e**uropean **a**rticle **n**umber (engl.)

Barcodes

Auf allen Artikeln im Supermarkt ist ein Barcode aufgedruckt. Dieser besteht aus parallelen schwarzen Streifen und weißen Streifen. Mehrere weiße Streifen ergeben Lücken im Streifenmuster. Beim Einscannen der Artikel an der Kasse, decodiert der Computer den grafischen Barcode in einen Binärcode. Der Computer interpretiert die Daten und verbucht die Bezeichnung, den Namen und den Preis des Artikels. In Deutschland nutzen Supermärkte den **EAN-Barcode** zur Codierung von eindeutigen Artikelnummern. In der Regel enthält die Artikelnummer 13 Ziffern, die mit dem EAN-Code dargestellt werden. Die Artikelnummer enthält Informationen zum herstellenden Betrieb, zum Land des Herstellers, zum Artikeltyp und eine Prüfziffer. Mit der Prüfziffer wird kontrolliert, ob die Nummer eventuell falsch eingelesen wurde. Oft ist die Artikelnummer zusätzlich als Klartext unterhalb des Barcodes abgebildet.

61180900

2 EAN-Code

QR-Codes

Zum schnellen Abrufen von Webseiten wird die URL häufig mit QR-Codes codiert. Ein QR-Code ist ein zweidimensionaler, grafischer Code. Der QR-Code besteht aus schwarzen und weißen Zellen im **Datenfeld**, durch welche die codierten Daten binär dargestellt werden. Jede Zelle enthält dabei 8 Bit, was 1 Byte entspricht. Der QR-Code enthält je nach Datenmenge bis zu 177 · 177 rechteckige Zellen. Die codierten Daten werden durch ein bestimmtes Muster im Datenfeld des QR-Codes eingetragen. Durch die unterschiedlichen Pixelmuster im Datenfeld können sehr viele Informationen codiert werden. In einem QR-Code können bis zu 4296 Zeichen gespeichert werden. So kann jeder Code nicht nur einzelne Wörter, sondern auch längere Ausdrücke wie Internet-Adressen codieren. Der QR-Code enthält auch Bereiche, die das Datenformat und die Versionsinformationen codieren.

In drei Ecken des QR-Codes befinden sich **Positionsmarkierungen**. Mithilfe der Markierungen kann der QR-Code-Scanner erkennen, in welcher Ausrichtung der QR-Code vorliegt, da immer die rechte untere Ecke keine solche Positionsmarkierung hat. Dafür liegt im rechten unteren Bereich eines QR-Codes eine **Ausrichtungsmarkierung**. Diese dient vor allem bei großen QR-Codes als zusätzliche Orientierung für den QR-Code-Scanner. Zwischen den drei Positionsmarkierungen liegen zwei abwechselnd gepunktete Linien, die **Synchronisationslinien**. Sie zeigen dem QR-Code-Scanner die Größe des Datenfeldes an. ▶

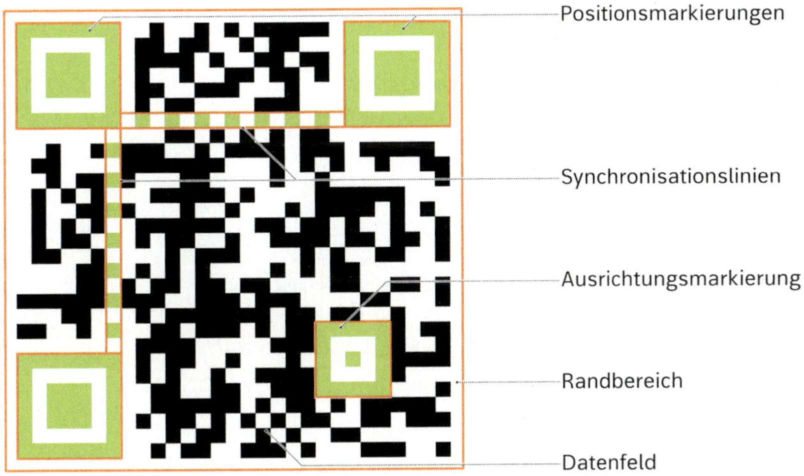

3 Struktur eines QR-Codes

Material mit Aufgaben

M1 QR-Codes

1. Beschreibe, wo häufig QR-Codes zu finden sind und wofür diese genutzt werden.
2. Beschreibe die Aufgaben der verschiedenen Bereiche und Muster eines QR-Codes in den Bildern A-D.
3. Erkläre, wie die Daten im Inhaltsfeld des QR-Codes codiert werden.
4. Begründe, dass mit einem QR-Code mehr Daten codiert werden können als mit einem EAN-Barcode.

ISBN 978-3-14-**149725**-0

9 783141 497250

www.westermann.de

4 Die 13. Stelle einer ISBN ist die Prüfziffer.

ISBN:	9	7	8	3	1	4	1	4	9	7	2	5	0
	·1	·3	·1	·3	·1	·3	·1	·3	·1	·3	·1	·3	

$$9+21+8+9+1+12+1+12+9+21+2+15=120$$

Die nächsthöhere durch 10 teilbare Zahl ist in diesem Fall die 120

$$120 - 120 = 0$$

5 Berechnung der Prüfziffer einer ISBN

ISBN steht für **I**nternational **B**ook **N**umber (engl.)

ISBN

Bücher können über ihre **ISBN** unterschieden werden. Eine ISBN besteht aus 13 Ziffern. Möchte man ein bestimmtes Buch bestellen, gibt man die passende ISBN an. Beim Eintippen einer ISBN kann es allerdings leicht zu einem Fehler wie einem Zahlendreher kommen. Dann wird entweder ein falsches Buch bestellt oder die ISBN ist nicht vergeben und es kann gar kein Buch bestellt werden. Damit solche Fehler schnell erkannt werden und nicht zu einer fehlerhaften Bestellung führen, besitzt die ISBN an der 13. Stelle eine sogenannte Prüfziffer.

Fehlererkennende Codes

Werden einem Code Informationen wie beispielsweise Ziffern hinzugefügt, die nicht zwingend notwendig sind, um den Code zu verstehen, spricht man von **Redundanzen**. Redundanzen vergrößern zwar den Code, ermöglichen aber gleichzeitig das Erkennen von Fehlern. Codes, in denen Redundanzen gezielt eingesetzt werden, um Fehler zu erkennen, werden **fehlererkennende Codes** genannt.

Prüfziffer als Redundanz

Bei einer ISBN handelt es sich um einen fehlererkennenden Code. Mithilfe der Prüfziffer kann überprüft werden, ob in der eingegebenen ISBN ein Fehler vorliegt. Die Prüfziffer selbst ist aber nicht zwingend notwendig, um die ISBN einem Buch zuzuordnen. Bei der Prüfziffer handelt es sich um eine Redundanz.

Eine ISBN überprüfen

Um eine ISBN zu überprüfen, muss die Prüfziffer errechnet werden. Dies geschieht mithilfe der ersten 12 Stellen der ISBN. Alle Ziffern der ISBN werden von links nach rechts abwechselnd mit 1 und 3 multipliziert wie in Bild 5. Alle Produkte werden zum Schluss addiert. Die Prüfziffer ergibt sich aus der Differenz dieser Summe und der nächsthöheren durch 10 teilbaren Zahl. In Bild 5 beträgt diese 120. Bei der Berechnung der Prüfziffer gibt es einen Sonderfall: Wenn die Differenz 10 ergibt, lautet die Prüfziffer 0. Wenn die berechnete Prüfziffer mit der 13. Stelle der ISBN übereinstimmt, ist die ISBN fehlerfrei.

Fehler auf Bitebene

Nicht nur beim Eintippen einer ISBN können Fehler entstehen. Daten bestehen aus Binärcodes. Beim Abspeichern oder Übermitteln von Daten müssen diese Binärcodes von einem Ort zu einem anderen Ort übertragen werden. Hierbei können Übertragungsfehler auf Bitebene passieren. Störsignale können die Übertragung unterbrechen, sodass der Binärcode nicht lückenlos übermittelt werden kann.

Paritätsbits

Damit beim Abspeichern oder Übermitteln von Daten Fehler im Binärcode schnell erkannt werden können, werden auch Binärcodes mit Prüfziffern ergänzt. Diese heißen bei der Datenübertragung **Paritätsbits**. Diese werden genauso an den Schluss des Binärcodes angehängt wie die Prüfziffer an die ISBN. Ein Paritätsbit wird mithilfe des Binärcodes errechnet. Ist die **Anzahl der Einsen** im zu versendenden Code gerade, lautet der Paritätsbit 0. Andernfalls lautet der Paritätsbit 1. Bei der Überprüfung des übermittelten Binärcodes wird erneut ein Paritätsbit errechnet. In Bild 7 werden die sieben Bits, die die Daten codieren und der Paritätsbit 0 übertragen. Im empfangenen Code is die Anzahl der Einsen schließlich ungerade. Es würde daher ein Paritätsbit von 1 entstehen. Unterscheidet sich der neu errechnete Paritätsbit aus dem empfangenen Code von dem aus dem versendeten Code, ist unterwegs ein Fehler passiert.

A Beschreibe, worum es sich bei Redundanzen handelt.

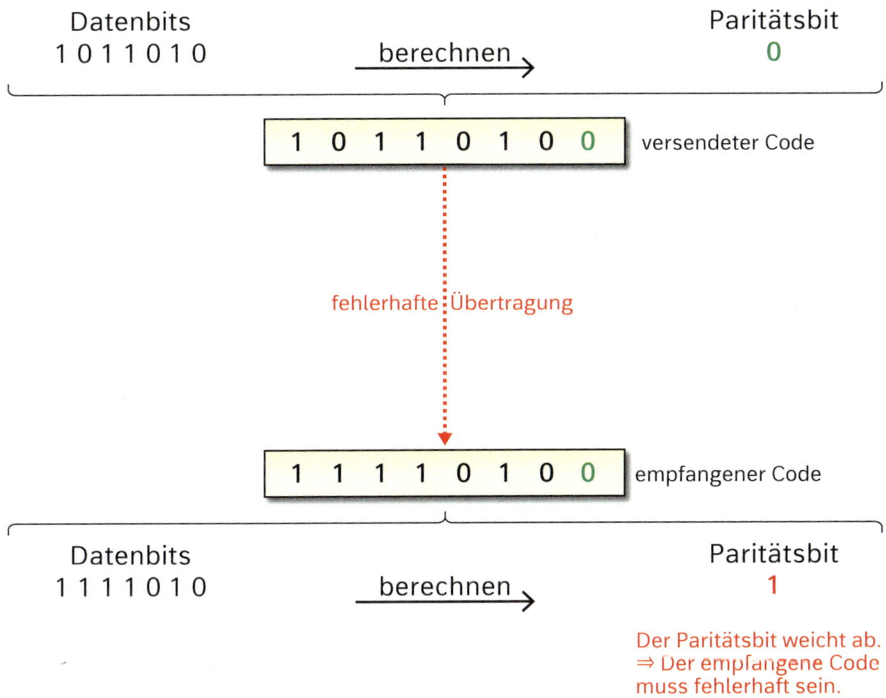

6 Übertragung mit einem Paritätsbit

Material mit Aufgaben

M2 Prüfziffern und Paritätsbits

A: ISBN 978-3-14-**149717**-9 — 9 783141 497179 — www.westermann.de

B: ISBN 978-3-14-**149724**-2 — 9 783141 497242 — www.westermann.de

1. Korrigiere die Prüfziffern der ISBN in A und B und beschreibe dein Vorgehen.
2. Erkläre den Nutzen von Prüfziffern in ISBN.
3. Bildet Gruppen. Ihr braucht einen Sender einen Übermittler und einen Empfänger:

Der Sender überlegt sich einen Binärcode und errechnet einen Paritätsbit. Der Übermittler übermittelt den Code an den Empfänger. Der Übermittler kann entscheiden, ob er den Code richtig oder fehlerhaft übermittelt. Der Empfänger überprüft den Code auf Fehler.

Zusammenfassung Daten und ihre Verarbeitung

Informatiksysteme und EVA-Prinzip

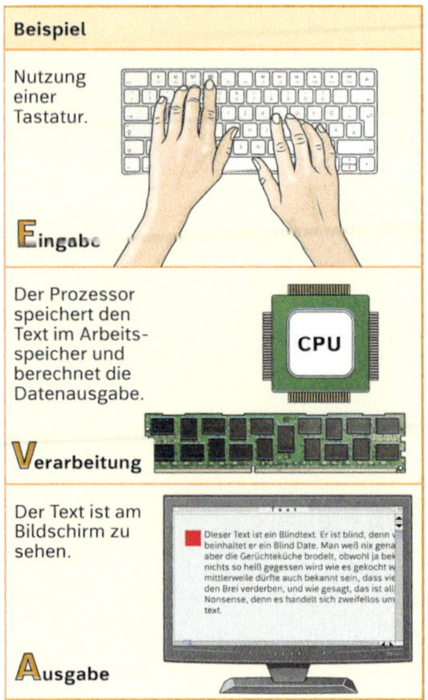

Das Wort Informatik setzt sich aus den Wörtern Information und Automatik zusammen. Informationen setzen sich aus Daten zusammen. Daten sind Folgen von Zeichen, Ziffern, Buchstaben oder Symbolen. Sowohl ein klassischer Computer, ein Smartphone oder eine Spielekonsole sind Informatiksysteme. Sie bestehen aus mehreren Bauteilen. Die Hardware bezeichnet alle mechanischen und elektrischen Bauteile. Programme ermöglichen es gezielt mit Daten zu arbeiten. Man spricht von Software. Man unter-scheidet zwischen Anwendungssoftware und dem Betriebssystem. Informatiksysteme arbeiten nach dem EVA-Prinzip. Die Abkürzung EVA steht für Eingabe, Verarbeitung und Ausgabe. Das EVA-Prinzip ist das zentrale Prinzip für die Datenverarbeitung in Informatiksystemen.

Computer und seine Kompnenten

Die Hardware-Bauteile eines Computers werden Komponenten genannt. Damit alle Komponenten miteinander arbeiten können, werden diese mit der Hauptplatine verbunden. Die zentrale Komponente eines Computers ist die CPU. Im Prozessor werden alle Daten verarbeitet. Neben der CPU gibt es noch verschiedene Datenspeicher wie Hauptspeicher und Sekundärspeicher und die Grafikkarte zur Darstellung eines Bildes.

Internetdienste

Das Internet kann für verschiedene Aufgaben genutzt werden. Es gibt verschiedene Internetdienste. So ist das World Wide Web ein wichtiger Dienst. Über E-Mails können Briefe elektronisch verschickt werden. Mit Cloud-Diensten können Daten im Internet gespeichert und verwaltet werden. Im Internet definieren Protokolle die Art und Reihenfolge des Datenaustauschs zwischen Sender und Empfänger.

Codierung

·2 ·2 ·2 ·2 ·2 ·2 ·2 ·2

156	128	64	32	16	8	4	2	1
1	1	0	0	1	0	0	0	2

Ein Code gibt an, wie jedes Zeichen in ein anderes Zeichen oder Symbol umgewandelt wird. Man spricht von Codierung. Bei Informatiksystemen werden Daten durch Nullen und Einsen im Binärsystem dargestellt. Informatiksysteme rechnen nur mit Binärzahlen. Diese Zahlen bestehen aus Bits und beruhen auf dem Dualsystem. Dezimalzahlen können als Binärzahlen codiert werden und umgekehrt. Auch Buchstaben und andere Schriftzeichen können in Zahlen codiert werden und später wieder zu Schrift decodiert werden. Gängig ist zum Beispiel der ASCII-Code.

Codierung von Bildern

Ein Bild besteht aus einem Gitter von Bildpunkten, den Pixeln. Bei Schwarz-Weiß-Bildern kann jedes Pixel durch nur ein Bit dargestellt werden. Das Bit hat den Wert 1 oder 0 (Weiß oder Schwarz). Bei RGB-Bilder werden Farben der Pixel durch drei Zahlen dargestellt, die jeweils die Helligkeiten des Blau-, Rot- und Grünwertes.

Computer und seine Kompnenten

Die Hardware-Bauteile eines Computers werden Komponenten genannt. Damit alle Komponenten miteinander arbeiten können, werden diese mit der Hauptplatine verbunden. Die zentrale Komponente eines Computers ist die CPU. Im Prozessor werden alle Daten verarbeitet. Neben der CPU gibt es noch verschiedene Datenspeiche. Der **Hauptspeicher** eines Computers wird auch Arbeitsspeicher oder **RAM** genannt. Er enthält alle Daten, mit denen der Prozessor gerade arbeitet. Danebengibt es noch den **sekundären Speicher** in Form einer Festplatte oder einer SSD. Die Festplatte ist wie ein großes Lager an Daten.

Netzwerke und Internet

Das Client-Server-Prinzip ist ein häufiges Modell in der Informatik und wird in Netzwerken angewendet. Dabei stellt der Server Daten oder auch Programme zur Verfügung, die von Clients genutzt werden. Das Internet ist ein Netzwerk aus vielen kleineren Netzwerken. Dabei sind Informatiksysteme miteinander verbunden. Es können weltweit Daten ausgetauscht werden

Bits und Bytes

In der Informatik ist die kleinste mögliche Informationseinheit das sogenannte Bit. Ein Bit entspricht den Zuständen „An/Wahr" in Form einer 1 und „Aus/falsch" in Form einer „0". Für die Codierung von Zahlen oder Buchstaben werden mehrere Bits zu einer Bitfolge zusammengefasst. Jeweils 8 Bits werden zu einem Paket zusammengefasst. Ein solches 8er-Paket wird als Byte bezeichnet.

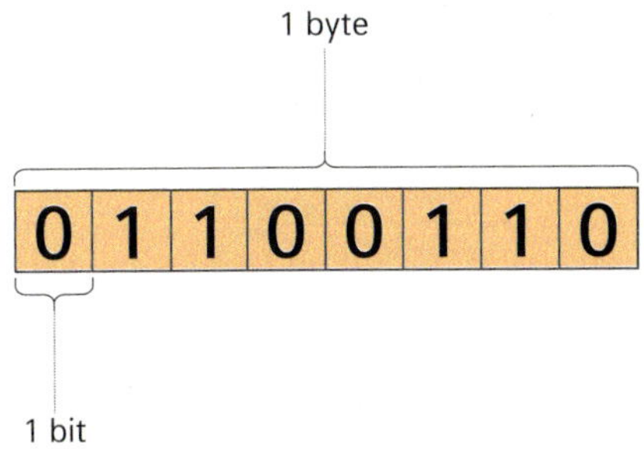

Cloud-Speicher

Eine Cloud ist ein Netz von Servern, die miteinander verbunden sind. In sogenannten Server-Farmen sind eine große Zahl von Servern zusammengeschaltet. Diese Serverfarmen benötigen viel elektrischen Strom. Die Cloud ermöglicht es den Menschen, Anwendungen und Webseiten zu nutzen ohne sie auf den eigenen Computer oder das Smartphone herunterladen zu müssen. Auch können Menschen Daten abspeichern und jederzeit von überall aus auf diese zugreifen.

Der private Cloudspeicher kann mit anderen Personen geteilt werden. Diese können alle dort gespeicherten Daten lesen und gemeinsam bearbeiten. Der Zugang zum Cloudspeicher muss durch ein sicheres Passwort geschützt werden. Sonst haben auch Unbefugte Zugriff auf die Daten. Kritisiert wird häufig der Datenschutz. Viele Anbieter kommen aus dem außereuropäischen Ausland. Es ist kein Verlass auf den strengen, in der EU geltenden Datenschutz. Das betrifft vor allem die personenbezogenen Daten.

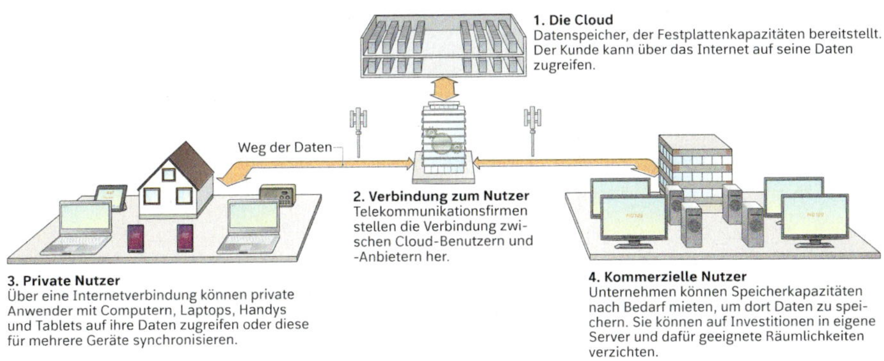

Daten und ihre Verarbeitung

1 Informatiksysteme

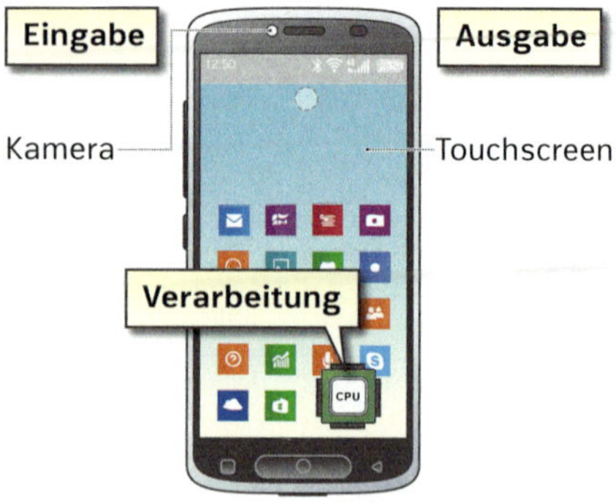

A Nenne Beispiele für Informatiksysteme.

B Erläutere mithilfe der Abbildung an einem Beispiel das EVA-Prinzip.

C In Informatiksystemen befindet sich Prozessoren (CPUs). Beschreibe die Funktion eines CPU.

2 Aufbau des Internets

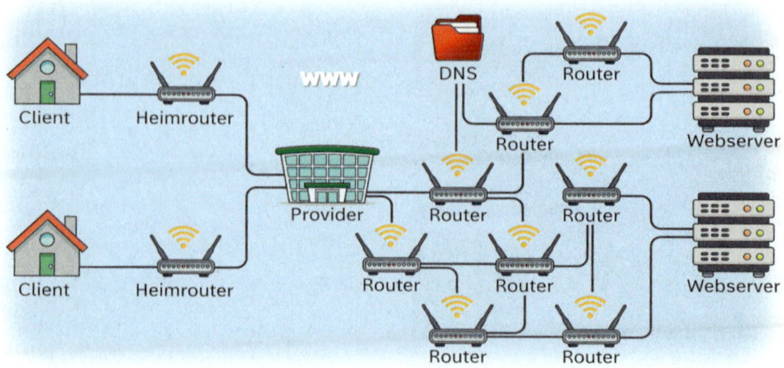

A Beschreibe den schematischen Aufbau des Internets und die Aufgaben der einzelnen Komponenten.

B Erkläre, was man unter dem Client-Server-Prinzip versteht.

C Erläutere die Bedeutung der IP-Adresse.

D Nenne drei verschiedene Internetdienste und beschreibe die Bedeutung verschiedener Protokolle.

E Erläutere die Bedeutung des DNS-Server, wenn eine Webseite aufgerufen werden soll.

3 Texte codieren

Nummer	Bezeichnung	Beschreibung
0 - 31 127	Steuerzeichen	Textanweisungen (Tabulator, Leerzeichen, Textanfang)
32 - 47 58 - 64 91 - 96 123 - 126	Sonderzeichen	Satzzeichen (!, ?) und Rechenzeichen (-, +, =)
48 - 57	Ziffern	0 - 9
65 - 90 97 - 122	Buchstaben	Groß- und Kleinbuchstaben

A Codiere das Wort „POST" in eine Binärfolge. Nutze die ASCII-Tabelle.

B Decodiere folgende Texte:

a 73 78 70 79 82 77 65 84 73 75

b 01010100 01001111 01001100 01001100

C Im ASCII-Code werden Zeichen in Binärfolgen der Länge von einem Byte codiert.

a Erkläre, was man unter Bits und Bytes versteht.

b Begründe, warum führende Nullen in der Binärfolge mitgeschrieben werden.

4 Bilder codieren

1	1	0	0	0	0	1	1
1	0	0	0	0	0	0	1
0	0	1	0	0	1	0	0
0	0	1	0	0	1	0	0
0	0	0	0	0	0	0	0
0	0	1	1	1	1	0	0
1	0	0	1	1	0	0	1
1	1	0	0	0	0	1	1

A Beschreibe, wie ein Schwarz-weiß-Bild codiert wird.

B Die Größe eines Bildes ist von der Auflösung abhängig. Begründe.

C Erläutere folgende Aussage: „Bei RGB-Bildern wird jedes Pixel durch 3 Byte codiert."

5 Computer

A ▮ Benenne die abgebildeten Computer-Komponenten.

B ▮▮ Erläutere, welche Aufgaben die verschiedenen Komponenten in einem Computer ausführen.

C ▮▮ Erkläre den Unterschied zwischen Hauptspeicher und sekundärem Speicher.

D ▮▮ Erkläre, wie verhindert wird, dass die CPU überhitzt.

6 Datenspeicherung

Speicherart	Datenspeicherung
Optische Speicherung	...
...	findet auf Bändern oder Platten statt.
Elektronische Speicherung	...

A ▮ Vervollständige die abgebildete Tabelle.

B ▮▮ Erläutere verschiedene Möglichkeiten zur Datensicherung.

C ▮▮▮ Nenne den Unterschied zwischen einem differentiellem Backup und einem inkrementellem Backup.

7 Das World Wide Web

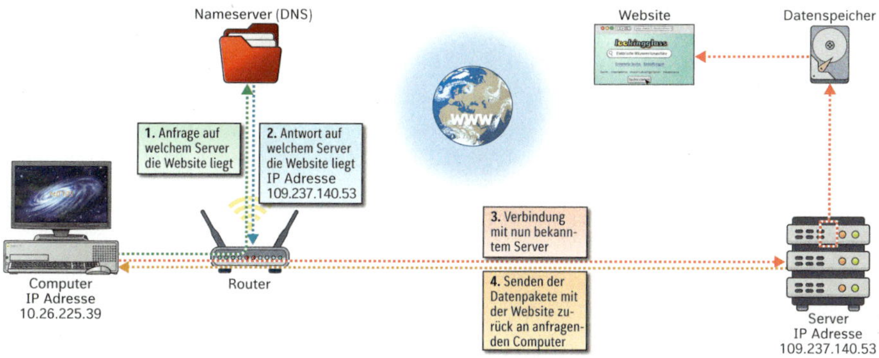

A ▮ Beschreibe den Ablauf, wenn eine Webseite im World Wide Web aufgerufen wird.

B ▮ Beschreibe, worum es sich bei HTML handelt.

C ▮ Nenne HTML-Tags und beschreibe deren Funktionen.

D ▮▮ Beschreibe die Bedeutung des DNS-Servers für den beschriebenen Ablauf aus A.

E ▮▮ Beschreibe, was ein Internetprotokoll ist.

F ▮▮ Beschreibe, worum es sich bei HTTP handelt.

G ▮▮▮ Erkläre den Unterschied zwischen HTTP und HTML.

8 Hexadezimalsystem

Farbe	Hex-Wert	R	G	B
Weiß	#FFFFFF	...	...	...
Blau	...	0	0	255
...	#00FF00	0	255	0
Schwarz	...	0	0	0
Rot	#FF0000	...	...	...
Magenta	...	255	0	255

A ▮ Vervollständige die Tabelle.

B ▮▮ Beschreibe, wie sich ein Wert für eine Farbe im Hexadezimalsystem zusammensetzt.

C ▮▮▮ Übersetze die folgenden Zahlen in Hexadezimal:

a 6430

b 165654

Daten verschlüsseln

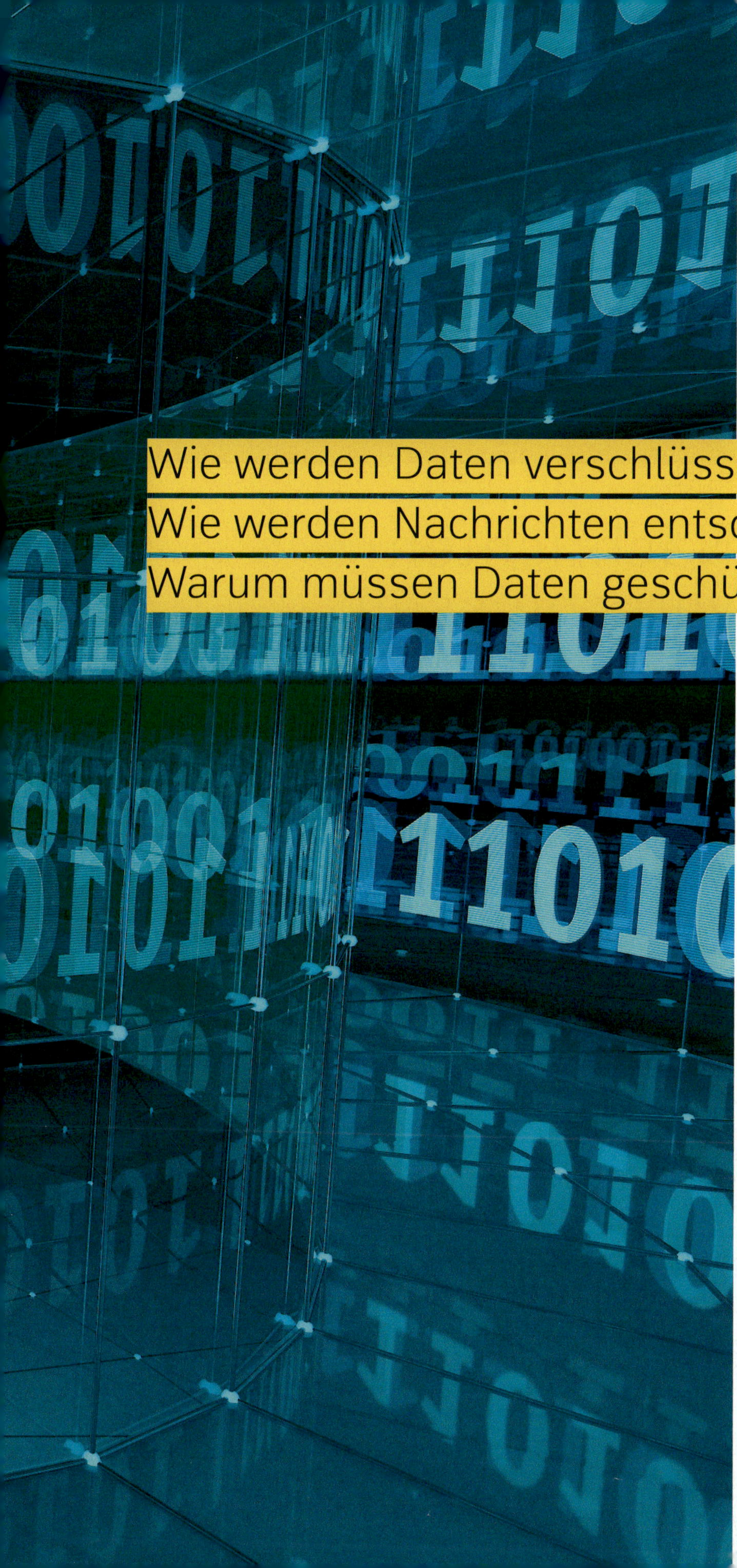

2

Wie werden Daten verschlüsselt?
Wie werden Nachrichten entschlüsselt?
Warum müssen Daten geschützt werden?

Viele Daten und Nachrichten sind privat und nur für bestimmte Nutzer bestimmt. Damit sie nicht von Fremden ohne weiteres zugänglich sind, müssen sie verschlüsselt werden. Nur so können Daten und Nachrichten geschützt werden.

1 Nachrichten können auf verschiedene Weisen verschlüsselt werden.

Nachrichten verschlüsseln

Vertrauliche Nachrichten

Werden Daten in Informatiksystemen gespeichert oder Nachrichten per E-Mail verschickt, sollen diese Daten oder Nachrichten nicht von allen gelesen werden. Der Inhalt der Nachricht muss verborgen sein. Ein Dritter darf diese nicht verstehen. **Sender** und **Empfänger** der Nachricht einigen sich daher auf eine Art Geheimsprache. Der ursprüngliche Text der Nachricht, der **Klartext**, wird durch ein Verfahren in einen Geheimtext gewandelt, der nur von Sender und Empfänger verstanden wird.

2 Legionäre unterhalten sich in Geheimsprache

Verschlüsselung

Damit ein Dritter einen Klartext nicht versteht, wird dieser verfremdet. Der Klartext wird vom Sender **verschlüsselt**. Der Empfänger kann den Geheimtext **entschlüsseln**. Das funktioniert nur, wenn sich im Vorfeld Sender und Empfänger auf ein bestimmtes **Verschlüsselungsverfahren** geeinigt haben.

Caesar-Verschlüsselung

Der römische Kaiser Caesar benutzte vor über 2000 Jahren eines der ältesten Verschlüsselungsverfahren von Nachrichten. So konnte Caesar seinen Soldaten Befehle schicken, die der Feind nicht verstehen konnte, auch wenn er die Botschaft abgefangen hatte. Bei der Caesar-Verschlüsselung wird jeder Buchstabe des Klartextes durch einen anderen Buchstaben ersetzt.
Die Ersetzung eines Buchstabens durch einen anderen bezeichnet man auch als **Substitution**.

Ablauf der Caesar-Verschlüsselung

Bei der Caesar-Verschlüsselung werden zwei Alphabete untereinander geschrieben. Das obere Alphabet zeigt die Buchstaben für den Klartext. Die Buchstaben des unteren Alphabets sind verschoben und stehen für den Geheimtext. Die Buchstaben im unteren Alphabet sind jedoch um eine bestimmte Anzahl von Stellen verschoben. Diese Zahl ist der **Schlüssel** zum Entschlüsseln. So wird aus dem Klartext der eigentlichen Nachricht ein Geheimtext gemacht. Die Caesar-Verschlüsselung ist ein **monoalphabetisches Substitutionsverfahren**, da ein einzelnes Schlüsselalphabet zur Verschlüsselung genutzt wird. (Mono- = griech. einzig)

Caesar-Scheibe

Bei einer Caesar-Scheibe sind die beiden Alphabete auf zwei unterschiedliche große Scheiben geschrieben. Beide Scheiben sind in der Mitte miteinander verbunden. Zunächst stehen die gleichen Buchstaben untereinander. Der innere Kreis kann jedoch gedreht werden, sodass andere Buchstaben des inneren Kreises unter den Buchstaben des äußeren Kreises stehen. Durch die Drehung der inneren Scheibe lassen sich so beliebig andere Schlüssel einstellen. Der Empfänger muss jedoch wissen, um wie viele Stellen und in welcher Drehrichtung die innere Scheibe versetzt ist.

A Erkläre, warum Nachrichten verschlüsselt werden.

B Beschreibe den Ablauf der Caesar-Verschlüsselung mithilfe von Bild 3.

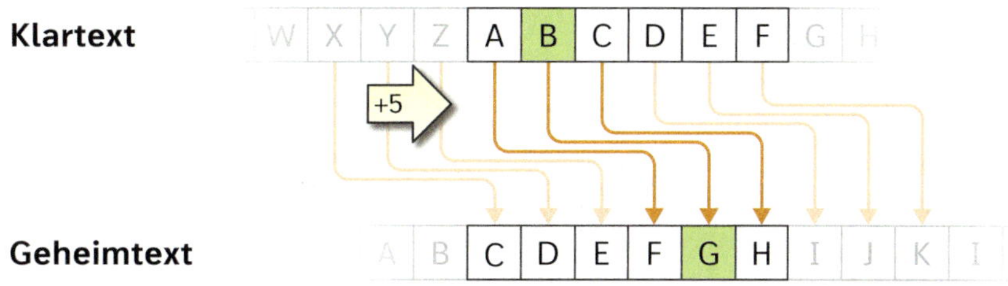

3 Caesar-Verschlüsselung

Material mit Aufgaben

M1 Caesar-Scheibe

Digital+ WES-188528-06

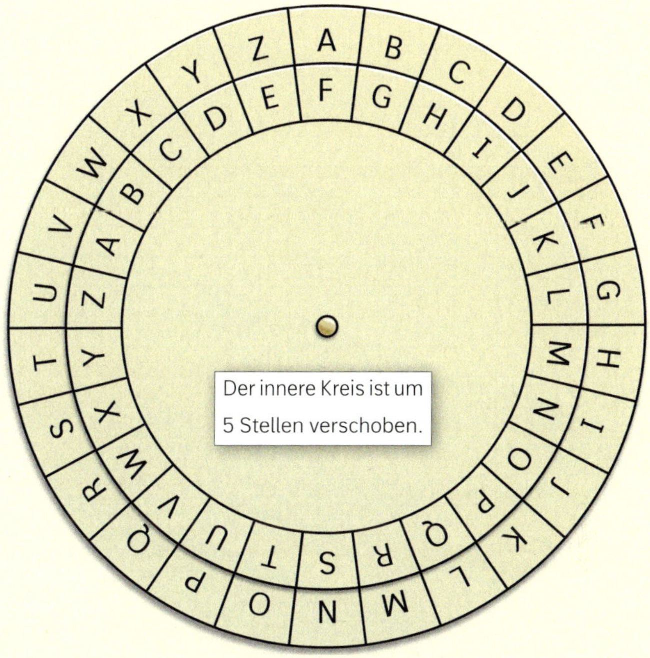

1. Beschreibe, wie mit der Caesar-Scheibe ein Klartext verschlüsselt werden kann.
2. Entschlüssele mithilfe der abgebildeten Caesar-Scheibe das Wort „HFJXFW“.
3. Entschlüssele den Dialog der römischen Legionäre in Bild 2 mithilfe der abgebildeten Scheibe.
4. Hinter dem QR-Code liegt eine interaktive Caesar-Scheibe. Arbeitet zu zweit. Stellt einen Schlüssel ein und verschlüsselt verschiedene Nachrichten.
5. Der innere Kreis wurde um 13 Stellen verschoben. Stelle Vermutungen an, warum es sich hierbei um einen Spezialfall der Caesar-Verschlüsselung handelt.

Material mit Aufgaben

M2 Vigenère-Verschlüsselung

Digital+ WES-188528-07

1. Klartext-Alphabet

2. Schlüssel

	A_2	B	C	D	E	F	G	H_1	I	J	K	L	M	N	O	P	Q	R	S_4	T	U_3	V	W	X	Y	Z
A_2	A_2	B	C	D	E	F	G	H	I	J	K	L	M	N	O	P	Q	R	S	T	U	V	W	X	Y	Z
B_1	B	C	D	E	F	G	H	I_1	J	K	L	M	N	O	P	Q	R	S	T	U	V	W	X	Y	Z	A
C	C	D	E	F	G	H	I	J	K	L	M	N	O	P	Q	R	S	T	U	V	W	X	Y	Z	A	B
D	D	E	F	G	H	I	J	K	L	M	N	O	P	Q	R	S	T	U	V	W	X	Y	Z	A	B	C
E	E	F	G	H	I	J	K	L	M	N	O	P	Q	R	S	T	U	V	W	X	Y	Z	A	B	C	D
F	F	G	H	I	J	K	L	M	N	O	P	Q	R	S	T	U	V	W	X	Y	Z	A	B	C	D	E
G	G	H	I	J	K	L	M	N	O	P	Q	R	S	T	U	V	W	X	Y	Z	A	B	C	D	E	F
H	H	I	J	K	L	M	N	O	P	Q	R	S	T	U	V	W	X	Y	Z	A	B	C	D	E	F	G
I	I	J	K	L	M	N	O	P	Q	R	S	T	U	V	W	X	Y	Z	A	B	C	D	E	F	G	H
J	J	K	L	M	N	O	P	Q	R	S	T	U	V	W	X	Y	Z	A	B	C	D	E	F	G	H	I
K	K	L	M	N	O	P	Q	R	S	T	U	V	W	X	Y	Z	A	B	C	D	E	F	G	H	I	J
L	L	M	N	O	P	Q	R	S	T	U	V	W	X	Y	Z	A	B	C	D	E	F	G	H	I	J	K
M_4	M	N	O	P	Q	R	S	T	U	V	W	X	Y	Z	A	B	C	D	E_4	F	G	H	I	J	K	L
N	N	O	P	Q	R	S	T	U	V	W	X	Y	Z	A	B	C	D	E	F	G	H	I	J	K	L	M
O	O	P	Q	R	S	T	U	V	W	X	Y	Z	A	B	C	D	E	F	G	H	I	J	K	L	M	N
P	P	Q	R	S	T	U	V	W	X	Y	Z	A	B	C	D	E	F	G	H	I	J	K	L	M	N	O
Q	Q	R	S	T	U	V	W	X	Y	Z	A	B	C	D	E	F	G	H	I	J	K	L	M	N	O	P
R	R	S	T	U	V	W	X	Y	Z	A	B	C	D	E	F	G	H	I	J	K	L	M	N	O	P	Q
S	S	T	U	V	W	X	Y	Z	A	B	C	D	E	F	G	H	I	J	K	L	M	N	O	P	Q	R
T	T	U	V	W	X	Y	Z	A	B	C	D	E	F	G	H	I	J	K	L	M	N	O	P	Q	R	S
U_3	U	V	W	X	Y	Z	A	B	C	D	E	F	G	H	I	J	K	L	M	N	O_3	P	Q	R	S	T
V	V	W	X	Y	Z	A	B	C	D	E	F	G	H	I	J	K	L	M	N	O	P	Q	R	S	T	U
W	W	X	Y	Z	A	B	C	D	E	F	G	H	I	J	K	L	M	N	O	P	Q	R	S	T	U	V
X	X	Y	Z	A	B	C	D	E	F	G	H	I	J	K	L	M	N	O	P	Q	R	S	T	U	V	W
Y	Y	Z	A	B	C	D	E	F	G	H	I	J	K	L	M	N	O	P	Q	R	S	T	U	V	W	X
Z	Z	A	B	C	D	E	F	G	H	I	J	K	L	M	N	O	P	Q	R	S	T	U	V	W	X	Y

Klartext: **HAUS**
Schlüssel: **BAUM**
Geheimtext: **IAOE**

Der Klartext HAUS soll mit dem Schlüssel BAUM verschlüsselt werden. Der erste Buchstabe H des Klartextes wird mit dem ersten Buchstaben B des Schlüssels verschlüsselt: Zuerst schaut man in der Tabelle in Spalte H, Zeile B nach und findet den ersten Buchstaben I des Geheimtextes. Das Verfahren wird fortgesetzt, bis alle Buchstaben verschlüsselt sind.

1. Verchlüssele das Wort DONNERSTAG mit dem Schlüsselwort INFORMATIK. Du kannst auch die Vorlage hinter dem QR-Code nutzen.
2. Beschreibe, wie das Entschlüsseln eines Geheimtextes mit der Tabelle funktioniert.
3. Entschlüssele das Geheimwort JYNQBBUGSD mit dem Schlüsselwort INFORMATIK.

Vigenère-Verschlüsselung

Im 16. Jahrhundert entstand die Vigenère-Verschlüsselung zur Geheimhaltung von Nachrichten. Im Gegensatz zur Caesar-Verschlüsselung wird nicht jeder Buchstabe um die gleiche Anzahl an Schritten verschoben. Es wird stattdessen ein Schlüsselwort zum Verschlüsseln verwendet, das die Verschiebung der einzelnen Buchstaben bestimmt. Je länger das Schlüsselwort ist, desto sicherer ist die Vigenère-Verschlüsselung. Da mithilfe vieler Alphabete aus dem Klartext ein Geheimtext erzeugt wird, handelt es sich bei der Vigenère-Verschlüsselung um ein polyalphabetisches Substitutionsverfahren. (Poly- = griech. aus mehreren bestehend)

Vigenère-Quadrat

Mithilfe des Vigenère-Quadrats kann ein Klartext mit einem Schlüsselwort verschlüsselt werden. Es werden 26 Alphabete verwendet. Die Alphabete werden mit allen möglichen Verschiebungen untereinander geschrieben. Die erste Zeile zeigt das Alphabet mit einer Verschiebung um 0 Stellen, die zweite Zeile das Alphabet um 1 Stelle und so weiter. Die linke Spalte im Quadrat stellt die Buchstaben des Schlüsselwortes dar, die oberste Zeile die zu verschlüsselnden Buchstaben des Klartextes. Soll ein Klartext in einen Geheimtext umgewandelt werden, wird jeder Buchstabe des Geheimtextes bestimmt, indem man die Spalte des Klartextbuchstabens und die Zeile des Schlüsselwortbuchstabens sich kreuzen lässt. Der Buchstabe an der Kreuzung ist dann der jeweilige Geheimtextbuchstabe.

One-Time-Pad-Verfahren

Das **One-Time-Pad-Verfahren** (OTP) ist ein Verschlüsselungsverfahren, bei dem ein Schlüssel nur ein einziges Mal verwendet wird. Der Schlüssel ist aus zufällig ausgewählten Zeichen zusammengesetzt und ist genauso lang, wie der Klartext. Das Ergbenis dieses Verschlüsselungsverfahren ist eine zufällige Abfolge an Zeichen. Das One-Time-Pad-Verfahren ist sehr aufwändig, da für jede Verschlüsselung ein neuer Schlüssel in gleicher Menge wie die übertragenen Daten erstellt werden muss. Die Verschlüsselung gilt dafür als absolut sicher und kann mit keinem Rechenaufwand geknackt werden, wenn es ordnungsgemäß genutzt wird.

Wie funktioniert das OTP?

Beim OTP handelt es sich um ein polyalphabetisches Substitutionsverfahren. Einzelne Zeichen des Klartextes werden durch andere, zufällig ausgewählte Zeichen ersetzt und verschlüsselt. Damit das OTP-Verfahren sicher ist, müssen bestimmte Voraussetzungen erfüllt sein. Der Einmalschlüssel muss mindestens der Länge des Klartextes entsprechen. Der Schlüssel muss außerdem zufällig ausgewählt werden und darf nicht vollständig oder teilweise wiederverwendet werden. Der Klartext, der Geheimtext und der Schlüssel sind Zeichenfolgen mit der gleichen Länge. Es gibt nur einen Schlüssel, mit dem sich der Geheimtext in den Klartext entschlüsseln lässt.

4 Eine Seite des OTP

Material mit Aufgaben

M3 Fleißnersche-Schablone

Klartext: INFORMATIK WIRD AN UNSERER SCHULE GELEHRT

L I S N E F
E G K E O W
L R R I E E
R M H R A D
R S A T N T
C U H I U N

Die Fleißnersche Schablone besteht zum Beispiel aus einem Pappquadrat, aus dem kleinere Quadrate herausgeschnitten sind. Die Schablone wird auf ein Blatt Papier gelegt und jeweils ein Buchstabe des Klartextes wird in ein ausgeschnittenes Quadrat eingetragen. Dann wird die Schablone um 90 Grad gedreht und die nächsten Buchstaben werden in die Lücken eingetragen. Das wird insgesamt viermal wiederholt.

1. Beschreibe mithilfe der Bilderserie die Funktionsweise dieser Verschlüsselungsart.
2. Erkläre, warum man dieses Verfahren auch als Transpositionsverfahren bezeichnet.

M4 One-Time-Pad-Verfahren

Bedingungen für das OTP:
- *Schlüssel mindestens so lang wie die Nachricht*
- *Schlüssel zufällig erstellt*
- *Keine Wiederverwendung des Schlüssels*
- *Schlüssel muss geheim bleiben*

1. Nenne Unterschiede zwischen dem One-Time-Pad-Verfahren und der Vigenère-Verschlüsselung.
2. Begründe, dass das One-Time-Pad-Verfahren ein absolut sicheres Verschlüsselungsverfahren ist.
3. Stelle Vermutungen an, wann das One-Time-Pad-Verfahren kein absolut sicheres Verschlüsselungsverfahren mehr ist.

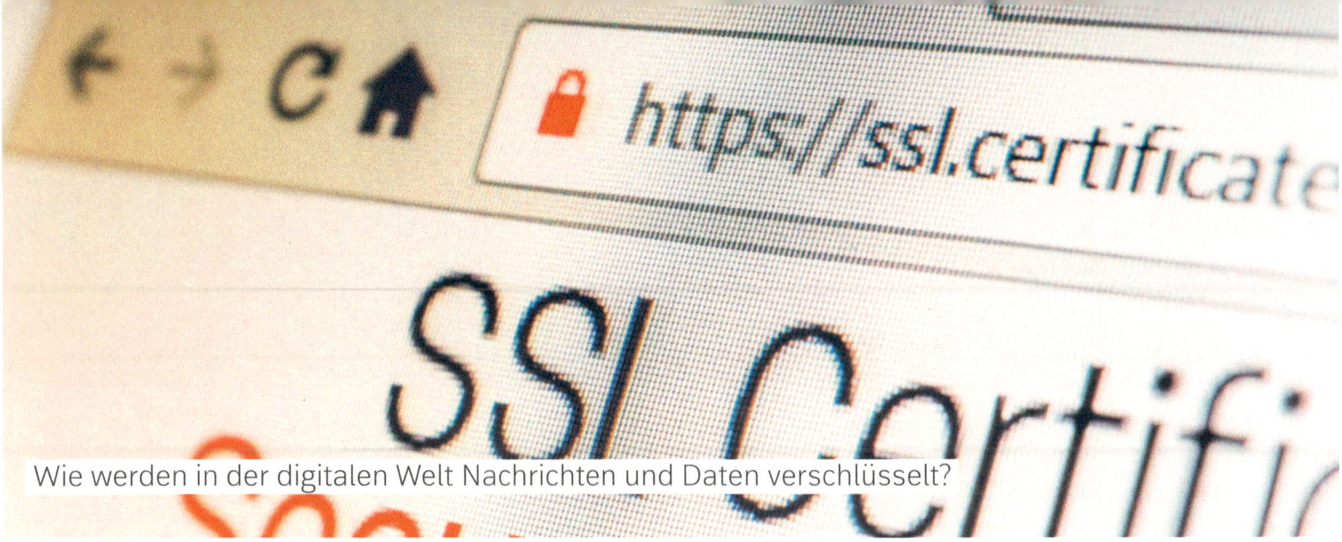

1 Webbrowser mit verschlüsselter Internetseite

Daten verschlüsseln

Daten verschlüsseln

Beim Surfen im Internet oder beim Nachrichtenaustausch in Messenger-Diensten werden Daten verschlüsselt. Die Daten werden meist automatisch mithilfe von Programmen verschlüsselt, ohne dass man es bemerkt. Es werden sogenannte Verschlüsselungsalgorithmen verwendet. Im Browser erkennt man oft ein kleines Schloss im Eingabefenster, wenn man ein sicheres Protokoll zum Datenaustausch verwendet. Nutzt man das https erfolgt ein verschlüsselter Datenaustausch. Vor allem personenbezogene Daten wie Name, Adresse, Passwörter oder Telefonnummern sollten verschlüsselt weitergegeben werden. Auch eigene Bilder oder Bilder von anderen Personen sollten verschlüsselt übertragen werden. Die Daten sollen während der Übertragung geschützt sein.

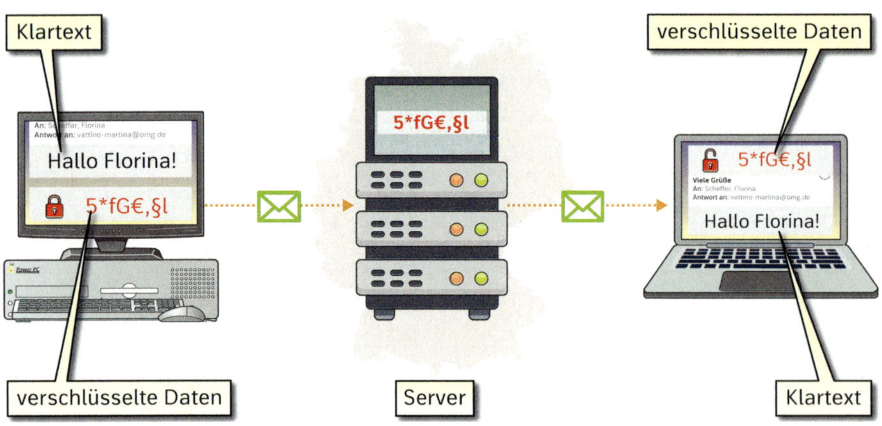

2 Daten verschlüsseln

Verschlüsselungen kombinieren

Die historischen Verschlüsselungsverfahren wie Caesar- oder Viginière-Verschlüsselung stellen die Grundlage heutiger Verschlüsselungsverfahren dar. Heutzutage werden in der digitalen Kommunikation Webseitenaufrufe oder E-Mails verschlüsselt. Die modernen Verschlüsselungen beruhen auf Substitutions- und Transpositionsverfahren. Oftmals werden sogar Daten mehrfach verschlüsselt. Man spricht von Überschlüsselung. Viele Verschlüsselungsverfahren nutzen für das Verschlüsseln und Entschlüsseln ein und denselben Schlüssel. Es handelt sich dann um synchrone Verschlüsselungsverfahren.

Client-Server-Prinzip

Jedes Gerät, das im Internet eine Anfrage an einen Server schickt, bezeichnet man als Client. Die Server nehmen die Anfrage entgegen und antworten. Oft sind die Clients und Server nicht direkt miteinander verbunden, sondern die Daten werden von einem Router weitergeleitet. Ausgetauschte Nachrichten sollten daher von Client zu Server verschlüsselt sein.

Punkt-zu-Punkt-Verschlüsselung

Die Daten können während der Datenübertragung verschlüsselt werden. Dann können die Daten bei jeder Zwischenstation wie einem Server entschlüsselt werden und liegen dort dann als Klartext vor. Werden die Daten von der Zwischenstation weitergeleitet, werden die Daten wieder verschlüsselt. Man spricht von einer Punkt-zu-Punkt-Verschlüsselung.

Ende-zu-Ende-Verschlüsselung

Daten können auch durchgehend verschlüsselt übertragen werden. Man spricht dann von einer Ende-zu-Ende-Verschlüsselung. Die Daten werden über alle Zwischenstationen hinweg verschlüsselt. Diese Verschlüsselungsverfahren sind deutlich sicherer als andere Verfahren. Nur die Kommunikationspartner am Ende der Nachricht können die Daten mit einem Schlüssel entschlüsseln.

A Erkläre, was man unter Überschlüsselung versteht.

B Beschreibe das Client-Server-Prinzip.

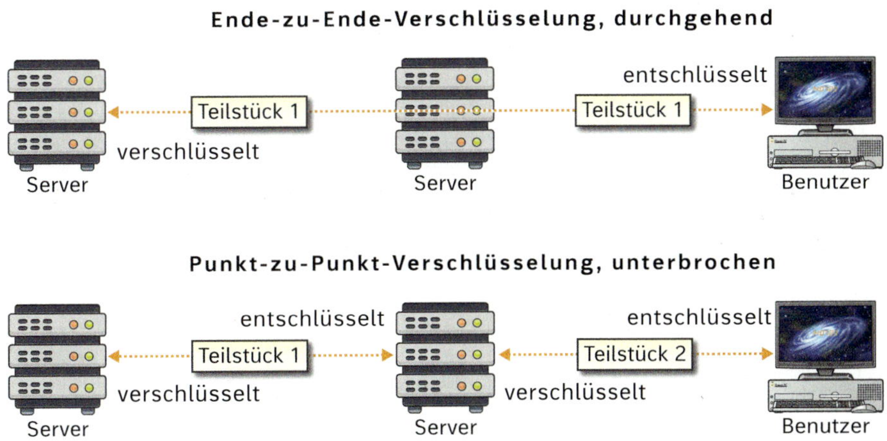

3 Punkt-zu-Punkt-Verschlüsselung und Ende-zu-Ende-Verschlüsselung

Material mit Aufgaben

M1 Daten verschlüsseln

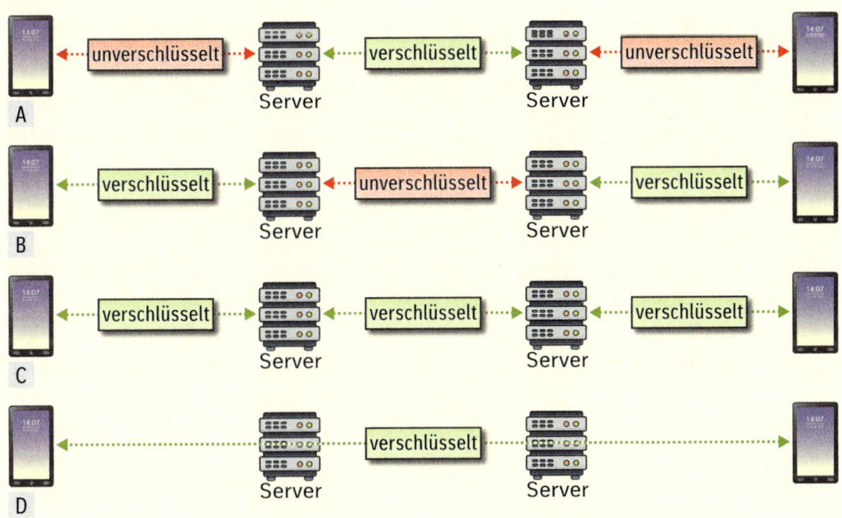

1. Ordne die Schemazeichnungen entweder Punkt-zu-Punkt-Verschlüsselungen oder Ende-zu-Ende-Verschlüsselungen zu.
2. Begründe, welche der Zeichnungen eine Server-zu-Server-Verschlüsselung und welche eine Client-zu-Server-Verschlüsselung zeigt.
3. Erkläre, warum eine Ende-zu-Ende-Verschlüsselung sicherer ist, als eine Punkt-zu-Punkt-Verschlüsselung.
4. Recherchiere Software zur Verschlüsselung eigener Daten und notiert jeweils Vorteile und Nachteile. Besprecht gemeinsam mit eurer Lehrkraft eure Ergebnisse.

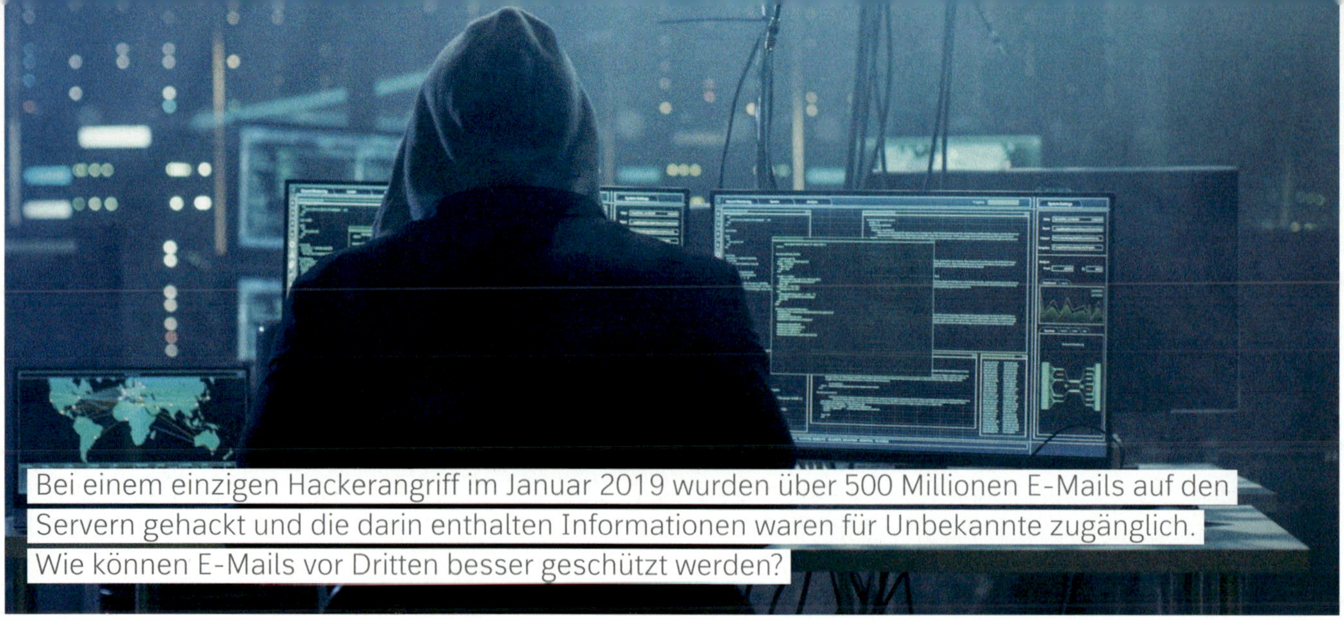

1 Programmierer bei einem Hackerangriff

Verschlüsselungsarten

Verschlüsselung von E-Mails

Eine E-Mail wird nicht einfach zwischen Versender und Empfänger ausgetauscht: Auf dem Weg kann es passieren, dass sie über zahlreiche Server und Länder geleitet wird. Dies geschieht auch, wenn der Empfänger der E-Mail im Haus direkt nebenan wohnt. Zumindest auf dem Weg zwischen Versender und dem E-Mail-Server wird die Mail im kleinen Rahmen mit einfachen Verschlüsselungsverfahren geschützt.
Das ist bei vielen Webmail-Anbietern im Browser der Fall.

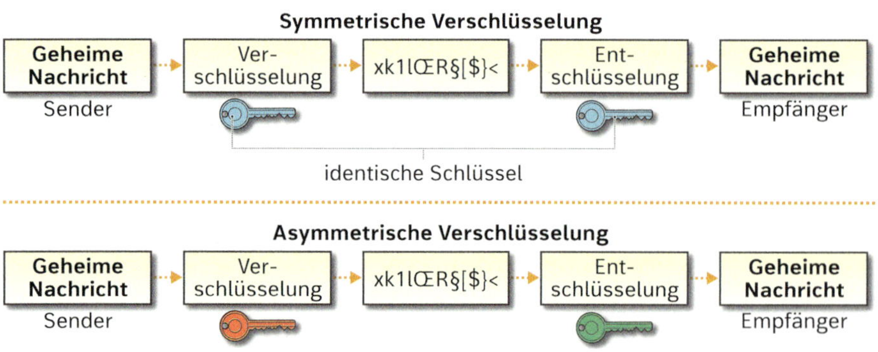

2 Symmetrische Verschlüsselung

Arten der Verschlüsselung

Bei vielen Verschlüsselungsverfahren wird ein Schlüssel zum Verschlüsseln und Entschlüsseln einer Nachricht benutzt. Es handelt sich dabei um eine **symmetrische Verschlüsselung**. Ein Beispiel für die symmetrische Verschlüsselung ist die Caesar-Verschlüsselung. Sender und Empfänger nutzen den gleichen Schlüssel zum Verschlüsseln und Entschlüsseln. Die symmetrische Verschlüsselung ist daher einfach und schnell durchzuführen, was bei großen Datenmengen wichtig ist. Ein Nachteil der symmetrischen Verschlüsselung ist jedoch der Austausch des Schlüssels. Dieser muss genauso wie die verschlüsselte Nachricht vom Sender an den Empfänger übertragen werden. Sollte jemand Unbefugtes den Schlüssel auf dem Weg abfangen, kann die Nachricht bei der Übertragung einfach entschlüsselt werden. Die symmetrische Verschlüsselung kann daher auch schnell unsicher werden.

Public-Key-Verschlüsselung

Eine deutlich sicherere Verschlüsselung bietet ein Verfahren, bei dem zwei Schlüssel benutzt werden. Bei der Public-Key-Verschlüsselung werden mit einem Schlüssel die Daten verschlüsselt, mit dem anderen Schlüssel entschlüsselt. Man spricht von **asymmetrischer** Verschlüsselung. Für die Verschlüsselung der Nachricht bei der Übertragung vom Sender zum Empfänger wird der öffentliche Schlüssel benutzt, den man als **Public Key** bezeichnet. Der Empfänger hat einen **privaten Schlüssel**, der nur bei ihm bleibt. Man spricht vom Private Key. Nur mithilfe des Private Key kann die Nachricht entschlüsselt werden. Während der Übertragung wird nur Zeichen-Chaos angezeigt, der Geheimtext. Erst der Empfänger kann mit seinem privaten Schlüssel und dem Passwort die Nachricht entschlüsseln.

Hybride Verschlüsselung

Werden symmetrische und asymmetrische Verschlüsselungen kombiniert, spricht man von **hybriden Verschlüsselungen**. Dabei wählt der Sender einen zufälligen symmetrischen Sitzungsschlüssel, der Session-Key genannt wird. Mit dem Session-Key werden die zu schützenden Daten symmetrisch verschlüsselt. Anschließend wird der Session-Key asymmetrisch mit dem öffentlichen Schlüssel des Empfängers verschlüsselt. Dieses Vorgehen löst das Schlüsselverteilungsproblem und erhält dabei den Geschwindigkeitsvorteil der symmetrischen Verschlüsselung.

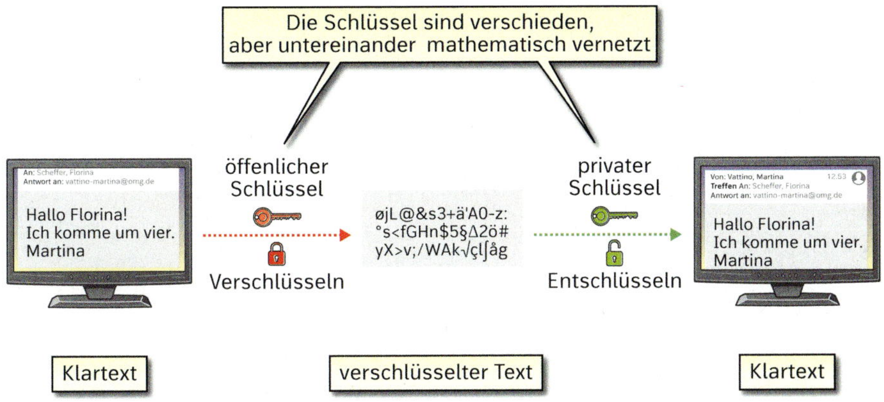

3 Public-Key-Verschlüsselung

Material mit Aufgaben

M1 Hybride Verschlüsselung

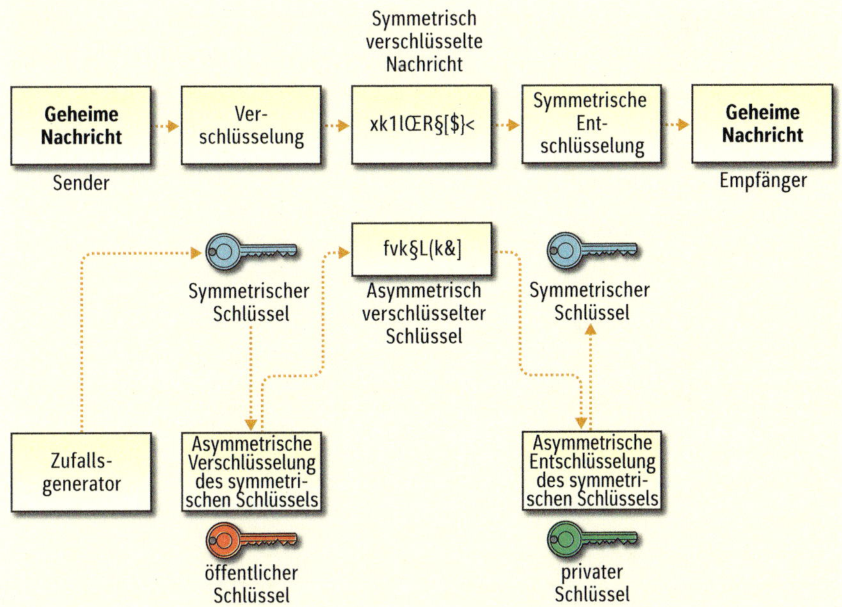

1. Beschreibe die dargestellte Verschlüsselung.
2. Beschreibe den Unterschied zwischen einer symmetrischen und asymmetrischen Verschlüsselung.
3. Begründe, warum es sich bei der dargestellten Verschlüsselung um eine hybride Verschlüsselung handelt.
4. Stelle Vermutungen an, warum hybride Verschlüsselungen sehr sicher aber gleichzeitig schnell sind.

1 Analyse von Daten

Nachrichten entschlüsseln

Kryptologie

Ein Teilgebiet der Informatik beschäftigt sich mit der sicheren Übertragung von Daten und deren Speicherung, der **Kryptologie**. Wie man über geeignete Verfahren sicher Daten verschlüsselt und somit auch die Sicherheit des Datenflusses in Netzwerken sicherstellt, ist Aufgabengebiet der **Kryptografie**. Sollen verschlüsselte Daten ohne Kenntnis des Schlüssels zugänglich gemacht werden, kommen verschiedene Methoden der **Kryptoanalyse** zum Einsatz. Diese Methoden werden auch von kriminellen „Hackern" genutzt, um an verschlüsselte Daten zu gelangen.

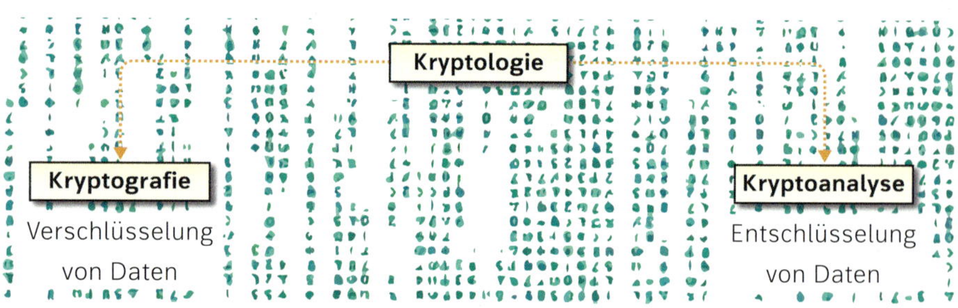

2 Felder der Kryptologie

Substitutionen entschlüsseln

Vor allem einfach verschlüsselte Nachrichten lassen sich auch ohne Kenntnis des Schlüssels einfach entschlüsseln. Der folgende Text ist ein Geheimtext: IVHFIIVKIPII. Dieses Wort ist mithilfe einer monoalphabetischen Verschlüsselung verschlüsselt. Der Schlüssel ist dem Empfänger nicht bekannt. Zum „Knacken" dieser verschlüsselten Nachricht muss der unbekannte Schlüssel des Verschlüsselungsverfahrens ermittelt werden. Dieser Geheimtext kann mit einer Häufigkeitsanalyse „geknackt" werden.

Häufigkeitsanalyse

In deutschsprachigen Texten kommen die verschiedenen Buchstaben unterschiedlich häufig vor. Der Buchstaben E kommt am häufigsten vor, der Buchstaben X am seltensten. Es gibt auch Buchstaben wie C und Q, die nur in bestimmten Kombinationen mit anderen Buchstaben vorkommen.

So stehen häufig die Buchstaben C und H zusammen (Beispiel: Buch) oder C und K (Backen). Vor allem bei langen Texten kann vermutet werden, welcher Buchstabe des Geheimtextes dem Buchstaben des Klartextes entspricht. Einzelne Wörter und Buchstabenkombinationen können so bei einer Substitution schnell entschlüsselt werden. Der Schlüssel kann rekonstruiert werden. Die Verschlüsselung ist geknackt.

Brute-Force-Attacke

Cyberkriminelle versuchen an Passwörter zu gelangen oder Verschlüsselungen zu knacken. Werden mithilfe von Programmen alle möglichen Buchstabenfolgen und Zeichenketten automatisiert ausprobiert, spricht man von einer Brute-Force-Attacke (brute force engl. rohe Gewalt). Jeder Schlüssel und jedes Passwort lassen sich durch Ausprobieren knacken. Leistungsfähige Computer sind in der Lage, in kurzer Zeit viele Kombinationen durchzurechnen. Durch komplexe Passwörter, lange Schlüssel und der Begrenzung von möglichen Fehlversuchen bei Logins lassen sich die Erfolgsaussichten von Brute-Force-Angriffen senken. Der Brute-Force-Angriff wird auch von Fachleuten legal eingesetzt, um die Sicherheit von Netzwerken und IT-System von Firmen oder Behörden zu prüfen.

A Das Geheimwort IVHFIIVKIPII wurde mit einer Caesar-Verschlüsselung verschlüsselt. Entschlüssele es und beschreibe, wie es verschlüsselt wurde. Tipp: Es handelt sich um einen Fruchtaufstrich.

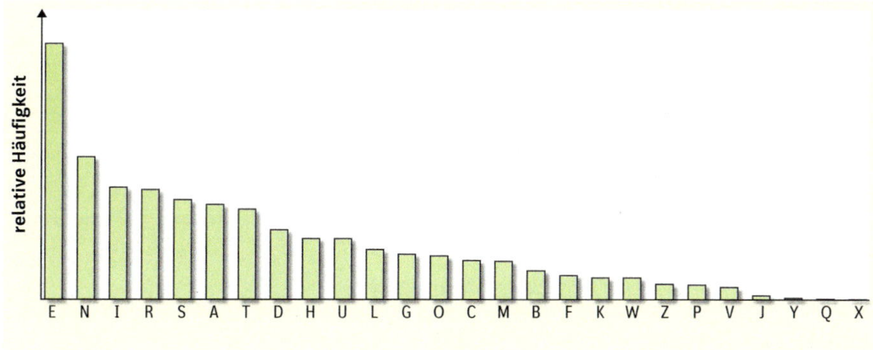

3 Buchstabenhäufigkeiten in deutschen Texten

Material mit Aufgaben

Digital+ WES-188528-08

M1 Kryptoanalyse

> Lxaxg ngl Fbmmphva uxbf Kxazxaxzx gxuxg wxk xbgxg Ukxmmxkutgd

1. Tom hat seinen Geheimtext mit dem Caesarverfahren verschlüsselt.

a. Entschlüssele, ohne den Schlüssel zu kennen, den Text.

b. Begründe, warum die Häufigkeitsanalyse bei Caesar-Verschlüsselungen einfach anzuwenden sind.

2. Verschlüssele zuerst ein Wort mit einem von dir gewählten Verschlüsselungsverfahren. Lass das verschlüsselte Wort danach von einer Mitschülerin oder einem Mitschüler mit Hilfe der Häufigkeitsanalyse entschlüsseln.

3. Arbeitet in Gruppen. Hinter dem QR-Code findet ihr monoalphabetisch verschlüsselte Texte. Entschlüsselt die Texte mithilfe einer Caesar-Scheibe.

M2 Brute-Force-Angriff

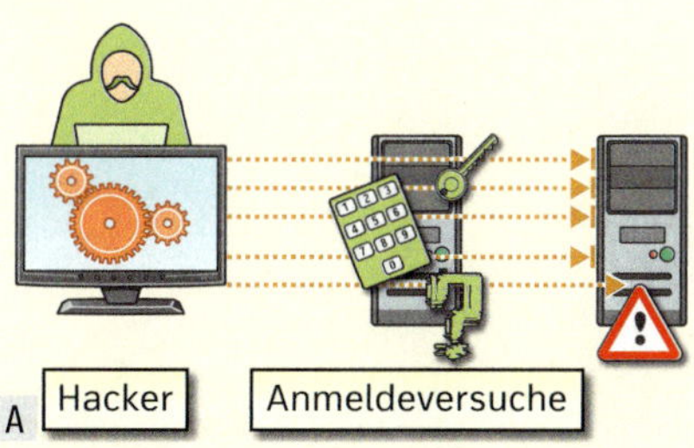

A

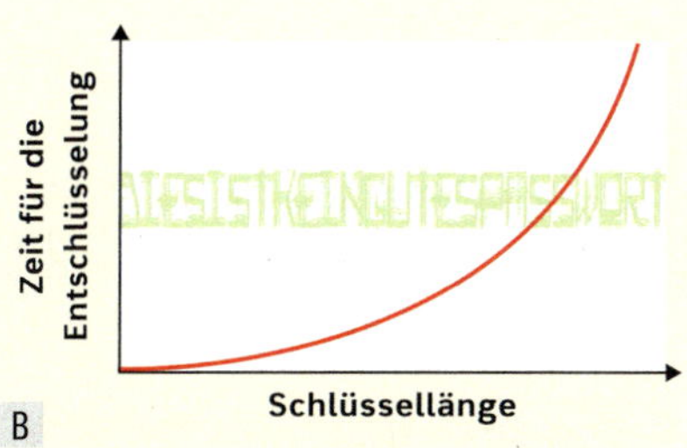

B

1. Beschreibe mithilfe von Bild A den Ablauf einer Brute-Force-Attacke.

2. Begründe mit Bild B, warum längere Schlüssel besser vor Brute-Force-Attacken schützen.

1 Unter vielen Wegen gibt es oft einen kürzesten Weg

Der kürzeste Weg

Der kürzeste Weg

Möchte man von einem Startpunkt wie dem eigenen Zuhause zu einem Zielpunkt wie einem Supermarkt gelangen, führen oft viele Wege zum Ziel. Man muss sich für einen der Wege entscheiden. Da man auf dem Weg zum Zielpunkt häufig Zeit sparen möchte, sucht man nach dem **kürzesten Weg** zum Zielpunkt. Hierfür achtet man beispielsweise auf die Anzahl an Kilometern, die auf dem Weg zurückgelegt werden müssen oder die Zeit, die man für den Weg benötigt. In Bild 2 führen zwar mehrere Straßen zum Zielpunkt, doch es gibt nur einen kürzesten Weg dorthin.

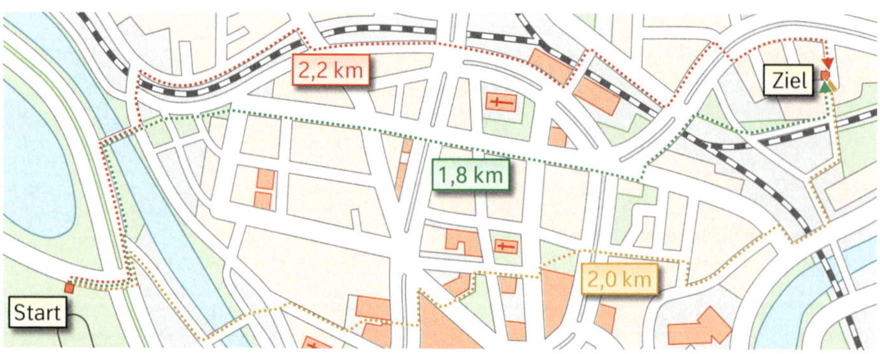

2 Viele Wege führen zum Zielpunkt

Der Algorithmus von Djikstra

Damit ein Navigationsgerät den kürzesten Weg ausgeben kann, kommt der **Algorithmus von Djikstra** zum Einsatz. Dieser Algorithmus betrachtet alle möglichen Wege von einem Startpunkt zu einem Zielpunkt und wählt den kürzesten aus. Der Algorithmus geht dabei systematisch vor. Er übersetzt zum Beispiel alle Kreuzungen auf dem Weg in **Knoten** und alle Straßen zwischen den Kreuzungen in **Kanten**. Jede Kante erhält einen bestimmten Wert, der die Länge des Weges zwischen zwei Knoten beschreibt. Der Algorithmus misst die Länge einer Kante jedoch nicht in Kilometern, sondern weist den Kanten bestimmte **Kosten** zu. Das heißt beispielsweise, wenn eine Straße von einer Kreuzung zur anderen 5 Kilometer lang ist, betragen die Kosten der Kante 1 und wenn die Straße 10 Kilometer lang ist, betragen die Kosten 2. Der Algorithmus von Djikstra berechnet zum Schluss die Kosten aller möglichen Wege zum Zielpunkt und gibt den Weg, mit den geringsten Kosten aus.

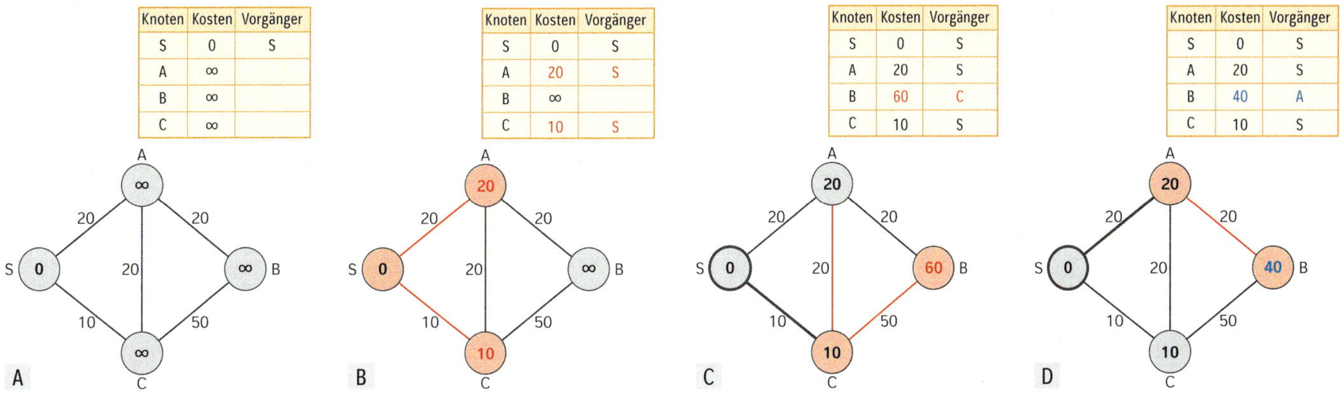

3 Die Berechnung des kürzesten Weges von S nach B: **A** 1. Schritt, **B** 2. Schritt, **C** 3. Schritt, **D** 4. Schritt

Berechnung des kürzesten Weges

Es soll der kürzeste Weg von Knoten S zu Knoten B errechnet werden.

1. Zuerst werden dem Knoten S die Kosten 0 zugeordnet, da dies der Startknoten ist. Alle anderen Knoten erhalten die Kosten ∞.

2. Jetzt werden von S aus alle möglichen Zielknoten betrachtet. In Bild 3 sind das die Knoten A und C. Um A zu erreichen, werden die Kosten von S und der Wert der Kante addiert. Es entstehen die Kosten 20. Da 20 kleiner als ∞ ist, werden die Kosten von Knoten A durch 20 ersetzt. In der Tabelle wird S als Vorgängerknoten von A festgelegt. Um C zu erreichen, entstehen die Kosten 10. Da 10 kleiner als ∞ ist, werden die Kosten von C mit 10 ersetzt und S wird als Vorgängerknoten von C festgelegt und gilt als besucht.

3. Jetzt wird der Knoten gewählt, der die geringsten Kosten verursacht. In Bild 3 ist das Knoten C mit 10. Von C aus sind die Knoten A und B noch unbesucht. Um von C aus A zu erreichen, entstehen die Kosten 30 (S ↦ C = 10 C + C ↦ A = 20). Da 30 größer als die für A hinterlegten Kosten ist, wird keine Änderung vorgenommen. Um von C aus B zu erreichen, entstehen die Kosten 60 (S ↦ C = 10 + C ↦ B = 50). 60 ist kleiner als ∞, daher werden die Kosten von B mit 60 ersetzt. C wird als Vorgängerknoten von B festgelegt.

4. Jetzt wird erneut der Knoten mit den geringsten Kosten gewählt. In Bild 3 ist das Knoten A. Von A aus ist nur Knoten B unbesucht. Von A zu B entstehen Kosten von 40 (S ↦ A = 20 + A ↦ B = 20). Da 40 kleiner als 60 ist, werden die Kosten von B durch 40 ersetzt. A wird als Vorgängerknoten von B festgelegt und gilt als besucht. Da von B aus nun nur noch Knoten erreicht werden können, die bereits besucht wurden, endet die Berechnung.

5. Mithilfe der Tabelle wird nun der kürzeste Weg gewählt. Hierbei wird rückwärts vom Zielknoten B aus gestartet und jeweils der Vorgängerknoten notiert. Der kürzeste Weg in diesem Beispiel führt von S über A zu B.

Material mit Aufgaben

M1 Der kürzeste Weg

Knoten	Kosten	Vorgänger
S	0	S
F	30	S
G	60	F
H	50	S
Z	90	G

1. Beschreibe, welchen Nutzen der Algorithmus von Dijkstra hat.

2. Beschreibe den kürzesten Weg nach Djikstra von XX nach X mithilfe der vorgegebenen Tabelle.

3. Um den kürzesten Weg zu berechnen, kann auch die Brute-Force-Methode eingesetzt werden. Dabei wird zuerst jeder mögliche Weg von Anfang bis Ende durchlaufe, um so die Kosten der einzelnen Wege zu erhalten.
Begründe, warum die Brute-Force-Methode nicht geeignet ist, um den kürzesten Weg zwischen verschiedenen Knoten zu ermitteln.

Zusammenfassung Daten verschlüsseln

Verschlüsselungen
Beim Austausch von Informationen ist es wichtig, diese zu verschlüsseln. Der Klartext einer Information wird in einen Geheimtext verschlüsselt. Beim Entschlüsseln wird der Geheimtext wieder in einen Klartext übersetzt. Heute kommen moderne Verschlüsselungen zum Einsatz. Mit Verschlüsselungen wird die Kommunikation zwischen Sender und Empfänger geschützt.

Symmetrische Verschlüsselung
Bei einem symmetrischen Verschlüsselungsverfahren wird zum Ver- und Entschlüsseln derselbe Schlüssel verwendet. Sender und Empfänger müssen diesen Schlüssel geheim austauschen.

Asymmetrische Verschlüsselung
Werden bei der Verschlüsselung zwei Schlüssel verwendet, spricht man von einer asymmetrischen Verschlüsselung. Mithilfe eines Schlüsselpaares werden Nachrichten verschlüsselt. Mithilfe des öffentlichen Schlüssels, dem public key, verschlüsselt der Sender die Nachricht. Der Empfänger kann mit seinem geheimen Schlüssel, dem private key, den Geheimtext entschlüsseln.

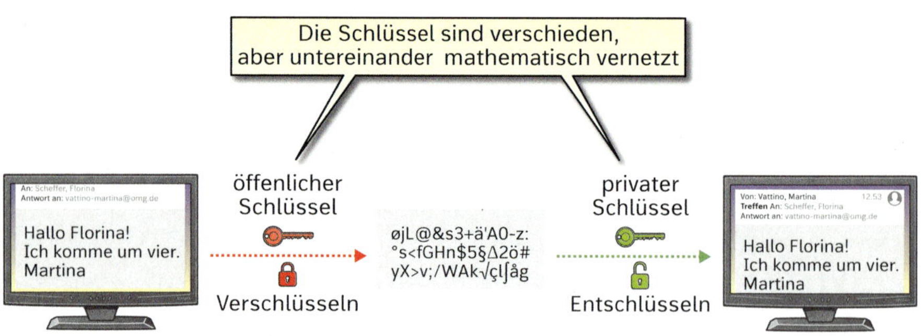

Substitution und Transposition

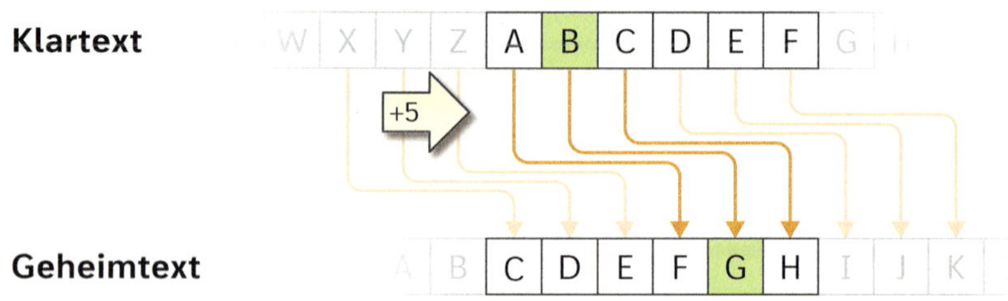

Werden Buchstaben des Klartextes durch andere Zeichen wie Buchstaben oder Zahlen ersetzt, handelt es sich um eine Substitution. Die Cäsar-Verschlüsselung ist dafür ein bekanntes und einfaches Beispiel. Werden bei der Verschlüsselung nicht die Zeichen des Klartextes durch andere Zeichen ersetzt, sondern die Position der Klartextbuchstaben nach gewissen Mustern vertauscht, spricht man von einer Transposition.

Hybride Verschlüsselung

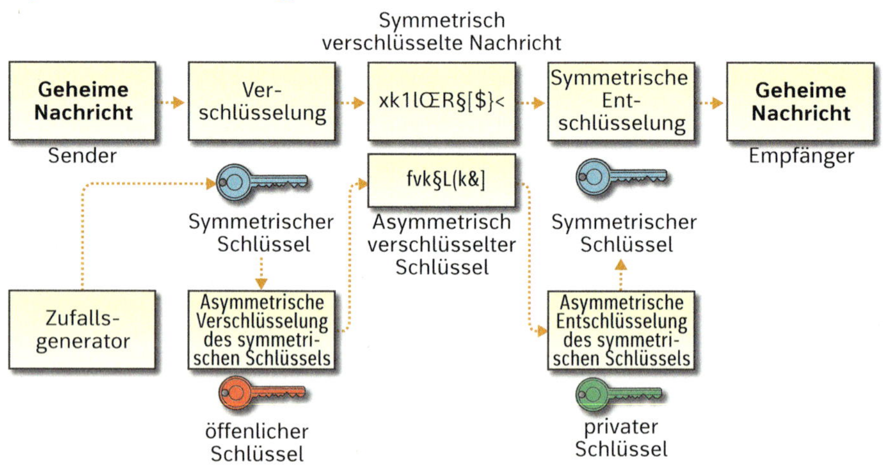

Werden symmetrische und asymmetrische Verschlüsselungen kombiniert, spricht man von hybriden Verschlüsselungen. Dabei wählt der Sender einen zufälligen symmetrischen Schlüssel. Dieser wird dann mit dem Schlüssel des Empfängers asymmetrisch verschlüsselt. Die hybride Verschlüsselung ist sehr sicher und schnell.

1 Nachrichten verschlüsseln

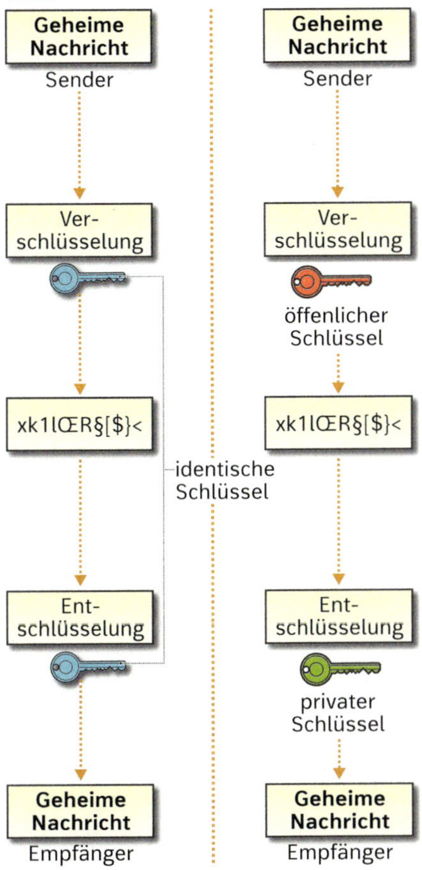

A Erläutere die Begriffe: Schlüssel, Klartext, Geheimtext, Entschlüsseln, Verschlüsseln.

B Beschreibe die Ziele von Verschlüsselungen. Erkläre die Funktion des Schlüssels.

C Beschreibe mithilfe der Abbildung die Unterschiede zwischen einer symmetrischen und asymmetrischen Verschlüsselung.

D Begründe, warum monoalphabetische Substitutionen wie die Caesar-Verschlüsselung symmetrische Verfahren sind.

2 Substitution und Transposition

Klartext	A	B	C	D	E	F	G	H	I	J	K	L	M
Geheimtext	I	J	K	L	M	O	P	Q	R	S	T	V	W
Klartext	N	O	P	**Q**	**R**	**S**	**T**	U	V	W	X	Y	Z
Geheimtext	X	Q	Z	**H**	**U**	**N**	**D**	A	B	C	E	F	G

A Beschreibe die in A abgebildete Arten der Verschlüsselung.

B Nenne weitere Arten der Verschlüsselung, die du im Laufe des Kapitels kennengelernt hast.

C Erkläre, warum das Verfahren in A eine monoalphabetische Verschlüsselung ist.

D Verschlüssele wie in A den Klartexte „Genial“. Wähle jedoch ein anderes Schlüsselwort.

E Erkläre, warum monoalphabetische Substitutionen mit Häufigkeitsanalysen leicht zu knacken sind.

F Beschreibe das One-Time-Pad-Verfahren und nenne wichtige Eigenschaften dieses Verschlüsselungsverfahrens.

3 Hybride Verschlüsselung

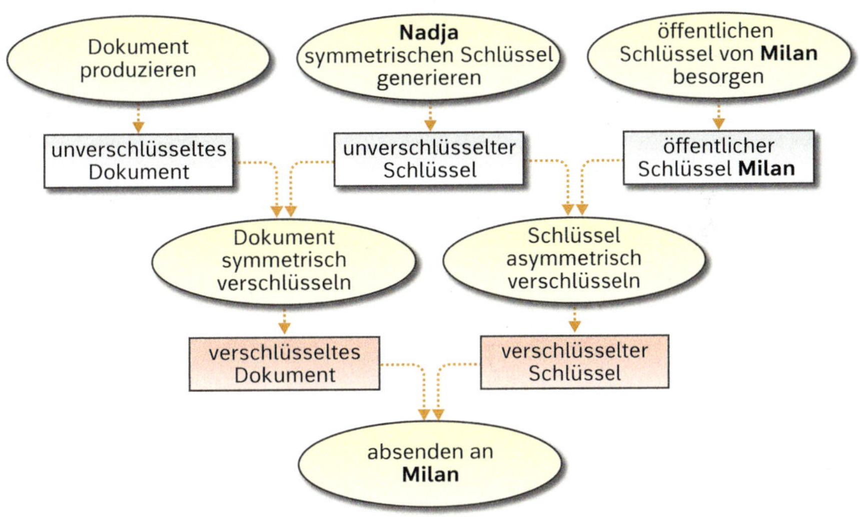

A Beschreibe, wie ein Dokument von Nadja verschlüsselt wird.

B Beschreibe, wie das Dokument von Milan entschlüsselt wird.

C Begründe, warum es sich bei dem gesamten Vorgang um eine hybride Verschlüsselung handelt.

Informatik und Gesellschaft

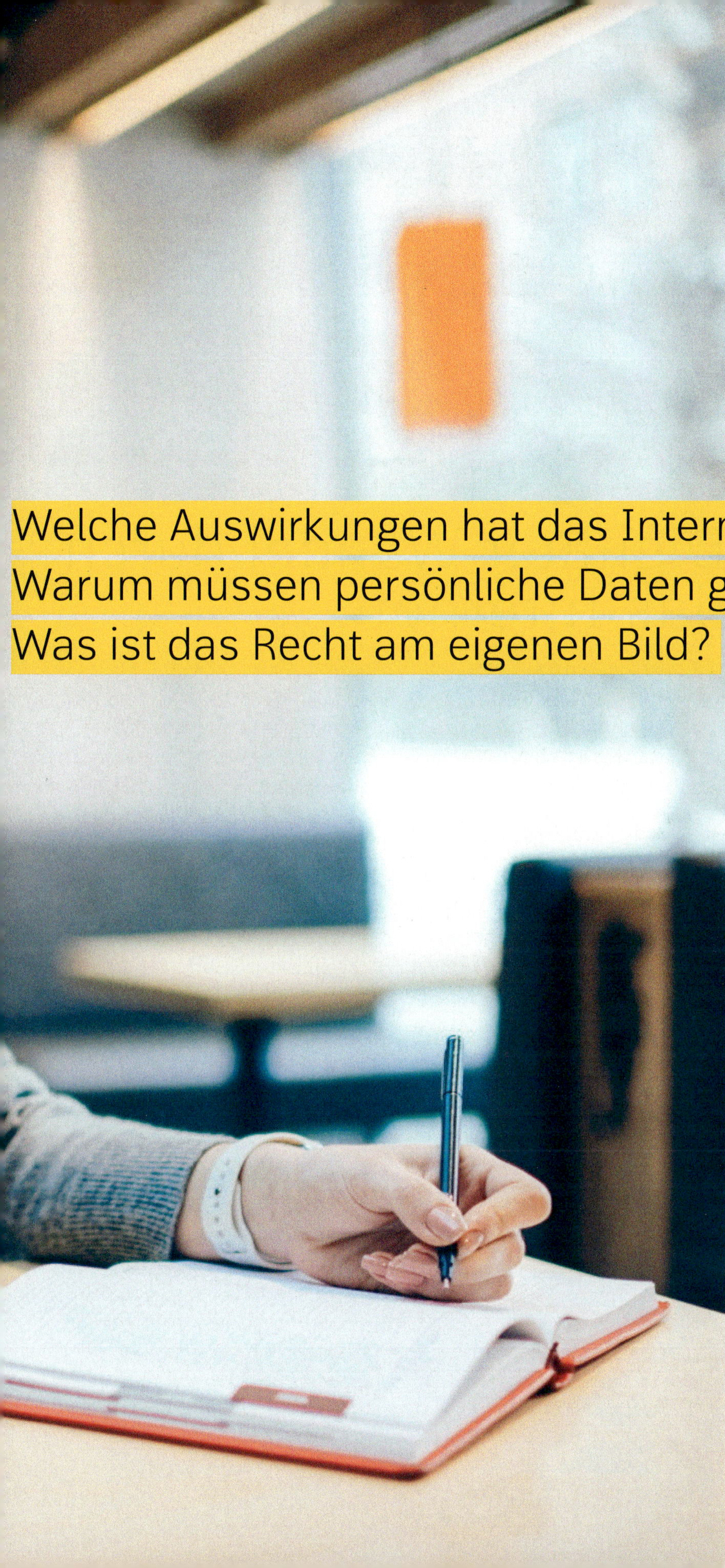

3

Welche Auswirkungen hat das Internet auf unser Leben?
Warum müssen persönliche Daten geschützt werden?
Was ist das Recht am eigenen Bild?

Die Digitalisierung verändert unser gesamtes Leben. Alle möglichen Produkte können im Internet bestellt werden. Durch soziale Medien läuft auch viel Kommunikation über das Internet ab. All das birgt aber auch Risiken.

1 Nachrichten schreiben mit Freunden

Digitaler Wandel durch das Internet

Der Alltag wird digital

Mit der Entwicklung des Computers und der Öffnung des Internets für ein breites Publikum, entwickelte sich ein Massenmedium für die breite Masse zum schnellen weltweiten Austausch. Die heutige Verfügbarkeit von mobilen Endgeräten wie Smartphones und Tablets ermöglicht den unkomplizierten Empfang und das Versenden von Texten, Bildern und Videos über Internetdienste. Dieser digitale Wandel veränderte in den letzten Jahren nicht nur die Kommunikation im privaten Umfeld, sondern auch in der Arbeitswelt und der gesamten Gesellschaft. Man spricht auch von der digitalen Transformation. Die digitale Transformation verändert auch die Kommunikation in Schule und Beruf.

Material mit Aufgaben

M1 Veränderung der Kommunikation

	vor 1900	1900-1950	1950-1970	1970-1990	1990-heute
Visuell	Fotografie (1826) Farbfilm (1888)		Fernsehen (1952) Farb-TV (1967)	PC (1981) Video (1971)	Notebook Tablet Streaming Web-TV
Audio	Telefon (1867)	Radio (1923) Tonband (1928)	Kassettenrekorder (1963)	Handy (1983)	Web-Radio CD/MP3/iPod DVD/Blue-ray Smartphone
Print	Buchdruck (1445) Zeitung (1609) Morse-Telegrafie (1837)				E-Mail/SMS Instant Messaging Social Media E-Book

1. Beschreibe die Entwicklung der Medien von 1900 bis heute.
2. Wähle zwei Medien deiner Wahl aus. Bewerte, wie die beiden Medien jeweils den Alltag und die Kommunikation verändert haben.
3. Arbeitet in Gruppen: Diskutiert, welche Erfindungen die Welt am meisten verändert haben.

Jugendliche und das Internet

Nachrichten über verschiedene Internetdienste austauschen, online Musik hören, Videos streamen und stundenlang in sozialen Netzwerken chatten – all dies bestimmt die Nachmittage und Wochenenden vieler Jugendlicher. Über das Internet können Menschen einfach und schnell mit anderen Menschen aus der gesamten Welt kommunizieren oder Computerspiele miteinander spielen. ▶

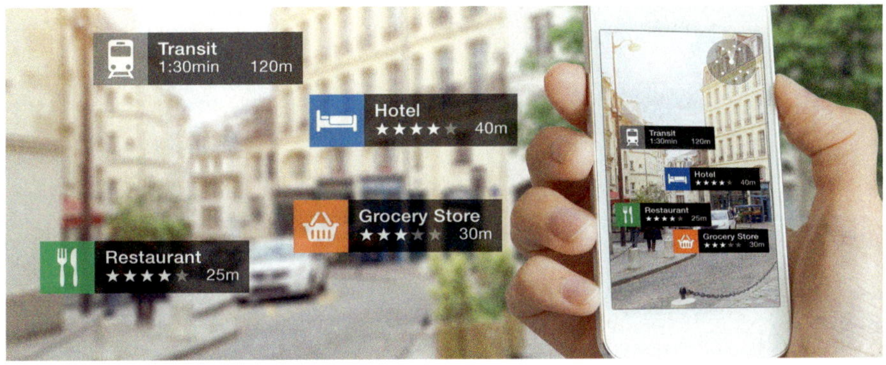

2 Nicht mehr aus dem Alltag wegzudenken

Material mit Aufgaben

M2 Internutzung von Kindern und Jugendlichen

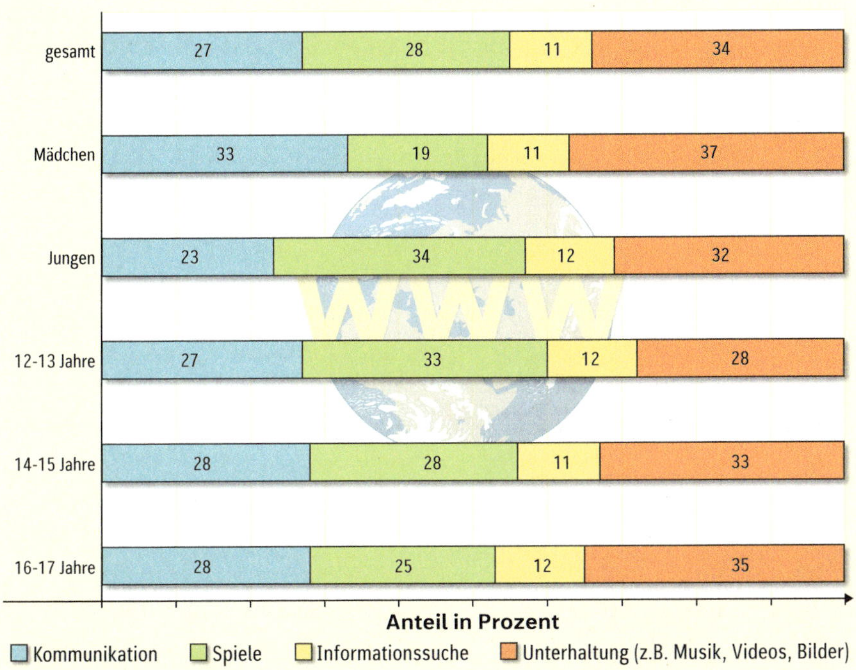

1. Vergleiche die Internetnutzung von Mädchen und Jungen.
2. Beschreibe, ob sich die Internetnutzung von Jugendlichen mit zunehmendem Alter verändert.
3. Untersuche deine Internetnutzung:
   a. Vergleiche deine eigene Internetnutzung mit den Ergebnissen im Diagramm deiner Altersstufe.
   b. Nenne Bereiche, in denen du die Zeit im Internet reduzieren kannst.

M3 Zeit im Internet

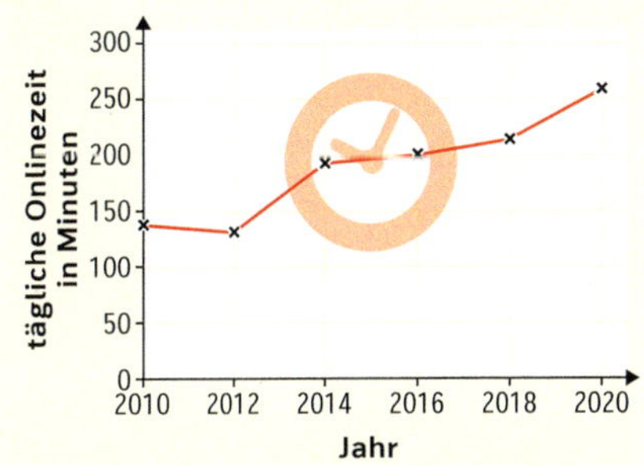

In einer Studie wurde ermittelt, wie lange Jugendliche täglich im Internet sind.

1. Arbeitet zu zweit oder in Gruppen.
   a. Beschreibt die dargestellte Entwicklung in der Tabelle.
   b. Vergleicht die Umfrageergebnisse mit eurem eigenen täglichen Zeitkontigent im Internet.
   c. Betrachtet die Situation in Bild 3. Interpretiert die Aussage des Bildes.
   d. Diskutiert, ab wann die Internetnutzung für Jugendliche zu viel wird oder sogar gefährlich wird.

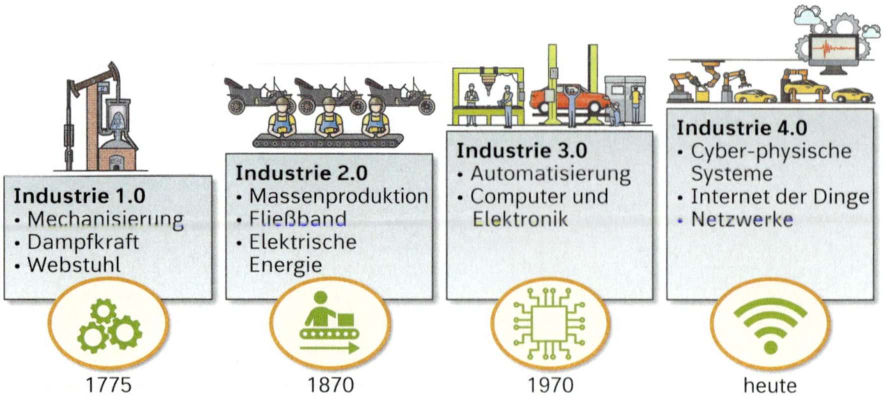

3 Digitale Transformation der Industrie

Industrie 4.0

Für die meisten Firmen ist nicht der Computer die zentrale Technologie, sondern das Internet. Mit der weltweiten Vernetzung über Unternehmens- oder Ländergrenzen hinweg gewinnt die Digitalisierung der Produktion von Waren eine neue Bedeutung.

So berechnen Algorithmen ideale Lieferwege für Waren zur Fabrik oder zum Kunden und Maschinen melden selbstständig, wann neues Material zur Produktion benötigt wird. Während der Produktion werden ständig Daten gesammelt und ausgewertet. So können Produkte effizienter, auch mit einem geringeren Verbrauch an Rohstoffen hergestellt werden. Die Digitalisierung kann nachhaltiges Wirtschaften unterstützen. Man spricht von **Industrie 4.0**. Allerdings besteht durch die effizientere Produktion auch die Gefahr das Arbeitsplätze durch die digitale Transformation verloren gehen. Das Sammeln von Daten während der Produktion, des Verkaufs oder über die Werbung der Produkte, ermöglicht es die hergestellten Produkte stark an den Vorlieben der Kunden auszurichten.

Material mit Aufgaben

M4 Industrie 4.0

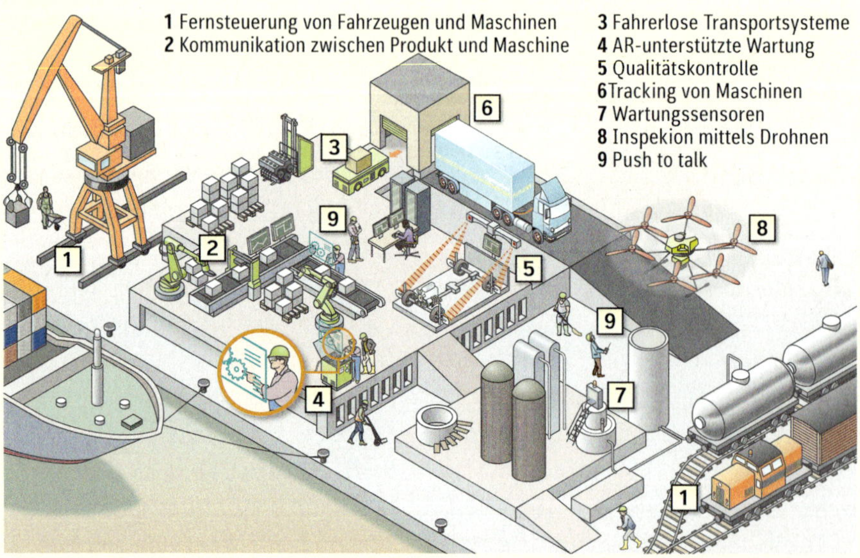

Das Bild zeigt die Möglichkeiten der digitalen Transformation der Arbeitswelt.

1. Beschreibe an drei Beispielen im Bild die Möglichkeiten der digitalen Transformation der Industrie.
2. Erläutere an zwei Beispielen, wie die digitale Transformation Produktionsprozesse effizienter macht.
3. Begründe, warum das Sammeln von Daten ein wesentliches Vorhaben in der Industrie 4.0 ist.
4. Erläutere Chancen und Risiken der digitalen Transformation der Arbeitswelt.

Material mit Aufgaben

M5 Online-Handel

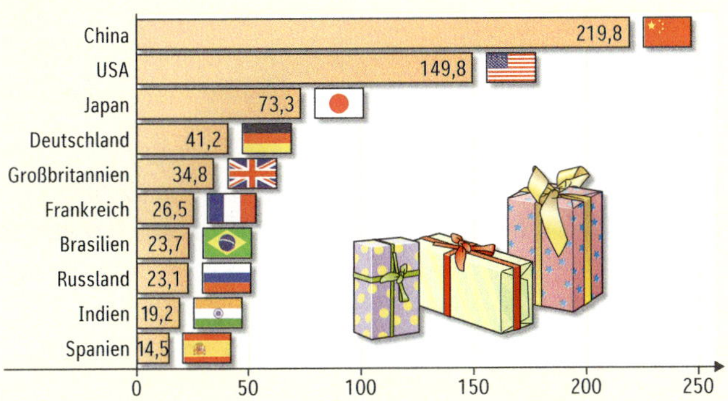

A

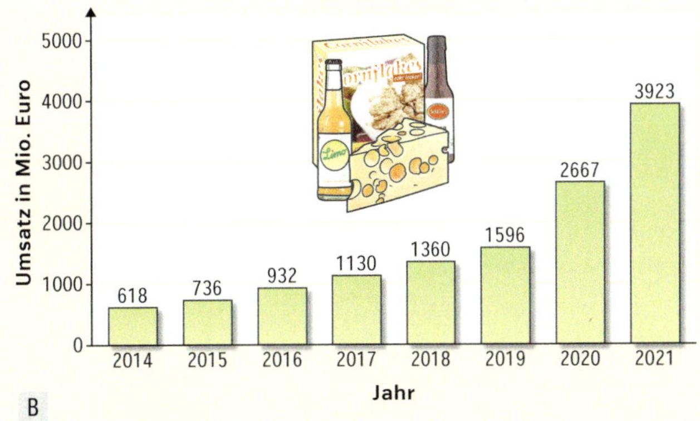

B

Die Bedeutung des Online-Handels hat enorm zugenommen. Viele bestellen mittlerweile Waren nur noch im Internet und gehen selten in klassischen Läden einkaufen.

1. Arbeitet in Gruppen oder in Partnerarbeit zusammen.

a. Betrachtet die beiden Diagramme in Bild A und Bild B. Beschreibt die Kernaussagen der dargestellten Diagramme.

b. Sammelt gemeinsam Gründe für die dargestellte Entwicklung des Online-Handels.

c. Vergleicht den Kauf eines Kleidungsstücks im Laden oder beim Online-Shopping. Stellt Vor- und Nachteile gegenüber.

d. Beschreibt, welche Sachen ihr eher im Geschäft kauft und welche eher online bestellt.

e. Stellt Vermutungen an, wie sich die Corona-Pandemie auf das Kaufverhalten vieler Personen ausgewirkt hat.

f. Betrachtet die Bilder. Beschreibt die Aussagen der Bilder. Erläutert die Auswirkungen des Online-Handels auf den persönlichen Umgang mit Daten, die Arbeitswelt und den Einzelhandel in den Städten.

g. Viele Städte warnen vor einem „Aussterben der Innenstädte“. Diskutiert diese Warnung. Entwickelt Möglichkeiten den Handel in den Innenstädten zu fördern.

In vielen Online-Shops werden für den Bestellvorgang persönlichen Daten verlangt. Neben Namen, Adresse und E-Mail-Adresse, sind dies auch zum Beispiel Bankdaten. Wie geht man sicher mit personenbezogenen Daten im Internet um?

1 Anmeldung in einem Online-Portal

Umgang mit personenbezogenen Daten

Personenbezogene Daten

Alle Angaben, die einer Person zugeordnet werden können, bezeichnet man als personenbezogene Daten. Dazu zählen neben allgemeinen Personendaten, zum Beispiel Bankdaten wie die Kontonummer, Onlinedaten wie die E-Mail-Adresse oder auch physische Merkmale wie das Geschlecht, die Körpergröße oder Augenfarbe einer Person. Der Schutz personenbezogener Daten ist auch gesetzlich verankert. Es gibt strenge Vorgaben für das Sammeln, die Aufbewahrung und die Auswertung von personenbezogenen Daten. Seit dem Jahr 2018 gibt es die Datenschutz Grundverordnung, kurz DSGVO. Sie ist in der ganzen Europäischen Union gültig und somit auch die rechtliche Grundlage zum Umgang mit Daten in Deutschland. Auf vielen Webseiten, in Online-Shops oder in sozialen Netzwerken werden immer wieder diese Daten abgefragt. Bei der digitalen Datenerfassung werden diese Daten gespeichert, sodass jederzeit auf diese zurückgegriffen werden kann. Es gibt Unternehmen, die die gesammelten Daten an Dritte für Werbezwecke weiterverkaufen. Jedoch wirst du bei vertrauenswürdigen Webseiten um Zustimmung für die Weitergabe der Daten gefragt.

2 Personenbezogene Daten

Datenklau im Internet

Personenbezogene Daten sind Ziel vieler Hacker im Internet, die auf kriminelle Art und Weise Geld mit gestohlenen Daten verdienen wollen. Oft werden E-Mails in großer Zahl an Empfänger versendet, die mit Schadprogrammen versehen sind. Die Empfänger sollen Dateianhänge runterladen oder auf Links klicken. Anschließend sollen persönliche Daten angegeben oder sogar Apps heruntergeladen werden. Deshalb ist es wichtig, Dateianhänge und Links in Emails von unbekannten, nicht vertrauenswürdigen Personen nicht zu öffnen.

Sicher im Internet

Wer im Internet unterwegs ist, hinterlässt immer Spuren. So kommunizieren beim Datenaustausch im Internet die IP-Adressen der Geräte miteinander. Im Internet ist es auch kaum möglich sich völlig anonym zu bewegen. Möchte man in sozialen Netzwerken aktiv sein, werden eigene Profile angelegt. Ein Profil enthält Zugangsdaten wie Benutzernamen, sowie weitere Daten, die im Profil angegeben werden sollen. Jedoch ist es wichtig, so wenig personenbezogene Daten wie möglich zu veröffentlichen. Passwörter können die Profile, das Onlinebanking-Konto oder das E-Mail-Postfach vor unerlaubtem Zugriff schützen. Auch Smartphones oder Tablets sollten mit Passwörtern oder PINs geschützt sein. Bei jeder Anmeldung wird überprüft, ob das Passwort zum jeweiligen Benutzername passt. ▶

A Beschreibe mithilfe von Bild 2 die Vielfalt personenbezogener Daten.

3 Personenbezogene Daten am Smartphone sichern

Material mit Aufgaben

M1 Goldene Regeln zum Umgang mit Passwörtern

Gib dein Passwort niemals weiter.

Nutze Ziffern, Groß- und Kleinbuchstaben sowie Sonderzeichen.

Nutze verschiedene Passwörter.

Bewahre dein Passwort an einem sicheren Ort auf.

Dein Passwort sollte über 8 Zeichen haben.

1. Begründe die fünf Regeln zum Umgang mit Passwörtern.
2. Überprüfe deine eigenen Passwörter auf ihre Sicherheit.

M2 Persönliche Angaben – Social Media

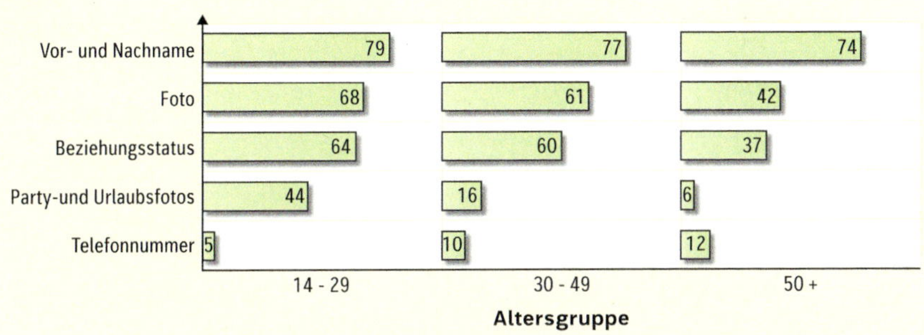

1. Vergleiche die Angaben im Diagramm miteinander.
2. Stelle Vermutungen an, warum sich zwischen den Gruppen in einigen Punkten größere Unterschiede ergeben.
3. Begründe, welche persönlichen Angaben du in sozialen Netzwerken machen würdest und welche nicht.

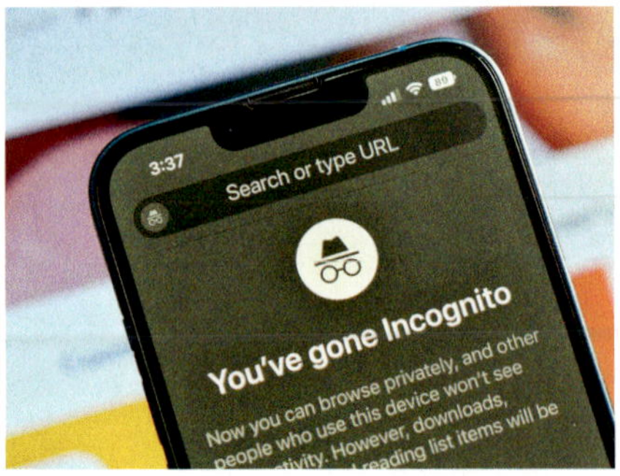

4 Startseite eines Inkognito-Modus.

ⓘ Wir verwenden optionale Cookies, um Ihre Erfahrung auf unseren Websites zu verbessern, z. B. durch Verbindungen zu sozialen Medien, und um personalisierte Werbung auf der Grundlage Ihrer Online-Aktivitäten anzuzeigen. Wenn Sie optionale Cookies ablehnen, werden nur die Cookies verwendet, die zur Bereitstellung der Dienste erforderlich sind. Sie können Ihre Auswahl ändern, indem Sie am Ende der Seite auf „Cookies verwalten" klicken. Datenschutzerklärung Cookies von Drittanbietern

Annehmen

Ablehnen

Cookies verwalten

5 Zustimmung zu den Cookies

Inkognito Modus

Es gibt noch weitere Möglichkeiten, das Sammeln personenbezogener Daten im Internet einzuschränken. Viele Browser bieten an, einen Inkognito-Modus einzuschalten. In diesem Modus verhindert der Browser größtenteils, dass Daten wie der Standort an Dritte weitergegeben werden. Bei Apps auf dem eigenen Smartphone kann in den Einstellungen außerdem genau festgelegt werden, welche Rechte die App besitzen soll. So kann entschieden werden, ob eine App jederzeit, nur zu bestimmten Momenten oder niemals Zugriff auf bestimmte Daten haben soll.

Material mit Aufgaben

M3 Rechtverwaltung von Apps

APP-BERECHTIGUNGEN
Zappino benötigt folgende Berechtigungen:

Netzkommunikation Voller Netzwerkzugriff	**Bildergalerie** Bildergalerieinhalte ändern oder löschen
Anrufe Telefonstatus und Identität abrufen	**Mikrofon** Voller Mikofonzugriff
Kontakte Kontakte ändern oder löschen	**Kamera** Voller Kamerazugriff
Ihren Standort Voller Standortzugriff	**Benachrichtigungen** Alle Benachrichtigungen zulassen

Alle anzeigen > AKZEPTIEREN

1. Beurteile die Einstellungen für eine Shopping-App.

2. Beschreibe, wie du die Rechte für die Shopping-App einstellst.

Cookies

Immer wenn eine Internetseite besucht wird, öffnet sich ein Fenster, indem man auf die **Cookies** (engl. Kekse) hingewiesen wird. Bei Cookies handelt es sich um kleine Datensätze, die auf dem Gerät des Nutzers gespeichert werden. Cookies sind dann nützlich für den Benutzer, wenn mehrere Schritte auf einer Webseite getan werden müssen. So können mithilfe von Cookies vergangenen Schritte gespeichert werden. Möchte man zum Beispiel auf einer Shopping-Webseite etwas kaufen, legt man den Artikel in den Warenkorb. Schließt man jetzt versehentlich die Webseite und öffnet sie wieder, ist der Warenkorb aufgrund der Cookies gespeichert worden. Der Einkauf kann einfach fortgesetzt werden. Jedoch können Cookies auch von Unternehmen abgerufen und analysiert werden. So können Unternehmen das Surfverhalten von Nutzern speichern. Es ist daher wichtig, wenn man eine Internetseite besucht, nicht alle Cookies zu akzeptieren, sondern nur die, die technisch notwendig sind.

B Nenne Vorteile und Nachteile von Cookies.

1. **Überlege dir vorher genau, was du veröffentlichst.**
   Nicht alles gehört in die Öffentlichkeit.
2. **Gib immer nur das Nötigste an.**
   Oft werden auch Informationen abgefragt, die gar nichts mit dem Angebot zu tun haben. Meist kannst du diese Felder einfach frei lassen.
3. **Verändere die Einstellungen.**
   Auf vielen Seiten kannst du dich beispielweise von Newslettern abmelden oder der Weitergabe deiner Daten an Dritte widersprechen.
4. **Sichere deine Accounts mit sicheren Passwörtern.**

6 Tipps zum Umgang mit persönlichen Daten

Material mit Aufgaben

M4 Gute Daten – schlechte Daten

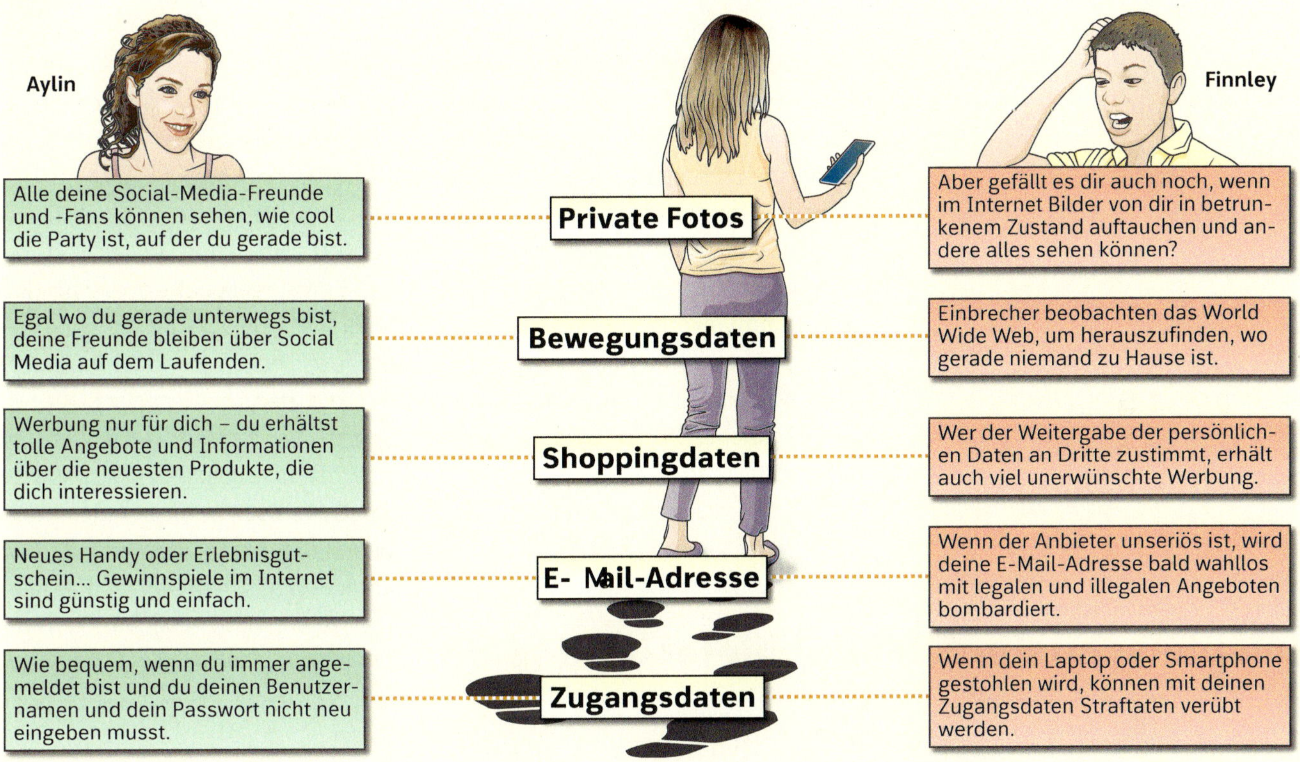

1. Arbeitet in Gruppen.
   a. Nennt Gefahren, die beim sorglosen Umgang mit personenbezogenen Daten auftreten können.
   b. Wertet die Ansichten von Aylin und Finnley aus. Diskutiert die verschiedenen Ansichten von Aylin und Finnley miteinander.
   c. Erstellt gemeinsam einen Leitfaden zum Umgang mit personenbezogenen Daten zu den im Bild genannten Punkten.

1 Nachrichten schreiben mit Freunden

Arten digitaler Kommunikation

Digitale Kommunikation

Viele nutzen das Internet, um sich über Dinge zu informieren, Nachrichten zu lesen oder Waren in Online-Shops einzukaufen und zu bestellen. Viele nutzen aber das Internet, um mit anderen in Austausch zu treten. Das Internet kann zur Kommunikation genutzt werden. Neben sozialen Netzwerken gibt es viele verschiedene Webanwendungen aktiv Nachrichten oder Informationen auszutauschen. Es gibt mittlerweile auch Anwendungen im Internet, in denen Menschen aktiv zusammen an einem Thema zusammenarbeiten und sich austauschen. Man spricht bei diesen Anwendungen von kollaborativen Webanwendungen.

E-Mail

Die E-Mail ist ein elektronischer Brief. Möchte man eine E-Mail an einen Empfänger schicken, benötigt man ein E-Mail-Postfach mit eigener E-Mail-Adresse bei einem Provider. Als Internetnutzer ist die E-Mail fast unverzichtbar. Damit man Benutzerkonten oder im Onlineshop ein Kundenkonto anlegen kann, benötigt man eine E-Mail-Adresse. Gegenüber einem postalischen Brief bietet eine E-Mail gewisse Vorteile. Eine E-Mail ist kostengünstiger als ein Brief. Außerdem können bei E-Mails Dokumente, Bilder oder auch Musikdateien als Anhänge mitgeschickt werden. Der größte Vorteil der E-Mail ist jedoch, dass Empfänger in Sekundenschnelle weltweit Nachrichten erhalten können.

Beispielschueler@Mailanbieter-online.de

1 (Beispielschueler) 2 (@) 3 (Mailanbieter-online) 4 (.de)

E-Mail-Adressen bestehen immer aus vier Teilen:
1 dem Nutzernamen
2 dem At-Zeichen
3 dem Provider (Anbieter)
4 der Top-Level-Domain

2 Zusammensetzung E-Mail-Adresse

Soziale Netzwerke

Soziale Netzwerke ermöglichen den Austausch von Informationen und Bildern. Es handelt sich um Kommunikationsplattformen, die im privaten Bereich benutzt werden. User legen sich bei den sozialen Netzwerken eigene Profile mit unterschiedlichen persönlichen Angaben an. Das Profil sollte durch Benutzername und Passwort vor Fremdzugriffen geschützt sein. Da jeder auf der Welt das Profil betrachten kann, sollte man nicht zu viele Informationen von sich auf den sozialen Netzwerken preisgeben. Auf sozialen Netzwerken entstehen häufig Interessengruppen, die teilweise mehrere hundert Personen beinhalten können. Leider werden in solchen Gruppen auch beleidigende und hetzerische Inhalte sowie falsche Informationen, „Fake News“, verbreitet.

Instant-Messenger-Apps

Nachrichten und Bilder mithilfe von Instant-Messanger-Diensten zu schicken, sind aus dem heutigen Alltag der meisten kaum wegzudenken. Das englische Wort „Instant Messaging“ bedeutet etwa so viel wie „sofortige Nachrichtenübermittlung“. Es gibt viele verschiedene solcher Dienste, die ähnlich funktionieren. Die Nachrichten können sehr schnell übermittelt werden. Zur Nutzung dieser Apps muss ein Account angelegt werden. Zudem muss eine Internetverbindung vorhanden sein. Die Nachrichten sollen nur vom Sender und Empfänger gelesen werden. Andere Personen sollen den Klartext der Nachricht nicht lesen können. Werden Dateien oder Nachrichten verschickt, sind diese gut gesichert. Die Apps nutzen eine Ende-zu-Ende-Verschlüsselung. ▶

Material mit Aufgaben

M1 E-Mail-Adressen

1. ▮▮▮ Diskutiert in Partnerarbeit, ob die gewählten E-Mail-Adressen seriös gewählt sind. Warum soll man bei der Wahl der Mailadresse vorsichtig sein?

M2 Problematische Inhalte

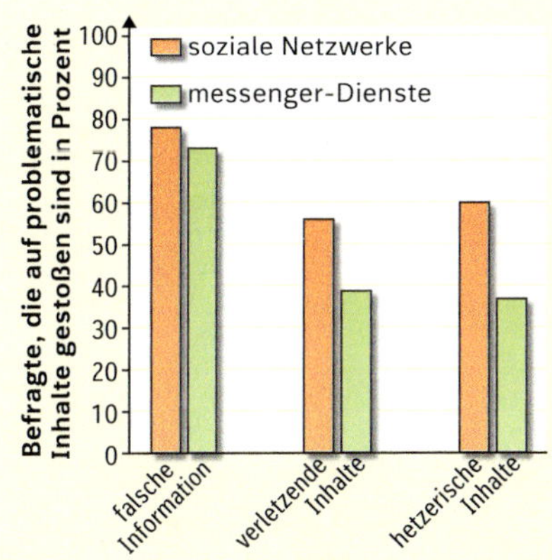

1. ▮▮▮ Fasse die Aussagen des Diagramms zusammen.
2. ▮▮▮ Nenne soziale Netzwerke und Instant-Messenger-Dienste, die du selbst nutzt. Beschreibe von deinen Erfahrungen mit problematischen Inhalten.
3. ▮▮▮ Diskutiert gemeinsam über Verhaltensregeln in sozialen Netzwerken und erstellt einen Regelkatalog.

M3 Verschlüsselung bei Instant-Messenger-Diensten

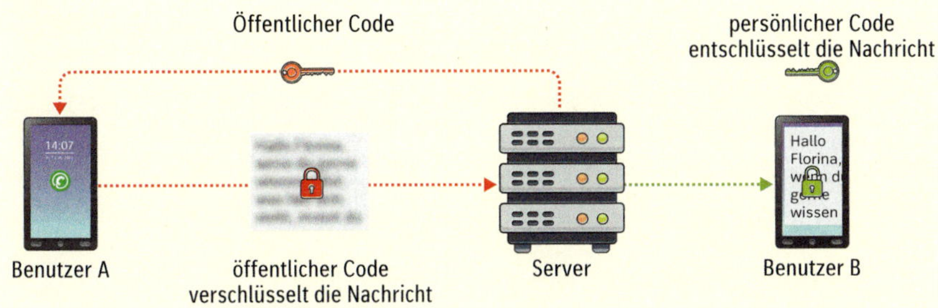

1. ▮▮▮ Beschreibe das abgebildete Verschlüsselungsverfahren.
2. ▮▮▮ Erkläre, warum diese Art der Verschlüsselung relativ sicher ist.
3. ▮▮▮ Es wird gefordert, dass Messenger-Dienste gegen rechtswidrige Inhalte auf ihren Plattformen vorgehen. Diskutiert dies.

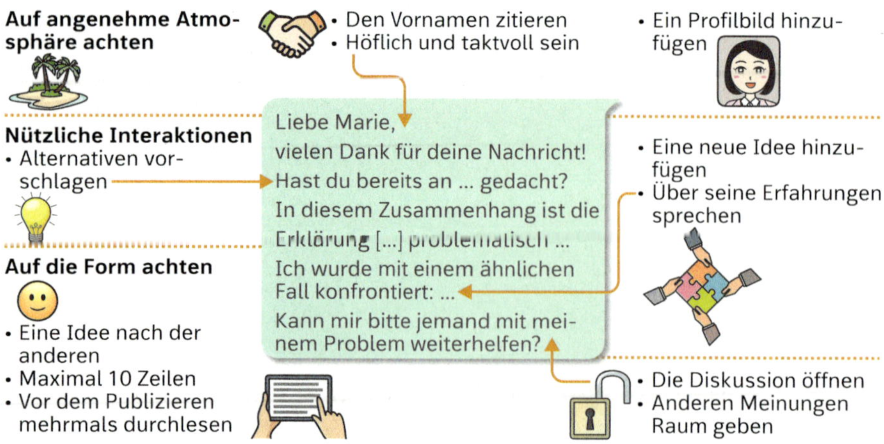

3 Effektiv an einem Forum teilnehmen

Zweck von Foren

In Foren werden gemeinsam Sachverhalte eines Interessengebiets diskutiert. Ein Forum bietet die Möglichkeit, kollaborativ zusammen an einem Thema zu arbeiten. Die meisten Foren haben ein Hauptthema, das oft in Unterthemen gegliedert wird. So kann ein Fußballforum die Unterthemen „Bundesliga", „Transfers", „Champions League" oder „Nationalmannschaft" haben. Diese Themen nennt man Topics.

Arten von Foren

Wird eine Frage in ein Forum eingetragen und darauf geantwortet oder diskutiert, spricht man von Postings. Den Text des Postings bezeichnet man als Thread. Es gibt verschiedene Arten von Foren, die sich durch die Art der Threads unterscheiden. Viele Foren dienen zum Wissensaustausch oder zur Diskussion eines beliebigen Themas. Man spricht von Diskussionsforen. In einem Bewertungsforum werden Produkte oder Dienstleistungen von Käufern oder Nutzern bewertet. Werden Produkte von den Herstellern direkt mit Informationen und Handlungsanweisungen angeboten, spricht man von einem Produktforum oder Supportforum. Universitäten und Hochschulen bilden oft Foren an, in denen zu Bildungsinhalten ein Austauschforum geschaffen wird. Diese Bildungsforen werden auch zur Informationsbeschaffung und zur Lösung von Aufgaben genutzt. Jedoch posten nicht immer Experten. Daher ist es wichtig, die Threads kritisch zu prüfen.

Material mit Aufgaben

M4 Foren

1. Beschreibe, bei welchem Forum du teilnehmen würdest und bei welchem nicht.
2. Erkläre, warum Foren kollaborative Plattformen im Internet sind.
3. Beschreibe, wann sich Foren zur Nutzung in der Schule gut eignen. Begründe deine Überlegungen.

Blogs

Viele betreiben einen Blog im Internet. Das Wort Blog ist eine Abkürzung für Weblog, was man als „Tagebuch im Internet“ übersetzen kann. In einem Blog werden die eigenen Interessen und Gedanken geteilt. Ein Blog kann von Unternehmen und Privatpersonen erstellt werden. Er kann auch für Werbung genutzt werden. Viele Influencer haben einen eigenen Blog. Werden Videos verwendet, spricht man auch von einem Vlog. Die meisten Blogs von Privatpersonen sind Reiseblogs, Lifestyle-Blogs wie Beauty-Blogs oder Food-Blogs. Viele Seiten in sozialen Netzwerken sind aufgebaut, wie kleine Mini-Blogs, weil der Betreiber Bilder postet und darunter auch Kommentare gesetzt werden. In einem Blog werden Eintragungen von neuen Erlebnissen, Situationen und Begebenheiten veröffentlicht. Man spricht bei den Eintragungen von Posts.

Wiki

Ein Wiki ist ein Internetlexikon. In einem Wiki findet man eine Vielzahl sachlicher Artikel, Definitionen und Erklärungen zu vielen verschiedenen Themengebieten. Durch regelmäßige Aktualisierungen werden Wikis sehr aktuell gehalten. In den Artikeln gibt es viele Verlinkungen zu anderen Artikeln, sodass man zwischen Artikeln und Informationen gut hin und her springen kann. Das in Wikis aufbereitete Wissen ist für jeden Nutzer einsehbar. Jeder Nutzer kann auch eigene Artikel in einem Wiki hinzufügen.

A Nenne mithilfe von Bild 1 Merkmale von Blogs.

1 Aufbau eines Blogs

Material mit Aufgaben

M1 Blog und Wiki

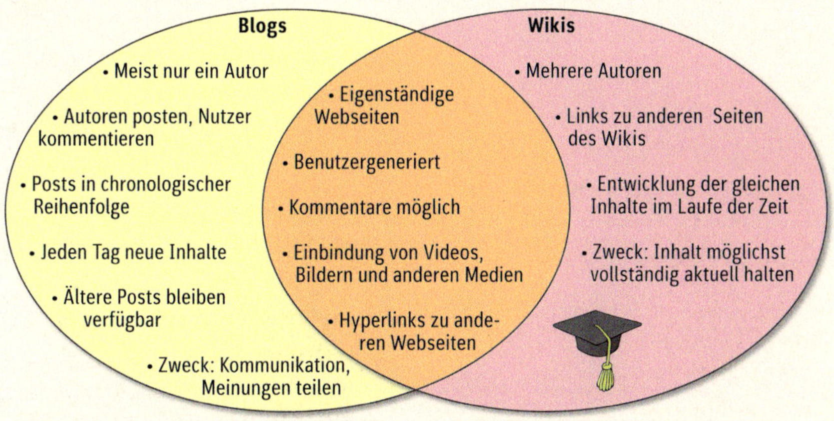

1. Beschreibe die unterschiedlichen Ziele von einem Blog und einem Wiki.
2. Erkläre die Unterschiede von einem Blog und einem Wiki. Beachte folgende Punkte: Autorenschaft, Informationen, Verlinkungen und Kommentare.
3. Begründe, ob Blogs und Wikis jeweils kollaborative Kommunikationsplattformen sind.
4. Arbeitet mindestens zu zweit: Erörtert Vor- und Nachteile eines Wikis und deren Mitgestaltung durch User.

1 Mädchen leidet unter Cyber-Mobbing

Risiken bei der Nutzung des Internets

Chancen und Risiken

Die digitale Kommunikation eröffnet Chancen, die vor Jahren noch undenkbar waren. Mit Online-Konferenzen können Meetings oder auch Unterricht beim Homeschooling abgehalten werden. Freunde kann man im Videochat treffen oder an besonderen Ereignissen über soziale Netzwerke oder Instant-Messenger-Apps teilhaben lassen. Doch es ergeben sich nicht nur Chancen. Die moderne, digitale Kommunikation birgt auch Gefahren und Probleme. Das Internet kann auch ein Raum für Straftaten werden. Man spricht von Cyber-Kriminalität.

Cyber-Grooming

Auch kriminelle Täter nutzen das Internet. Sie sprechen in sozialen Netzwerken gezielt Kinder und Jugendliche an, um sie „kennenzulernen" und später zu persönlichen Treffen zu bewegen. Dabei wird oft langsam ein scheinbares Vertrauensverhältnis aufgebaut, doch eigentlich stecken sexuelle Missbrauchsabsichten dahinter. Man spricht von **Cyber-Grooming**. Häufig geben sich die Täter selbst als Jugendliche aus und geben vor, deren Probleme zu verstehen. Daher darf man nie seinen richtigen Namen, seine Telefonnummer oder andere persönliche Dinge preisgeben.

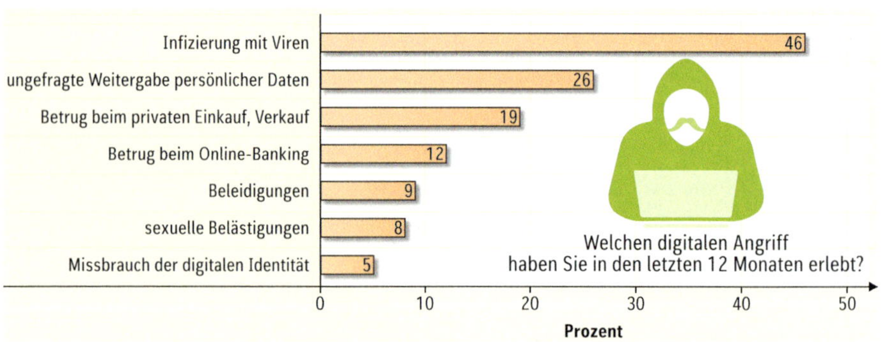

2 Cyberkriminalität auf Kommunikationsplattformen

3 Grooming im Chat

Cyber-Mobbing

Viele Menschen, vor allem auch Kinder und Jugendliche, werden Opfer von Beleidigungen im Internet. Die Opfer leiden unter Cybermobbing, was man mit „Beleidigen im Internet" übersetzen kann. Vor allem in den sozialen Netzwerken finden die Cybermobber Informationen für die Angriffe auf ihre Opfer. Die Informationen finden sie oft sehr leicht, da viele Nutzer der sozialen Netzwerke leichtfertig persönliche Daten preisgeben.

Manche Cybermobber legen gefälschte Profile, sogenannte Fake-Profile an und verbreiten gefälschte Informationen oder auch peinliche Bilder oder manipulierte Bilder ihrer Opfer. Da viele Cybermobber davon ausgehen, dass sie im Internet anonym unterwegs sind, gehen sie äußerst skrupellos vor und fühlen sich sicher vor rechtlichen Konsequenzen.

Cybermobbing ist keine eigene Straftat im deutschen Recht. Jedoch können sich hinter Cybermobbing-Attacken Straftaten wie Beleidigung, Verleumdung oder Verletzung des Rechts am eigenen Bild verbergen.

Viele Opfer leiden unter den Attacken der Cybermobber, die auch in Depressionen oder Angstzuständen enden können. Deshalb ist es wichtig, frühzeitig Cybermobbing zu erkennen und vorzubeugen. ▶

A Arbeitet in Partnerarbeit oder in Gruppen zusammen. Nennt mögliche Chancen und Risiken der digitalen Kommunikation im Internet.

Material mit Aufgaben

M1 Strafgesetzbuch

§ 186 Üble Nachrede
Wer in Beziehung auf einen anderen eine Tatsache behauptet oder verbreitet, welche denselben verächtlich zu machen oder in der öffentlichen Meinung herabzuwürdigen geeignet ist, wird, wenn nicht diese Tatsache erweislich wahr ist, [...] bestraft.

§ 187 Verleumdung
Wer wider besseres Wissen in Beziehung auf einen anderen eine unwahre Tatsache behauptet oder verbreitet, welche denselben verächtlich zu machen oder in der öffentlichen Meinung herabzuwürdigen [...], wird [...] bestraft.

1. ▮▮▮ Beschreibe den Unterschied zwischen übler Nachrede und Verleumdung.
2. ▮▮▮ Diskutiert in Gruppen, wie man sich Beleidigungen in sozialen Netzwerken zur Wehr setzen kann.
3. ▮▮▮ Entwickelt gemeinsam Verhaltensregeln zur Kommunikation in sozialen Netzwerken. Erstellt einen Leitfaden.

M2 Cyber-Mobbing

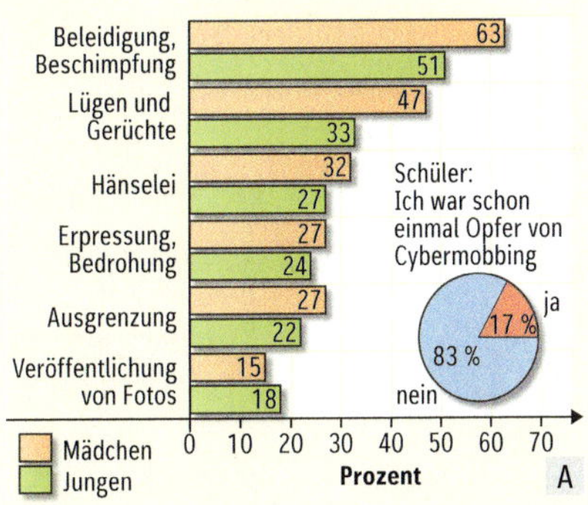

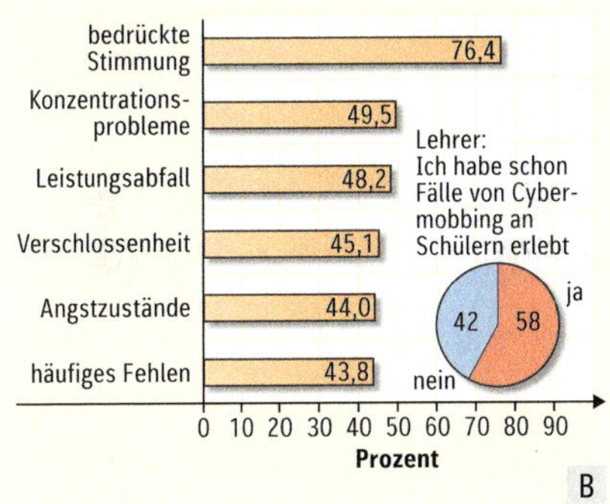

1. Arbeitet in Gruppen zusammen.
   a. ▮▮▮ Wertet die Umfrage der Schülerinnen und Schüler zum Thema Cyber-Mobbing aus. Diskutiert die Ergebnisse.
   b. ▮▮▮ Stellt Vermutungen über die unterschiedlichen Ergebnisse bei Jungen und Mädchen an.
   c. ▮▮▮ Betrachtet die Ergebnisse der Umfrage in Bild B. Entwickelt gemeinsam mit der Lehrkraft einen Fahrplan, wie man Cyber-Mobbing in der Klasse begegnen kann und vorbeugen kann.

▹ **Gefälschte Absender-Adresse**
Ist eine E-Mail-Adresse zu verifizieren? Kann der Absender diese E-Mail bestätigen?

▹ **Abfrage vertraulicher Daten**
Fordert eine E-Mail zur Eingabe vertraulicher Daten wie Passwörtern und Geheimnummern auf?

▹ **Vorgetäuschter dringender Handlungsbedarf**
Signalisiert eine E-Mail Handlungsbedarf und zeigt Folgen bei Nichtbeachtung auf?

▹ **Links zu gefälschten Webseiten**
Enthält die E-Mail Verlinkungen zu Webseiten?

▹ **Sprachliche Ungenauigkeiten**
Ist die Anrede unpersönlich? Enthält der Text Rechtschreibfehler oder werden beispielsweise Umlaute nicht richtig dargestellt?

4 Umgang mit Phishing

Material mit Aufgaben

M3 Phishing von Bankdaten

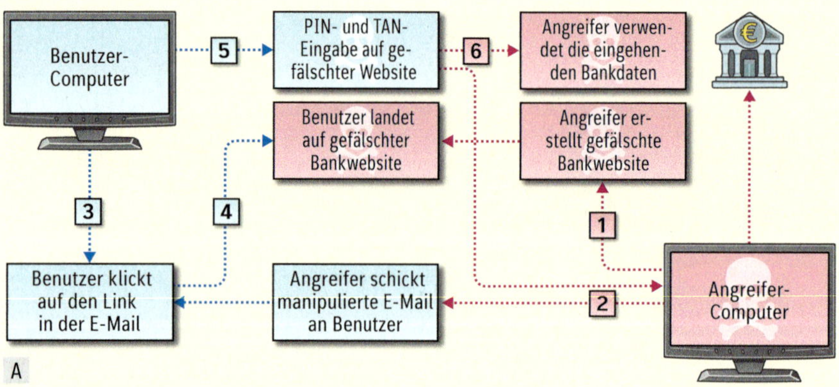

A

1. Beschreibe den Ablauf des hier dargestellten Phishings von Bankdaten in Bild A.
2. Erkläre, wie man sich vor gezielten Phishing-Angriffen schützen kann.
3. Betrachte die Phishing-Mail in Bild B. Beschreibe, woran du erkennst, dass es sich um eine Phishing-Mail handelt.

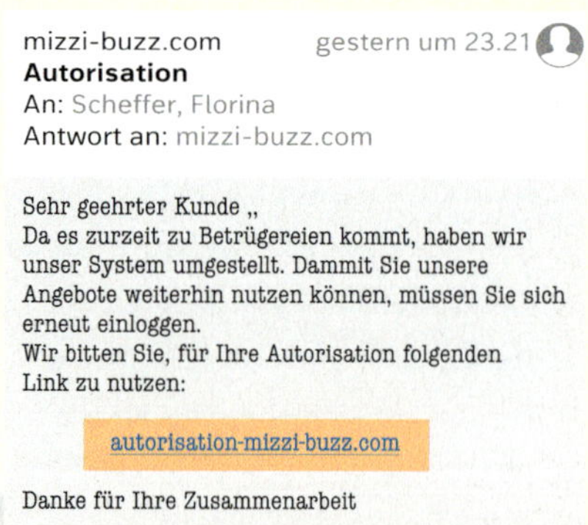
mizzi-buzz.com gestern um 23.21
Autorisation
An: Scheffer, Florina
Antwort an: mizzi-buzz.com

Sehr geehrter Kunde „
Da es zurzeit zu Betrügereien kommt, haben wir unser System umgestellt. Dammit Sie unsere Angebote weiterhin nutzen können, müssen Sie sich erneut einloggen.
Wir bitten Sie, für Ihre Autorisation folgenden Link zu nutzen:

autorisation-mizzi-buzz.com

Danke für Ihre Zusammenarbeit

B

Schadprogramme

Im eigenen Mail-Postfach erhält man manchmal Nachrichten oder E-Mails in sehr großer Zahl. Meist landen diese Mails direkt im Spam-Ordner. Diese Spam-Mails werden gefährlich, wenn diese Anhänge oder Links enthalten. Öffnet man die Anhänge oder klickt auf die Links können Schadprogramme auf den eigenen Computer gelangen. Es kann sich um versteckte Schadprogramme wie Würmer oder Trojaner handeln, die nach dem Öffnen einen Virus verbreiten oder den Datendiebstahl ermöglichen.

Phishing

Viele Cyber-Kriminelle haben es auf Passwörter von Benutzern oder auch Usern abgesehen. Man spricht vom Phishing. Beim Phishing schleusen Kriminelle jedoch kein Schadprogramm auf den Computer oder das Smartphone. Es werden zum Beispiel E-Mails versendet, die ähnlich aussehen als wären diese zum Beispiel von einer Bank, einem Elektronikmarkt oder auch einem Online-Bekleidungshändler. In den E-Mails wird man zum Beispiel aufgefordert die Adressdaten, Bankdaten oder Benutzerdaten mit Passwörtern einzugeben. So können zum Beispiel die Bankkonten getäuschter Opfer leergeräumt werden. Auch beim Bestellvorgang im Internet muss man vorsichtig sein. Es gibt unzählige gefakte Onlineshops, bei denen man aufgefordert wird, ein Passwort einzugeben. Oftmals gibt es betrügerische Seiten, die echten Online-Shops gestalterisch nachempfunden sind.

M4 Arten von Malware

ADWARE
...generiert Einnahmen durch das Schalten von Werbung (engl.: ad) auf Internetseiten.
Außerdem wird das Nutzerverhalten aufgezeichnet und an Werbetreibende verkauft.

COMPUTERVIREN
...infizieren andere Computerprogramme und Dateien. Viren blockieren Ressourcen, greifen auf private Informationen zu oder beschädigen Dateien.

RANSOMWARE
...verschlüsselt die Dateien auf einem infizierten Rechner oder sperrt den Zugriff komplett. Für die Entsperrung wird ein Geldbetrag gefordert (engl.: ransom = Lösegeld)

TROJANER
... haben den Diebstahl von Daten und/oder Systemschäden zur Folge. Rechner können durch Infektion für kriminelle Zwecke missbraucht werden.

TOP-3 MALWARE-QUELLEN

1 Drive by Downloads
Malware installiert sich heimlich während eines anderen Downloads.

Infizieren 100000 bis 200000 neue Webseiten pro Monat.

2 Spam Mail
Öffnen einer infizierten E-Mail oder deren Anhang führt zur Infektion.

89 % aller E-Mails sind Spam.

3 Direkte Downloads
Infektion durch den direkten Download von Malware (getarnt als gutartiges Programm).

Eines von 14 heruntergeladenen Programmen ist bösartig.

COMPUTERWÜRMER
...vervielfältigen sich selbstständig und verbreiten sich über Netzwerke auf andere Computer, ohne dabei Dateien oder Datenträger zu infizieren.

SPYWARE
...sammelt heimlich Informationen von dem betroffenen Rechner. Sie kann sich in Netzwerken selbst verbreiten. Ziele sind Adressen, Surfgewohnheiten, Benutzer-Logins und Bank- oder Kreditkarten-informationen.

SCAREWARE
...ist Betrugssoftware, die dem Benutzer ein schwerwiegendes Problem vorspielt um ihn zum Kauf angeblich hilfreicher Programme zu bewegen.

Etwa 33 Prozent aller Computer sind mit Software infiziert, die von Kriminellen genutzt werden, um Schaden am Computer eines Nutzers auszuüben. Diese Software bezeichnet man als Malware. (engl. Malicious = bösartig, Software). Es gibt verschiedene Arten von Malware.

1. Wähle drei Arten von Malware aus. Vergleiche die Ziele der ausgewählten Arten von Malware.
2. Beschreibe die Hauptquellen, sich mit Malware zu infizieren.
3. Recherchiere die Sage vom „Trojanischen Pferd". Begründe die Namensnennung der Trojaner.
4. Vergleiche Viren, Trojaner und Würmer. Nutze die Tabelle. Recherchiere dazu weitere Informationen im Internet.

	Virus	Trojaner	Wurm
Verbreitung	...	...	...
befallene Strukturen	...	...	...
Schäden	...	...	...

1 Fotosuche im Internet

Creative Commons

2 Recht am persönlichen Bild: **A** Nur mit Einverständnis, **B+C** kein Einverständnis nötig

Urheberrecht in Deutschland

In Deutschland gilt das Urheberechtsgesetz, das Urheberinnen und Urheber von Texten, Bildern oder Videos vor geistigem Diebstahl schützt. Auch Teile von Computerprogrammen sind durch das Urheberrecht geschützt. Jede Person darf zum Beispiel selbst bestimmen, was mit Bildern passiert, auf denen sie selbst zu sehen sind. Man spricht vom „Recht am eigenen Bild". Der Urheber oder die Urheberin kann darüber entscheiden, ob ein Bild und das eigene Bild veröffentlicht wird.

Persönlichkeitsrechte

Eine Person muss gefragt werden, wenn ein Bild von ihr im Internet veröffentlicht wird. Es gibt jedoch Ausnahmen: Wenn im Urlaub jemand eine Sehenswürdigkeit wie den Eiffelturm fotografiert, sind oft Personen im Hintergrund zu erkennen. In diesem Fall sind die Personen nur Beiwerk und stehen nicht im Vordergrund. Das Foto darf veröffentlicht werden. Berühmte Persönlichkeiten wie Schauspieler, Musiker oder Sportler sind Personen der öffentlichen Wahrnehmung und sind für die Gesellschaft von Interesse. Fotos mit diesen Persönlichkeiten dürfen als Bilder der Zeitgeschichte veröffentlicht werden. Teilt man ein Foto einer Gruppe in den sozialen Netzwerken, wird deren Persönlichkeitsrecht verletzt. Alle Personen müssen ihr Einverständnis geben. Wird jedoch eine Gruppe fotografiert, die gemeinsam auf einer Klimaschutz-Demonstration sind, kann das Bild in den Medien gezeigt werden. Bilder von Versammlungen dürfen veröffentlicht werden. Verstößt man durch Veröffentlichung eines Bildes das Persönlichkeitsrecht einer Person, können hohe Geldstrafen drohen. Daher sollte man im Zweifelsfall immer die betroffenen Personen fragen. Unbekannte sollte man im Vorfeld schriftlich kontaktieren und deren Einverständnis einholen. Bei Bildern von Kindern und Jugendlichen müssen die Erziehungsberechtigten ihr Einverständnis geben.

Was sind Creative Commons?

Einige Urheberinnen und Urheber möchten mit eigenen Bildern im Internet Geld verdienen, andere möchten zum Beispiel in sozialen Netzwerken bekannter werden. Es gibt verschiedene Gründe, weshalb Urheber möchten, dass ihre Bilder oder andere Inhalte im Internet verbreitet werden. Creative Commons (CC) ist eine Non-Profit-Organisation, deren Ziel es ist, das Urheberrecht zu vereinfachen. Sie unterstützt Urheber mithilfe vorgefertigter Lizenzverträge für ihre rechtlich geschützten Inhalte.

Lizenzformen

Mit den Creative Commons räumen Urheberinnen und Urheber anderen Personen Nutzungsrechte an ihren jeweiligen Werken ein. Mithilfe der CC-Lizenzen wird die Verwendung eines Bildes eindeutig geregelt. Man erkennt schon am Namen des jeweiligen CC-Lizenztyps, was die wichtigsten Bedingungen bei der Nutzung des Inhalts sind. Bei der einfachsten CC-Lizenz muss lediglich der Name des Urhebers oder der Urheberin genannt werden. Der Name muss so genannt werden, wie der Rechteinhaber es vorschreibt. Es gibt auch Lizenzen, die erweiterte Nutzungen erlauben: So kann zum Beispiel eine Bearbeitung eines Bildes erlaubt werden oder die Nutzung eines Bildes in einem Produkt erlaubt werden, das verkauft wird. Man spricht von kommerzieller Nutzung. Man darf Fotos aus dem Internet mit CC-Lizenzen nutzen. Jedoch muss man die Regeln einhalten, die sich durch die verschiedenen Lizenzen ergeben.

Material mit Aufgaben

M1 Persönlichkeitsrechte

A

B

C

1. ||| Begründe, ob die drei Bilder gegen Persönlichkeitsrechte verstoßen.

M2 CC-Lizenzen

Kurzform	Zeichen	verbreiten, verbessern erlaubt	Bearbeitung erlaubt	Namensnennung notwendig	kommerzieller Einsatz erlaubt
CC0	0	✓	✓	✗	✓
BY	cc BY	✓	✓	✓	✓
BY-ND	cc BY ND	✓	✗	✓	✓
BY-NC	cc BY NC	✓	✓	✓	✗
BY-NC-ND	cc BY NC ND	✓	✗	✓	✗

A

B

1. ||| Begründe, ob die Bilder mit CC-Lizenzen in B kommerziell genutzt oder verändert werden dürfen.
2. ||| Beschreibe Vorteile, die sich durch die CC-Lizenzen für die Nutzung von Inhalten ergeben.
3. ||| Niklas möchte Foto-Onlineplattformen Fotos zum Verkauf anbieten. Er will bei der Nutzung seiner Fotos als Urheber genannt werden und dass die Fotos nicht kommerziell genutzt und nicht verändert werden. Nenne die passende CC-Lizenz.

Zusammenfassung Informatik und Gesellschaft

Digitaler Wandel

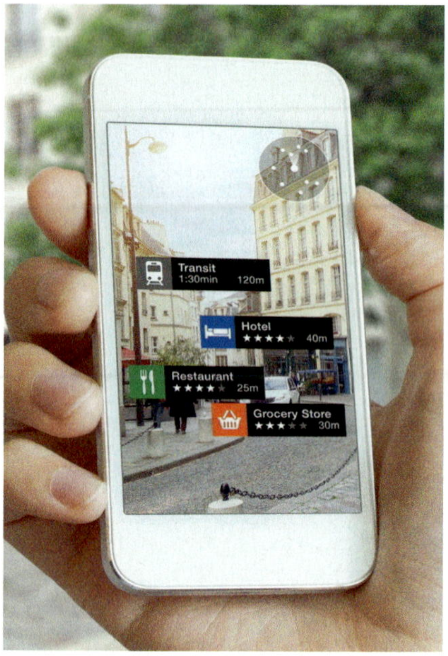

Computer und Digitaltechnik haben unsere Welt grundlegend verändert. Nie zuvor gab es so schnelle Möglichkeiten zum Austausch von Informationen und eine permanente Weiterentwicklung an technischen Geräten. Man spricht von digitalem Wandel oder digitaler Transformation.

Personenbezogene Daten

Bankdaten
Kreditkarte, Kontonummer, Einkommen, Kontostände

Kennnummern
Identifikationsnummer, Personalausweisnummer, Sozialversicherungsnummer

Physische Merkmale
Geschlecht, Haut-, Haar-, Augenfarbe, Statur, Kleidergröße

Allgemeine Personendaten
Name, Alter, Geburtsdatum, Anschrift, Familienstand

Werturteile
Schul- und Arbeitszeugnisse, sonstige Bewertungen

Zeugnis

Onlinedaten
Standortdaten, IP-Adresse, E-Mail-Adresse, Cookie-Kennung

Nr. ...

Können Daten einer Person zugeordnet werden, spricht man von personenbezogenen Daten. Dazu zählen das Geburtsdatum, die Kontonummer oder die Wohnadresse, aber auch E-Mail-Adressen und Standortdaten.

Digitale Kommunikation

Menschen jeden Alters nutzen das Internet zur Kommunikation. Über Instand-Messenger-Dienste oder in sozialen Netzwerken kann man sich mit Freunden im Internet treffen und kommunizieren. Man sollte aber so wenig Information wie möglich von sich preisgeben. Das Internet speichert Daten, die man dort veröffentlicht. Es sollten keine unverschlüsselten Netzwerke benutzt werden. Die Datenschutzgrundverordnung DSGVO regelt den Umgang mit personenbezogenen Daten. Gefahren wie Cybermobbing, Cybergrooming oder fake news sollten erkannt werden, damit man sich davor schützt.

Urheberrechte und Persönlichkeitsrechte

Kurzform	Zeichen	verbreiten, verbessern erlaubt	Bearbeitung erlaubt	Namensnennung notwendig	kommerzieller Einsatz erlaubt
CCO	(0)	✓	✓	✗	✓
BY	CC BY	✓	✓	✓	✓
BY-ND	CC BY ND	✓	✗	✓	✓
BY-NC	CC BY NC	✓	✓	✓	✗
BY-NC-ND	CC BY NC ND	✓	✗	✓	✗

Auch im Internet sind Texte, Bilder, Videos oder auch Software urheberrechtlich geschützt. Inhalte im Internet sind das Urheberrecht besonders geschützt und dürfen nicht einfach weiterverbreitet werden. Viele Urheber möchten jedoch, dass zum Beispiel ihre Bilder weiterverbreitet werden. Für solche Fälle regeln CC-Lizenzen die jeweilige Verwendung.

1 Digitaler Wandel

	vor 1900	1900-1950	1950-1970	1970-1990	1990-heute
Visuell	Fotografie (1826) Farbfilm (1888)		Fernsehen (1952) Farb-TV (1967)	PC (1981) Video (1971)	Notebook Tablet Streaming Web-TV
Audio	Telefon (1867)	Radio (1923) Tonband (1928)	Kassettenrekorder (1963)	Handy (1983)	Web-Radio CD/MP3/iPod DVD/Blue-ray Smartphone
Print	Buchdruck (1445) Zeitung (1609) Morse-Telegrafie (1837)				E-Mail/SMS Instant Messaging Social Media E-Book

A Beschreibe mithilfe des Bildes, wie sich die digitale Kommunikation in den letzten Jahren gewandelt hat.

B Erläutere Vor- und Nachteile der digitalen Kommunikation.

C „Wir befinden uns im Zeitalter von Industrie 4.0." Erläutere, was mit dieser Aussage gemeint ist.

2 Personenbezogene Daten

Bankdaten
Kreditkarte, Kontonummer, Einkommen, Kontostände

Besitzmerkmale
Fahrzeug-, Immobilieneigentum, Grundbucheintrag

Kennnummern
Identifikationsnummer, Personalausweisnummer, Sozialversicherungsnummer

Onlinedaten
Standortdaten, IP-Adresse, E-Mail-Adresse, Cookie-Kennung

Physische Merkmale
Geschlecht, Haut-, Haar-, Augenfarbe, Statur, Kleidergröße

Gesundheitsinformationen
genetische Informationen, Krankendaten

Allgemeine Personendaten
Name, Alter, Geburtsdatum, Anschrift, Familienstand

Werturteile
Schul- und Arbeitszeugnisse, sonstige Bewertungen

A Beschreibe mithilfe der Abbildung, was man unter personenbezogenen Daten versteht.

B Beschreibe, wo häufig im Internet die Eingabe von personenbezogenen Daten verlangt wird.

C Begründe, warum man möglichst wenige personenbezogene Daten im Internet eingeben oder angeben sollte.

D Beschreibe mögliche Gefahren, die durch Datenklau entstehen.

3 Persönlichkeitsrechte

A Begründe, ob die Bilder jeweils ohne Zustimmung der Personen im Internet veröffentlicht werden dürfen.

B Niklas postet ein Bild von dir mit deiner Mutter beim Impfen. Begründe, ob Niklas gegen das Persönlichkeitsrecht verstößt.

C Über einen Instant-Messenger-Dienst teilst du deine Präsentation für das Bio-Referat. Begründe, welche CC-Lizenz du dafür einsetzen würdest.

4 Digitale Kommunikation

Computer-Viren · Homeschooling · Cyber-Grooming · Cybermobbing · Phishing · Datendiebstahl · Instant-Messenger · Spyware

A Begründe, ob die dargestellten Begriffe eher Chancen, Risiken oder beides darstellen.

B Erstellen einen Regelkatalog für die Nutzung von sozialen Netzwerken und Messenger Diensten.

Algorithmen und Problemlösen

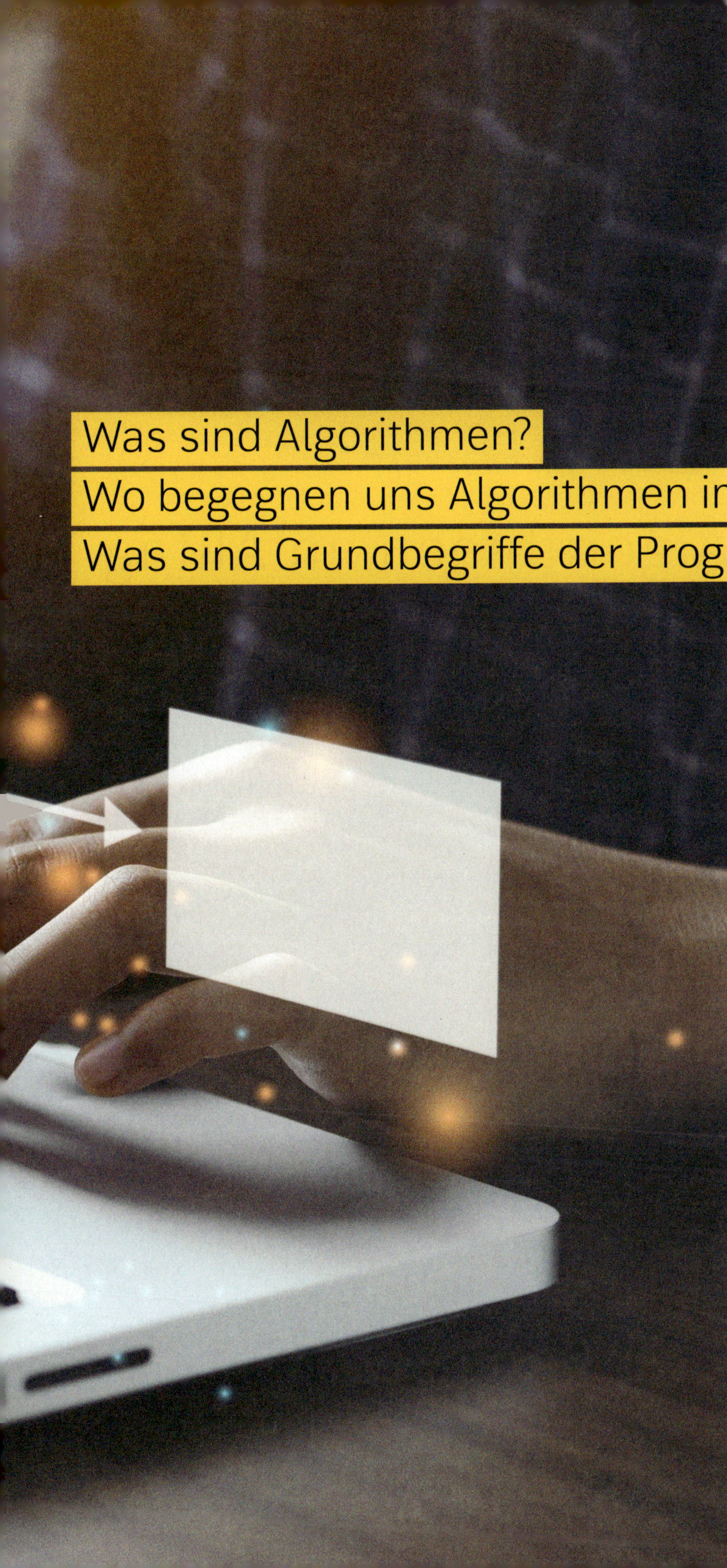

4

Was sind Algorithmen?
Wo begegnen uns Algorithmen im Alltag?
Was sind Grundbegriffe der Programmierung?

Algorithmen sind Arbeitsanweisungen, die auch in der analogen Welt allgegenwärtig sind. In der Informatik legen sie den Grundstein für Programme. Dafür sind bestimmte Voraussetzungen und Bedingungen wichtig, damit auch komplexe Programme ablaufen können.

1 Pfannkuchen machen

Algorithmen im Alltag

Anweisungen im Alltag

Nicht jeder hat Erfahrung in der Zubereitung von Speisen. Viele nutzen gerne Rezepte. Die Rezepte sind oft sehr genaue Handlungsanweisungen zur Zubereitung von Speisen wie zum Beispiel Pfannkuchen. In einem guten Rezept sind die einzelnen Arbeitsschritte klar und in einer bestimmten Reihenfolge beschrieben.

Einen einzelnen Arbeitsschritt bezeichnet man auch als **Anweisung**. Alle einzelnen Anweisungen müssen in einer sinnvollen Reihenfolge ausgeführt werden, damit am Ende ein genießbarer Pfannkuchen auf dem Teller liegt. Die hintereinander ausgeführten Anweisungen bezeichnet man als Ablauf oder **Sequenz**.

2 Beschreibung der Abläufe beim Pfannkuchen machen

Beschreibung eines Ablaufs

Bei einer Ablaufbeschreibung müssen einige Bedingungen beachtet werden. Bei jedem Ablauf müssen die Anweisungen klar beschrieben sein, was getan werden soll. Auch die Reihenfolge der einzelnen Anweisungen innerhalb der Sequenz müssen festgelegt sein. Dann ist ein Ablauf **eindeutig**.

Beispiel: Bevor der Teig in der Pfanne angebraten werden soll, muss Öl in die Pfanne gegeben werden.

Jede einzelne Anweisung muss sinnvoll und **ausführbar** sein.

Beispiel: Die Eier werden nicht mit Schale in den Teig gegeben. Sie werden vorher aufgeschlagen.

Alle Abläufe haben ein Ende. Sie sind **endlich**.

Beispiel: Wenn der Pfannkuchen leicht braun und knusprig ist, ist er fertig.

Algorithmus

Es gibt nicht nur bei Rezepten genaue Handlungsanweisungen. Beim Aufbau von Möbeln, bei der Inbetriebnahme von elektrischen Geräten oder sogar tägliche Routinen wie das Händewaschen oder Zähneputzen folgen bestimmten Handlungsanweisungen. Wird ein Ablauf sehr genau beschrieben, sodass man diesen Ablauf ohne Vorkenntnisse durchführen kann, spricht man von einem **Algorithmus**. Ein Algorithmus ist **eindeutig**, **ausführbar** und **endlich**.

Material mit Aufgaben

M1 Händewaschen

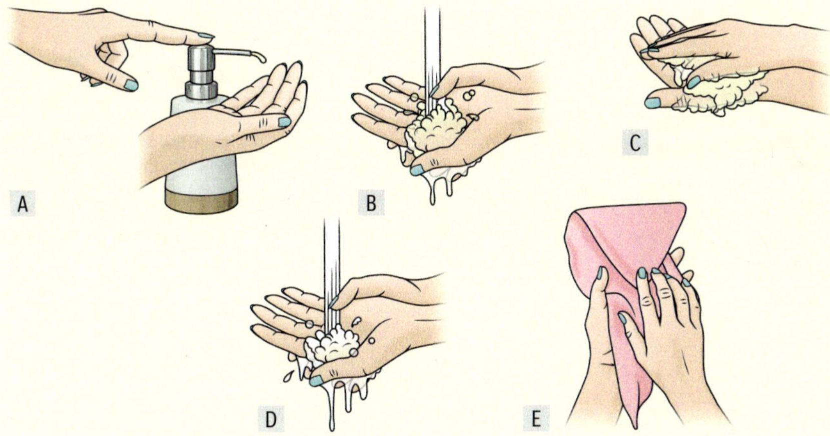

1. Beschreibe mithilfe des Bildes, wie man sich die Hände gründlich wäscht.
2. Übertrage deine Beschreibung in eine Befehlsfolge. Beginne mit: „Halte eine Hand unter den Seifenspender".
3. Erläutere, ob die Bedingungen Eindeutigkeit, Ausführbarkeit und Endlichkeit bei diesem Ablaufplan zutreffen.
4. Stelle Vermutungen an, ob einige Anweisungen in der Reihenfolge vertauscht werden können.

M2 Abläufe im Alltag

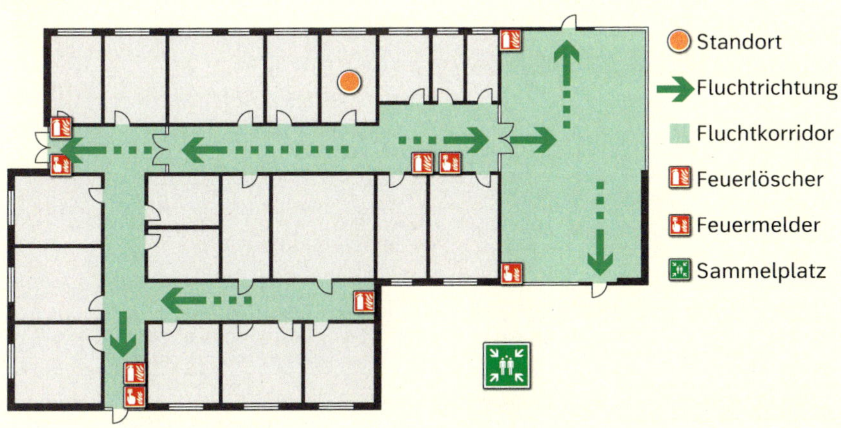

Den kürzesten Fluchtweg aus der Schule zu kennen, ist wichtig!

1. Erstelle eine Ablaufbeschreibung für den Fluchtweg aus dem Klassenzimmer.

1 Sucht man etwas im Supermarkt, können die Mitarbeiter einem weiterhelfen.

Darstellung von Algorithmen

Algorithmen beschreiben

Damit man ohne Vorkenntnisse einen unbekannten Ablauf ausführen kann, muss der Ablauf genau und präzise beschrieben werden. Dann spricht man von einem Algorithmus. Ein Algorithmus muss die Bedingung Eindeutigkeit, Ausführbarkeit und Endlichkeit erfüllen. Ein Computer versteht die menschliche Sprache nicht. Die Anweisungen eines Algorithmus müssen in eine formalisierte Sprache, in eine Programmiersprache, übersetzt werden. Mithilfe der Programmiersprache wird ein Computerprogramm geschrieben. Mithilfe des Programms werden dann bestimmte Aufgaben gelöst.

Mit Algorithmen Probleme lösen

Ein Algorithmus ist eine eindeutige Handlungsvorschrift zur Lösung eines Problems, das aus Einzelschritten besteht. Die Problemstellung und ihre Lösungen müssen so dargestellt werden, dass diese vom Computer durchgeführt werden können. Die Lösung wird in kleine Teilschritte zerlegt, sodass Programme zur Lösung des Problems geschrieben werden können. Ein Algorithmus beschreibt, wie eine Eingabe Schritt für Schritt in eine Ausgabe überführt wird. Dabei „arbeitet“ ein Algorithmus nach dem EVA-Prinzip. Computerprogramme setzen Algorithmen in einer Programmiersprache um.

✓ Eindeutigkeit	Die Anweisungen müssen klar beschrieben werden und in der richtigen Reihenfolge sein.	Brate ich zuerst den Teig an und gebe danach etwas Öl in die Pfanne?
✓ Ausführbarkeit	Die Anweisungen müssen sinnvoll ausführbar sein.	Werfe ich die Eier mit Schale in die Rührschüssel oder schlage ich sie vorher auf?
✓ Endlichkeit	Alle Abläufe müssen ein klar formuliertes Ende haben.	Ist mein Pfannkuchen fertig, wenn er schwarz und verkohlt ist oder irgendwann davor oder danach?

2 Bedingungen eines Algorithmus beim Pfannkuchen machen

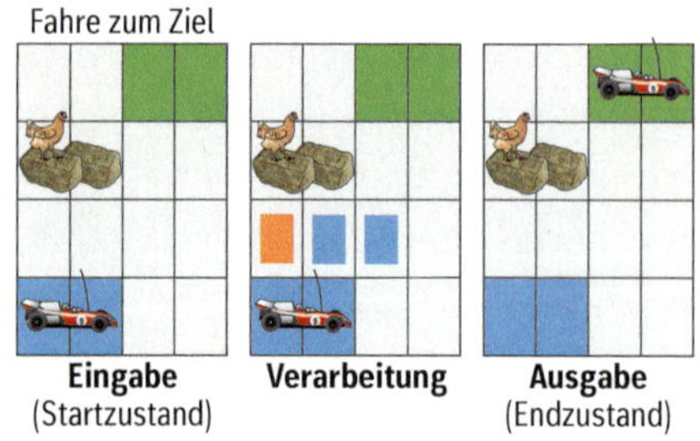

3 EVA-Prinzip

Algorithmen darstellen

Ein Algorithmus mit seiner Anweisungssequenz kann zum Beispiel in einem Flussdiagramm dargestellt werden. Man spricht vom Ablaufplan.
Die Anweisungen werden zum Beispiel in Kästchen dargestellt. Die Leserichtung der Anweisungen wird durch Pfeile angezeigt. Der Start und das Ende des Algorithmus werden anders dargestellt als die Anweisungen. Für eine Anweisung wird die Befehlsform gewählt. Die Befehlsform bezeichnet man auch als Imperativ. Ein Ablaufplan enthält daher die Anweisungen einer Sequenz im Imperativ.

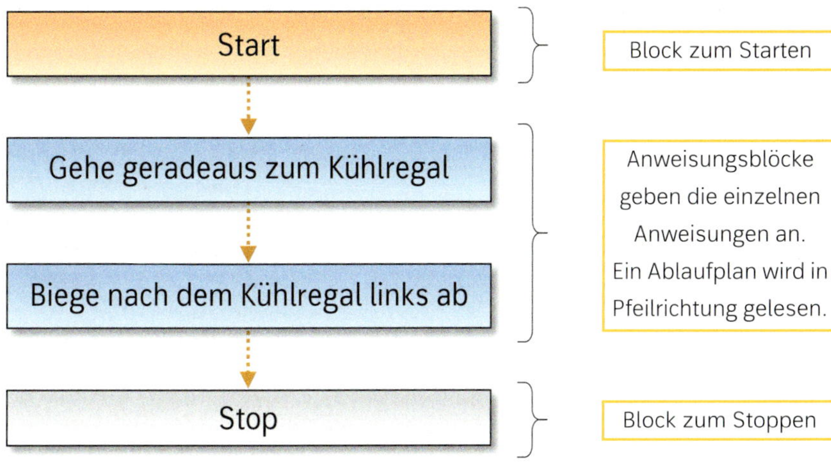

4 Aufbau eines Ablaufplans

Material mit Aufgaben

M1 Im Buch lesen

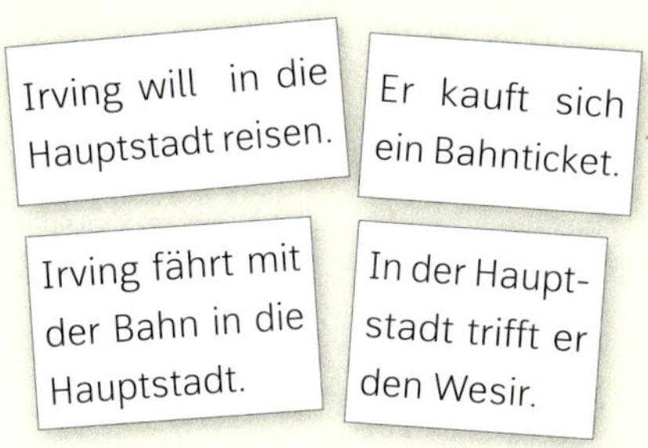

1. Daria möchte eine Geschichte in einem Buch lesen. Bringe die dargestellten Handlungsschritte in eine sinnvolle Reihenfolge.
2. Erstelle zu den Handlungsschritten einen Ablaufplan mit klaren Anweisungen.
3. Arbeitet in Partnerarbeit. Einer erstellt einen Algorithmus als Ablaufplan fürs Zähneputzen, der oder die andere muss dies überprüfen.

M2 Anweisungen formulieren

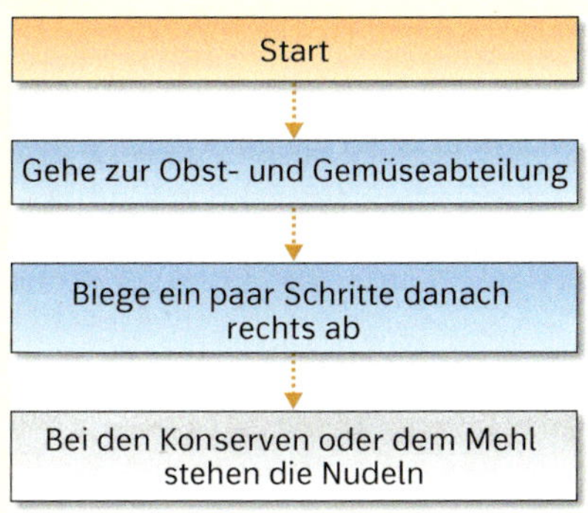

1. Betrachte die Anweisungen und überprüfe diese auf die Bedingungen eines Algorithmus. Begründe, ob diese Anweisungen in einem Programm verwendet werden können.
2. Formuliere die mangelhaften Anweisungen so um, sodass Sie in einem Programm genutzt werden können.

M3 Labyrinth

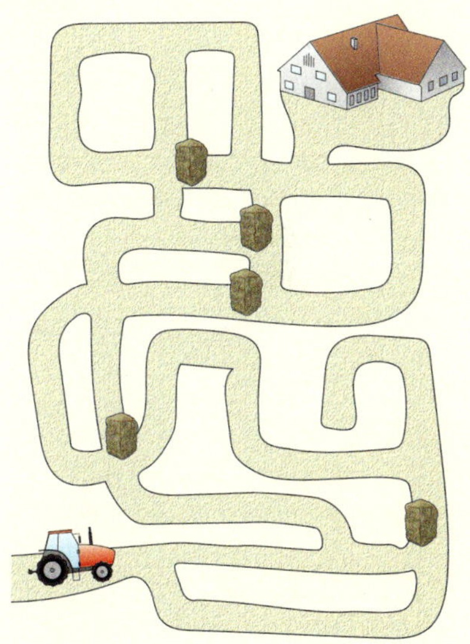

1. Der rote Traktor muss zum Bauernhof fahren. Stelle die Anweisungssequenz in einem Ablaufplan dar.

1 Schülerinnen und Schüler programmieren mit Scratch

Programmierumgebung Scratch

Programmiersprache Scratch

Mithilfe der Programmiersprache Scratch können Algorithmen als Programme erstellt und auch erprobt werden. Der Code des Programms wird dabei aus Codeblöcken zusammengestellt. Die Codeblöcke werden wie Puzzleteile zusammengesteckt. Scratch ist eine visuelle Programmiersprache. Mithilfe der erstellten Programme können sich Figuren wie auf einer Theaterbühne bewegen. Auch passende Klänge können abgespielt werden.

Scratch nutzen

Das Programm Scratch kann über einen Internetbrowser aufgerufen werden und darin gearbeitet werden. Das Programm kann auch gedownloadet werden und auf dem Computer installiert werden. Dem eigenen Projekt kann ein eigener Name gegeben werden und das Projekt als Datei gespeichert werden.

Programmfenster

Das Programmfenster besteht aus unterschiedlichen Bereichen. Es gibt verschiedene Registerkarten. Zwischen „Skripte", „Kostüme" und „Klänge" kann hin- und her gewechselt werden. Unter „Skripte" liegt der Skriptbereich zum Programmieren. „Kostüme" und „Klänge" sind die Medienbereiche. Hier kön-

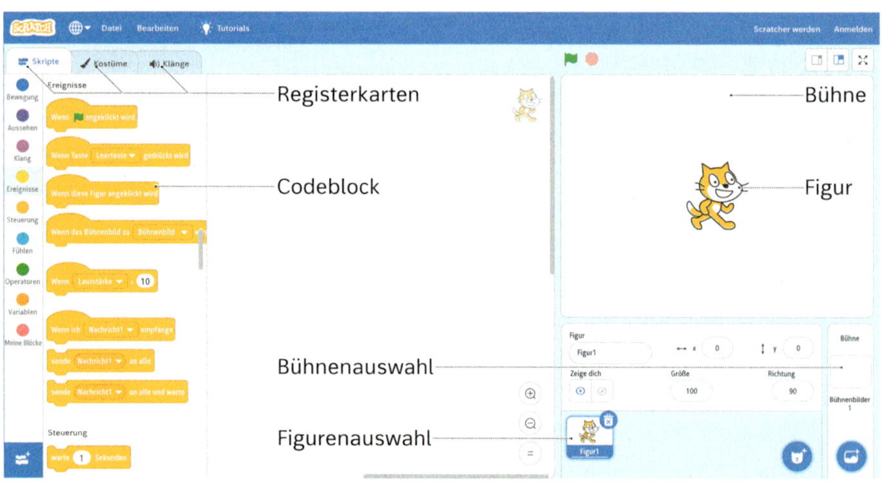

2 Das Programmfenster von Scratch

nen Figuren, Bühnenbilder und Klänge ausgewählt und gestaltet werden. Im Programmfenster findet man oben rechts die Bühne. Hier laufen die erstellten Programme ab.

Die Bühne

Auf der Bühne bewegen sich die ausgewählten Figuren. Verschiedene Bühnenbilder können für den Hintergrund ausgewählt werden. Einen Überblick über die verschiedenen Bühnenbilder bietet die Bühnenliste. Es können auch eigene Bühnen gezeichnet oder hochgeladen werden. Die Figuren lassen sich auf jede Position auf der Bühne ziehen. Die jeweilige Position der Figur wird durch ein Koordinatensystem bestimmt. Die Mitte der Bühne ist der Ursprung (0/0). Die Figuren können sich rechts oder links entlang der x-Achse bewegen und hoch oder runter entlang der y-Achse.

Figuren

In der Figurenliste können verschiedene Figuren ausgewählt werden. Die ausgewählte Figur ist blau hervorgehoben. Jede Figur hat einen eigenen Programmierbereich, in dem ihr Anweisungen zugeordnet werden können. Die Figuren haben Eigenschaftswerte: Name, Ausgangsposition auf der Bühne, Sichtbarkeit, Bewegungsrichtung und die Größe. In der Informatik spricht man bei den Eigenschaftswerten auch von **Attributen**. Viele Figuren können sich in Scratch mehrere Kostüme merken. Im Medienbereich kann man sich die Kostüme anschauen. Auch Kostüme können verändert oder selbst erstellt werden. ▶

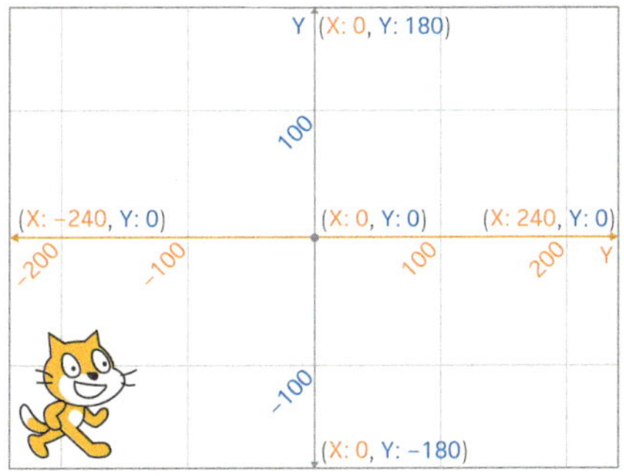

3 Die Bühne mit Koordinatensystem

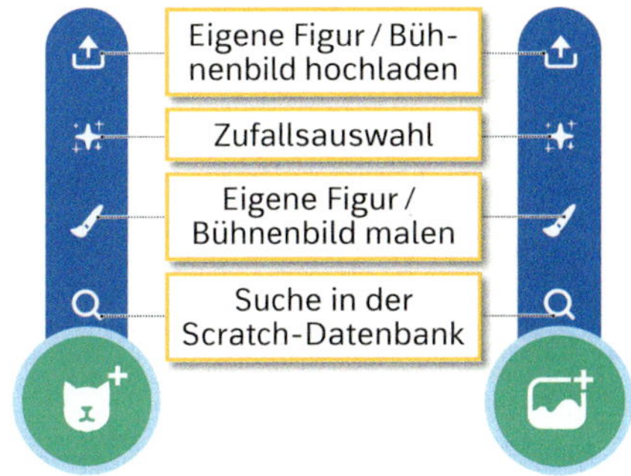

4 Figuren und Bühne bearbeiten

Projekt mit Aufgaben

P1 Figuren und Bühnenbilder bearbeiten

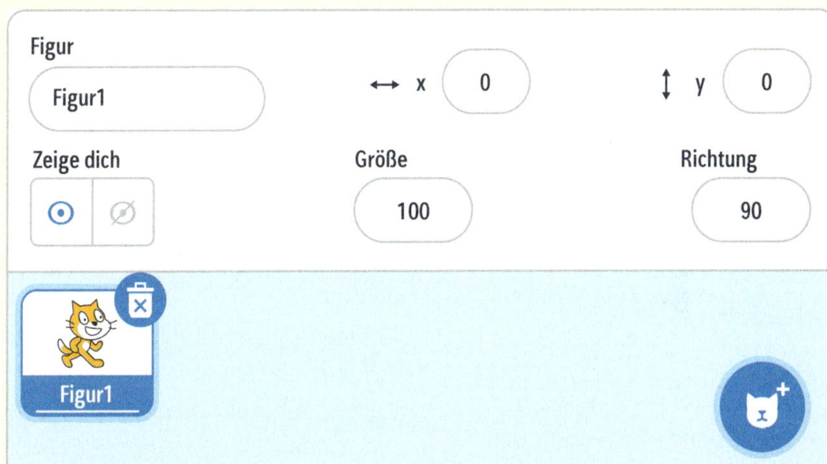

1. Wähle zunächst eine Figur aus der Figurenliste aus. Füge anschließend ein passendes Bühnenbild als Hintergrund ein. Speichere dein Projekt mit einem passenden Dateinamen. Speichere über „Datei" > „Auf deinem Computer speichern",
2. Verändere die Attribute deiner Figur. Beschreibe die Auswirkungen, wenn die Werte für Größe, Richtung, Sichtbarkeit und Position verändert werden.
3. Gestalte deine eigenen Figuren und Bühnenbilder oder lade eigene Figuren und Bühnenbilder hoch.

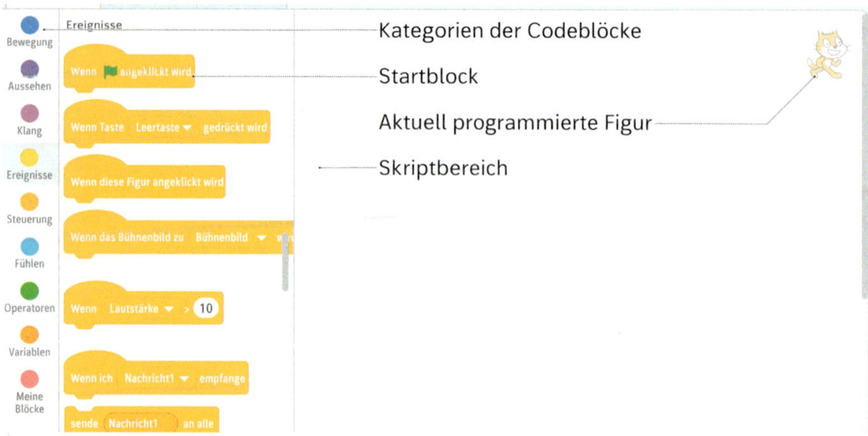

5 Kategorien, Codebereich und Skriptbereich

7 Ein erstes kleines Programm

Bewegung	Kontrollieren die Bewegung und die Richtung einer Figur.
Aussehen	Kontrollieren das Aussehen von Figuren, ob sich Figuren zeigen oder sprechen.
Klang	Kontrollieren Töne, Musik oder selbstgemachte Klangeffekte.
Ereignisse	Aktivieren Skripte sobald eine bestimmte Aktion ausgeführt wird.
Steuerung	Kontrollieren das Ablaufen von Skripten wie Schleifen oder Verzweigungen.
Fühlen	Nehmen Farben und Positionen von Figuren wahr.
Operatoren	Können für Bedingungen mathematische Rechnungen ausführen und Ergebnisse prüfen.
Variablen	Können eigene Daten beispielsweise für Bedingungen speichern und verändern.
Meine Blöcke	Können selbst erstellt und individuell angepasst werden.

6 Kategorien der Codeblöcke

Codeblöcke

Bereits wenn die Oberfläche von Scratch aufgerufen wird, befindet sich eine Figur auf der Bühne. Wird diese Figur markiert, kann man ihr Anweisungen geben. Unter der Registerkarte „Skripte" kann man das Verhalten der Figur beeinflussen, indem man ein Programm für diese Figur schreibt. Auch das Zusammenspiel von Figuren und Bühne wird beim Programmieren festgelegt.
Um eine Figur zu programmieren, werden verschiedene Codeblöcke aus dem Codebereich genutzt. Der Codebereich listet alle verfügbaren Codeblöcke auf. Rechts daneben ist der Bereich zum Programmieren, der Skriptbereich. Dort werden die verschiedenen Codeblöcke zusammengefügt. In der rechten oberen Ecke des Skriptbereichs kann jederzeit überprüft werden, für welche Figur gerade ein Programm geschrieben wird. Die einzelnen Codeblöcke sind in bestimmte Kategorien eingeteilt. Alle Codeblöcke einer Kategorie mit ähnlichen Anweisungen haben die gleiche Farbe.

Programm starten

Die Codeblöcke aus dem Codebereich können in die Mitte zum Skriptbereich geschoben werden. Die Blöcke können zum Löschen auch wieder aus dem Skriptbereich entfernt werden. Passende Blöcke lassen sich beim Programmieren schnell zusammenstecken. Die Form der jeweiligen Blöcke erleichtert das Zusammenstecken. Kombinierte Blöcke ergeben zusammen eine Sequenz. Eine **Sequenz** bezeichnet man auch als **Skript**.
Eine Sequenz sollte immer mit einem Startblock beginnen. In der Gruppe Ereignisse muss zunächst ein Start festgelegt werden. Es ist dabei möglich, den Start eines Programms mit einer Taste zu belegen oder durch Klicken auf die Fahne das erstellte Programm zu starten. An den Start können verschiedene Anweisungen, die als Codeblöcke dargestellt sind, wie ein Puzzle angedockt werden. Zahlen und Werte in einzelnen Blöcken lassen sich verändern. Damit ein Programm gestoppt wird, kann das Stoppschild genutzt werden.

Ereignisse	
Wenn [Fahne] angeklickt wird	Zum Startem des Programms wird die grüne Fahne angeklickt.
Bewegungen	
gehe (10) er Schritt	Die Figur bewegt sich einen 10er Schritt in die eingestellte Richtung.
Aussehen	
wechsle zu Kostüm (Kostüm2)	Die Figur verändert ihr Aussehen und wechselt zu Kostüm 2.
Steuerung	
warte (1) Sekunden	Die Figur wartet eine Sekunde. Dann führt sie das nächste Anweisung aus.
wiederhole (10) mal / wiederhole bis	Diese Blöcke können für Wiederholungen genutzt werden. Der linke Block gibt der Figur die Anweisung ein Skript zehn Mal zu wiederholen. Beim rechten Block muss eine Bedingung erfüllt werden, um die Widerholung zu beenden.
Fühlen	
wird (Mauszeiger) berührt?	Diese Bedingung prüft, ob die Figur den Mauszeiger berührt.
Operatoren	
(y-Position) > (0)	Diese Bedingung prüft, ob die Position der Figur auf der y-Achse 0 ist.

8 Codeblöcke zur Programmierung mit Scratch

Projekt mit Aufgaben

P2 Mein erstes Programm

1. Öffne Scratch und suche die dargestellten Codeblöcke in den verschiedenen Gruppen des Codebereichs.
2. Erstelle aus den vorhandenen Codeblöcken ein kleines Programm und spiele es ab.
3. Verändere bei einigen Codeblöcken die Werte und Zahlen und beobachte das veränderte Verhalten der Figur.

P3 Kostüme wechseln

1. Wähl die Figur Dinosaur1 aus und bringe sie auf die Bühne. Verändere das Aussehen der Figur mit den lila Codeblöcken.

Besondere Blöcke in Scratch

Operatoren

Mit den grünen Operatorenblöcken können in Scratch mathematische Rechnungen durchgeführt werden und logische Zusammenhänge zwischen hergestellt werden. Es können Zahlenwerte addiert, subtrahiert, multipliziert, dividiert oder miteinander verglichen werden. Auch Variablen können mithilfe der Operatorblöcke verarbeitet werden und so als Bedingungen für die Steuerungsblöcke fungieren.

Meine Blöcke

Die Kategorie Meine Blöcke ist eine spezielle Kategorie. Sie enthält rote Blöcke, die selbst erstellt werden können. Die Erstellung funktioniert ähnlich wie bei den Variablen. Unter „Neuer Block" öffnet sich ein neues Fenster, in dem ein individueller Name für den Block vergeben werden kann. Es können außerdem Eingabefelder für Texte, Zahlen oder Wahrheitswerte in beliebiger Anzahl hinzugefügt werden.Nach dem Erstellen erscheint zusätzlich zum erstellten Block ein neuer Kopfblock. Alle Skripte die unter diesen Kopfblock angefügt werden, werden ausgeführt, sobald man den neu erstellten eigenen Block in ein Skript einbaut. Eigene Blöcke können so stellvertretend für ganze Skripte stehen.

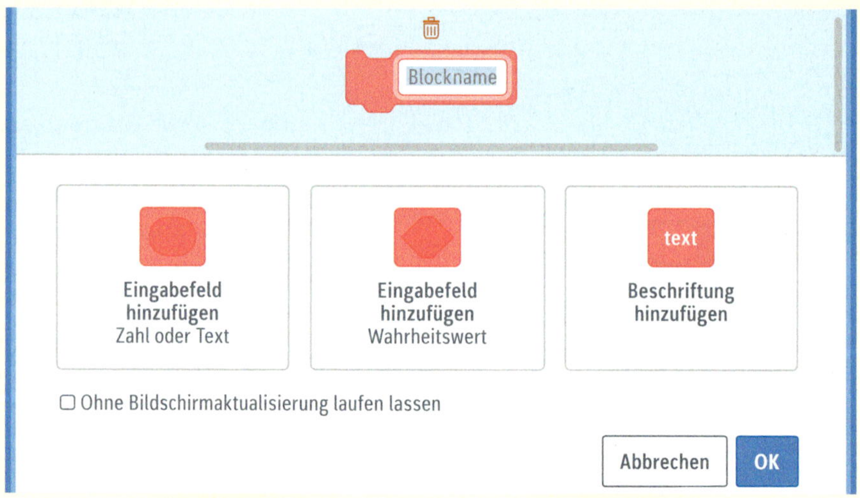

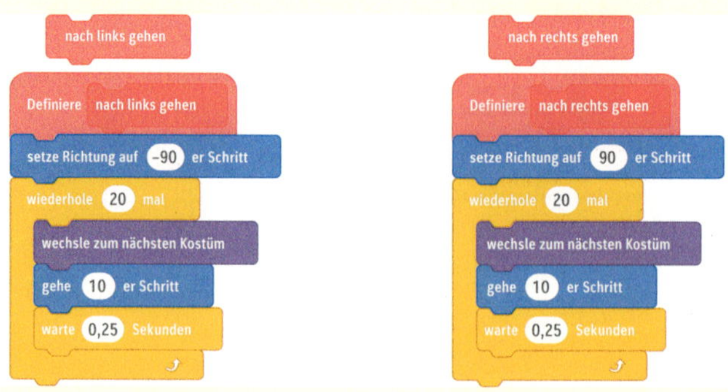

Eigene Projekte in Scratch entwickeln

Damit ein eigenes Projekt gelingt, musst du viele Dinge beachten. Die folgende Liste soll dir dabei helfen, eigene Projekte in Scratch zu planen und umzusetzen.

Projektidee: Überlege dir, was für ein Projekt du entwickeln möchtest. Gibt es etwas, das du programmieren möchtest?

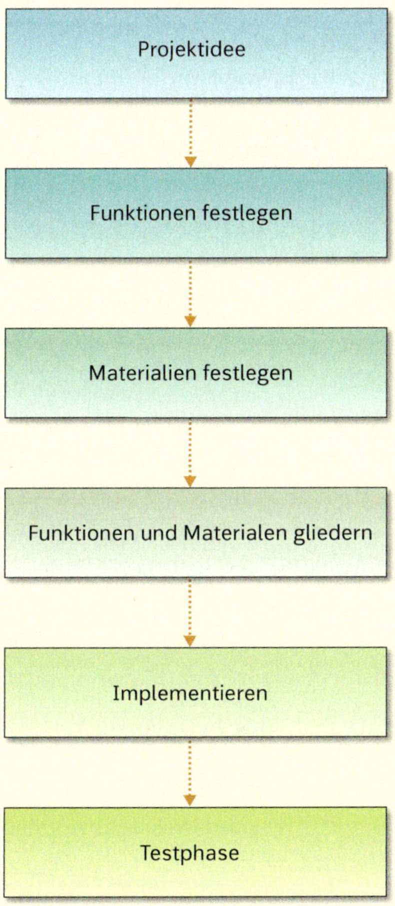

Funktionen festlegen: Ein Programm soll etwas leisten. Überlege dir, welche Funktionen dein Projekt besitzen muss.

Materialien festlegen: Mach dir Gedanken über die Bühnen, Figuren, Methoden und Skripte, die in deinem Projekt vorkommen sollen.

Gliederung: Erstelle eine Reihenfolge der einzelnen Funktionen. Zuerst die Grundfunktionen, dann die Extras. Du kannst auch zuerst einen Programmablaufplan erstellen, um dir das Implementieren zu erleichtern.

Implementieren: Jetzt implementierst du deine Funktionen und Materialien in Scratch. Beginne mit den Grundfunktionen und ende bei den Extras. Solltest du einen Programmablaufplan erstellt haben, nutze diesen und hinterlege die Figuren mit den entsprechenden Skripten.

Testphase: Zum Schluss beginnt die Testphase. Teste dein Programm selbst oder lass jemanden, der nicht mit dem Projekt vertraut ist, dein Programm testen und korrigiere anschließend die Fehler.

Eigenes Projekt: Klavier

Projektidee:
- *klickgesteuertes Klavier in Scratch programmieren.*

Funktionen festlegen:
- *Klaviertasten müssen Töne erzeugen, wenn sie mit dem Mauszeiger angeklickt werden.*

Material festlegen:
- *einzelne Tasten müssen als Figuren erstellt werden*
- *jede Taste benötigt individuellen Ton*
- *Bedingungsblock: Taste muss angeklickt werden*

Gliederung:
- *Grundfunktion: klickabhängige Tastentöne*
- *Extra: schwarze Tasten ergänzen*

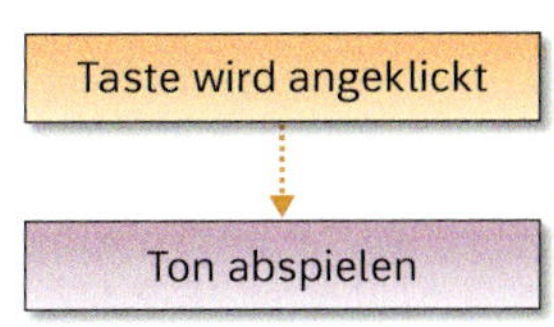

Implementieren:
- *Tasten-Figuren erstellen und mit Skripten ausstatten*

Testphase:
- *auf Fehler testen*

1 Liegestütze

Wiederholungen

Wiederholungen und Schleifen

Werden Liegestützen gemacht, werden Handlungsabläufe wiederholt. Oft wird vor einer Übung auch die Anzahl der anstehenden Wiederholungen angegeben, zum Beispiel: „Macht 20 Wiederholungen!" In der Informatik lassen sich auch Sequenzen von Anweisungen wiederholen. Der Begriff Schleife ist ein anderes Wort für Wiederholung. Auch in der Programmierung wiederholen sich Abläufe.

Wiederholung mit fester Zahl

Bei dieser Art von Schleife wird die Anweisungssequenz so oft wiederholt, wie es das Programm vorgibt. Die angegebene Anzahl kann als Parameter im Programm festgelegt werden. In der Informatik spricht man von einer Zählschleife. In Scratch wird der Block „Wiederhole...mal" dafür verwendet.

Alle Anweisungen innerhalb des „Wiederhole...mal"-blocks werden so oft wiederholt, wie es angegeben wird.

Endloswiederholung

Bei einer Endlosschleife werden die zu wiederholenden Anweisungen unendlich oft ausgeführt. Manchmal ist die Ausführung eines Programms mit einer Endlosschleife gewollt. Dann müssen keine Maßnahmen zur Unterbrechung ergriffen werden. Meistens entstehen sie aber unbeabsichtigt durch Programmierfehler. In einem solchen Fall muss die Endlosschleife durch geeignete Maßnahmen unterbrochen werden.

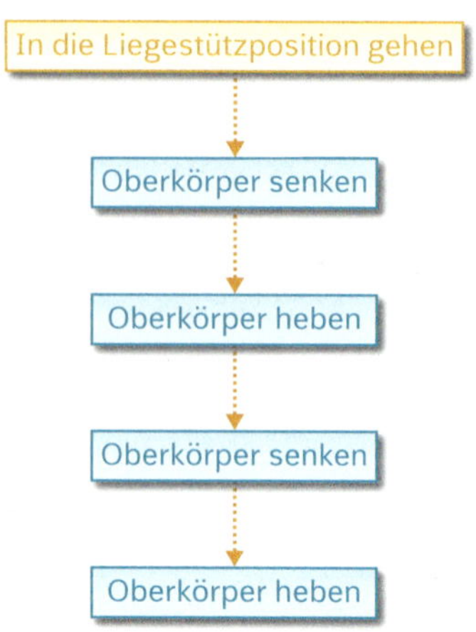

2 Programmablaufplan (PAP) mit fester Anzahl

3 Scratch-Blöcke für Wiederholungen

Geschachtelte Schleifen

Man kann auch mehrere Schleifen ineinander verschachteln. Wenn eine Schleife mehrere weitere Schleifen enthält, spricht man von einer **geschachtelten Schleife**.

Auch hier wird der zu wiederholende Ablauf von einem Klammerblock umgeben. Durch die festgelegte Zahl der Wiederholungen wird auch die Anzahl der Gesamtdurchläufe festgelegt.

4 Verschachtelte Wiederholung in Scratch

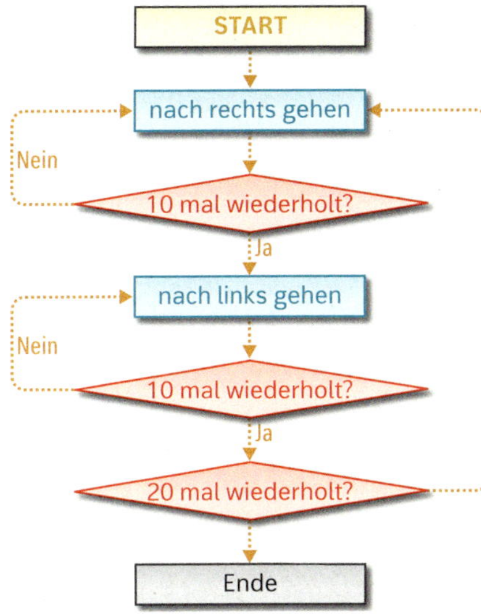

5 PAP mit verschachtelten Wiederholungen

Material mit Aufgaben

M1 Wiederholungen

1. Beschreibe die drei dargestellten Skripte und deren Unterschiede.
2. Beschreibe die Ergebnisse der drei dargestellten Skripte.
3. Erkläre, warum es sinnvoll ist, Wiederholungen mit fester Anzahl einzusetzen.
4. Programmiere selbst: Die Katze soll sich nach der Linksdrehung, mit derselben Schrittzahl rechtsherum drehen. Skizziere ein Skript, sodass sich dieser Ablauf insgesamt 5 mal wiederholt.

M2 Zirkeltraining

Beim Zirkeltraining werden drei Übungen dreimal durchlaufen. Jede Übung soll 20mal wiederholt werden. Beim Medizinballwurf wird der Medizinball an die Wand geworfen und der abprallende Ball wieder aufgefangen. Bei den Sit-Ups wird Oberkörper aufgerichtet und wieder abgesenkt. Bei Liegestützen wird Oberkörper durch Beugen und Strecken der Arme in einer liegenden Position auf und ab bewegt.

1. Erstelle einen Ablaufplan für eine der dargestellten Übungen.
2. Erstelle für das gesamte Zirkeltraining einen Ablaufplan mit geschachtelten Wiederholungen.

1 Eine rote Fußgängerampel

Bedingte Anweisungen und Verzweigungen

Anweisung mit Bedingung

Das Laufen über eine Straße bei einer Fußgängerampel ist eine Handlung, die erst ausgeführt wird, wenn eine Voraussetzung erfüllt wird. Bei Rot bleibt man stehen, bei Grün kann man loslaufen. Die Handlungsanweisung: „Geh über die Straße!“ wird erst ausgeführt, wenn die Ampel von Rot auf Grün umschaltet. Bei Algorithmen in der Informatik spricht man von einer Bedingung. Das Umschalten ist die Bedingung. Da die vorgeschaltete Bedingung mit der Anweisung verknüpft ist, spricht man von einer bedingten Anweisung.

Anweisungen mit Verzweigung

Neben Handlungen, die nur unter bestimmten Bedingungen ausgeführt werden, gibt es auch Handlungen, bei denen eine alternative Handlung ausgeführt wird, wenn die Bedingung nicht erfüllt wird. Diese Art von Baustein in einem Algorithmus nennt man Verzweigung. Viele kennen diese Situation: Im Freizeitpark kommt man zum nächsten Fahrgeschäft, doch es ist wegen Wartungsarbeiten geschlossen. Man würde gerne damit fahren, jedoch ist die Bedingung nicht erfüllt. Als Alternative geht man zum nächsten Fahrgeschäft weiter.

2 Grüne Ampel

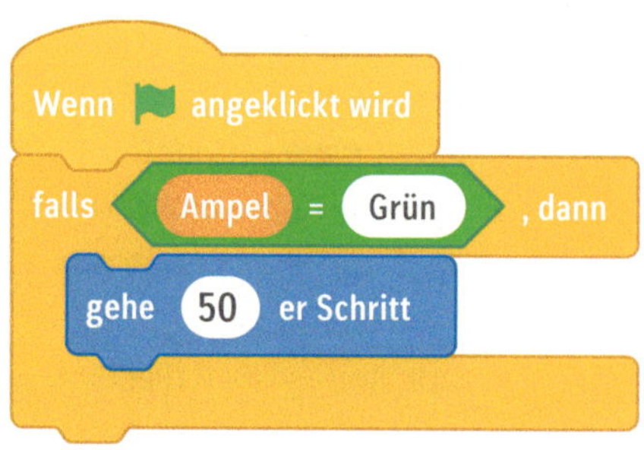

3 Bedingte Anweisung

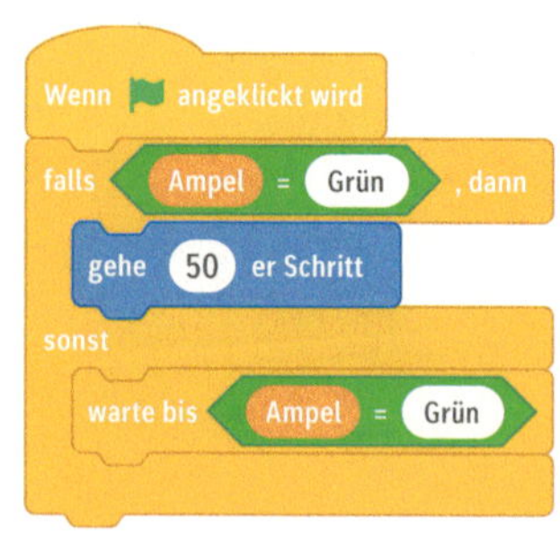

4 Verzweigung

Bedingungen in Scratch

In Scratch können auch bedingte Anweisungen und Verzweigungen angelegt werden. Eine Verzweigung ist eine Kontrollstruktur, die an eine bestimmte Bedingung geknüpft ist. In Bild 5 ist beispielhaft eine Verzweigung angelegt. Die Katze wurde so programmiert, dass der User nach einem Matheergebnis gefragt wird. Bei der richtigen Eingabe ins Antwortfeld kommt die Aussage: „Mathe-Profi!“, bei falscher Antwort „Nochmal Üben!“. Das richtige Ergebnis der Rechenaufgabe ist die Bedingung bei dieser Anweisung.

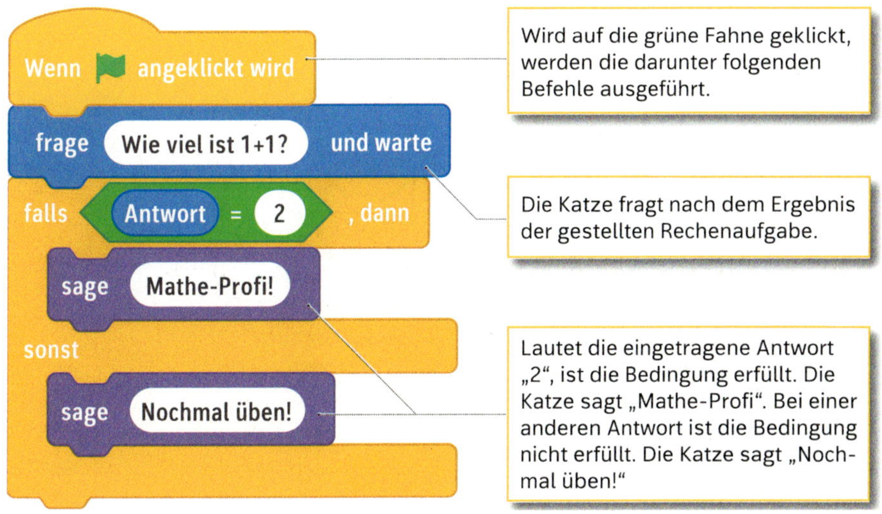

5 Bedingungen in Scratch

Material mit Aufgaben

M1 Bedingte Anweisung im Alltag

A: Wenn es über 30°C ist, gehe ich ins Freibad.

B: Wenn ich einen Einkaufschip habe, kann ich einen Einkaufswagen nehmen, ansonsten kann ich einen Einkaufskorb nehmen.

C: Wenn der Wecker morgens klingelt, muss ich aufstehen.

1. Ordne den Sätzen folgende Begriffe zu: „Bedingte Anweisung“ oder „Verzweigung“.
2. Nenne die jeweilige Bedingung in den Handlungen.
3. Erstelle zu den drei Handlungen je einen Ablaufplan.
4. Erweitere die folgenden Beispiele zu einer bedingten Anweisung oder einer Verzweigung: „Draußen mit Freunden treffen“ und „Schlittschuhlaufen gehen“.
5. Begründe, ob sich folgende Handlungen mit einer Bedingung oder mit einer Wiederholung mit fester Anzahl lösen lassen:
   a Eine Tüte mit 30 Fruchtgummis füllen.
   b Im Sportunterricht werden 5 Runden gerannt.
   c Beim Plätzchenbacken werden alle hellen Plätzchen mit Zuckerstreuseln bestreut und alle dunklen Plätzchen mit Marmelade bestrichen.

M2 Verzweigung

Im Bild ist eine Karte auf einem Navigationsgerät abgebildet. Der rote Bereich zeigt einen Stau an. Das Navigationsgerät zeigt eine Alternative an.

1. Der Fahrer möchte an sein Ziel kommen und hat zwei Routen zur Auswahl. Formuliere eine passende Bedingung.
2. Erstelle einen Ablaufplan für die Handlung des Fahrers. Orientiere dich an Bild 3.

Projekt mit Aufgaben

P1 Eine Figur reagiert

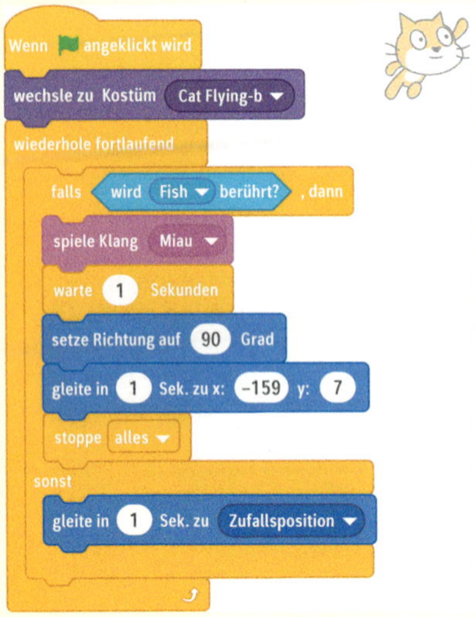

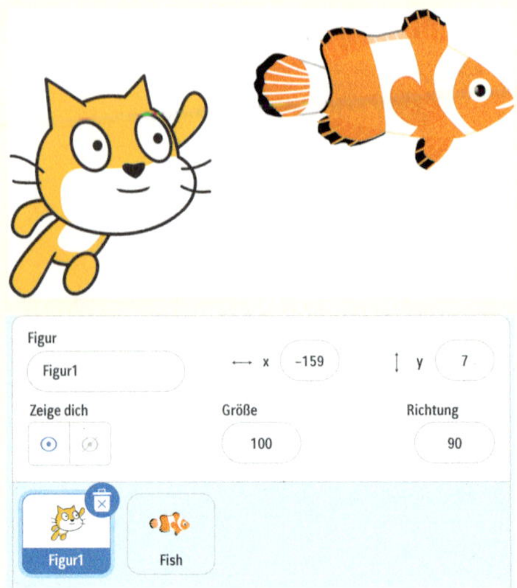

Ziel: Eine Figur soll auf eine andere Figur auf der Bühne reagieren.

Programmierung:
In Scratch können verschiedene Figuren platziert und einzeln programmiert werden. Eine Figur kann auch so programmiert werden, dass sie auf eine andere Figur reagiert.

Schritt 1: Bilde den Code in Scratch nach und verändere die Werte. Betrachte das Ergebnis deiner Programmierung..

P2 Steuerung mit Pfeiltasten

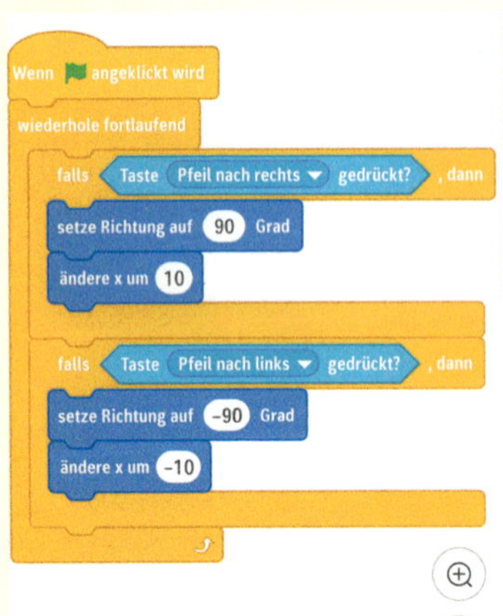

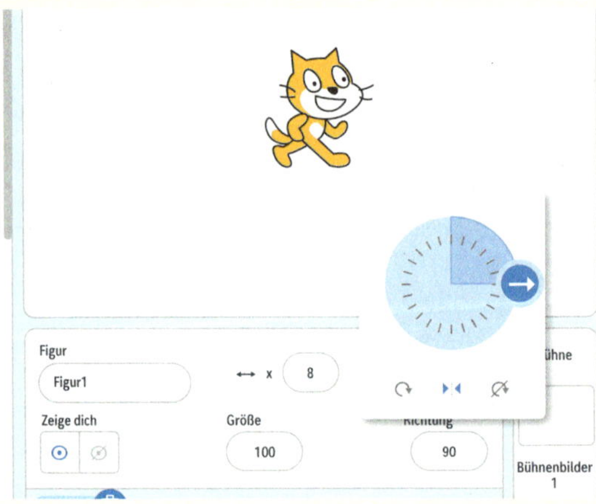

Ziel: Eine Figur mit den Pfeiltasten steuern.

Programmierung:
In Scratch können Figuren so programmiert werden, dass sie mit den Pfeiltasten gesteuert werden können, ähnlich wie in einem Computerspiel.

Schritt 1: Im Bild wurde damit begonnen eine Figur zu programmieren, die mit den Pfeiltasten gesteuert werden kann. Betrachte das Bild und schreibe das Programm zu Ende. Achte darauf, dass sich die Katze umdrehen muss, wenn sie nach links läuft.

Schritt 2: Verändere den Code, sodass eine bedingte Anweisung mit Verzweigung entsteht, mit der sich die Figur weiterhin steuern lässt. Verbinde dafür beispielsweise die „falls..., dann...sonst“ - und „falls...dann“-Skriptblöcke, wie du oben im Bild sehen kannst.

P3 Ein Rennstrecken-Spiel

Digital+ WES-188528-09

Benötigte Vorlagen:

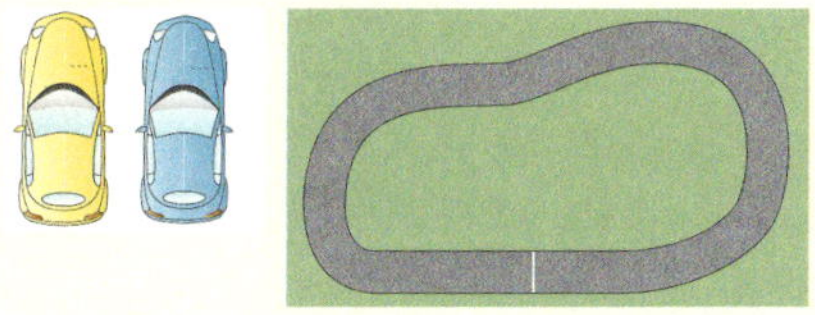

Ziel: Ein Auto programmieren, das mit Tasten gesteuert werden kann.

Programmierung:

Schritt 1: Lade dir zuerst die Vorlagen herunter und anschließend in Scratch hoch.

Schritt 2: Programmiere ein Auto, das mit den w-,a-,s-,d-Tasten gesteuert werden kann. Beachte, dass sich das Auto rechtsherum und linksherum drehen kann.

Schritt 3: Lade die Vorlage für das zweite Auto in Scratch hoch und programmiere es so, dass es mit den Pfeiltasten gesteuert werden kann.

Schritt 4: Steuere gemeinsam mit einer Partnerin oder einem Partner die Autos über die Rennstrecke. Wer ist schneller?

P4 Auf der Rennstrecke bleiben

Digital+ WES-188528-10

Benötigte Vorlagen:

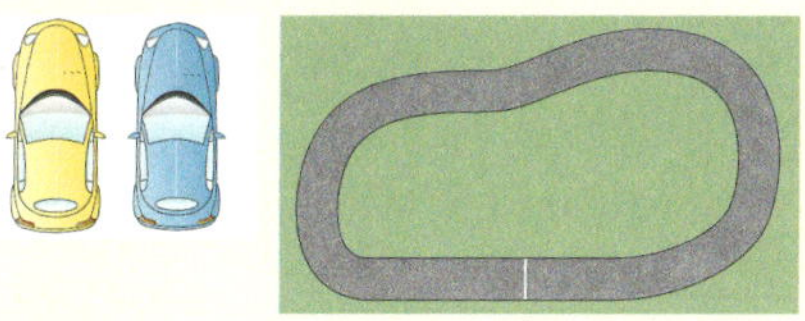

Ziel: Eine Zurücksetzen-Funktion mit einem dazugehörigen Warnsignal in das Rennstrecken-Spiel einprogrammieren.

Programmierung:

Bei einem Rennen ist es wichtig, auf der Rennstrecke zu bleiben. Damit niemand schummelt, kann die Programmierung um ein Warnsignal mit Zurücksetzen-Funktion erweitert werden. Berührt eines der Autos die grüne Rasenfläche, hat der Spieler verloren und muss von Vorne beginnen.

Schritt 1: Lade die Vorlagen für die Autos und die Rennstrecke in Scratch hoch.

Schritt 2: Programmiere zwei Autos mit unterschiedlichen Farben. Eines soll mit den w-, a-, s-, d-Tasten gesteuert werden und das andere mit den Pfeiltasten. Nutze die vorgegebenen Skriptblöcke.

Schritt 3: Verändere die Codes so, dass bei Berührung der Rasenfläche die Autos zurück an den Start transportiert werden.

Schritt 4: Ergänze im Code zusätzlich ein Warnsignal, das ertönt, wenn ein Auto die Rasenfläche berührt.

Schritt 5: Fahre mit einer Partnerin oder einem Partner um die Wette.

1 Container sind mit Waren beladen, Variablen enthalten Daten.

Werte und Variablen

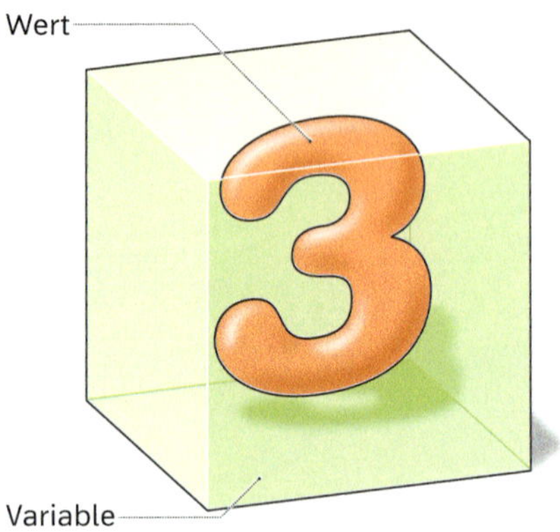

2 Variable und Wert

Variablen in der Informatik

In der Informatik werden Daten und somit Informationen verwaltet. Ein Programm besteht aus Befehlen, die dem Computer vorgeben, was er ausführen soll. Außerdem nutzt das Programm Daten, die das Programm während der Ausführung verwendet. Daten bestehen aus verschiedenen Werten. Die **Werte** lassen sich in **Variablen** speichern. Eine Variable kann man sich wie einen Container oder einen Behälter vorstellen.

In einem Behälter können sich Gegenstände befinden, man kann die Anzahl bestimmen oder auch Gegenstände entnehmen und weitere hinzufügen. Der Inhalt eines Behälters entspricht dem Wert einer Variablen. Die Werte einer Variablen können verändert werden. Behälter können auch beschriftet sein. Eine Variable hat damit auch einen Namen. Dieser ändert sich während des Programmablaufs nicht.

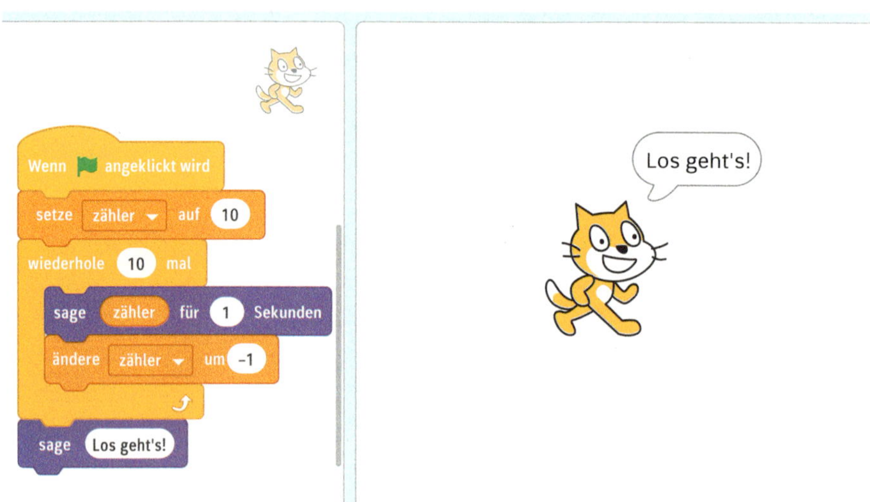

3 Variablen in Scratch verwenden

Variablen in Scratch

Auch in Scratch kann mit Variablen gearbeitet werden. Es gibt Blöcke mit der Kategorie Variablen. In Scratch lassen sich auch Werte speichern. Die Werte sind hier Zahlen. Legt man selbst eine Variable an, besitzt sie zunächst den Startwert 0. Man kann aber den Wert neu festlegen. Mithilfe der „setze“-Anweisung erhält die Variable den eingegebenen Zahlenwert. Mithilfe der „ändere“-Anweisung kann eine Variable um einen bestimmten Wert geändert werden.

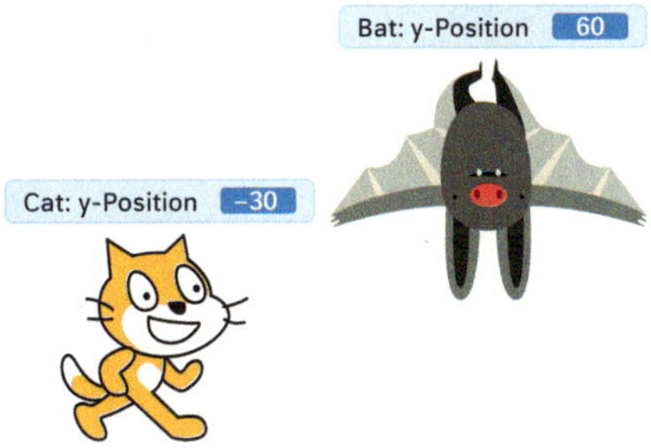

4 Beispiel für lokale Variablen

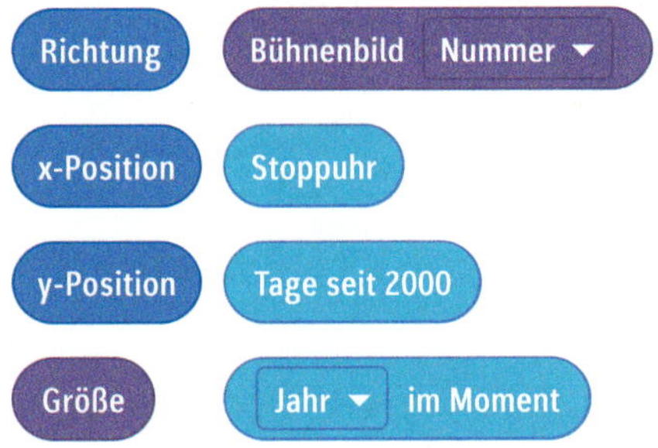

5 Beispiel für Variablen

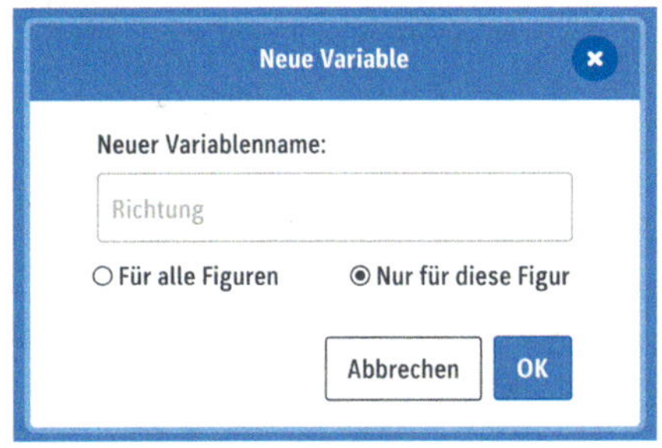

6 Eine eigene Variable anlegen

Lokale und globale Variablen

Es gibt Variablen, die nur für bestimmte Objekte gültig sind. So kann zum Beispiel die Größe eines Objekts geändert werden. Die Variable Größe betrifft dann nur dieses Objekt und ist ein Attribut des Objekts. Man spricht dann von einer lokalen Variablen. Es gibt aber auch Variablen wie etwa die Bühnenbildnummer, die allen Objekten gleichermaßen zur Verfügung stehen. Man spricht von einer globalen Variablen. Legt man eine eigene Variable an, muss festgelegt werden, ob diese für alle Objekte oder nur für eine bestimmte Figur gültig ist.

Variablen als Bedingung

Variablen werden oft genutzt, um Bedingungen für Verzweigungen zu formulieren. Der Befehl sage „Ich bin hier oben!" wird nur dann ausgeführt, wenn der Wert der Variable „y-Position" größer als 0 ist. Ist der Wert der Variable kleiner als 0 oder genau 0, wird die Anweisung nicht ausgeführt.

Für manche Bedingungen müssen mehrere Variablen verglichen, unterschieden, miteinander addiert, subtrahiert, multipliziert oder dividiert werden. Hierfür werden die grünen Codeblöcke aus der Kategorie „Operatoren" genutzt.

Material mit Aufgaben

M1 Sparschwein

1. Nenne den Wert von Julias Sparschwein
2. Beschreibe mithilfe des Modells den Unterschied zwischen Namen und Wert einer Variablen
3. Erkläre an diesem Beispiel, dass Werte von Variablen verändert werden können.

M2 Variablen vergleichen

A

B

1. Vergleiche die beiden abgebildeten Skripte miteinander. Beschreibe, was die beiden Skripte jeweils bewirken
2. Erkläre die Bedeutung der Variablen in Skript B.

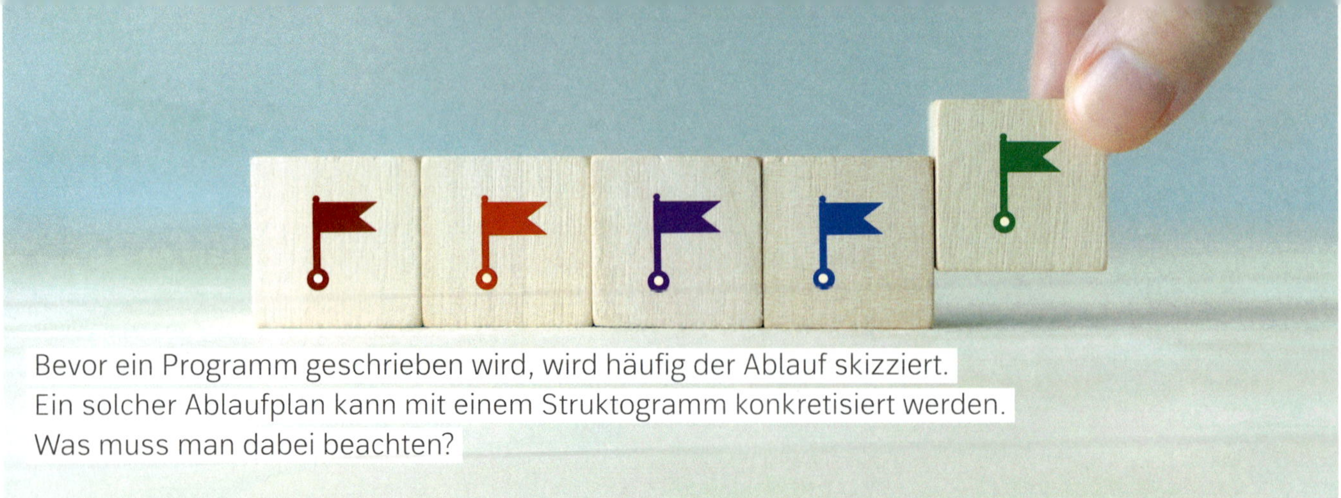

1 Ablaufpläne und Struktogramme folgen einer eindeutigen Reihenfolge.

Vom Algorithmus zum Programm

Struktogramm

Um einen Algorithmus zu einer Problemstellung zu entwickeln, ist es hilfreich, den Ablauf zunächst aufzuschreiben, bevor er in Scratch oder einer anderen Programmiersprache umgesetzt wird. Als Alternative zu einer textlichen Beschreibung gibt es auch Möglichkeiten, Algorithmen grafisch darzustellen. Ein grafischer Ablaufplan kann jedoch schnell unübersichtlich werden, vor allem wenn der Algorithmus viele Verzweigungen hat. Ein Algorithmus kann auch in einem vereinfachten Diagramm dargestellt werden, das man als Struktogramm bezeichnet.

Aufbau eines Struktogramms

Ein Struktogramm ist die Visualisierung eines Algorithmus. Mithilfe eines Struktogramms kann ein Algorithmus übersichtlich dargestellt werden. Ein Struktogramm hat eine vorgeschriebene Form. In einem Struktogramm werden rechteckige Blöcke als Grundbausteine verwendet, die gestapelt und ineinander geschachtelt werden können. Jede Anweisung hat einen eigenen Block. Ein Struktogramm wird immer von oben nach unten gelesen. Eine Anweisungssequenz eines Algorithmus kann daher gut in einem Struktogramm dargestellt werden.

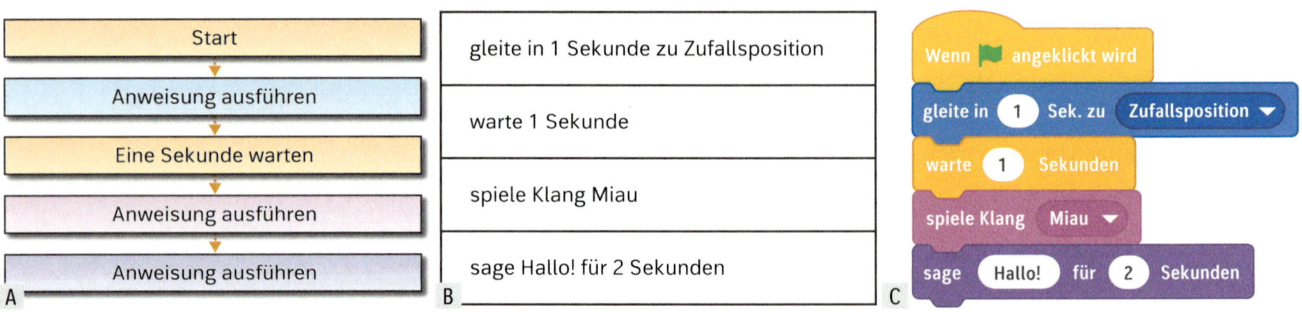

2 Anweisungssequenz in: **A** Ablaufplan, **B** Struktogramm, **C** in Scratch

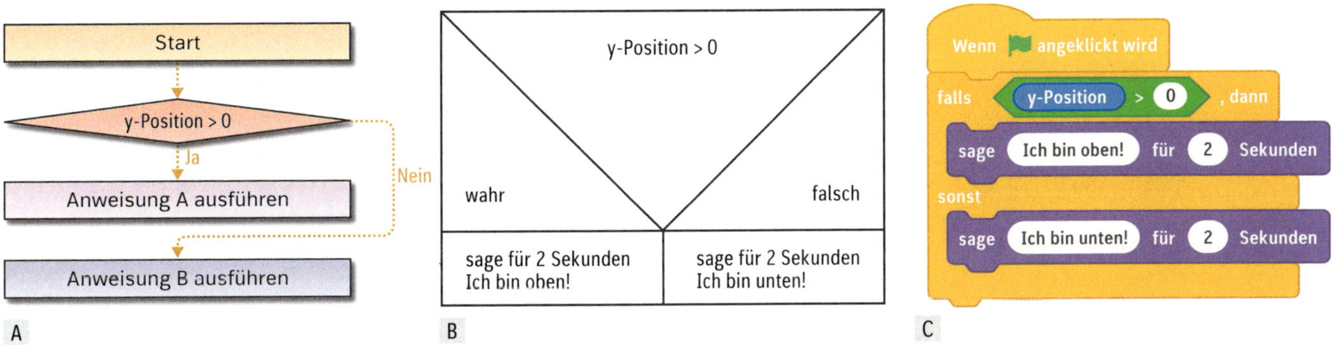

3 Verzweigungen in einem Algorithmus: **A** Ablaufpläne, **B** Struktogramme, **C** in Scratch

Entscheidungen im Struktogramm

Eine Entscheidung in einem Ablaufplan führt zu Verzweigungen im Algorithmus. Im Struktogramm werden die Verzweigungen mit einem besonderen Block dargestellt. Eine Alternative kann aus einer oder mehreren Anweisungen bestehen. Man spricht von einer bedingten Anweisung mit Alternative. Der Block des Struktogramms hat eine Kopfzeile, in der die Bedingung steht. Es folgen zwei Blöcke mit Anweisungen, die nebeneinanderstehen. Die Alternativen stehen somit nebeneinander. Bei rein bedingten Anweisungen ohne Alternative bleibt der rechte Block leer. Struktogramme ähneln denen aus Scratch bekannten Blöcken. Jedoch werden bei Scratch alternative Handlungsanweisungen nicht nebeneinander sondern untereinander dargestellt.

Zeichnen von Struktogrammen

Beim Zeichnen von Struktogrammen sollte Bleistift und Lineal verwendet werden. Außerdem sollte die volle Breite eines leeren, karierten Blattes verwendet werden. Zuerst wird der Block gezeichnet und dann die Texte eingetragen. ▶

Material mit Aufgaben

M1 Vom Ablaufplan zum Struktogramm

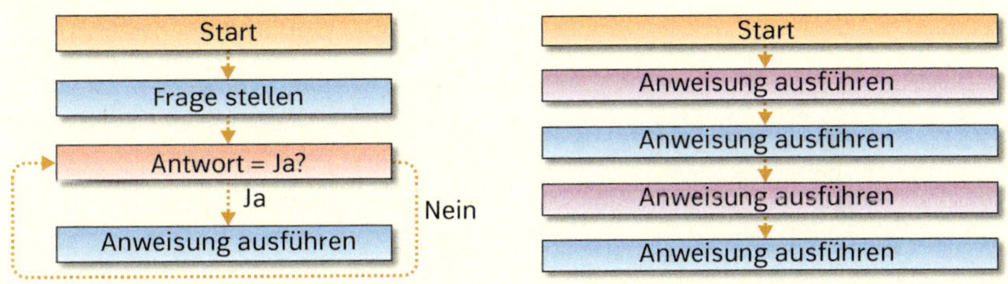

1. Vergleiche die beiden Ablaufpläne miteinander.
2. Erstelle aus den beiden dargestellten Ablaufplänen jeweils ein Struktogramm.
3. Erstelle aus einem der Struktogramme einen Text. Die Entscheidung kann mit den Wörtern falls, dann oder sonst gegliedert werden.
4. Es soll mit einer herkömmlichen Kaffeemaschine Kaffee gekocht werden. Es fallen folgende Schritte an: Kaffeefilter einlegen; Kaffeepulver zugeben; prüfen, ob noch Wasser im Tank ist. Wenn nein, dann Wasser in den Tank füllen; Maschine einschalten. Erstelle zu diesen Anweisungen einen Ablaufplan und ein Struktogramm.

P2 Struktogramm in Scratch umsetzen

1. Öffne Scratch. Stelle das Struktogramm als Scratch-Skript dar. Starte das Programm.
2. Erweitere das Struktogramm und das Scratch-Skript um eine Verzweigung und erkläre, wie sich diese auswirkt.

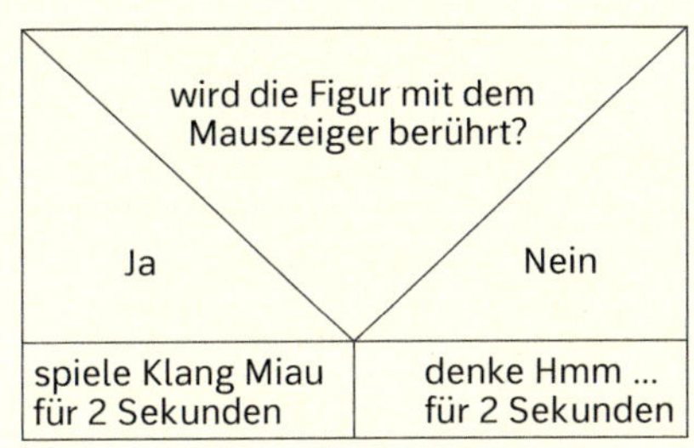

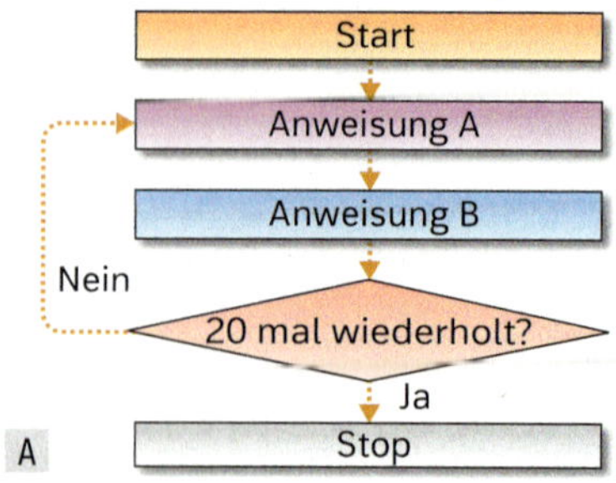

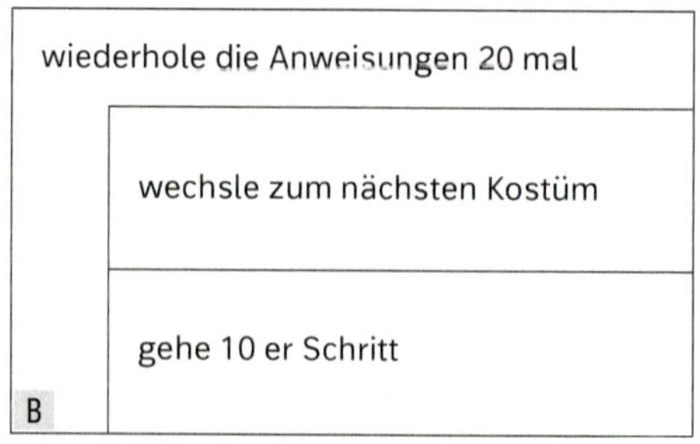

4 Wiederholungen: **A** Ablaufpläne, **B** Struktogramme, **C** in Scratch

Wiederholungen im Struktogramm

In einem Struktogramm erkennt man Wiederholungen an eingerückten Anweisungen. Bei einer bedingten Wiederholung umschließt ein Rahmen teilweise einen Block mit einer Anweisung. Im Rahmen ist die Wiederholungsbedingung angegeben. („Wiederhole...; wiederhole bis...) Steht die Bedingung im Kopf des Blockes, startet die Anweisung erst, wenn die Bedingung von Anfang an erfüllt ist. Steht die Bedingung im Fuß des Blocks, wird die Anweisung mindestens einmal durchlaufen und erst dann die Bedingung geprüft. Bei einer Wiederholung mit fester Anzahl kann auch „Wiederhole die Anweisung n-mal“ geschrieben werden. Bei einer Endloswiederholung wird in der Regel auf eine Beschriftung des Rahmens verzichtet.

Material mit Aufgaben

M3 Vom Ablaufplan zum Struktogramm

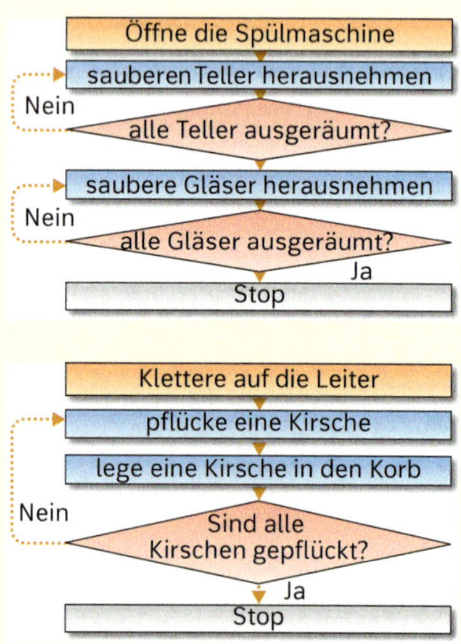

1. Vergleiche die beiden Ablaufpläne miteinander. Nenne Gemeinsamkeiten und Unterschiede.
2. Erstelle aus den beiden Ablaufplänen jeweils ein Struktogramm.
3. Bart soll 50 mal an die Tafel schreiben: „Ich soll meine Hausaufgaben machen!“ Stelle dies in einem Struktogramm dar.
4. Überlege dir einen anderen Handlungsablauf aus deinem Alltag mit einer bedingten Wiederholung, bei der von Anfang an eine Bedingung erfüllt sein muss. Erstelle ein Struktogramm.

M4 Code knacken

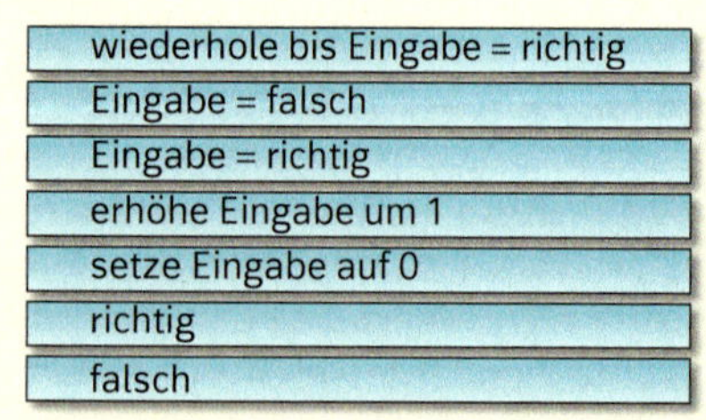

1. Leon hat ein 4-stelliges Zahlenschloss gefunden. Er möchte es öffnen, jedoch kennt er den Code nicht. Er probiert es solange aus, bis das Schloss offen ist. Erstelle ein sinnvolles Struktogramm aus den oben vorgegebenen Anweisungen.

Material mit Aufgaben

M5 Waschmaschine ausräumen

wiederhole bis Waschmaschine = leer

Kleidungsstück = kaputt

Kleidungsstück = Unterwäsche?

Kleidungsstück wegwerfen

Kleidungsstück in die Kommode einräumen

Kleidungsstück in den Schrank einräumen

Levi will seine Waschmaschine ausräumen. Jedoch sortiert er seine Wäsche besonders.
Seine Unterwäsche soll in seine Kommode, alle anderen Kleidungsstücke in seinen Kleiderschrank. Geht ein Kleidungsstück kaputt, wirft er es sofort weg.

1. ||| Entwirf zu der Problemstellung von Levi einen Ablaufplan. Erstelle mithilfe der vorgegebenen Anweisungen ein passendes Struktogramm.

2. ||| Levi möchte zusätzlich wissen, wie viele Kleidungsstücke kaputt sind und weggeworfen werden. Erweitere das Struktogramm mit dieser Problemstellung.

P6 Scratch-Skript in Struktogramm

Es sind zwei Skripte dargestellt, die bei Klick auf die grüne Fahne gleichzeitig ablaufen.

1. ||| Stelle Vermutungen über das Ergebnis des dargestellten Programms an.
2. ||| Überprüfe deine Vermutung, indem du die Skripte ausprobierst.
3. ||| Begründe, dass beide Skripte für eine problemlose Funktion benötigt werden.
4. ||| Überführe das obere Skript in ein Struktogramm.

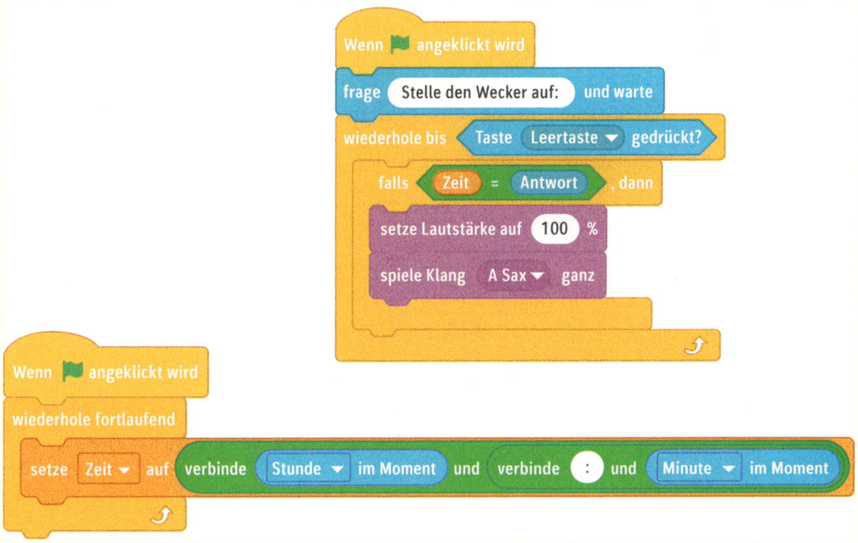

1 Schrittfolgen werden beim Treppensteigen wiederholt

Wiederholung mit Abbruchbedingung

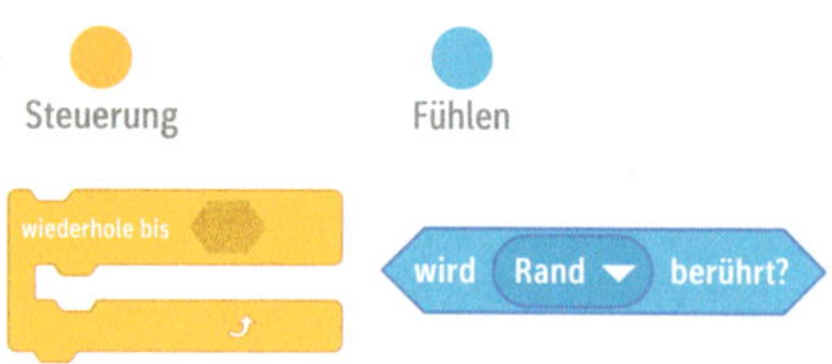

2 Codeblöcke und Kategorien

Wiederholungen mit Bedingung

Beim Treppensteigen wird abwechselnd zunächst das linke Bein gehoben und auf die nächste Stufe gesetzt, dann das andere Bein auf die folgende Stufe. Diese Schrittfolge ist eine Handlung. Diese Handlung wird so oft wiederholt bis das Ziel, das nächste Stockwerk, erreicht ist. Die Bedingung ist erfüllt. Oft ist im Vorfeld nicht bekannt, wie oft diese Schrittfolge ausgeführt werden muss, da bei langen Treppenhäusern die Zahl der Stufen nicht sofort ersichtlich ist.

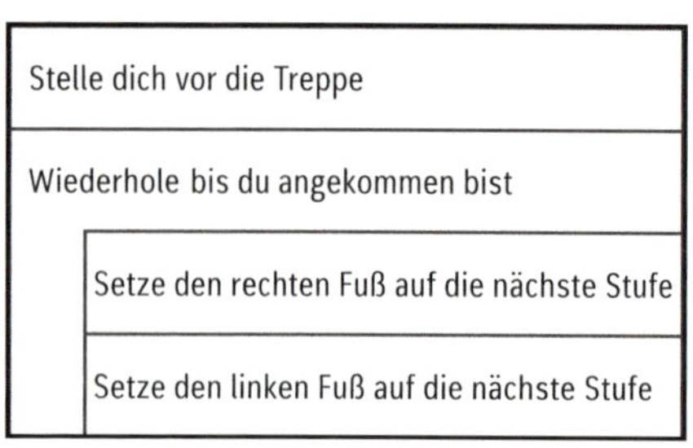

3 Struktogramm für das Treppensteigen

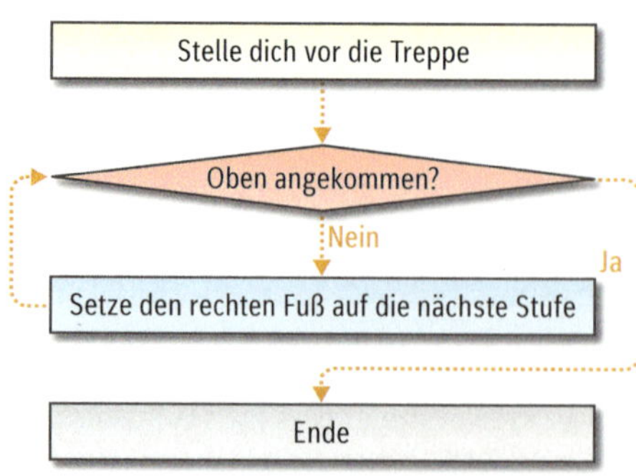

4 Ablaufplan für das Treppensteigen

Wiederholungen mit Abbruchbedingung

Beim Programmieren ist vorher oft nicht genau bekannt, wie oft eine einzelne Handlungsanweisung wiederholt werden muss. Daher ist es sinnvoll, eine **Wiederholung** an eine abhängige **Bedingung** zu knüpfen.
Die einzelnen Anweisungen eines Programms werden in diesem Fall genau so oft wiederholt, bis die Bedingung erfüllt ist. Werden Handlungsanweisungen mehrfach ausgeführt, da die Bedingung noch nicht erfüllt ist, ist die Bedingung **falsch**. Ist die Bedingung dann erfüllt, werden die Handlungsanweisungen sofort abgebrochen. Die Bedingung ist **wahr**. Man spricht dann von einer **Wiederholung mit Abbruchbedingung**. Solche Wiederholungen können dann eingesetzt werden, wenn die Anzahl an Wiederholungen im Vorfeld nicht festgelegt werden kann oder festgelegt sein muss.

Material mit Aufgaben

M1 Nagel reinschlagen

Möchte man einen Nagel mit dem Hammer in ein Stück Holz schlagen, wird zunächst der Nagel in die eine Hand genommen. Dann wird der Nagel ausgerichtet. Nun wird der Hammer in die andere Hand genommen. Mit ein bis zwei Schlägen wird der Nagel leicht eingeschlagen. Nun wird die Hand vom Nagel entfernt. Mit mehreren Schlägen wird der Nagel mit dem Hammer ins Holz getrieben, bis er vollständig versenkt ist.

1. Erstelle ein Struktogramm oder einen Ablaufplan zu diesem Beispiel.

M2 Abbruchbedingung

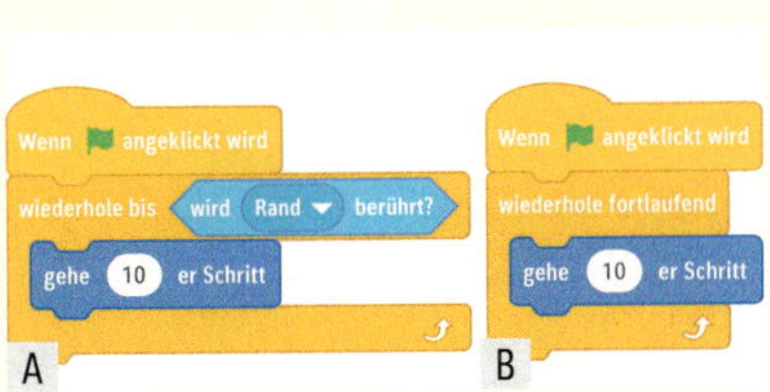

1. Vergleiche die Skripte A und B.
2. Nenne Gründe, warum Wiederholungen an Bedingungen geknüpft werden.

P3 Mäusejagd

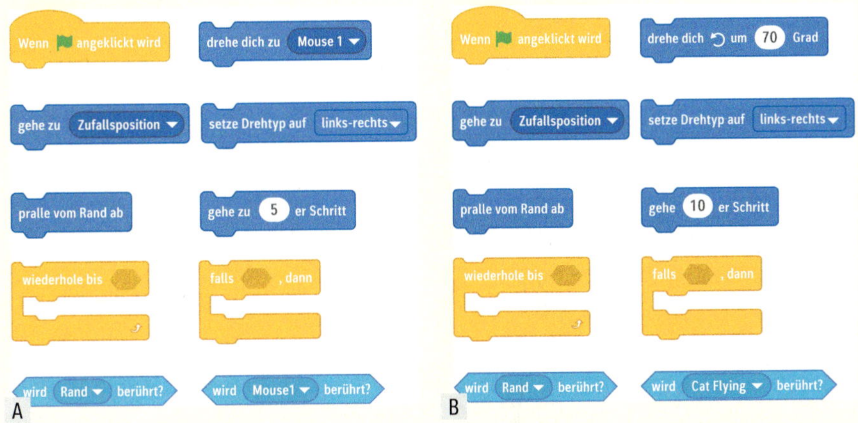

Ziel: Die Katze soll so lange ihre Position auf der Bühne verändern und die Maus jagen, bis sie die Maus berührt und sie damit gefangen hat.

Programmierung:
Bei einer Mäusejagd bewegen sich sowohl die Katze als auch die Maus. Hierfür müssen beide Figuren getrennt voneinander programmiert werden. Damit sich die Figuren nicht außerhalb der Bühne bewegen, müssen beide so programmiert werden, dass sie vom Rand der Bühne abprallen.

Schritt 1: Füge die Figur einer Maus aus Scratch hinzu und stelle ihre Größe auf 50. Wahlweise kannst du auch die Figur der Katze verändern.

Schritt 2: Nutze die Codeblöcke aus Bild A. Programmiere die Katze so, dass sie am Anfang des Skriptes auf eine Zufallsposition gesetzt wird. Ergänze außerdem den Codeblock „setze Drehtyp auf links-rechts". Mit diesem dreht sich Katze, wenn sie von einer Wand abprallt. Füge eine Wiederholung mit Abbruchbedingung ein und ergänze innerhalb des Wiederholungsblockes den „pralle vom Rand ab"-Block und den Bewegungsblock. Um die Jagd spannender zu gestalten, solltest du noch eine Verzweigung mit Richtungsänderung einprogrammieren, wenn die Katze den Rand berührt.

Schritt 3: Nutze die Codeblöcke aus Bild B. Programmiere die Maus so, dass sie sich ununterbrochen bewegt, bis sie von der Katze berührt wird. Ergänze auch im Programm der Maus eine Verzweigung mit Richtungsänderung, wenn diese den Rand berührt. Die Maus sollte sich außerdem schneller und unberechenbarer als die Katze bewegen.

Schritt 4: Teste dein Programm und schaue der Verfolgungsjagd zu.

P4 Das Obstkorb-Spiel

Beim Obstkorb-Spiel geht es darum mit einer kleinen Schüssel von oben herabfallendes Obst aufzufangen. Dabei muss jedoch darauf geachtet werden, wirklich nur Obst zu fangen und keine anderen Gegenstände.

Ziel: Eine steuerbare Schüssel, einen Punktezähler, einen Versuchezähler sowie herabfallendes Obst und einen anderen Gegenstand müssen programmiert werden, um das Obstkorb-Spiel zu erstellen. Nutze die abgebildeten Beispielblöcke und ergänze das Programm.

Programmierung Apfel und falscher Gegenstand:
Am Anfang muss die Variable Punktzahl auf 0 gesetzt werden. Die Größe der Figur sollte 70 betragen. Damit nicht nur ein Apfel herunterfällt, müssen Klone erzeugt werden, die zufällig entlang der x-Achse erscheinen. Die Skripte für den Apfel und dessen Klone siehst du rechts.
Der falsche Gegenstand wird gleich programmiert wie der Apfel. Das Auffangen des falschen Gegenstandes soll allerdings nicht die Variable Punktzahl, sondern eine weitere Variable Versuche ändern. Zusätzlich soll beim falschen Gegenstand ein Skript hinzugefügt werden, das das Spiel beendet, wenn die Variable Versuche auf 0 fällt.

Benötigte Scratchfiguren:

Programmierung Schüssel:
Die Schüssel muss so programmiert werden, dass sie mit den Pfeiltasten nach links und rechts gesteuert werden kann. Bei Beginn soll sie zu den Koordinaten **x:0, y:-130** springen.

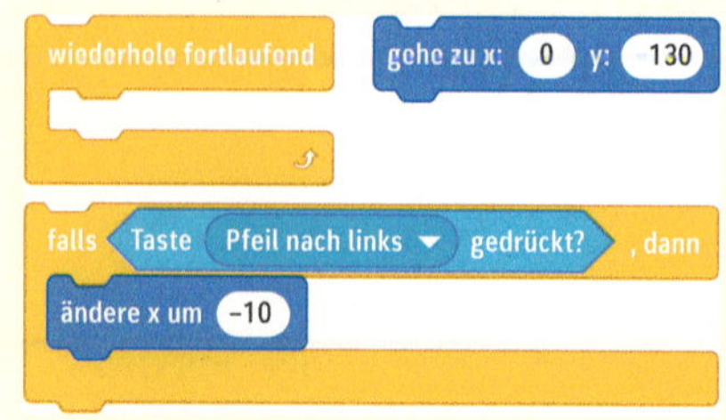

Programmierung Linie:
Die Linie dient dazu, dass erkannt wird, wann ein Klon des Apfels oder des falschen Gegenstandes von der Bühne verschwinden muss. Bei Beginn soll die Linie zu den Koordinaten **x:0, y:-175** springen.

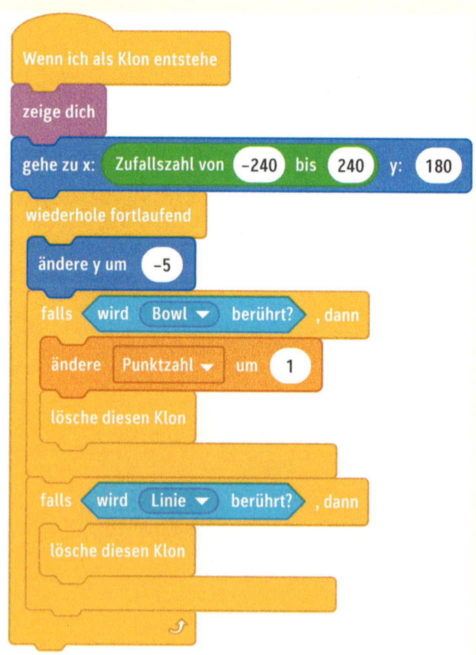

P5 Labyrinth-Spiel

Digital+ WES-188528-11

Im Labyrinth-Spiel geht es darum, das Labyrinth mit der eignen Spielfigur zu durchqueren und das Ziel zu erreichen. Dabei befindet sich noch ein Gegner im Labyrinth, der beim Durchqueren nicht berührt werden darf.

Ziel: Eine Spielfigur programmieren, die mit den Pfeiltasten gesteuert werden kann, sowie einen Gegner programmieren, der sich eigenständig innerhalb des Labyrinths bewegt. Folge dem Webcode und nutze die Vorlagen für das Labyrinth und die Figuren und ergänze das Programm mithilfe der Beispielblöcke.

Spielfigur:
Die Spielfigur muss mit den Pfeiltasten gesteuert werden. Es ist außerdem wichtig, dass die Figur nicht durch die Wände des Labyrinths laufen kann. Wird das Spiel gestartet, soll die Figur die Startposition einnehmen. Nutze die folgenden Beispieblöcke und ergänze weitere für ein entsprechendes Skript:

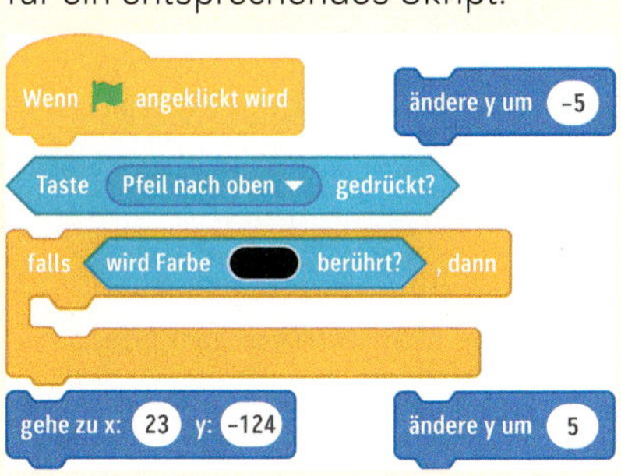

Die Spielfigur benötigt außerdem ein Skript, das erkennt, ob der Gegner berührt oder das Ziel erreicht wurde. Falls der Gegner berührt wird, muss eines der Leben abgezogen werden. Falls das Ziel erreicht wurde, endet das Spiel. Nutze die folgenden Blöcke, um das Skript zu erstellen:

Zuletzt muss der Spielfigur noch ein Skript hinterlegt werden, dass die Variablen definiert und bei Ablauf der Leben oder der Zeit das Spiel beendet. Nutze die folgenden Blöcke, um das Skript zu erstellen:

Benötigte Vorlagen:

Gegner:
Der Gegner muss so programmiert werden, dass er sich während des gesamten Skriptes durch das Labyrinth bewegt.
Nutze die folgenden Blöcke, um das Skript zu erstellen:

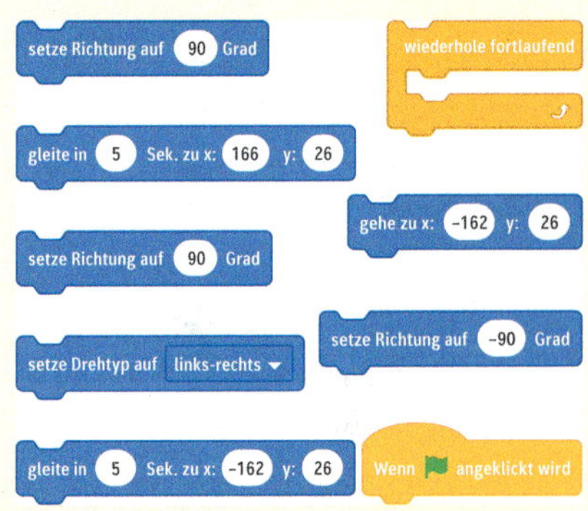

1 Update

Testen von Programmen

Qualität von Software verbessern

Wird eine Software wie ein Computerspiel veröffentlicht, muss diese Software auf Fehler überprüft werden. Die Algorithmen des Programms werden ständig auf Fehler untersucht. Da aufgrund der Vielzahl der Handlungsanweisungen in einem großen Programm nicht alle Fehler vor dem Veröffentlichen gefunden werden, gibt es nach dem Veröffentlichen immer Optimierungen des Programms. Die Software wird daher ständig aktualisiert und optimiert.

Kleine Fehler und große Fehler, die auch zum Absturz des Programms führen können, werden über Updates mit der Zeit behoben. Oft werden mit den Updates auch neue inhaltliche Funktionen implementiert, damit die Software einen immer größeren Funktionsumfang erhält. Bei Computerspielen werden zum Beispiel über Updates neue Zusatzlevel, Figuren oder Handlungen in das Programm integriert. Dadurch bleibt das Programm für die Nutzenden attraktiv.

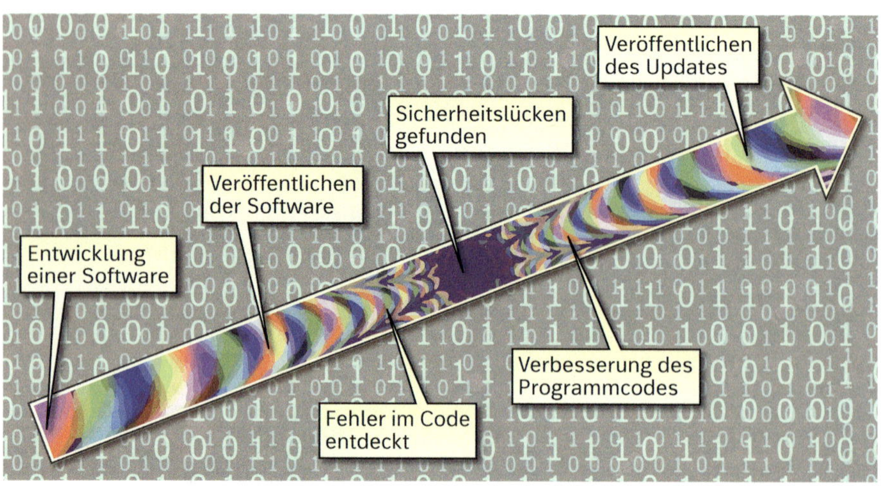

2 Ablauf der Softwareentwicklung und -weiterentwicklung

Glass-Box-Test

Bei einer wichtigen Testmethode wird überprüft, ob die Eingaben des Programms während der Verarbeitung zu den passenden, erwartenden Ausgaben führen. Die Algorithmen des Programms werden getestet, ob sie korrekt ausgeführt werden. Bei dieser Testmethode muss dem Testenden der Programmcode bekannt sein. Man spricht daher bei dieser Methode von der Glass-Box-Methode. Wie bei einer gläsernen Box kann beim Testen in die interne Struktur des Programms geschaut werden.

Black-Box-Test

Im Gegensatz zu einem Glass-Box-Test kennt man bei einem sogenannten Blackbox-Test die Programmstruktur der zu testenden Anwendung nicht. Im Prinzip ist der Programmcode dem Testenden unbekannt, jedoch muss der Testende die Funktion des Programms kennen. Oftmals sind die Black-Box-Tester keine Entwickler, sondern lediglich Programmnutzer. Mit den Black-Box-Tests werden vor allem Anforderung der Kunden an das Programm und seine Funktionen überprüft.

Glass-Box
- Tester kennen das Programm
- Quellcode kann eingesehen werden
- Korrektheit der Programmpfade wird getestet
- Fehler im Programm nicht ausgeschlossen
- dient der Lokalisierung erkannter Fehler

Black-Box
- Tester kennen das Programm nicht
- Quellcode kann nicht eingesehen werden
- nur Funktionsweise wird getestet
- Fehler im Programm nicht ausgeschlossen
- Erstellen von Testfällen ist aufwändig

3 Glass-Box-Test und Black-Box-Test

A Beschreibe mithilfe von Bild 2 die Stationen der Softwareentwicklung.

B Vergleiche die Ziele von Glass-Box-Tests und Black-Box-Tests.

Material mit Aufgaben

P1 Fehler identifizieren

1. Teste das dargestellte Scratch-Skript auf mögliche Fehler.
2. Korrigiere das fehlerhafte Skript. Teste das korrigierte Skript, ob die geforderte Handlung korrekt ausgeführt wird.

M2 Update des Smartphones

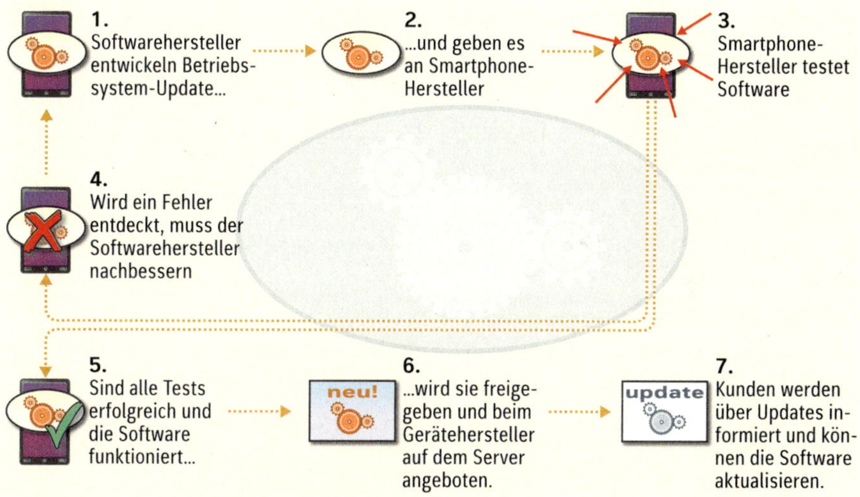

Soll ein neues Update des Betriebssystems des Smartphones den Kunden zur Verfügung gestellt werden, erfolgen mehrere Schritte.

1. Betrachte das Schema und nenne die Stellen, an denen Software-Updates getestet werden.
2. Beschreibe den Weg eines Programm-Updates, bis es letztendlich den Nutzenden zur Verfügung steht.
3. Erläutere, warum Betriebssysteme von Smartphones regelmäßig mit neuen Updates versehen werden.

Zusammenfassung Algorithmen und Problemlösen

Algorithmen

Abläufe bestehen aus einzelnen Handlungsschritten. Diese Handlungsschritte bezeichnet man als Anweisungen. In der Informatik bezeichnet man eine Abfolge von Anweisungen als Algorithmus. Die Algorithmen beruhen auf dem EVA-Prinzip
Die einzelnen Anweisungen in Algorithmen müssen ausführbar, endlich und eindeutig sein. Dies sind die Kriterien eines Algorithmus.

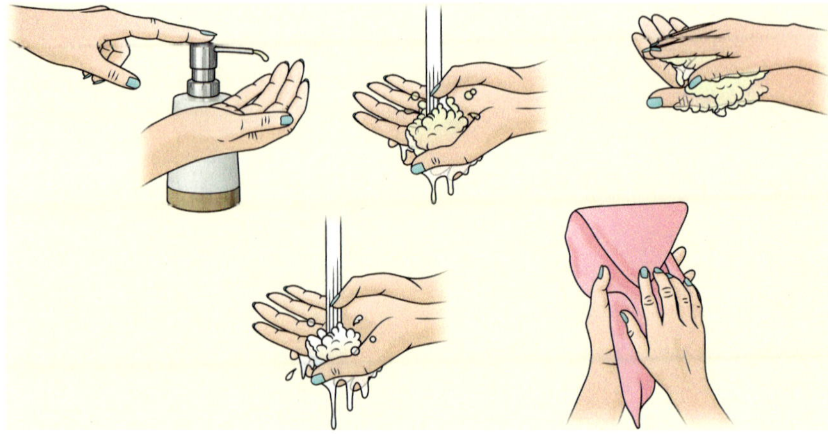

Darstellung von Algorithmen

Algorithmen können unterschiedlich dargestellt werden. Sie können zum Beispiel als Ablaufplan oder als Struktogramm dargestellt werden. In Algorithmen können Verzweigungen mit Alternativen oder auch Wiederholungen als Schleifen angelegt sein. Wiederholungen und Verzweigungen können auch an Bedingungen geknüpft sein. Bedingungen legen fest, ob eine Anweisung ausgeführt wird oder nicht.

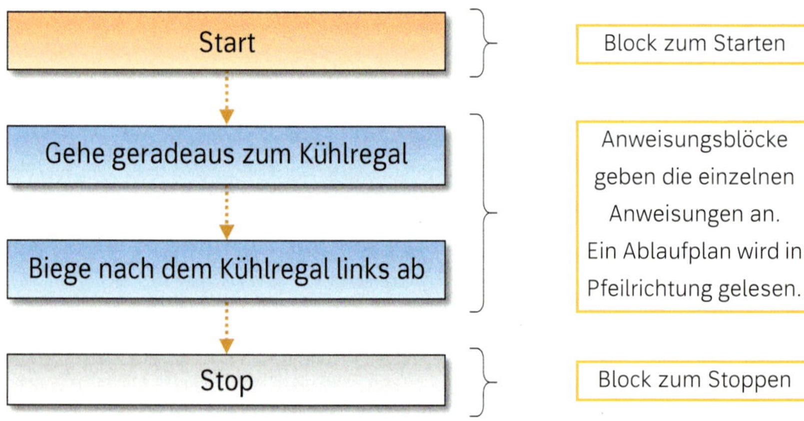

Vom Algorithmus zum Programm

Wird ein Algorithmus in eine für Computer verständliche Sprache übersetzt, spricht man von einem Programm. Computer arbeiten mit Programmiersprachen. Mithilfe der grafischen Programmiersprache Scratch können einfache Programme selbst erstellt werden. Scratch hat den Vorteil, dass die verschiedenen Codeblöcke in übersichtliche Kategorien eingeteilt sind und die Codeblöcke wie Puzzleteile zusammengesetzt werden können.

1 Algorithmen im Alltag

A Beschreibe mithilfe des Bildes die einzelnen Abläufe, die zum Pfannkuchen machen notwendig sind.

B Nenne die Bedingungen, die für eine sinnvolle Ablaufbeschreibung erfüllt sein müssen.

C Erläutere, ob die von dir erstellten Abläufe alle notwendigen Bedingungen für eine Ablaufbeschreibung erfüllen.

D Stelle Vermutungen an, ob die Reihenfolge der Abläufe geändert werden kann.

2 Wiederholungen

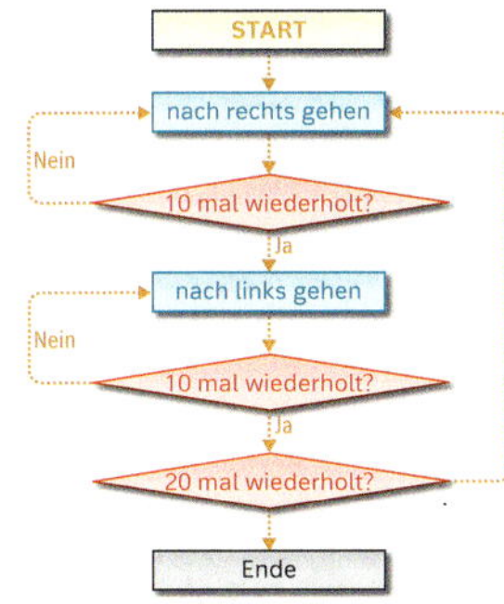

A Beschreibe den Unterschied zwischen einer Wiederholung mit fester Anzahl und einer Endloswiederholung an einem Beispiel.

B Erkläre warum die abgebildete Wiederholung geschachtelte Weiderholung genannt wird.

3 Testen von Programmen

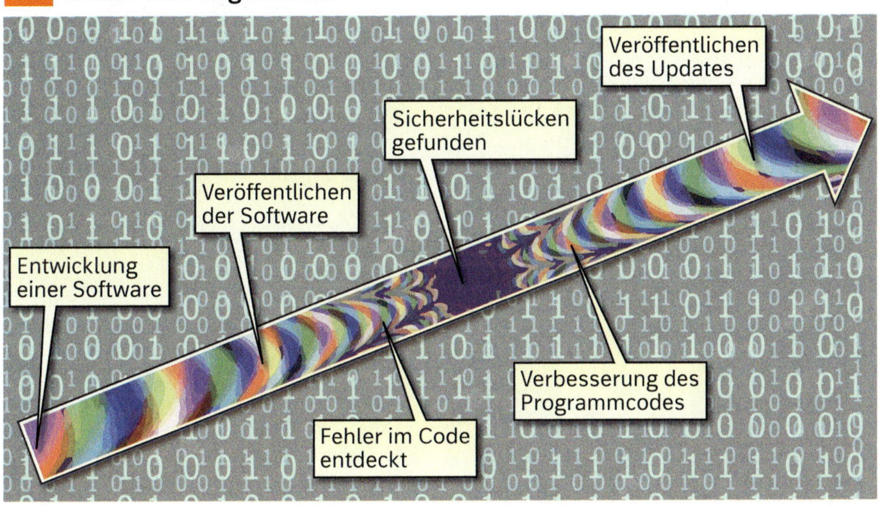

A Beschreibe mithilfe der Abbildung, die Schritte der Softwareentwicklung.

B Begründe, warum das Testen von Software überhaupt notwendig ist.

C Vergleiche den Glassbox-Test und den Blackbox-Test.

D Erläutere, warum Betriebssysteme von Smartphones regelmäßig mit neuen Updates versehen werden.

4 Werte und Variablen

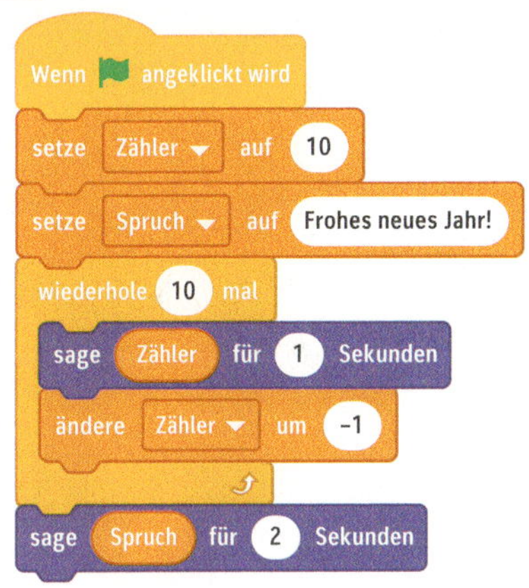

A Beschreibe anhand eines Beispiels den Unterschied zwischen einem Wert und einer Variablen.

B Beschreibe den Unterschied zwischen lokalen und globalen Variablen.

C Erkläre die Bedeutung der Variablen im oben angegebenen Skript.

Einen Mikrocontroller programmieren

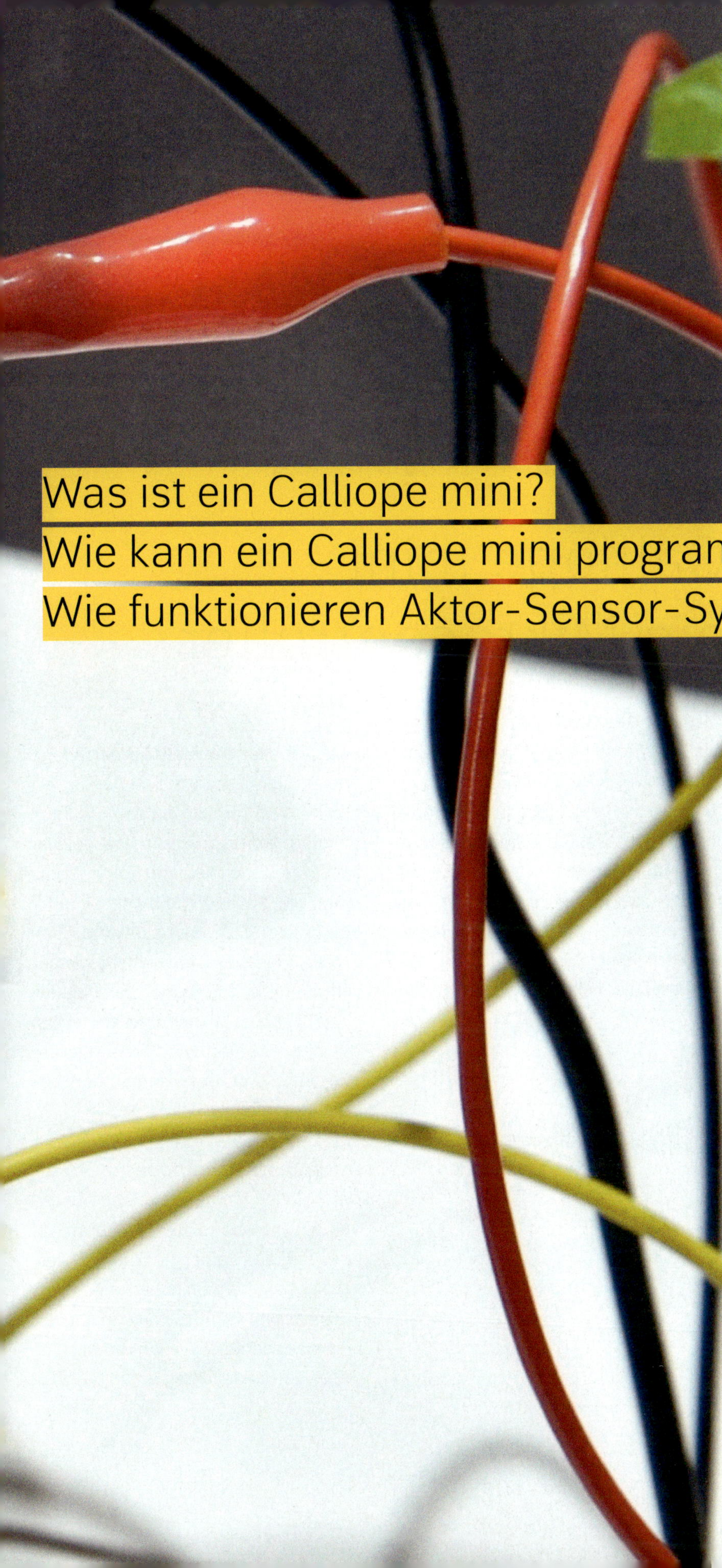

5

Was ist ein Calliope mini?
Wie kann ein Calliope mini programmiert werden?
Wie funktionieren Aktor-Sensor-Systeme?

Mikrocontroller sind einfache Informatiksysteme, die programmiert werden können. Sie haben Sensoren; verschiedene Aktoren können daran angeschlossen werden.

In vielen Geräten befinden sich winzige Computer, die nur aus einem Computerchip bestehen. Sie nehmen Informationen auf und führen verschiedene Funktionen aus. Wie funktioniert ein sogenannter Mikrocontroller genau?

1 Experimentieren mit dem Calliope mini

NEPO

Calliope mini - ein Mikrocontroller

Der Calliope hat seinen Namen aus der altgriechischen Mythologie. Kalliope war die Muse der Wissenschaft.

Bauteile des Calliope

Der Calliope mini ist ein Mikrocontroller. Mikrocontroller sind sehr kleine Computer, die mit verschiedenen Programmen bespielt werden können. Die Programme können auch selbst programmiert werden. Der Calliope mini kann entweder über einen USB-Anschluss an einen Computer angeschlossen werden oder mithilfe von Bluetooth auch kabellos mit einem Smartphone oder Tablet verbunden werden. In einem Mikrocontroller wie dem Calliope arbeiten Prozessor und Arbeitsspeicher zusammen wie in einem großen Computer. Wie alle Informatiksysteme funktioniert der Calliope nach dem EVA-Prinzip. Eingaben werden im Prozessor verarbeitet und führen zu verschiedenen Ausgaben. Mikrocontroller stecken in vielen Geräten wie Fernsehgeräte oder Autos und übernehmen dort bestimmte Aufgaben.

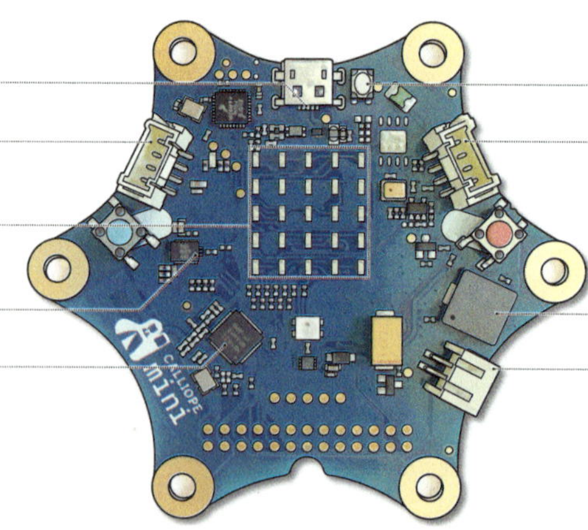

2 Bauteile des Calliope

Ausgaben des Calliope

Der Calliope hat verschiedene Ausgaben. Er hat einen LED-Bildschirm mit dem er Bilder, Zahlen und Texte anzeigen kann. Außerdem hat er einen Lautsprecher und kann so Töne abspielen. Eine eingebaute LED kann in verschiedenen Farben leuchten.

Eingaben des Calliope

Für die Eingaben gibt es Tasten und sogenannte PINs. Wie der Calliope auf die Eingaben reagiert, hängt vom jeweiligen genutzten Programm ab. Die RESET-Taste beendet das laufende Programm. Mit den Tasten A und B können unterschiedliche Reaktionen ausgelöst werden. Die eingebauten PINs haben eine Touchfunktion. Mit der linken Hand hält man den PIN fest und mit der rechten Hand die anderen PINs. Mit den PINs 0-3 kann man die LED rot, grün oder blau aufleuchten lassen. Der PIN+ ist nicht für die Eingabe da. Über ihn können weitere Bauteile oder andere elektrische Geräte angeschlossen werden.

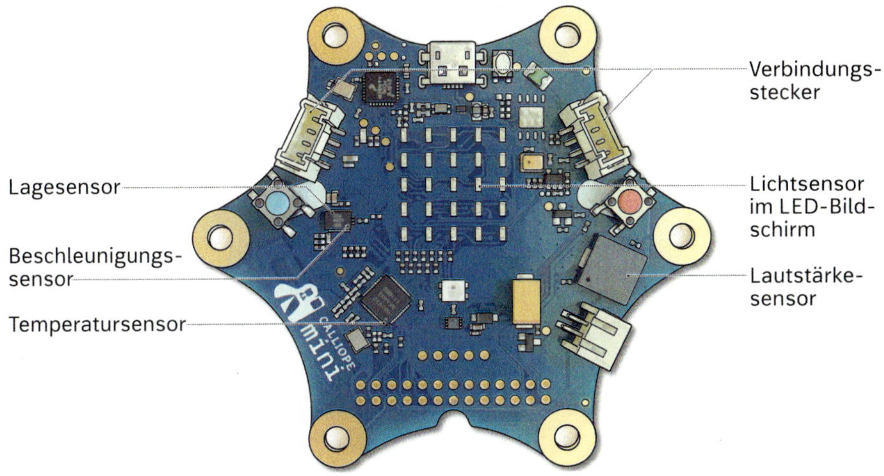

3 Sensoren des Calliope

Sensoren des Calliope

Der Calliope kann mithilfe von Messfühlern verschiedene physikalische Umwelteinflüsse wie die Umgebungstemperatur wahrnehmen. Die Messfühler nennt man auch Sensoren. Mit dem Lichtsensor kann der Calliope erkennen, ob die Umgebung hell oder dunkel ist. Mithilfe des Lagesensors erkennt er, wie er liegt und ob er gerade geschüttelt wird. Der Calliope kann die Umgebungstemperatur mit seinem Temperatursensor messen. Er besitzt einen Kompass mit einen Beschleunigungssensor. So kann der Calliope erkennen, in welche Richtung und mit welcher Geschwindigkeit er bewegt wird. Im Lautsprecher ist ein Lautstärkesensor verbaut. So kann er die Lautstärke der Umgebung wahrnehmen. Über Verbindungsstecker lassen sich auch noch weitere Sensoren wie zum Beispiel ein Ultraschallsensor anschließen.

Material mit Aufgaben

M1 Bauteile des Calliope mini

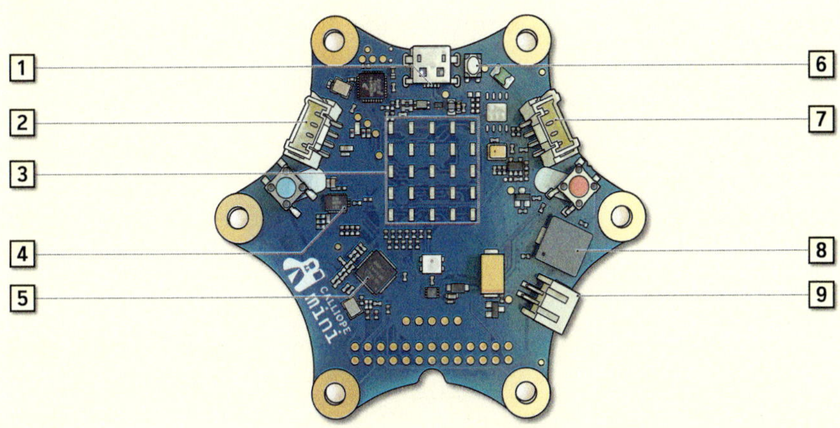

1. Ordne den nummerierten Bauteilen ihre jeweilige Funktion aus der Liste zu.
2. Ordne die nummerierten Bauteile den Begriffen Eingabe, Ausgabe und Verarbeitung laut EVA-Prinzip zu.
3. Mikrocontroller haben die gleichen Bauteile wie Computer. Überprüfe diese Aussage.
4. Recherchiere, ob folgende Geräte Mikrocontroller benötigen: Uhr, Fernbedienung, Waschmaschine, E-Scooter.

1 Programmieren mit dem Open Roberta Lab

Programmierumgebung: Open Roberta Lab

2 Auswahl des Mikrocontrollers

Open Roberta Lab

Auf der Webseite von Open Roberta können verschiedene Mikrocontroller programmiert werden. Die Programmierumgebung nennt sich Open Roberta Lab. Sie kann im Browser aufgerufen werden. Dort kann man verschiedene Systeme und Mikrocontroller auswählen. Der Calliope kann auch als System ausgewählt werden. Die Programmiersprache der Open Roberta Lab nennt sich NEPO.

Programmiersprache NEPO

NEPO ist wie Scratch eine grafische Programmiersprache. Links sind farbige Gruppen, die Codeblöcke mit Anweisungen enthalten. Diese kann der Calliope ausführen. Die Codeblöcke können dann zu einem Programm zusammengesetzt werden. Die zusammengesteckten Codeblöcke ähneln einem Struktogramm. Mithilfe der Farben eines Codeblocks kann man erkennen, zu welcher Gruppe er gehört.

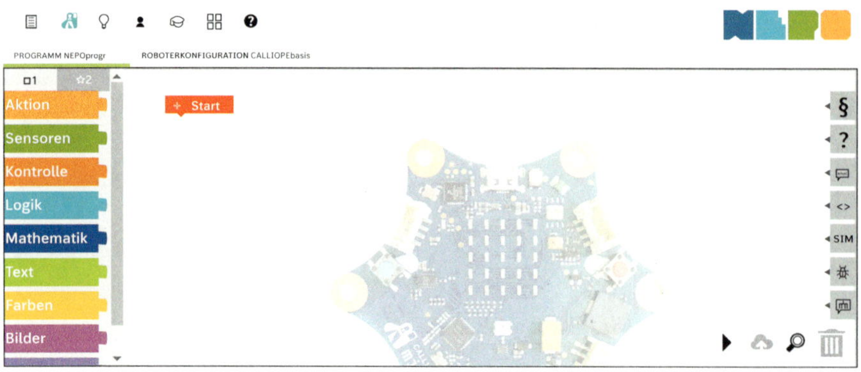

3 Die Oberfläche von NEPO

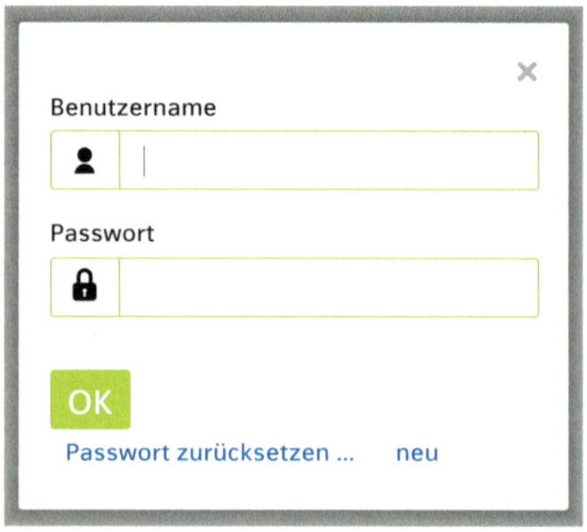

3 Neues Benutzerprofil anlegen

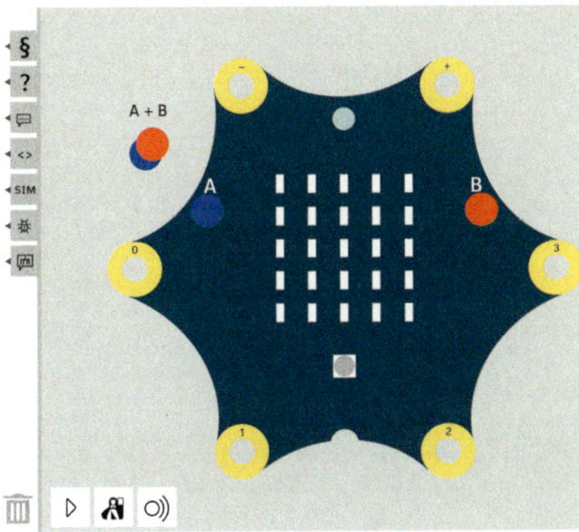

4 Virtuelle Simulation

Benutzerprofil anlegen

Sollen eigene Programme auf der Webseite gespeichert werden, wird ein Benutzerprofil benötigt. Dafür muss ein Benutzername und ein Passwort festgelegt werden. Wähle dazu beim Benutzer-Symbol „anmelden" aus. Es öffnet sich ein Fenster. Dort wird das Wort „neu" ausgewählt. Im neuen Fenster kann ein Benutzernamen und Passwort eingetragen werden. Mit „jetzt registrieren" wird das Benutzerprofil angelegt.

Programme ausführen

Unter dem Bearbeiten-Symbol können Programme gespeichert werden. Das Programm kann auch mit einem Namen versehen werden, damit man es leichter wieder finden kann. Mit „speichern unter" wird das Programm gespeichert. Unter „Meine Programme" sind diese zu finden. Mit den Programmen kann man auf zwei verschiedene Weisen arbeiten Ein Programm kann an den Calliope übertragen werden und von ihm ausgeführt werden. Es gibt jedoch auch eine virtuelle Simulation des Calliope. Bevor man das Programm an den Calliope überträgt, kann es getestet werden.

Projekt mit Aufgaben

P1 Erste Schritte mit NEPO

Bevor du die Aufgaben bearbeitest, registriere dich und lege ein Benutzerprofil an. Im Bild oben siehst du verschiedene Codeblöcke für Aktionen.

1. Beschreibe die dargestellten Aktionen der Blöcke und beschreibe, wie der Calliope reagiert.
2. Führe mit dem Calliope oder mit der Simulation folgende Aktionen aus:
   a Zeige einen beliebigen Text an.
   b Lass die LED in blau leuchten.
3. Auf dem Bildschirm sollen zwei Bilder hintereinander zu sehen sein. Beschreibe dein Vorgehen und teste es aus.
4. Programmiere folgende Schritte: LED in Farbe anschalten - nach 3 Sekunden andere Farbe einschalten - nach 3 Sekunden geht die LED aus.

P2 Sensordaten auslesen

Um die Daten der Sensoren auf dem LED Raster zu sehen, ziehe den entsprechenden Block aus dem Menü Sensoren hinter den Zeige Text Block.

1. Miss mit dem Calliope sowohl die Umgebungstemperatur als auch die Lautstärke der Umgebung.
2. Teste den Lichtsensor. Beschreibe, wie die Ausgabe des Calliope erfolgt.
3. Mithilfe des Kompasssensors kann ermittelt werden, in welcher Richtung der Calliope ausgerichtet ist. Teste diesen Sensor. Beschreibe, was bei der mehrfachen Nutzung des Kompasssensors beachtet werden muss.

Wichtige Codeblöcke in NEPO

Kategorie	Wichtige Blöcke und ihre Beschreibung
	+ Start Jedes Programm beginnt mit dem Startblock. An diesen werden alle weiteren Codeblöcke angefügt.
Aktion	**Zeige Text „Hallo“** · **Schalte LED an Farbe** Mit den Aktionsblöcken kann der Calliope Farben, Bilder, Töne und Texte ausgeben.
Sensoren	**Pin 1 gedrückt?** · **gib Geräusch % Mikrofon** · **gib Wert ° Temperatursensor** Mit diesen Aktionsblöcken kann der Calliope Informationen ausgeben, die er mit seinen Sensoren wahrnimmt.
Kontrolle	**Wiederhole 10 mal mache** · **Wiederhole unendlich oft mache** Mit diesen Aktionsblöcken kann der Calliope Sequenzen wiederholen. Die Anzahl an Wiederholungen kann entweder selbst festgelegt und eingegeben werden oder der Block für eine unendliche Wiederholung wird ausgewählt. **+ wenn mache sonst** Mit dem Bedingungsblock kann der Calliope zwischen zwei oder einer Alternative wählen. Dazu prüft er eine Bedingung genau einmal. Dieser Block ist kein Wiederholungsblock.
Logik	**=** · **wahr** Um Bedingungen zu überprüfen, braucht der Calliope einen Logikblock. Im Beispiel prüft der Calliope den Wert Variable „Anzahl“. Ist der Wert gleich 0, ist die Bedingung erfüllt und die LED leuchtet in der angegebenen Farbe. **+ Start / – Variable Anzahl : Zahl ← 0 / + wenn Anzahl = 10 / mache Schalte LED an Farbe**
Mathematik	**+** Der Calliope kann auch rechnen. Mit diesem Block wird beispielsweise addiert.
Text	**„ “** Mit diesen Blöcken kannst du Texte eintippen, die der Calliope in bestimmten Situationen anzeigen kann.
Variablen	**+ Start / – Variable Anzahl : Zahl ← 0** · **Anzahl** · **Schreibe Anzahl** Mit dem +-Zeichen im Startblock können Variablen hinzugefügt werden. Diese Variablen können Zahlen oder Wörter sein und lassen sich jederzeit verändern.
Nachrichten	**Sende Nachricht Zahl 1 mit Stärke 7** · **Empfange Nachricht Zahl** Mit diesen Blöcken können mit individuell einstellbarer Signalstärke Nachrichten versendet und empfangen werden.

An die **Grove-Anschlüsse** können verschiedene Erweiterungsmodule angeschlossen werden, um beispielsweise Licht und Farben in der Umgebung zu messen.

Mit dem **USB-Anschluss** können eigene Programme übertragen werden. Verbinde den Calliope mini einfach mit einem Micro-USB-Kabel mit deinem Computer.

Die **LED-Matrix** besteht aus 5x5 LEDs. Jede LED leuchtet rot und kann einzeln programmiert werden. In einigen LEDs befinden sich **Lichtsensoren**, um die Helligkeit zu messen.

Taste A kann gedrückt werden. So werden Eingaben vorgenommen. Mit einem Programm kannst du selbst bestimmen, was passiert, wenn du einen oder beide Taster drückst.

Das Mikrofon kann als **Lautstärkesensor** die Lautstärke in der Umgebung messen.

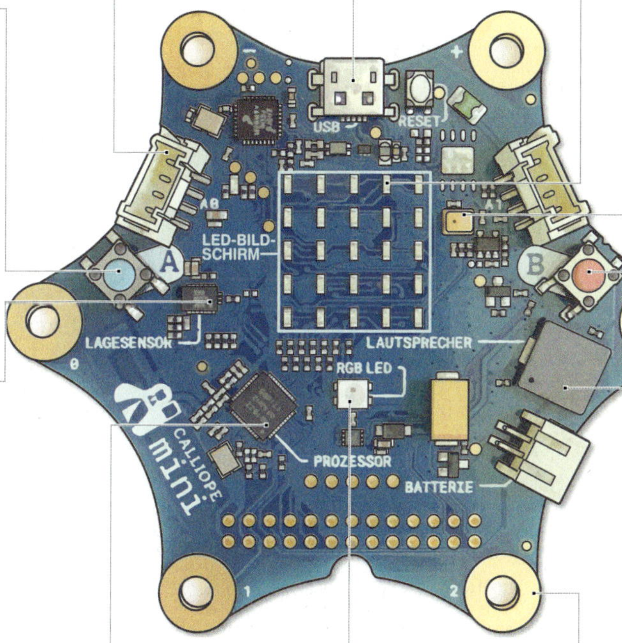

Taste B kann wie Taste A gedrückt werden. Der Calliope mini kann erkennen, ob beide Tasten oder nur eine von beiden gedrückt werden.

Der **Lagesensor** enthält einen **Kompasssensor**, einen **Bewegungssensor** und einen **Beschleunigungssensor**. So kann der Calliope mini messen, in welche Richtung und mit welcher Geschwindigkeit er bewegt wird.

Mit dem **Lautsprecher** kannst du Musik oder Töne abspielen.

Der **Prozessor** verbindet alle Funktionen deines Calliope mini miteinander. Direkt neben dem Prozessor ist ein **Temperatursensor** verbaut.

Die **RGB-LED** kann auf diverse verschiedene Farben eingestellt werden.

Die verschiedenen **Pins** sind berührungsempfindlich. An die mit „+" und „-" beschrifteten Pins kann eine Batterie angeschlossen werden.

Verbindungsmöglichkeiten

Du kannst von einem Calliope mini zu einem anderen Signale über Funk senden und so beispielsweise Nachrichten über den LED-Bildschirm weitergeben. Auch über Bluetooth kannst du den Calliope mini mit einem Smartphone oder Tablet verbinden. Es ist auch andersherum möglich, mit dem Calliope mini bestimmte Funktionen auf dem Smartphone auszulösen. Alles, was du dazu benötigst, ist ein entsprechendes Programm.

1 Zähler implementieren bei Calliope

Mit Variablen arbeiten

Calliope kann zählen

Beim Zählen wird immer mit einem Startwert angefangen und dieser wird mehrfach um den Wert 1 erhöht. In diesem Beispiel ist die Anzahl eine Variable. Unter Variablen versteht man beim Programmieren, wie in der Mathematik, einen Platzhalter. Dieser Platzhalter kann zum Beispiel für eine Zahl, einen logischen Wert oder eine Farbe stehen. Der Wert einer Variable kann sich im Laufe der Zeit während des Programmablaufs ändern. NEPO bietet wie Scratch die Möglichkeit Variablen anzulegen.

Anlegen von Variablen

Eine Variable ist in der Programmierumgebung NEPO ein Platzhalter für eine Zahl, eine Zeichenkette, eine Farbe oder ein Bild. Eine Variable hat daher einen Namen, einen Typ und einen Wert. Drückt man auf das + im Startblock, wird eine neue Variable erstellt. Jetzt kannst du ihren Namen, ihren Typ und ihren Anfangswert bestimmen. Im Menü Variable findest du zu jeder Variablen einen eigenen Block, mit dem du Ihren Wert zum Beispiel auf dem LED-Raster des Calliope mini ausgeben lassen kannst.

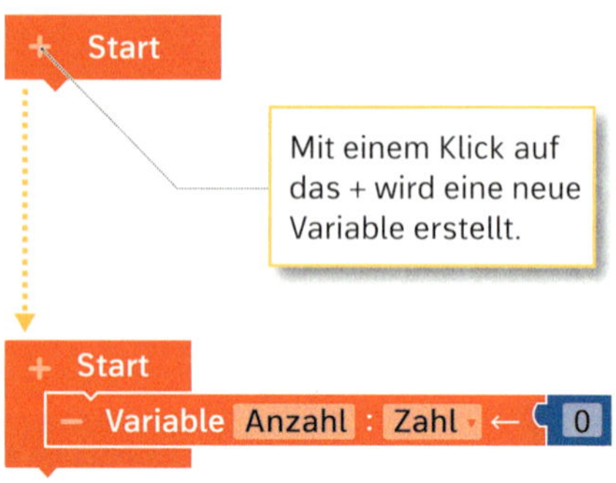

2 Anlegen einer Variablen

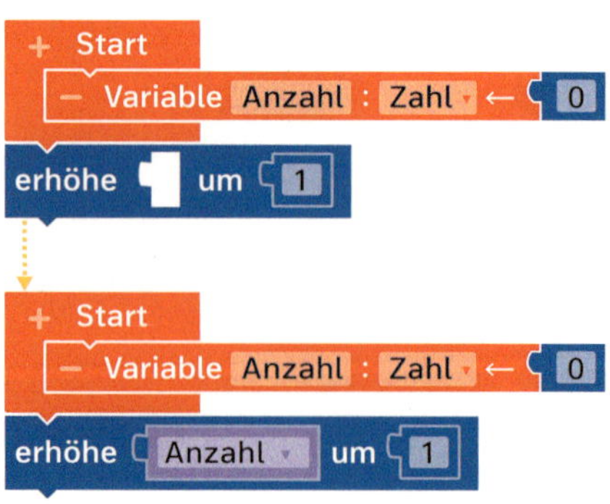

3 Der „erhöhe-um"-Block

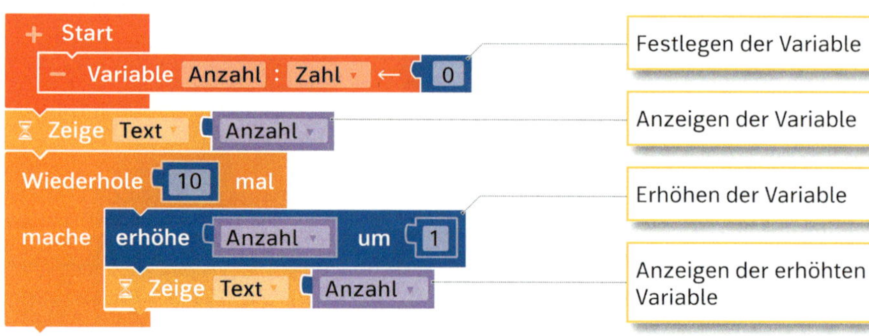

4 Mit diesem Skript zählt Calliope bis 10.

Projekt mit Aufgaben

P1 Torzähler beim Fußball

Während eines Fußballspiels fallen im Normalfall Tore. Wie könnte man einen Torzähler implementieren, der die Anzahl der Tore eines Spiels auf dem Calliope darstellt?

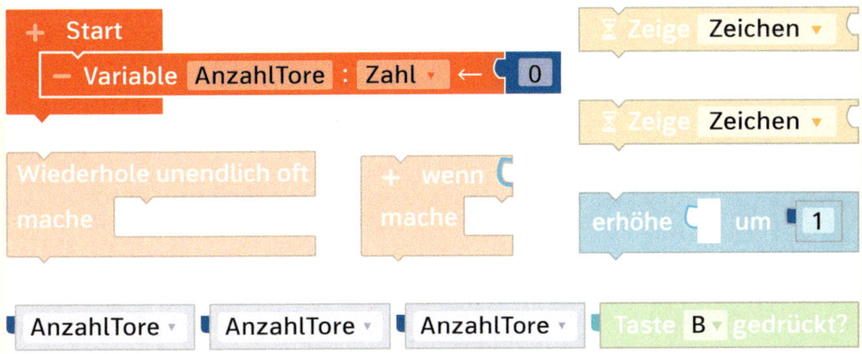

1. Implementiere einen Torzähler, der beim Drücken der Taste B die Anzahl Tore um 1 erhöht. Nutze die Beispielcodeblöcke, die hier abgebildet sind.

P2 Farben der RGB-LED

Ziel: RGB-Farben schrittweise aus der RGB-LED subtrahieren.

Programmierung:

Schritt 1: Für die Farbwerte werden Variablen erzeugt. Diese werden auf den vollen Farbwert 255 gesetzt.

Schritt 2: Die LED wird mit diesen Farbwerten angesteuert und leuchtet weiß. Der weiß-Wert im Programmblock wird nicht vergeben.

Schritt 3: Der Anteil des blauen Lichtes wird in Einerschritten bis auf 0 reduziert. Damit ein Effekt sichtbar wird, muss nach jedem Schritt eine kurze Wartezeit programmiert werden. Am Ende leuchtet die LED in Gelb, da nur noch Rot und Grün eingeschaltet sind.

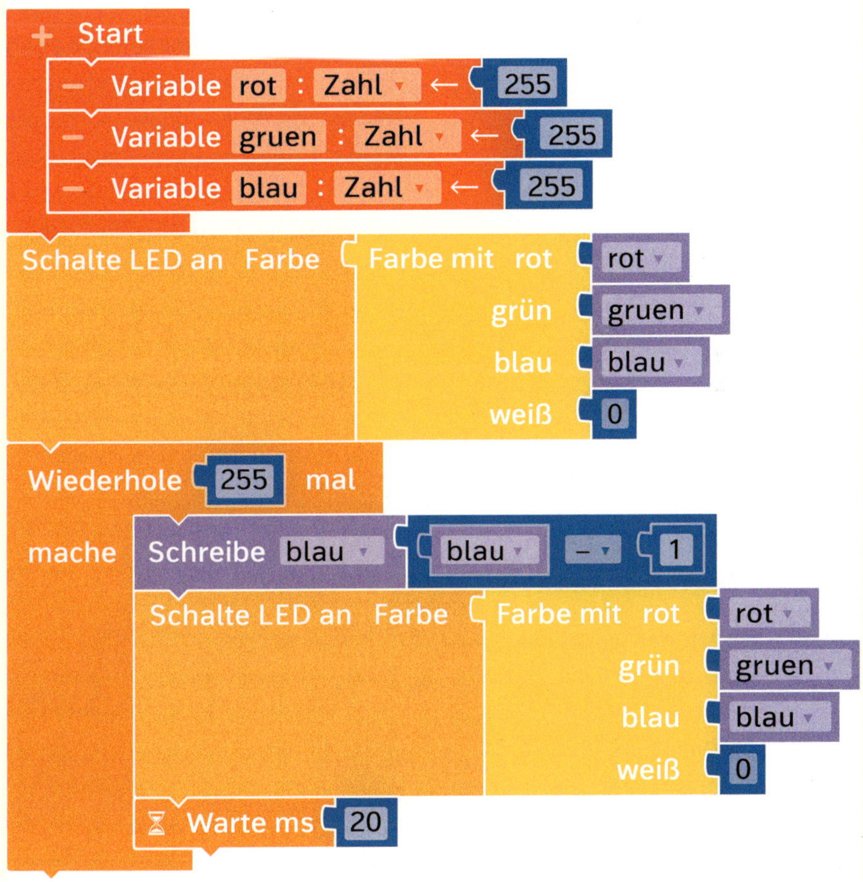

1. Verändere das Programm, dass die grüne und die rote LED ihre Helligkeit verändern und gib an, welche Farben jeweils am Ende der Schleife entstehen.

1 Moderne Smartphones regeln die Helligkeit des Bildschirms selbst.

Der Calliope reagiert auf seine Umwelt

Messdaten mit Sensoren erheben

Lebewesen nehmen die Umgebung mit deren Sinnesorganen wahr. Technische Geräte können dies nicht. Sie sind dafür häufig mit Sensoren ausgestattet. Das sind Bauteile, welche Eigenschaften der Umgebung erfassen können. Der Wetterdienst nutzt zum Beispiel unterschiedlichste Sensoren, um die Wetterlage genau zu erfassen. Auch der Calliope mini kann als Mikrocontroller auf seine Umgebung reagieren. So kann er mit seinem Temperatursensor die Umgebungstemperatur messen. Der Temperatursensor liegt im gleichen Bauteil wie der Prozessor. Der Temperatursensor überwacht die Temperatur des Prozessors und schützt ihn so vor Überhitzung. Bei starker Überlastung des Prozessors wird er abgeschaltet. Solche solche Temperatursensoren sind in vielen elektrischen Geräten verbaut.

Projekt mit Aufgaben

P1 Umweltdaten erfassen

Mit dem Mikrocontroller Calliope mini kann die Temperatur und die Helligkeit der Umgebung gemessen werden. Die Messwerte können anschließend auch auf der LED-Matrix angezeigt werden. Nutze die Beispielblöcke für die Aufgaben.

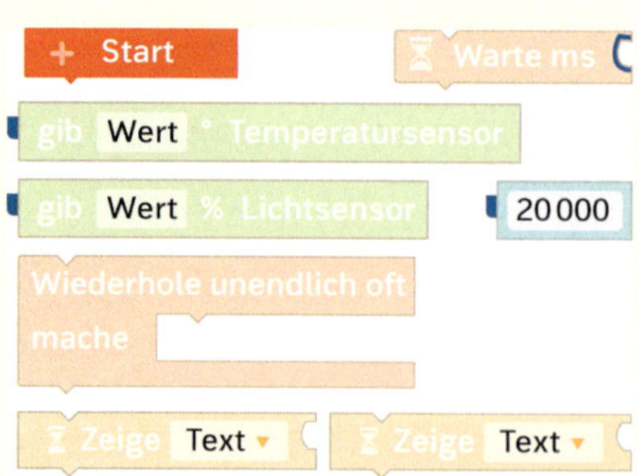

1. Miss mit dem Calliope die Temperatur und die Helligkeit an folgenden Orten: im Klassenraum, Draußen im Schatten und Draußen in der Sonne.
2. Erweitere dein Programm, dass alle 20 Sekunden die Werte gemessen werden.

Lichtsensor nutzen

Viele Smartphones passen die Helligkeit ihres Bildschirms der Helligkeit der Umgebung an, sodass die Anzeige gut für die Nutzenden sichtbar ist. Dafür werden Daten eines Lichtsensors ausgewertet. Bei starker Sonneneinstrahlung wird die Helligkeit des Bildschirms erhöht. Bei Dunkelheit wird die Bildschirmhelligkeit verringert, damit die Augen nicht geblendet werden. Auch der Calliope misst mit einem Lichtsensor die Helligkeit der Umgebung. Er kann Werte zwischen 0 und 100 melden. 0 steht dabei für dunkel und 100 für sehr hell. Je höher der Wert, desto heller ist es.

Bedingungen verknüpfen

Häufig werden Sensoren mit Vergleichsoperatoren verknüpft. Eine an den Baustein angeknüpfte Anweisung wird nur ausgeführt, wenn die Eingabe im Vergleichsoperator erfüllt, also „wahr“, ist . In der Kategorie Logik sind Codeblöcke vorhanden mit denen eine Bedingung festgelegt wird. Es können damit auch Verzweigungen erstellt werden. So können bei den gemessenen Werten des Lichtsensors Schwellenwerte festgelegt werden, auf die der Calliope reagiert. Liegt der Wert über dem festgelegten Schwellenwert, reagiert der Calliope anders, als wenn der gemessene Wert unter dem Schwellenwert liegt. Soll der Calliope zum Beispiel dauerhaft die Helligkeit eines Raumes messen, können die Vergleichsoperatoren auch in andere Kontrollstrukturen wie Schleifen integriert werden.

Projekt mit Aufgaben

P2 Temperatur und Helligkeit im Klassenzimmer messen

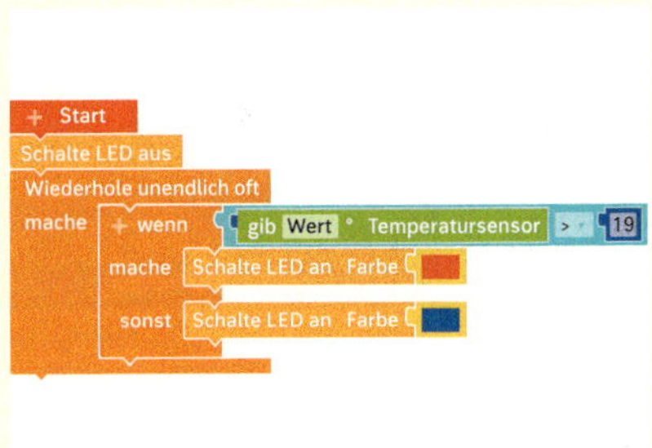

A

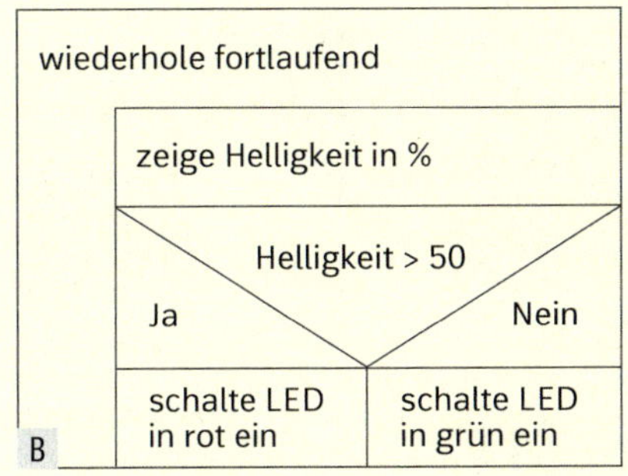

B

1. Betrachte das dargestellte Skript in A. Beschreibe die verwendeten Blöcke und Kontrollstrukturen.
2. Beschreibe das Ergebnis, wenn das Skript in A abläuft.
3. In B ist ein Struktogramm dargestellt. Es stellt ein Programm dar, mit dem die Helligkeit im Klassenzimmer gemessen wird.

a. Nenne die Codeblöcke von NEPO, die für die Implementierung des Programms benötigt werden.

b. Programmiere den Calliope, damit die Helligkeit im Klassenraum gemessen wird. Setze das Struktogramm in ein Skript um.

P3 Lärmpegelmesser

Der Calliope mini hat ein Mikrofon. Dort ist ein Lautstärkesensor eingebaut.

Ziel: Programmiere den Calliope so, dass er ab einem bestimmten Geräuschpegel in der Umgebung die rote LED anschaltet. Ist es leise genug, soll sie grün leuchten.

Programmierung:

Hinweis 1: Das Programm soll unendlich oft wiederholt werden.

Hinweis 2: Die Lautstärke kann Werte zwischen 0 und 100 (sehr laut) haben. Lege einen Schwellenwert fest.

Hinweis 3: Folgende Blöcke sollen genutzt werden:

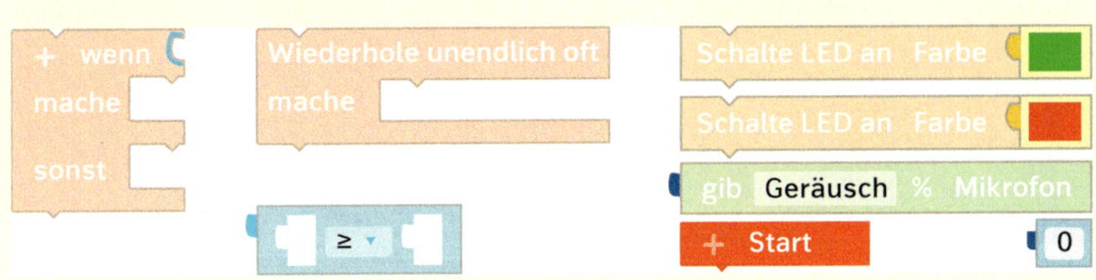

1 Rückfahrkamera bei modernen Autos

Sensor-Aktor-Systeme

Sensoren und Aktoren

Technische Bauteile, die chemische und physikalische Eigenschaften messen können, bezeichnet man als Sensoren. In elektrischen Geräten sind verschiedene Sensoren eingebaut, die zum Beispiel Feuchtigkeit, Druck, Temperatur oder auch Beschleunigung messen. Die Sensoren sammeln die Daten, die über Signale an andere technische Bauteile weitergeleitet werden. Diese Bauteile reagieren auf die empfangenen Daten zum Beispiel mit einer mechanischen Bewegung, einer optischen Anzeige oder dem Auslösen eines Tons. Diese technischen Bauteile bezeichnet man als Aktoren. So kann zum Beispiel ein Elektromotor ein mechanischer Aktor sein. Das Zusammenspiel zwischen Sensor und Aktor kann zum Beispiel gut an einer Rolltreppe verdeutlicht werden. Manche Rolltreppen bewegen sich erst, wenn Personen auf die Treppen steigen. Beim Betreten der Treppe kann zum Beispiel eine Lichtschranke eingebaut sein. Diese reagiert, wenn ein durchgehender Lichtstrahl von einem Körper unterbrochen wird. Das Signal wird zunächst an ein Steuerelement gegeben und dort verarbeitet. Von dort wird der Befehl an einen Elektromotor gegeben, der daraufhin die Rolltreppe in Gang setzt oder beschleunigt. Die Rolltreppe ist ein einfaches Beispiel für ein Sensor-Aktor-System.

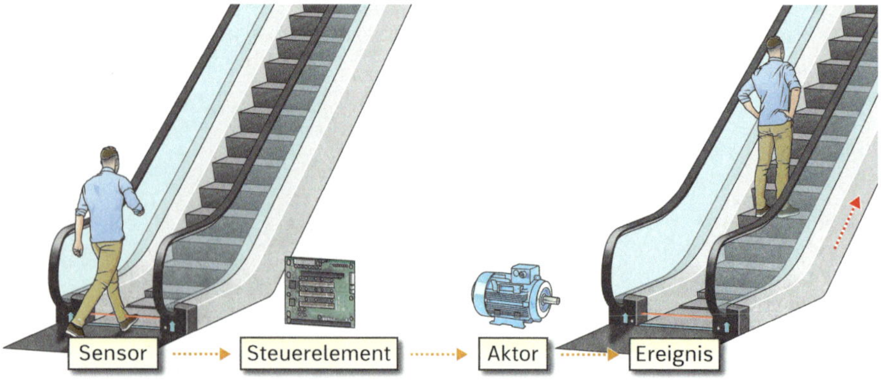

2 Sensor-Aktor-System (Beispiel Rolltreppe)

M1 Sensor-Aktor-Systeme im modernen Auto

Moderne Autos besitzen für viele Fahrsituationen unterstützende Fahrassistenzsysteme. Sie sollen die Sicherheit erhöhen.

1. Beschreibe zwei Fahrassistenzsysteme mithilfe der Abbildung. Beachte dabei, welche Sensoren eingesetzt werden und was dabei gemessen wird.
2. Erkläre an einem Beispiel der Fahrassistenzsysteme, was man unter Sensor-Aktor-System versteht.
3. Übertrage die untere Tabelle in dein Heft und ergänze die Angaben für drei weitere Sensoren.

Sensor	misst ...	Einsatz in...
Ultraschallsensor	Entfernungen	Einparkhilfe

4. Neben Fahrassistenzsystemen ist die Klimaanlage im Auto ein gutes Beispiel für ein Sensor-Aktor-System. Die Klimaanlage wird auf einen gewissen Wert eingestellt, den Sollwert. Der Ist-Wert wird ständig mit Temperatursensoren überprüft. Wird der Sollwert im Sommer überschritten, aktiviert das Steuerelement den Lüftermotor.

a. Beschreibe an diesem Beispiel das Sensor-Aktor-System.

b. Klimaanlagen im Auto sind ein Sensor-Aktor-System. Erstelle ein Schema, das ihre Funktionsweise darstellt.

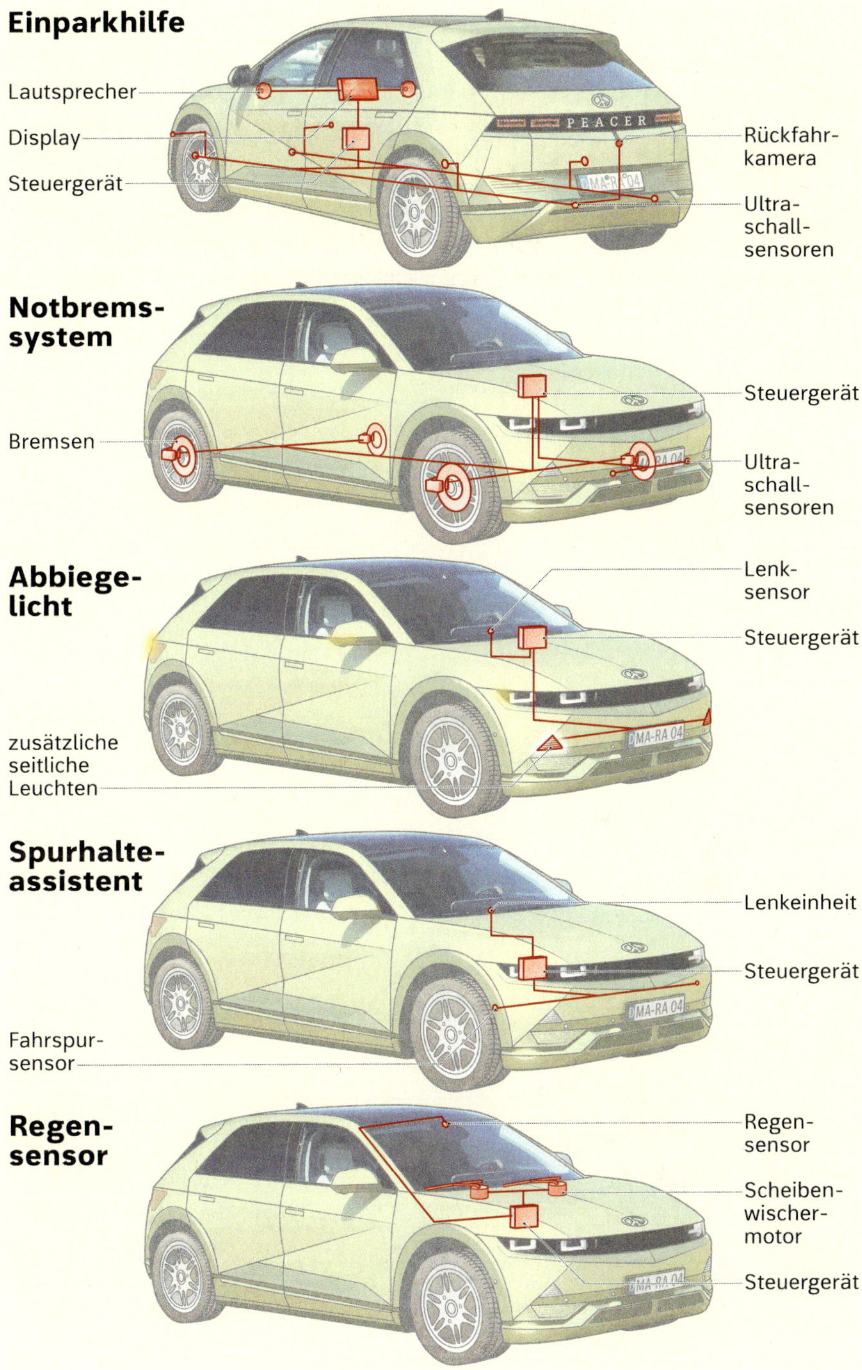

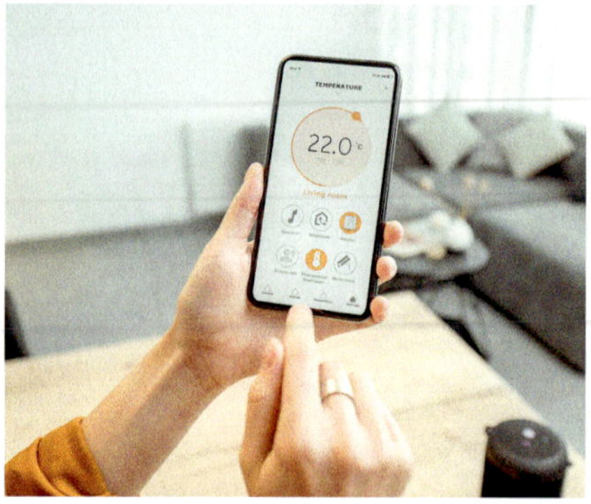

3 Temperaturregelung mit smarten Thermostaten

4 Smarthome

Smarthome

Viele Geräte im Haushalt können heutzutage per App gesteuert werden. Saugroboter, Fernseher, Lampen, Steckdosen, Thermostate oder sogar die Waschmaschine sind miteinander über das Heimnetzwerk und das Internet verbunden und können miteinander kommunizieren. Zur Steuerung der Geräte können auch Sprachassistenten eingesetzt werden. Man spricht bei einer solchen Vernetzung von Geräten im Haushalt von **Smarthome**. Viele dieser intelligenten, smarten Geräte besitzen auch Sensoren, damit diese automatisch auf veränderte Bedingungen reagieren. So enthalten viele smarte Thermostate im Raum oder an Heizkörpern Temperatursensoren, die die Ist-Temperatur im Raum messen. Mithilfe von Software und Apps kann im Vorfeld für jeden Raum die gewünschte Solltemperatur festgelegt werden. Der Raumthermostat vergleicht ständig Ist- und Solltemperatur und öffnet bei Unterschreiten der Solltemperatur das Heizelement. Solche smarten Raumthermostate sind Beispiele für Sensor-Aktor-Systeme im Haushalt. Dies kann beim Energie sparen im Haushalt helfen.

Material mit Aufgaben

M2 Sensor-Aktor-Systeme und Smartphone

1. **II** Beschreibe mithilfe des Bildes zwei Beispiele, wie Sensoren in Smarthome-Systemen eingesetzt werden.
2. **II** Beschreibe, welche dargestellten Systeme du hilfreich findest.
3. **III** Erläutere an einem Beispiel das Sensor-Aktor-Prinzip.

P3 Alarmanlage programmieren

Eine Alarmanlage ist ein gutes Beispiel für ein Sensor-Aktor-System. Auch der Calliope mini kann als Alarmanlage programmiert und eingesetzt werden.

1. Arbeitet gemeinsam. Schaut euch zuerst die Auftragskarte mit den beiden Aufträgen A und B genau an. Bearbeitet beide Aufträge. Für den zweiten Auftrag benötigt ihr zwei Mikrocontroller.

Auftrag A:

Yussuf hat in seiner Schublade seine Sammelkarten versteckt. Er möchte diese Sammelkarten mit einer Alarmanlage sichern, die den Dieb mit lauten Tönen vertreibt.

Ziel: Legt einen Calliope in einen Schuhkarton. Programmiert den Calliope so, dass er beim Öffnen des Schuhkarton mehrfach einen lauten Ton von sich gibt. Tipp: Ein Lichtsensor könnte helfen!

Auftrag B:

Kira möchte Tagebuch und ihr Erspartes in einer Schatztruhe verstecken. Sie überlegt den Bau einer Alarmanlage. Sie möchte über das Öffnen der Truhe durch eine fremde Person informiert werden, auch wenn sie nicht im Raum ist.

Sender-Calliope in der Truhe

Ziel: Legt einen Calliope zum Beispiel in einen Schuhkarton. Programmiert den Sender-Calliope so, dass er beim Öffnen des Schuhkartons ein Alarmsignal an den Empfänger-Calliope schickt.

Empfänger-Calliope in Kiras Nähe

Ziel: Programmiert den Empfänger-Calliope so, dass er mehrmals einen lauten Ton von sich gibt, wenn er vom Sender das Alarmsignal bekommt.

Codeblöcke für den Empfänger-Calliope mini

Codeblöcke für den Sender-Calliope mini:

1 Der Calliope mini zeigt eine empfangene Nachricht auf der LED-Matrix an.

Mit dem Calliope kommunizieren

Sender und Empfänger

Man kann Nachrichten von einem Calliope mini zu einem anderen Calliope mini schicken. Auf diese Weise können die beiden Mikrocontroller miteinander kommunizieren. Für die Kommunikation mit dem Calliope mini benötigt man daher zwei Calliope mini, den Sender- und den Empfänger-Calliope. Dabei wird jeder der beiden Mikrocontroller anders programmiert.

Kommunikation über Funk

Der Calliope besitzt ein Funkmodul. Mithilfe des Funkmoduls können Daten zwischen den Mikrocontrollern übertragen werden. Bevor die Kommunikation losgehen kann, müssen sowohl der Sender-Calliope als auch der Empfänger-Calliope den gleichen Kanal auswählen. Die passenden Blöcke zum Festlegen des Übertragungskanals findet man in der Kategorie Nachrichten.

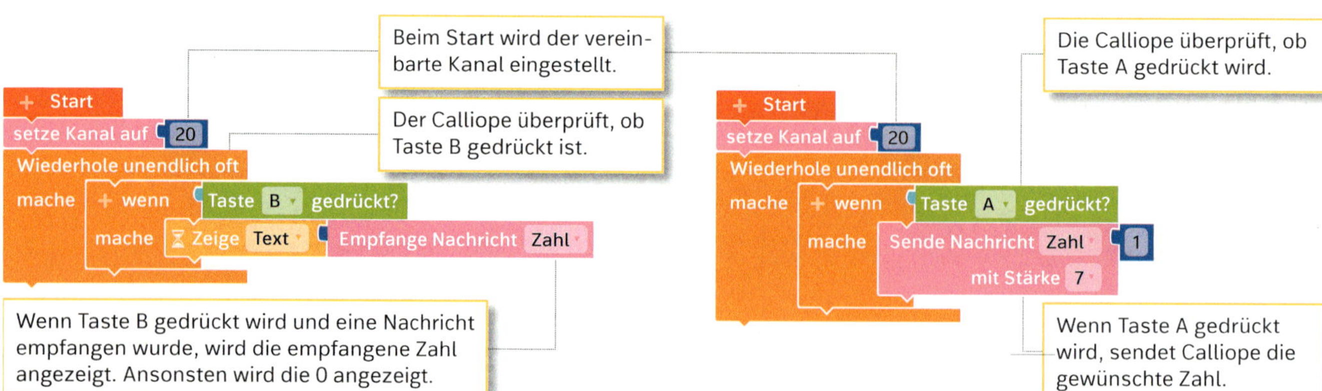

2 Nachrichten empfangen und senden

Code	Nachrichtenliste
1	JA
2	NEIN
3	Gehen wir später zusammen shoppen?
4	Wollen wir später zusammen Computerspiele spielen?
5	Direkt nach der Schule?
6	Um 16 Uhr?

3 Nachrichtenliste zum Chatten mit dem Calliope mini

Senden und Empfangen

In der Kategorie Nachrichten gibt es Blöcke zum Senden und Empfangen von Nachrichten. Beim „Sende Nachricht"- und beim „Empfange Nachricht"-Block kann zwischen einer Zahl, einem logischen Wert oder einer ganzen Zeichenkette wie Wörtern gewählt werden. Zum Senden und Empfangen nutzt man die Tasten A und B. In Bild 2 schickt der Sender seine Nachricht beim Drücken der Taste A. Der Empfänger überprüft wiederholt, ob eine Nachricht empfangen wird, wenn Taste B gedrückt wird.

Codierte Nachrichten versenden

Ein Calliope kann gleichzeitig Nachrichten senden und empfangen. Dazu benötigt man die „wenn-mache-Blöcke". Dazu wird eine Nachrichtenliste angelegt. Die Tasten A und B können zum Senden und Empfangen der Nachrichten genutzt werden. Die Nachrichten der Nachrichtenliste können mit Zahlen codiert werden. Dazu werden Variablen benötigt. Mithilfe des Pin 2 kann der Wert um 1 erhöht werden. Mit dem Pin 1 kann der Wert wieder auf den Anfangswert zurückgesetzt werden.

Projekt mit Aufgaben

P1 Lautstärke messen

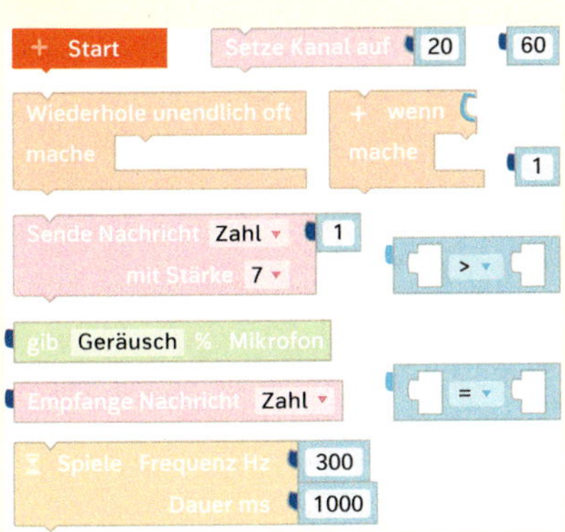

Mithilfe eines Babyphons werden Eltern informiert, wenn Babys wach sind und schreien.

1. Stellt mithilfe eines Sender- und Empfänger-Calliope ein Babyphon nach. In einem Raum soll die Lautstärke gemessen werden.
   Der Empfänger-Calliope soll informiert werden, wenn ein Schwellenwert der Lautstärke überschritten wird. Nutze die Beispielblöcke.

Projekt mit Aufgaben

P2 Chatten

Code	Nachrichtenliste
1	Ja
2	...

1. Arbeitet in Partnerarbeit. Chattet über eure Calliope mini Mikrocontroller. Erstellt eine Liste mit Nachrichten und Antworten von 1-10. Achtet darauf, dass die Fragen mit Ja und Nein beantwortet werden können.

Sensor-Aktor-System

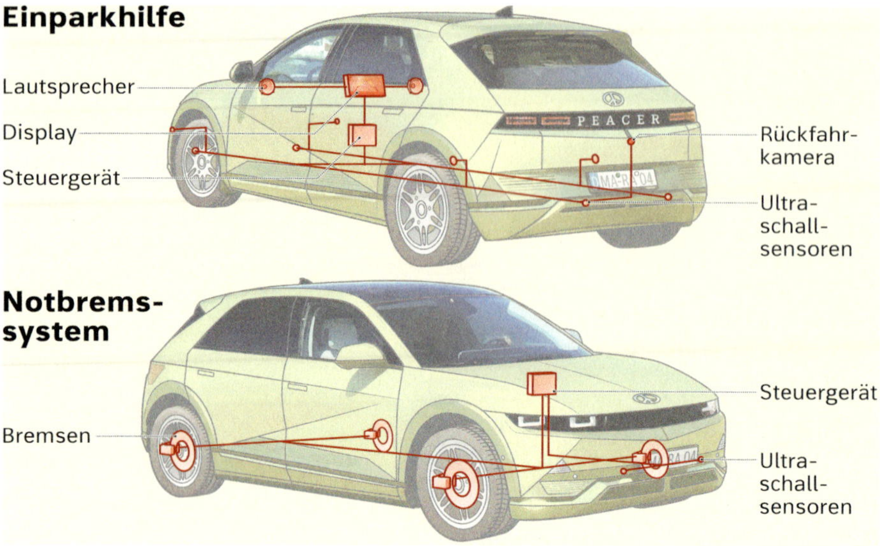

Ein Sensor-Aktor-System erfasst Daten aus der Umgebung. Dazu werden Sensoren genutzt. Sensor-Aktor-Systeme sind programmierbar und nutzen Sensordaten nach dem EVA-Prinzip als Eingabe. Beispiele für Sensoren sind zum Beispiel Feuchtigkeitssensoren, Lichtsensoren oder Ultraschallsensoren. Die erfassten Daten werden vom System verarbeitet und dann ausgegeben. Bauteile des Sensor-Aktor-Systems wie zum Beispiel Elektromotoren oder Lautsprecher sind Aktoren. Die Aktoren werden von Programmen gezielt angesteuert.

Calliope mini

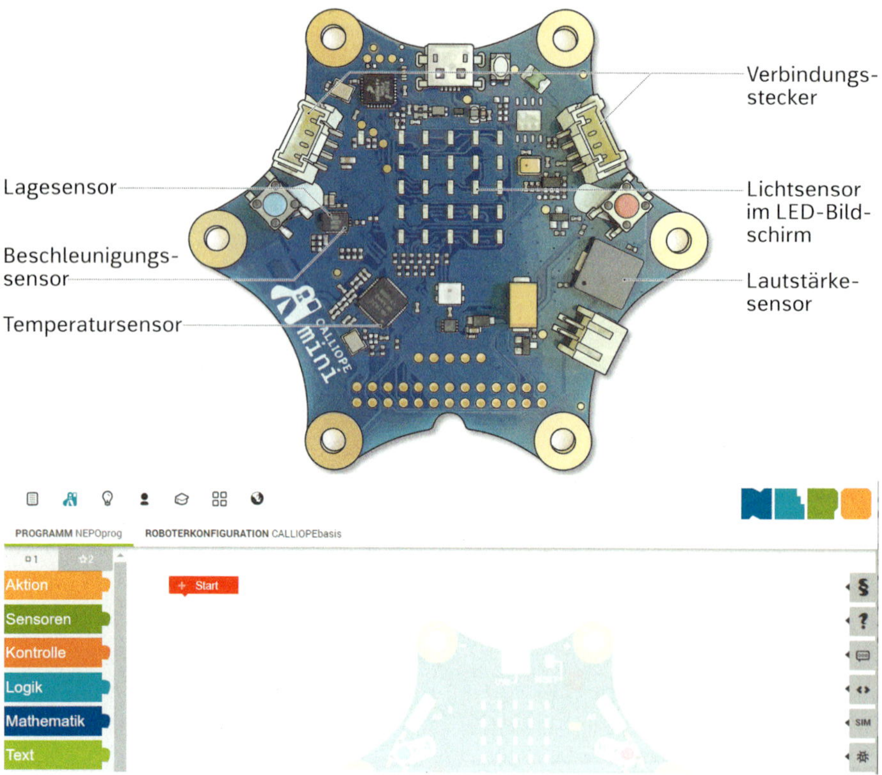

Mikrocontroller sind kleine Computer. Sie sind zum Beispiel in Waschmaschinen oder auch Staubsaugern eingebaut. Der Calliope mini ist ein programmierbarer Mikrocontroller, der Einblicke in den Bau eines Computers ermöglicht. Der Calliope mini ist ein programmierbares Sensor-Aktor-System. Der Calliope kann mithilfe seiner Sensoren seine Umgebung wahrnehmen. Er kann die Helligkeit, die Temperatur oder seine Lage im Raum erkennen. Mithilfe von Programmen können die Messdaten ausgelesen werden. Mithilfe seiner Aktoren kann der Calliope reagieren. So kann er zum Beispiel seine Farb-LED anschalten, wenn es zu dunkel ist. Der Calliope kann sich Texte, Zahlen und Bilder als Variablen merken. Es können auch Nachrichten zwischen zwei Calliopen ausgetauscht werden.

1 Sensor-Aktor-System

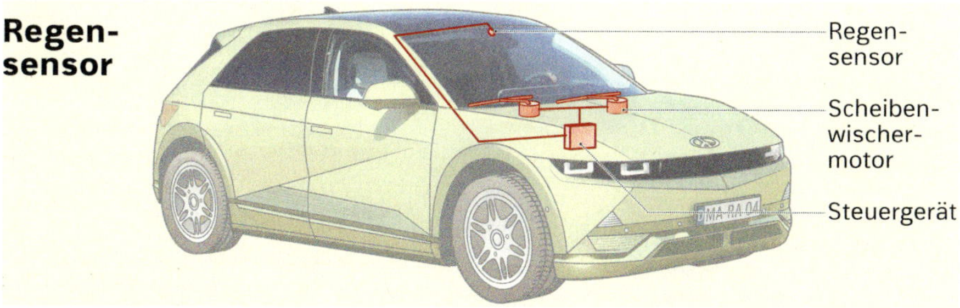

A Nenne Beispiele für Aktor-Sensor-Systeme.

B Beschreibe mithilfe der Abbildung des Fahrassistenzsystems was der Sensor misst und welcher Aktor zum Einsatz kommt.

C Beschreibe, was ein Smarthome ist und welche Rolle Aktor-Sensor-Systeme dabei spielen.

D Erläutere an einem Beispiel das Aktor-Sensor-Prinzip und erstelle ein Funktionsschema.

2 Calliope mini

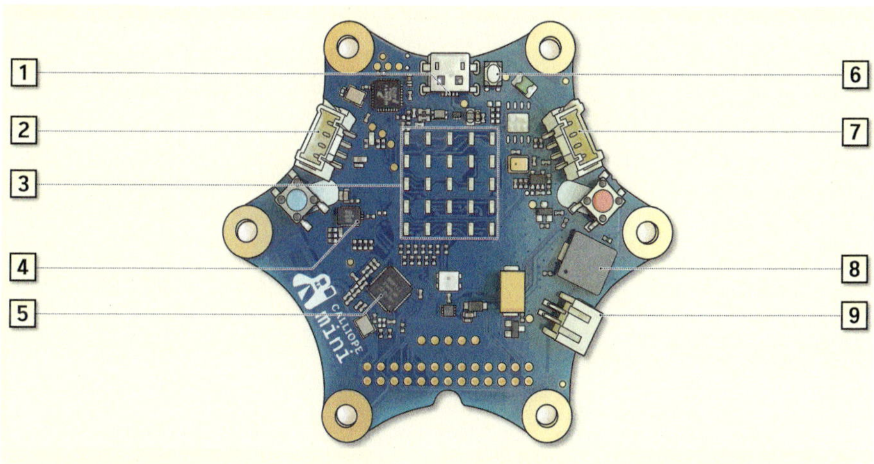

A Ordne den nummerierten Bauteilen des Calliope mini die richtigen Bezeichnungen und Funktionen zu.

B Zähle die verschiedenen Sensoren des Calliope mini auf.

C Erkläre, welche Funktionen der Calliope mini aufgrund seiner Sensoren besitzt.

D Nenne Bauteile, die sowohl im Calliope mini als auch in einem Computer verbaut sind.

E Unterscheide Eingaben und Ausgaben des Calliope mini.

F Beschreibe, wie Nachrichten von einem Sender-Calliope zu einem Empfänger-Calliope versendet werden können.

3 Open Roberta Lab

A Beschreibe, wie die Programmiersprache NEPO aufgebaut ist.

B Nenne zwei Möglichkeiten, wie ein Skript in NEPO getestet werden kann.

C Erstelle folgende Skripte und teste diese mit dem Calliope mini oder der Simulation: lass die RGB-LED drei Sekunden lang grün leuchten, erstelle zwei Bilder, die nacheinander für jeweils zwei Sekunden auf der LED-Matrix abgebildet werden, miss dem Calliope mini die Umgebungstemperatur.

4 Mit Variablen arbeiten

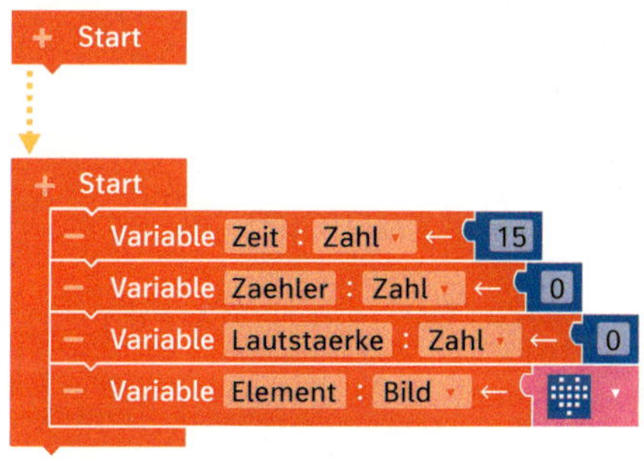

A Öffne die Website von Open Roberta Lab und erstelle eine Variable.

B Erstelle ein Skript, mit dem du die Variable zu Beginn auf 10 setzt und mit Start des Skriptes im Sekundentakt um 1 verringerst.

C Ergänze in deinem Skript, dass der Calliope mini dir mit einem lauten Ton anzeigt, dass die Variable 0 erreicht hat.

Maschinelles Lernen

Wie arbeiten Automaten?
Wie funktioniert maschinelles Lernen?
Was ist künstliche Intelligenz?

6

Automaten finden sich überall in unserem Alltag. Sie reagieren nur auf bestimmte Eingaben und haben ganz feste Ausgaben. Darin unterscheiden sie sich von künstlicher Intelligenz. Doch auch künstliche Intelligenz, die auf maschinellen Lernen beruht, findet sich immer mehr in unserem Alltag.

1 Snack-Automat

Automaten im Alltag

Automaten

Im Alltag begegnen uns überall Maschinen, die vorbestimmte Abläufe selbsttätig ausführen. Man bezeichnet sie als **Automaten**.

Ein sehr einfacher Automat ist der Kaugummi-Automat. Früher fand man ihn an jeder Straßenecke. In einen Münzeinwurfschlitz wird eine entsprechende Münze eingeworfen.

Der Einwurf des Geldes und das anschließende Drehen des großen Griffs sind für den Kaugummi-Automat gültige **Eingaben**. In der richtigen Reihenfolge bewirken sie, dass aus dem Kaugummi-Automat ein Kaugummi fällt. Das ist eine **Ausgabe**. Automaten funktionieren nach dem EVA-Prinzip aus Eingabe-Verarbeitung-Ausgabe.

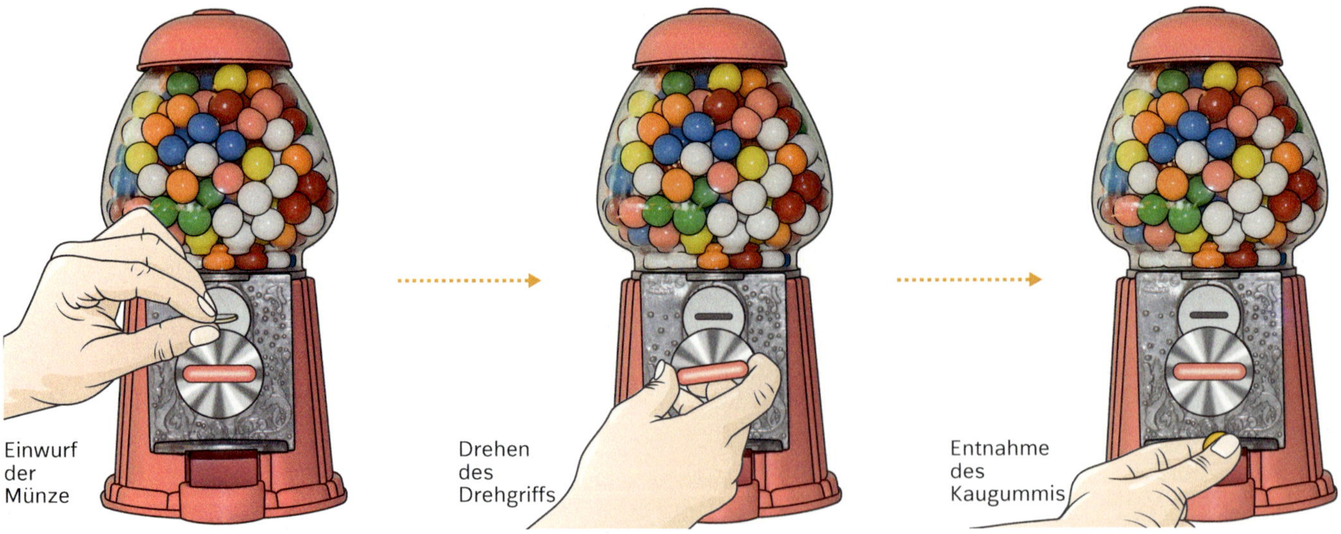

2 Ablauf eines einfachen Kaugummi-Automaten

Automaten überall

Automaten sind aus unserem Alltag nicht mehr wegzudenken. Neben bereits dem Namen nach offensichtlichen Beispielen wie Snack-Automaten, Fahrkarten-Automaten und Pfandrückgabe-Automaten kann man auch Fahrstühle, Spülmaschinen, Ampeln, DVD-Player und Wasserkocher als Automaten verstehen. Alle Automaten funktionieren dabei immer nach dem EVA-Prinzip. Sie unterscheiden sich aber in ihren gültigen Eingaben sowie ihrer jeweiligen Ausgabe.

Zustandsdiagramme

Ein Automat kann nur mit bestimmten Eingaben bedient werden. Diese sind von Automat zu Automat verschieden. Durch eine Eingabe wechselt der Automat in einen anderen **Zustand**. Man kann diese Abläufe eines Automaten als **Zustandsdiagramme** darstellen. Für einen Kaugummi-Automat sieht das folgendermaßen aus: Zu Beginn wartet der Kaugummi-Automat auf den Einwurf einer Münze. Man bezeichnet dies auch als **Startzustand**. Wird eine Münze in den Kaugummi-Automaten eingegeben, wird der Drehhebel freigegeben. Der Automat ist von seinem Startzustand in den nächsten Zustand gewechselt. Wird nun der Drehhebel gedreht, fällt ein Kaugummi aus dem Automaten. Der Zustand des Automaten ist wieder gewechselt. Da der Prozess im Kaugummi-Automat nun abgeschlossen ist, spricht man von seinem **Endzustand**. Der Kaugummi kann entnommen werden und der Automat ist wieder in seinem Startzustand. ▶

Material mit Aufgaben

M1 Automaten im Alltag

Pfandrückgabe-Automat

Fahrstuhl

Wasserkocher

Fußgänger-Ampel

1. Benenne von den dargestellten Automaten die gültige Eingabe und die Ausgabe. Nutze dafür folgende Tabelle:

Automat	Eingabe	Ausgabe
…	Auswahl Stockwerk	…

2. Erkläre an einem Beispiel, was man unter einer gültigen Eingabe versteht.
3. Stelle ein Zustandsdiagramm für eine Fußgängerampel dar. Verwende die Begriffe Startzustand, Eingabe und Endzustand.

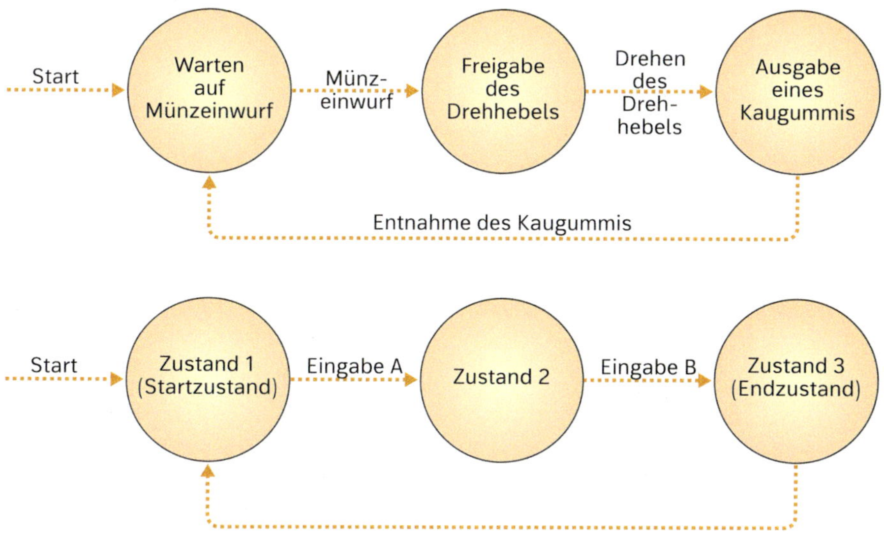

3 Zustandsdiagramm eines einfachen Kaugummi-Automaten

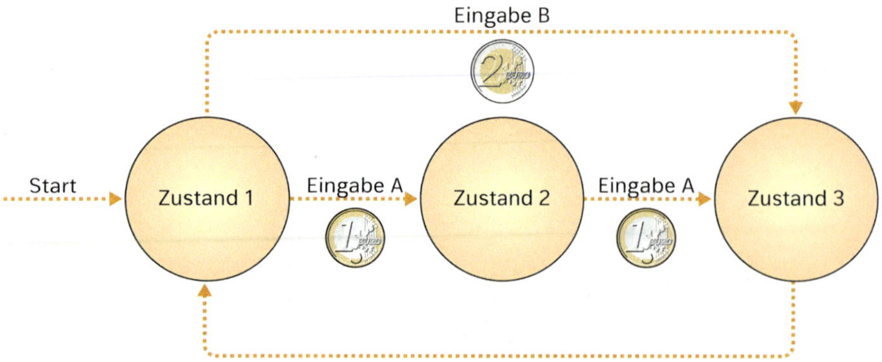

4 Alternativweg bei einem Snack-Automat

Alternativwege

Bei einigen Süßigkeiten-Automaten ist es möglich, eine Süßigkeit mit verschiedenen Münzen zu bezahlen. Kostet eine Süßigkeit beispielsweise 2 Euro, können in den Automaten entweder zwei 1-Euro-Münzen oder eine 2-Euro-Münze gegeben werden. Es gibt also bei manchen Automaten **Alternativwege**. Durch diese können bestimmte Zustände auch übersprungen werden.

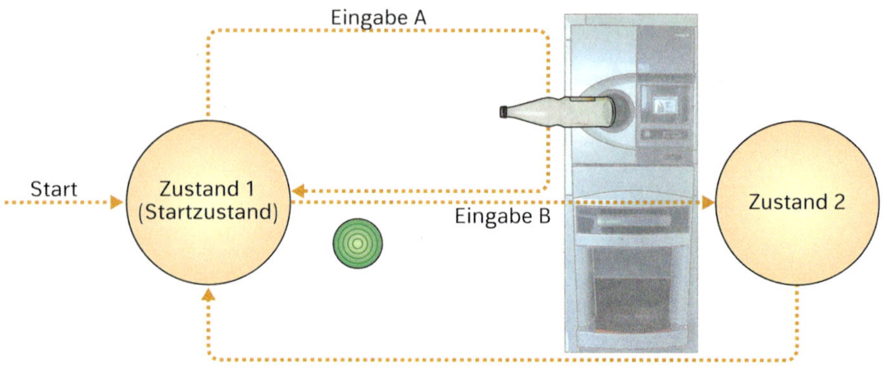

5 Schleife bei einem Pfandrückgabe-Automat

Schleifen

Bei einigen Automaten wie dem Pfandrückgabe-Automat wird durch eine Eingabe der Zustand nicht unmittelbar gewechselt. Durch das Eingeben einer Flasche ändert sich der Startzustand des Automaten nicht. Man spricht von einer **Schleife**. Mit jeder eingegebenen Flasche wird der Pfandbetrag aber aufaddiert. Erst nach dem Drücken der Taste wird ein Pfandbon gedruckt.

Material mit Aufgaben

M2 Zustandsdiagramme

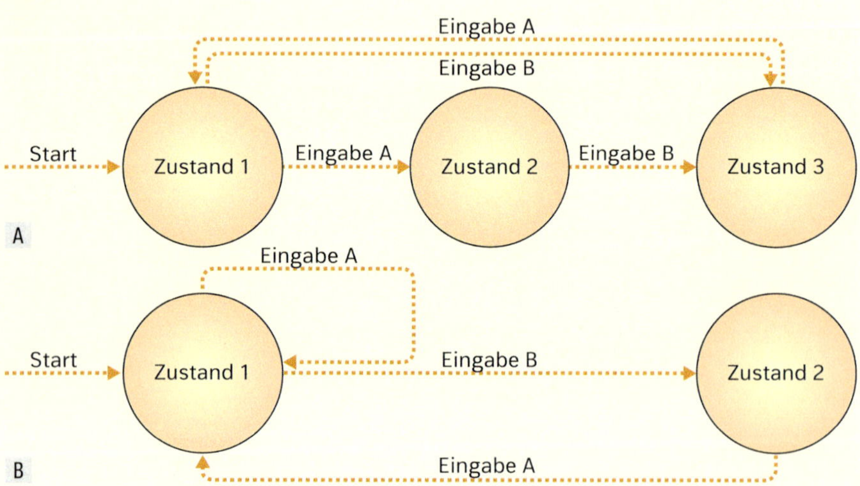

1. Ordne einen Fahrstuhl und eine Supermarktkasse je einen der Zustandsdiagramme zu. Begründe deine Zuordnung.
2. Nenne jeweils den Zustand, in den der Automat nach der Eingabe A-B-A-B vorliegt.
3. Entwickle für jedes der dargestellten Zustandsdiagramme zwei ungültige Eingaben. Tauscht euch anschließend mit eurer Sitznachbarin/eurem Sitznachbar über die Ergebnisse aus.

Projekt mit Aufgaben

P3 Programmierung einer Verkehrsampel

Digital+ WES-188528-12

Eine Verkehrsampel hat verschiedene Phasen. Zuerst ist sie grün und die Autos können fahren. Das grüne Signal erlischt und das gelbe Signal leuchtet kurz auf. Sobald das gelbe Signal erloschen ist, springt die Ampel auf rot. Jetzt müssen die Autos halten. Nach einer Weile leuchtet zusätzlich zum roten Signal das gelbe Signal auf. Kurz darauf erlöschen beide und das grüne Signal leuchtet. Die Autos dürfen wieder fahren.

Zustand	Eingabe (Wartezeit)	Folgezustand	Ausgabe
1 Ampel grün	12	2	Ampel gelb
2 Ampel gelb	1	3	Ampel rot
3 Ampel rot	12	4	Ampel rotgelb
4 Ampel rotgelb	1	1	Ampel grün

1. Programmiere eine eigene Verkehrsampel mithilfe der Zustandstabelle in Scratch. Folge dem Webcode und nutze die Vorlagen.

P4 Programmierung einer Fußgängerampel

Digital+ WES-188528-13

Die Fußgängerampel vor Ilcans Schule ist knopfdruckabhängig. Die Rotphase der Ampel dauert so lange, bis der Knopf gedrückt wird. Danach dauert es 3 Sekunden, bis die Ampel auf grün springt. Die Grünphase dauert 10 Sekunden. Zusätzlich gibt es ein Hinweisgeräusch, das während der Grünphase zu hören ist.

1. Erstelle eine Zustandstabelle für die Fußgängerampel.
2. Programmiere die Ampel vor Ilcans Schule in Scratch nach.
3. Ergänze ein Hinweisgeräusch, das während der Grünphase ertönt.

1 Ein Schachspiel gegen eine Künstliche Intelligenz

Künstliche Intelligenz

Künstliche Intelligenz

Bei einem Spiel wie Schach gibt es bestimmte Regeln. Das menschliche Gehirn kann einige Züge vorherplanen und dann zu einer Entscheidung kommen. Dabei spielen Erfahrungen und Gefühle eine Rolle. Ein Schachcomputer oder ein Schachprogramm kann viele möglichen Züge und alle nachfolgenden Züge berechnen und dann den Zug mit der besten Chance zum Gewinnen wählen. Manche solcher intelligenten Systeme können sogar das Verhalten des menschlichen Gegenübers analysieren und in ihre Entscheidungen mit einbeziehen. Haben Maschinen die Fähigkeit, selbstständig Aufgaben zu lösen, spricht man von **künstlicher Intelligenz** oder **KI**. Viele Menschen verbinden mit KI vor allem Roboter, die selbstständig wie Menschen handeln können. Im wirklichen Leben begegnen uns künstliche Intelligenzen bereits, allerdings eher versteckt.

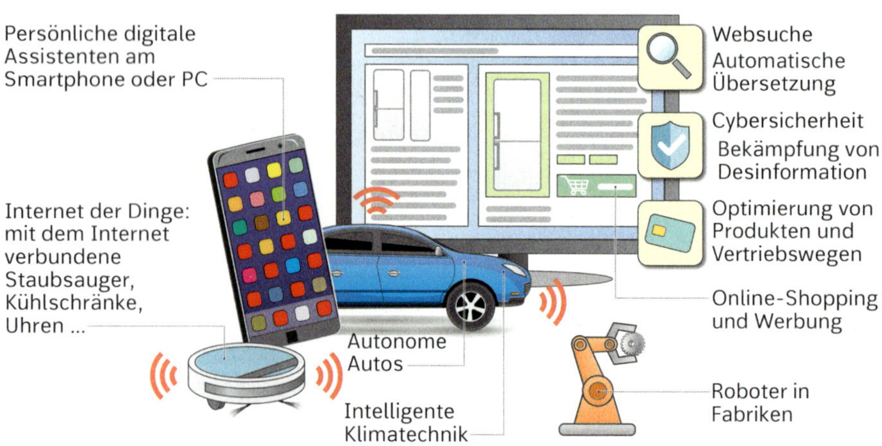

2 Einsatz künstlicher Intelligenz

Starke KI - schwache KI

Künstliche Intelligenzen können in schwache und starke KI unterteilt werden. Eine schwache KI kann nicht selbstständig lernen, sondern muss mit vorgegebenen Erkennungsmustern und Datenmengen trainiert werden. Schwache KI können klar festgelegte Aufgaben wie das Erkennen von Sprache oder das Übersetzen von Texten erledigen. Sie sind nicht in der Lage, kreativ zu denken. Sprach- und Fahrassistenzsysteme gehören zu den schwachen KI.

Eine starke KI gibt es bisher noch nicht auf unserer Welt. Sie soll jedoch in der Lage sein, mit Menschen Vertrauen aufzubauen. Im Unterschied zur schwachen KI soll eine starke KI also auch emotional und sozial handeln können. Eine starke KI soll auch neue Aufgaben eigenständig erledigen können, obwohl sie nicht dafür trainiert wurde. Sie wäre in der Lage, kreativ zu denken.

Internet der Dinge

Nicht nur Computer und Smartphones sind in einem Haushalt mit dem Internet verbunden. Viele Geräte wie Lampen oder Waschmaschinen können heute mit dem Internet verbunden sein und gesteuert werden. Man spricht vom Internet of Things oder **Internet der Dinge**. Dies ist ein Netzwerk aus Geräten, die Daten austauschen können. Ein Haushalt, indem viele solcher Geräte beispielsweise mit dem Smartphone oder mit der Sprache gesteuert werden können, nennt man **Smart Home**. Das Wort Smart kommt aus dem Englischen und bedeutet „intelligent" oder „clever".

KI und Autofahren

Beim Autofahren kommen künstliche Intelligenzsysteme zum Einsatz. Beim **assistierten Fahren** unterstützen KI den Fahrer bei einzelnen Aufgaben. So hält der Tempomat eine feste Geschwindigkeit. Kann der Fahrer Aufgaben zeitweise ganz abgeben, spricht man vom **automatisierten Fahren**. So erkennt ein Abstandstempomat Entfernungen zum übrigen Verkehr. Kann ein Auto vollständig ohne Fahrer fahren, spricht man von **autonomen Fahren**.

Material mit Aufgaben

M1 Einsatz künstlicher Intelligenz

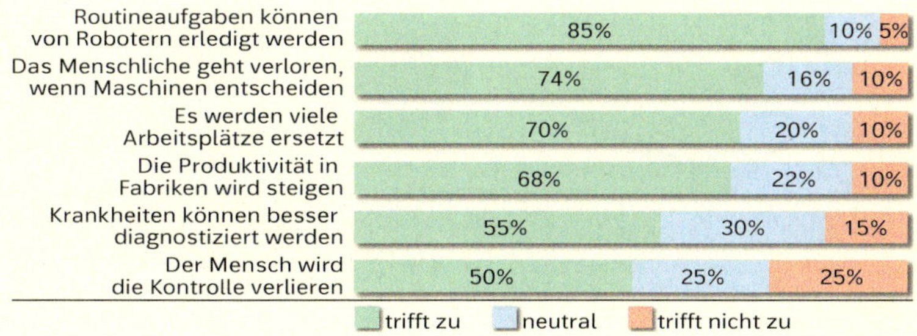

Manche Menschen sehen den Einsatz von Künstlicher Intelligenz kritisch.

1. Beschreibe, was mit der Umfrage untersucht wurde.
2. Fasse zentrale Aussagen der Umfrage zusammen.
3. Formuliere auf Grundlage der Umfrage zu den folgenden Wörtern eine kurze Aussage: Vertrauen, Verantwortung, Sicherheit.
4. Führt dieselbe Umfrage in eurer Klasse durch. Vergleicht eure Ergebnisse mit der Umfrage oben.
5. Stelle Vermutungen an, warum manche Menschen den Einsatz von KI in bestimmten Bereichen weniger befürworten als in anderen.

M2 KI beim Autofahren

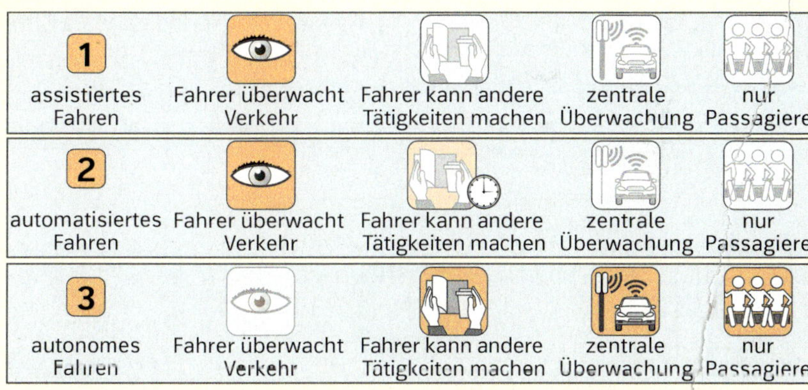

1. Beschreibe, wie der Grad der Selbstständigkeit der KI von assistierten Fahren zu autonomen Fahren zunimmt.
2. Recherchiere, was Spurhalteassistent und Stauassistent sind und ordne sie in das Schema ein.
3. Erläutere die Bedeutung von Sensoren für automatisiertes Fahren.
4. Erläutere die Bedeutung der Vernetzung von Auto zum Internet, zu Satelliten und anderen Autos beim automatisierten Fahren.

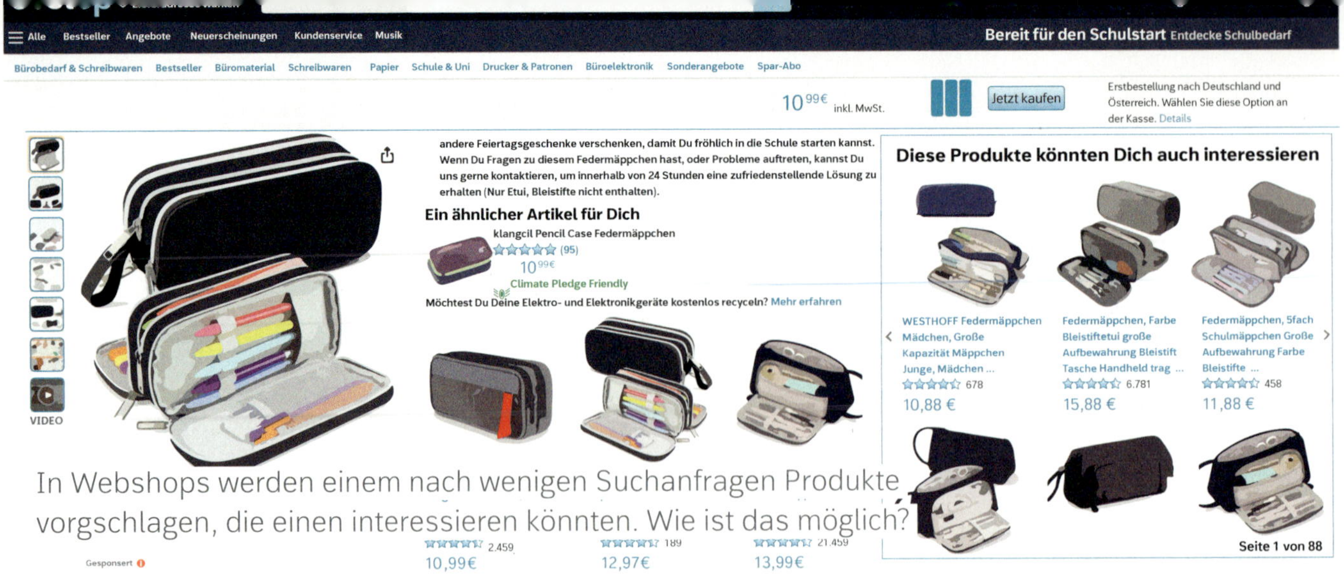

In Webshops werden einem nach wenigen Suchanfragen Produkte vorgeschlagen, die einen interessieren könnten. Wie ist das möglich?

1 Webshop

Wie Maschinen lernen

Maschinelles Lernen

Die meisten Informationssysteme wie Automaten und Computer funktionieren nach dem EVA-Prinzip. Einer bestimmten Eingabe folgt ein festgelegter Verarbeitungsprozess mit einer definierten Ausgabe. Der Algorithmus der Maschine kann ein vorher festgelegtes Problem lösen. Der Algorithmus in einem lernfähigen System gibt keinen festen Lösungsweg vor, sondern ermöglicht es der Maschine, eigene Regeln für eine Problemlösung zu entwickeln und so einen eigenen Lösungsweg zu finden. Dafür haben sie zusätzlich einen Erfahrungsschatz, auf den sie während der Verarbeitung zurückgreifen können. Der Erfahrungsschatz kann sich jederzeit umbauen, verändern und erweitern. Man bezeichnet dies als **maschinelles Lernen**.

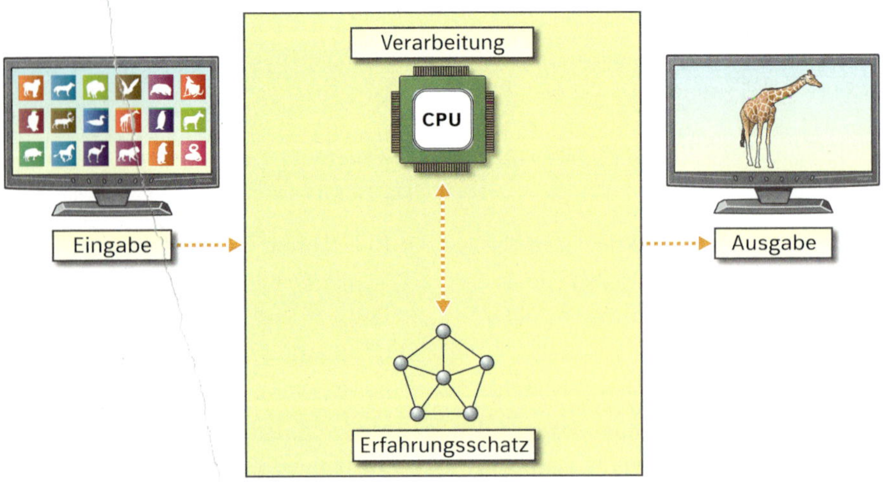

2 EVA-Prinzip bei maschinellen Lernen

Entscheidungsbäume

Damit eine Maschine etwas Neues lernen kann, muss sie zunächst die vorhandenen Informationen strukturieren. Wie beim Binärcode wird immer ein **Attribut** angeschaut, das nur 2 Zustände zulässt. Ein solcher **Knoten** verzweigt sich in zwei Richtungen. Durch Betrachten immer weiterer Attribute ergibt sich ein **Entscheidungsbaum**. Ein Entscheidungsbaum kann im Laufe der Anwendung immer weiter verbessert werden, sodass immer mehr Lösungen durch ihn ermöglicht werden.

Datensätze

Damit eine Maschine lernen kann, wird zunächst ein Datensatz benötigt. Soll die Maschine zum Beispiel Tiere erkennen, kann der Datensatz eine Sammlung von Abbildungen von Tieren sein. Danach erkennt der Algorithmus der Maschine Muster und baut Entscheidungsbäume auf. Anschließend kann die Maschine genutzt werden, um neue Inhalte zu untersuchen. So können ihr beispielsweise neue Abbildungen von Tieren gezeigt werden. Dabei kann es passieren, dass der Entscheidungsbaum immer wieder verändert und optimiert wird. ▶

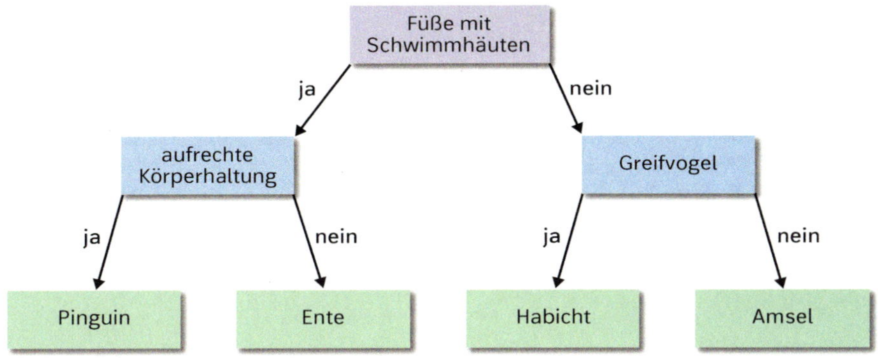

3 Entscheidungsbaum

Material mit Aufgaben

M1 Entscheidungsbaum

1. Fertige einen Entscheidungsbaum an, um die abgebildeten Früchte zu bestimmen.
2. Erarbeitet zu zweit einen anderen Entscheidungsbaum für dieselben Früchte. Überlegt euch dafür vorher geeignete Attribute (Merkmale).

M2 Entscheidungsbäume optimieren

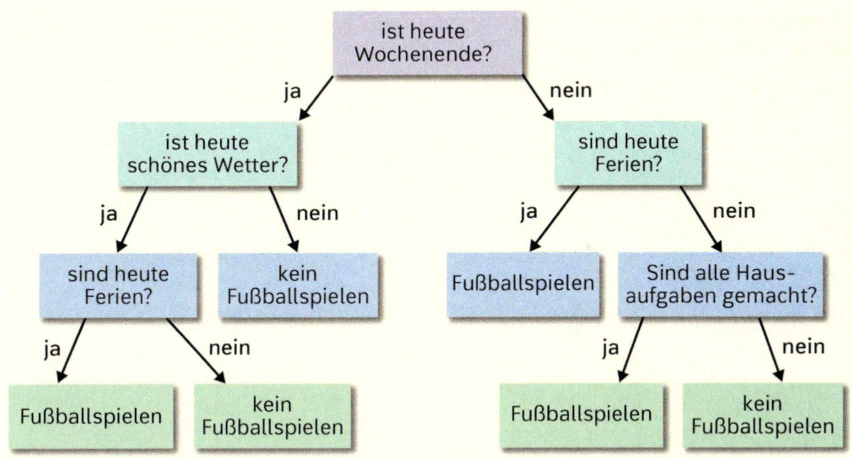

1. Nenne die Entscheidung, die mit dem Entscheidungsbaum getroffen werden kann.
2. Beschreibe 2 Kombinationsmöglichkeiten, die in dem Entscheidungsbaum keine Berücksichtigung finden. Tipp: Beachte, dass das Wetter in manchen Fällen nicht berücksichtigt wird. Auch ob alle Hausaufgaben gemacht wurden, wird im bestehenden Entscheidungsbaum nicht überall berücksichtigt.
3. Übernimm den Entscheidungsbaum in dein Heft und überarbeite ihn so, dass er auch die Möglichkeit beinhaltet, dass in den Ferien schlechtes Wetter ist.

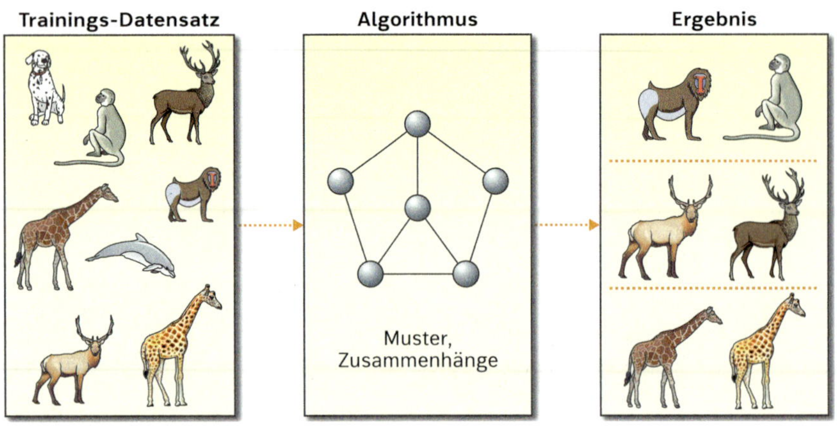

4 Unüberwachtes Lernen

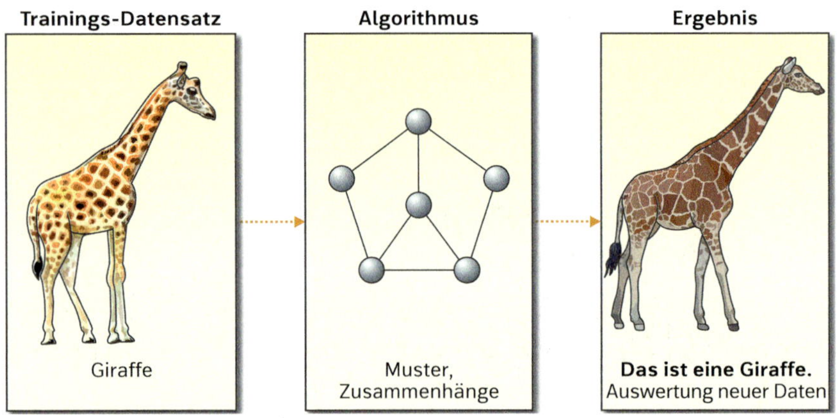

5 Überwachtes Lernen

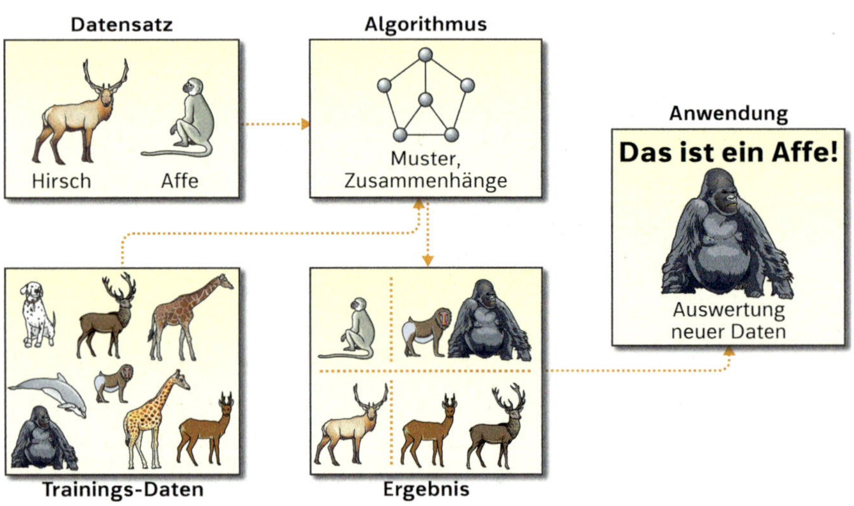

6 Teilüberwachtes Lernen

Formen des Maschinellen Lernens

Wird einem lernenden System ein Trainingsdatensatz zur Verfügung gestellt, den es selbst ordnen soll, spricht man vom **unüberwachten Lernen**. Der Trainingsdatensatz enthält keine weiteren Informationen. Das lernende System erkennt eigenständig Muster und Zusammenhänge ohne Zielvorgabe. Als Ausgabe erfolgt nur eine Gruppierung der Trainingsdaten. Soll ein lernendes System beispielsweise Obstsorten erkennen können, werden Fotos von Obst eingegeben und das System gruppiert ähnliche Obstsorten.

Wird einem lernenden System ein Trainingsdatensatz zur Verfügung gestellt, der die richtige Lösung hat, spricht man vom **überwachten Lernen**. Soll ein lernendes System beispielsweise Obstsorten erkennen können, werden Fotos von Obst mit dem jeweiligen Namen eingegeben. Das System versucht dann, selbstständig die Obstsorte zu bestimmen. Danach kann es seine Vermutung mit der richtigen Lösung vergleichen und daraus lernen.

Wird einem lernenden System ein Trainingsdatensatz zur Verfügung gestellt, bei dem ein kleiner Teil der Daten die richtige Lösung hat, spricht man vom **teilüberwachten Lernen**. Soll ein lernendes System etwa Obstsorten erkennen können, werden Fotos von Obst eingegeben. Nur ein kleiner Teil der Fotos ist mit dem jeweiligen Namen versehen. Durch Gruppierung der Fotos und nachfolgende Namenszuordnung werden die Obstsorten bestimmt. Es ist eine Kombination aus unüberwachten und überwachten Lernen.

Verstärkendes Lernen

Wird einem lernenden System kein Trainingsdatensatz zur Verfügung gestellt und ihre Klassifikation erfolgt nur durch Rückmeldung, spricht man vom **verstärktem Lernen**. Das lernende System funktioniert hauptsächlich durch die Interaktion mit seiner Umwelt. Durch positive oder negative Rückmeldung aus seiner Umwelt lernt das System. Soll ein lernendes System beispielsweise Obstsorten erkennen können, versucht es zunächst, die zur Bestimmung gezeigte Obstsorte selbstständig zu identifizieren. Es erstellt eine Vermutung. Danach benötigt das lernende System eine Rückmeldung durch seine Umwelt, ob seine Vermutung richtig oder falsch war. War die Vermutung falsch, erfolgt ein weiterer Versuch mit einer neuen Vermutung. War die Vermutung richtig und wird bestätigt, lernt das System daraus, Muster und Zusammenhänge selbstständig zu erkennen.

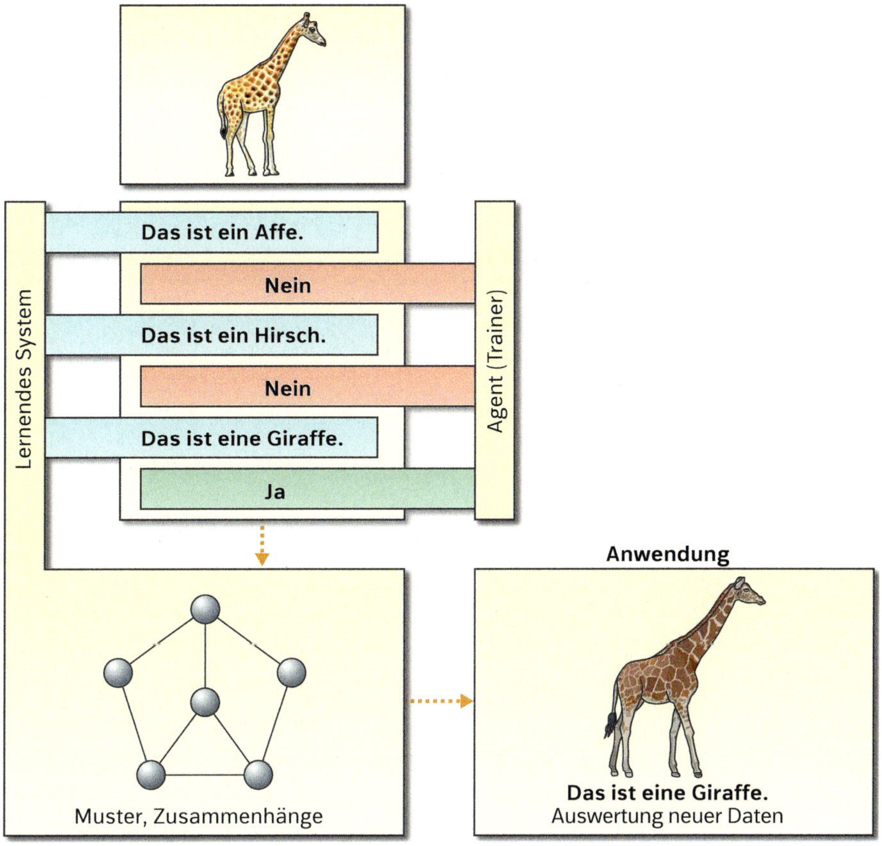

7 Verstärkendes Lernen

Material mit Aufgaben

M3 Lernende Systeme

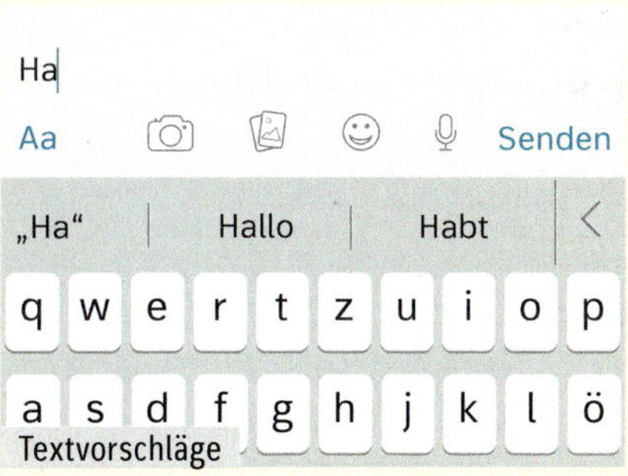

Textvorschläge

Vorschläge im Filmportal

Staubsaugerroboter

1. Beschreibe für jedes Bild, wie maschinelles Lernen zum Einsatz kommt.
2. Beschreibe, welche Form des maschinellen Lernens jeweils zum Einsatz kommt.
3. Erläutere, wie ein Kleinkind lernen könnte, was eine Amsel ist und dass es ein Vogel ist.

1 Entsperren des Bildschirms

Neuronale Netze

Gehirn als Vorbild

Menschen können neue Fertigkeiten erlernen. Die dazugehörenden Informationen werden im Gehirn gespeichert. Das menschliche Gehirn besteht aus etwa 100 Milliarden Nervenzellen, die man als Neuronen bezeichnet. Die Neuronen sind untereinander verbunden. Dadurch entsteht ein großes neuronales Netz. Beim Lernen werden Verbindungen zwischen den Neuronen verstärkt oder neue Verbindungen angelegt.

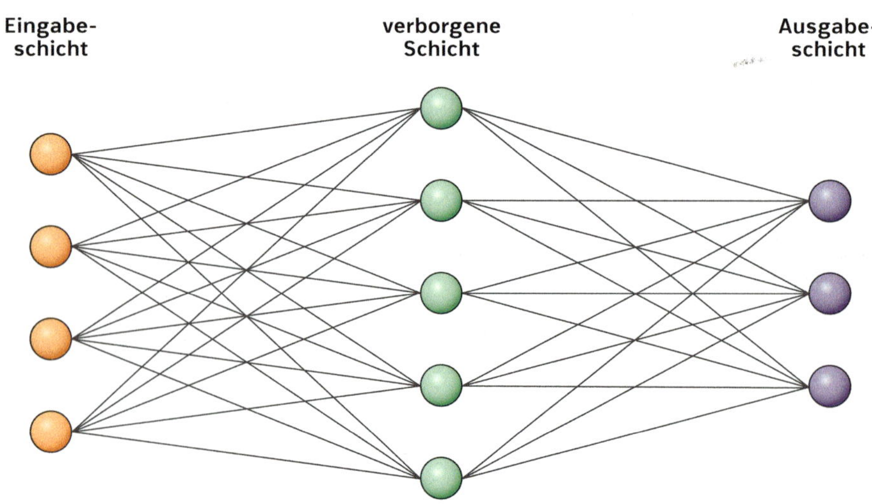

2 Schichten eines künstlichen neuronalen Netzes

Künstliche neuronale Netze

Die Informatik nutzt das biologische Vorbild der Verbindung von Neuronen für die Entwicklung von Algorithmen. Künstliche Neuronale Netze sind Algorithmen, die dem menschlichen Gehirn nachempfunden sind. Die kleinsten Bestandteile solcher Netze sind Knoten, die künstlichen Neuronen. Die künstlichen Neuronen stehen wie in einem Netz miteinander in Verbindung. Ein künstliches Neuron führt ähnlich wie ein Taschenrechner Rechnungen aus. So erhält ein Neuron von einem anderen Neuron eine Zahl und addiert zum Beispiel eine weitere Zahl hinzu. Das Ergebnis der Rechnung wird an ein weiteres Neuron weitergegeben. Mithilfe von neuronalen Netzen lassen sich verschiedene Datenquellen wie Bilder, Geräusche, Texte interpretieren und Informationen oder Muster erkennen, um diese auf unbekannte Daten anzuwenden. So lassen sich datengestützte Vorhersagen für die Zukunft erstellen. So erkennen zum Beispiel beim Smartphone künstliche neuronale Netze das Gesicht zur Bildschirmentsperrung.

Aufbau eines neuronalen Netzes

Die künstlichen Neuronen eines Netzes werden anhand ihrer Aufgabe in drei Schichten eingeteilt. Die Eingabeschicht versorgt das Netz mit Informationen. Die Informationen werden von den Eingabe-Neuronen erfasst und berechnet. Die Informationen werden an die nächste Schicht, die verborgene Schicht, weitergegeben. Dort werden die Eingabedaten weiter verarbeitet. Die Ausgabeschicht ist die letzte Schicht und schließt unmittelbar an die letzte Ebene der verborgenen Schicht an. Die Ausgabe-Neuronen berechnen Endwerte, die aus den Eingabedaten hervorgehen. Die Neuronen eines Netzes tauschen berechnete Ergebnisse aus.

Bilderkennung

Die Bilderkennung ist ein Anwendungsbeispiel für neuronale Netze. Ein künstliches neuronales Netz kann Objekte erkennen, die auf einem Foto abgebildet sind. In der ersten Schicht, der Eingabeschicht, des Netzes werden die Bilddaten eingegeben. Die eingegeben Bilddaten werden in der verborgenen Schicht verarbeitet. Dazu werden die Bilddaten so verändert, dass auffällige Bildelemente wie zum Beispiel geometrische Formen erkennbar sind. Die Neuronen der Ausgabeschicht suchen nach bekannten Mustern und Formen. Durch das Verhältnis, die Lage und die Beziehung der Formen zueinander, wird über die Algorithmen der Inhalt des Fotos erkannt. Damit diese Bilderkennung gelingt, muss das neuronale Netz zuvor durch die Eingabe einer großen Anzahl von Bildern trainiert worden sein. ▶

3 Bilderkennung mit neuronalen Netzen

Material mit Aufgaben

M1 Bilderkennung

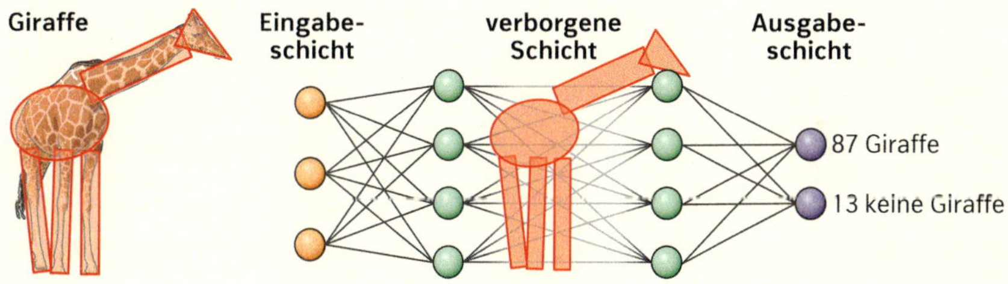

1. ▮ Beschreibe den Aufbau eines künstlichen neuronalen Netzes.
2. ▮▮ Beschreibe mithilfe der Abbildung, wie die Bilderkennung funktioniert.
3. ▮▮ Erkläre die unterschiedlichen Aufgaben der Schichten des Netzes bei der Bilderkennung.
4. ▮▮▮ Stelle Vermutungen an, warum es zu Fehlern in der Ausgabe bei der Bilderkennung kommen kann.
5. Unten sind zwei Fotos abgebildet. Stelle die Bilderkennung nach:
   a. ▮▮ Fertige einfache Skizzen der Fotos an. Achte dabei auf geometrische Formen.
   b. ▮▮▮ Übertrage die Tabelle ins Heft und werte sie wie ein neuronales Netz aus.

O	Δ	☐
…	…	…

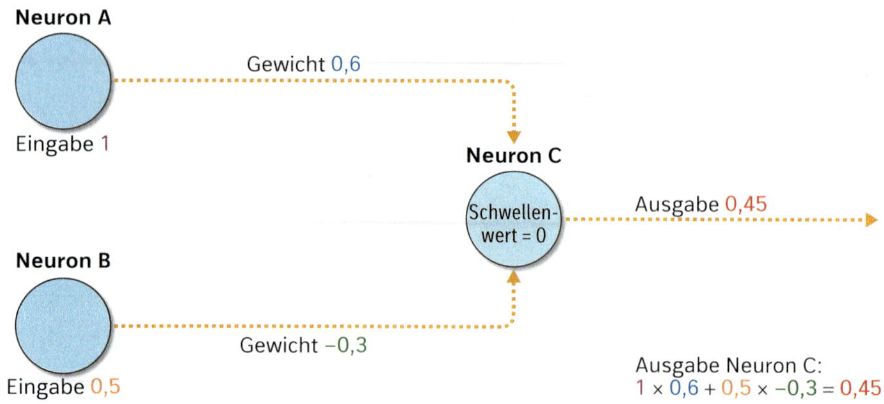

4 Eingabe, Schwellenwert und Gewichte in neuronalen Netzen

Gewichte bei Neuronen

Ein neuronales Netz kann sehr viele Eingabewerte haben, die zu einem Neuron führen. Die Verbindungen zwischen Neuronen nennt man Gewichte. Die Gewichtungen sind Zahlenwerte. Die Gewichte bestimmen, welchen Einfluss die Ausgabe eines Neurons auf die Eingabe des nächsten Neurons hat. Ist der Zahlenwert Null, hat das vorgeschaltete Neuron keinen Einfluss auf das nachgeschaltete Neuron. Ist ein Gewicht positiv, übt das Neuron auf ein anderes Neuron einen erregenden Einfluss aus. Ist das Gewicht negativ wird das nachgeschaltete Neuron gehemmt. Je größer der Betrag des Gewichtes ist, desto größer ist der Einfluss.

Berechnung der Neuron-Ausgabe

Zu einem künstlichen Neuron gehört ein Wert, der ausgegeben wird, wenn das Neuron Informationen weitergibt. Man sagt, das Neuron „feuert“. Jedes Neuron nach der Eingabeschicht erhält Eingaben der anderen Neuronen im Netz. Es werden die Eingabewerte mit den dazugehörenden Gewichtungen multipliziert. Die jeweiligen Produkte der einzelnen Eingaben werden addiert und ergeben eine Summe. Ist die gewichtete Summe aller Eingabewerte gleich oder größer als der Schwellenwert des Neurons, feuert es. Das Neuron feuert allerdings nicht, wenn die gewichtete Summe der Eingaben niedriger als der Schwellenwert ist.

Material mit Aufgaben

M2 Ausgabe eines Neurons

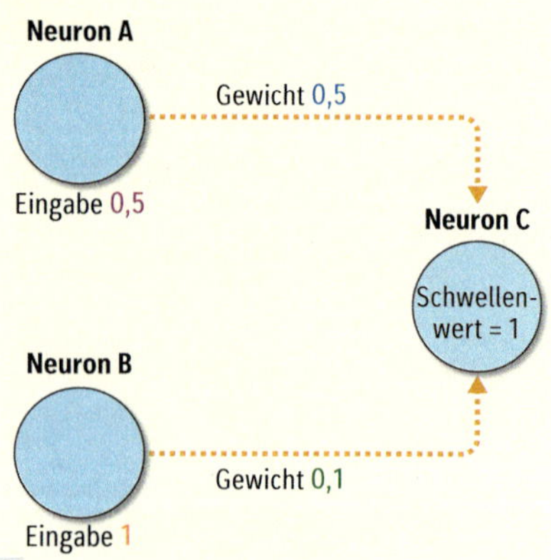

A

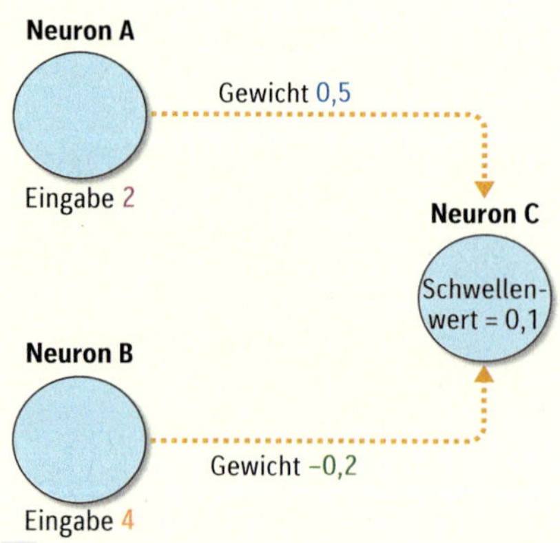

B

1. Erkläre die Begriffe Eingabewert, Schwellenwert und Gewicht.
2. Erkläre, wann ein Neuron „feuert“.
3. Betrachte die Bilder A und B. Bestimme jeweils den Ausgabewert für das Neuron C.
4. Verändere die Werte in Bild A: Gewicht von Neuron A: 1, Gewicht von Neuron B: 0,2. Beschreibe die Auswirkungen.

Neuronale Netze trainieren

Neuronale Netze können trainiert werden. Während der Trainingsphase werden die Rechnungen der Neuronen dann so angepasst, dass die Endergebnisse der Ausgabeschicht mit den Erwartungen übereinstimmen. Weichen die erwartete und die berechnete Ausgabe des Netzes voneinander ab, können Fehler bestimmt werden. Das neuronale Netz benötigt nun einen Fehlerhinweis für die nicht gewünschte oder falsche Ausgabe. Mithilfe mathematischer Verfahren können dann die Gewichte verändert werden. So können Fehler in der Ausgabe verringert werden.

Anpassung der Gewichte

Die Anpassung der Gewichte erfolgt durch einen Lernalgorithmus. Nachdem zunächst Startgewichte gewählt worden sind, werden in der Trainingsphase die Gewichte so lange verändert, bis die gewünschte Ausgabe zu den Eingabewerten erfolgt. Neuronale Netze sind sehr groß mit vielen Verbindungen. Es gibt daher sehr viele Eingabewerte, die nicht alle gezielt getestet werden können. Es werden daher bestimmte Daten für das Training ausgewählt. Bei Neuronalen Netzen gilt allgemein: Je mehr Daten und daher Eingaben vorhanden sind, desto besser werden die Ausgaben des Netzes. Ist ein sehr großes Netz trainiert, kann es auch auf Eingaben angewendet werden, die nicht Teil der Trainingsphase waren. Das trainierte neuronale Netz liefert dann gute Ergebnisse auch auf unbekannte Eingaben.

Material mit Aufgaben

M3 Gewünschte Ausgabe

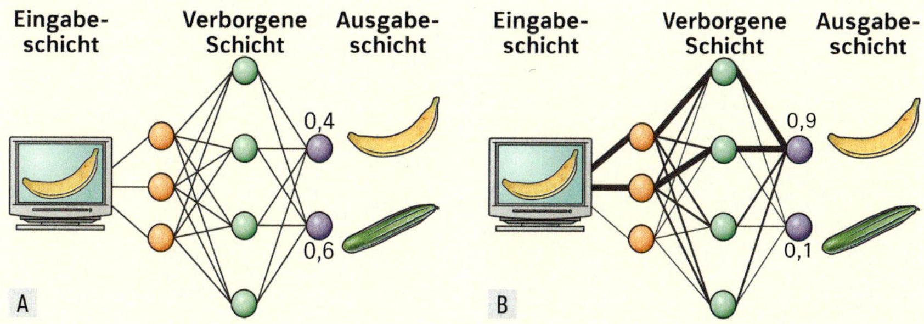

Ein neuronales Netz soll das Bild einer Banane und einer Gurke unterscheiden können. Die Unterscheidung der beiden Objekte beruht auf Farbwerten der einzelnen Pixel oder auch Formen. Dazu wird das Netz mit Daten und Eingaben mit der Zeit trainiert. In diesem Beispiel zeigt ein höherer Ausgabewert an, welches Objekt das neuronale Netz nach Eingabe der Bilddaten erkannt hat. Die Beträge der Gewichte sind verborgen.

1. **II** Vergleiche die Bilder A und B miteinander und beschreibe die Ergebnisse, die in der Ausgabeschicht jeweils herauskommen.
2. **II** Erkläre, warum das neuronale Netz in Bild A und B unterschiedlichen Ergebnisse ausgibt.
3. **III** Erläutere an diesem Beispiel, warum neuronale Netze mit vielen Daten trainiert werden.

M4 Entwicklung neuronaler Netze

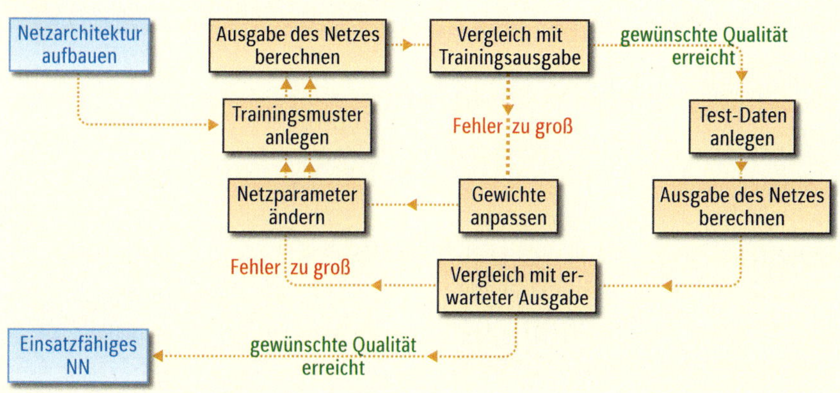

1. **II** Beschreibe, wie ein einsatzfähiges neuronales Netz entwickelt wird.
2. **III** Erläutere die Bedeutung einer Vielzahl von Trainingsdaten.

Zusammenfassung Maschinelles Lernen

Automaten

Maschinen, die vorbestimmte Abläufe selbsttätig ausführen, nennt man Automaten. Jeder Automat hat gültige Eingaben und bestimmte Ausgaben. Nach einer gültigen Eingabe wechselt ein Automat vom Startzustand in den nächsten Zustand. In manchen Automaten kann ein Zustand auf verschiedenen Wegen erreicht werden. Man spricht von Alternativwegen. Bei einigen Automaten wird durch eine Eingabe der Zustand nicht unmittelbar gewechselt. Man spricht dann von einer Schleife.

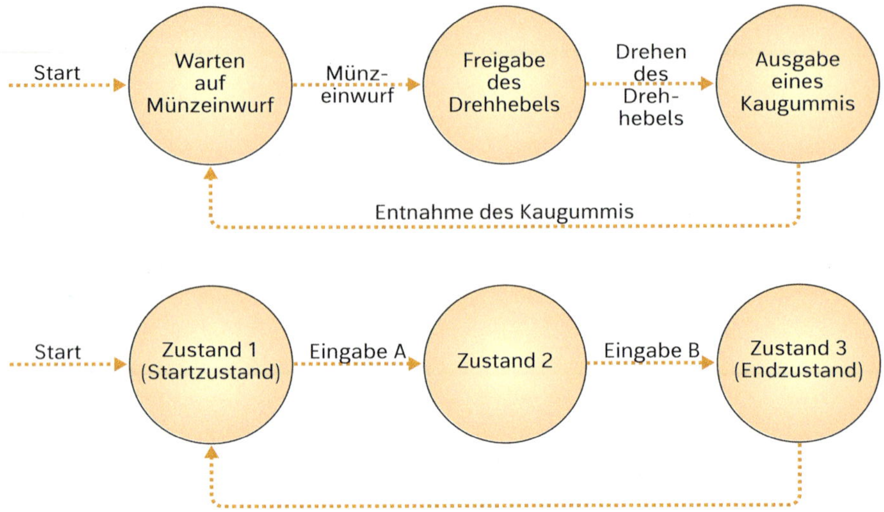

Maschinelles Lernen und KI

Beim maschinellen Lernen ist das System durch einen Erfahrungsschatz in der Lage, eigene Regeln für eine Problemlösung zu entwickeln. Dafür werden Attribute betrachtet, die je 2 Zustände haben können. Durch weitere solcher Knoten ergibt sich ein Entscheidungsbaum. Man unterscheidet zwischen unüberwachten, überwachten, teilüberwachten und verstärkenden Lernen.

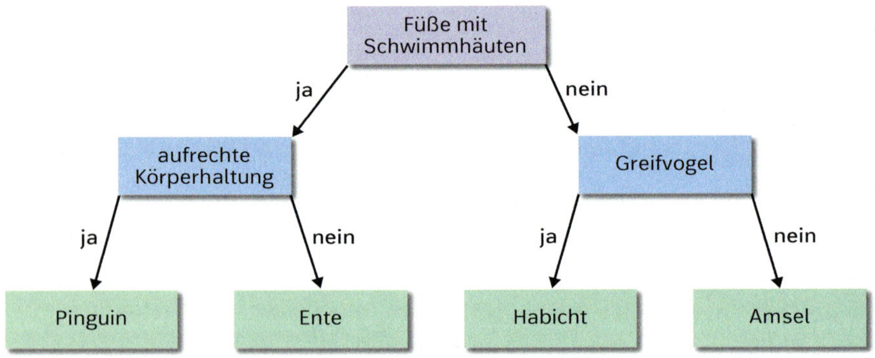

Neuronale Netze

Neuronale Netze sind Algorithmen, die dem Gehirn nachempfunden sind. Ihre Bestandteile sind Knoten, die Neuronen. Sie führen ähnlich wie ein Taschenrechner Rechnungen aus. Mithilfe von neuronalen Netzen lassen sich verschiedene Datenquellen interpretieren und Informationen oder Muster erkennen, um diese auf unbekannte Daten anzuwenden. Dies kann zum Beispiel zur Bilderkennung genutzt werden.

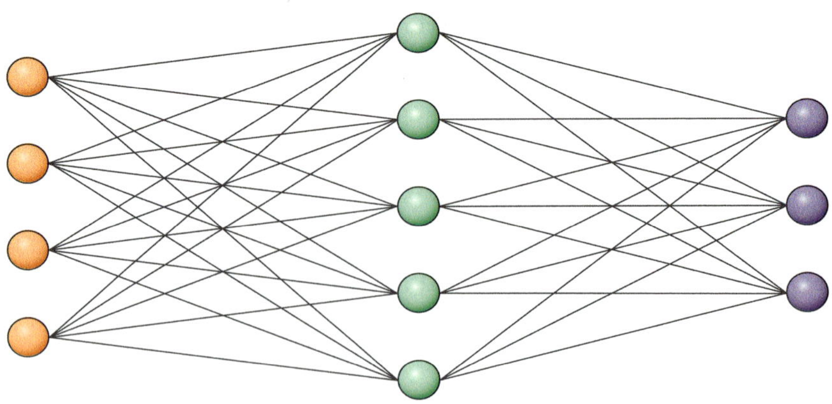

1 Automaten

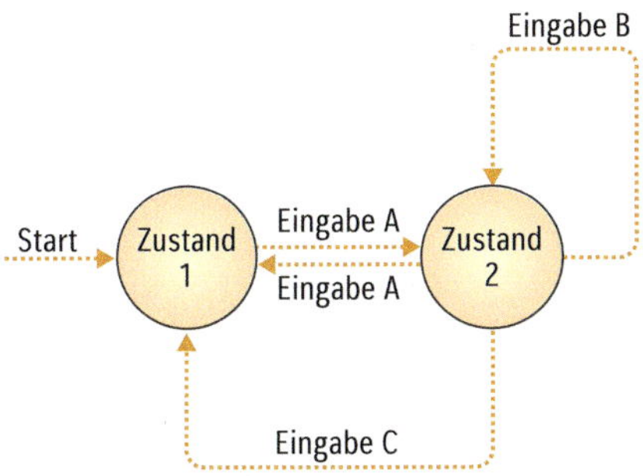

A Erkläre mithilfe der Abbildung die Begriffe Eingabe, Ausgabe und Zustand.

B Begründe, ob das dargestellte Zustandsdiagramm eine Schleife und einen Alternativweg enthält.

C Notiere für den dargestellten Automaten zwei gültige und zwei ungültige Eingaben.

2 Maschinelles Lernen

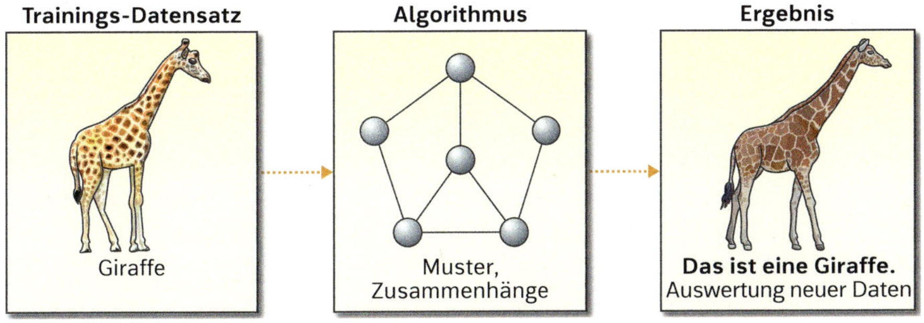

A Begründe, welche Form des maschinellen Lernens in der Abbildung dargestellt ist.

B Beschreibe, welche Anforderungen an die Trainingsdaten gestellt werden
- beim unüberwachten Lernen
- beim überwachten Lernen
- beim teilüberwachten Lernen

C Erkläre, warum beim unüberwachten Lernen nur eine Gruppierung der Trainingsdaten möglich ist.

D Beschreibe, um welche Form des maschinellen Lernens es sich bei einer Texterkennung handelt.

E Beschreibe, wie ein Schachcomputer mit verstärktem Lernen trainiert wird.

3 Neuronale Netze

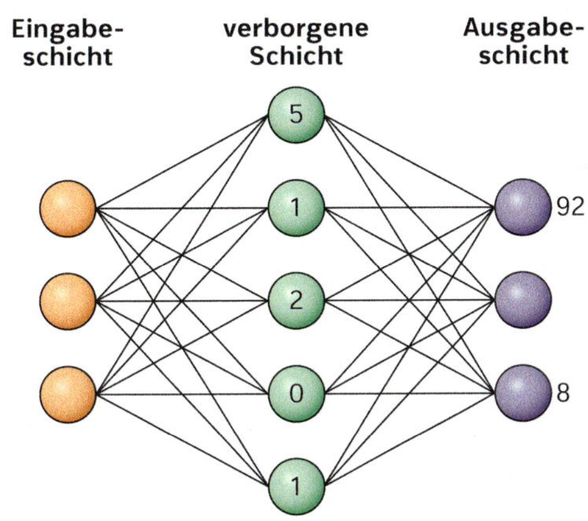

A Beschreibe mithilfe der Abbildung den Aufbau eines neuronalen Netzes.

B Beschreibe die unterschiedlichen Aufgaben der Schichten des Netzes bei der Farberkennung.

C Erkläre mithilfe der Abbildung folgende Begriffe: Eingabewert, Gewicht.

D Erläutere die Bedeutung des Schwellenwertes eines Neurons in einem neuronalen Netz.

E Erläutere, wie sich das neuronale Netz verändern könnte, wenn es trainiert wird.

F Erläutere, warum trainierte neuronale Netze auf unbekannte Eingaben angewendet werden können.

Programmieren mit Programmiersprachen

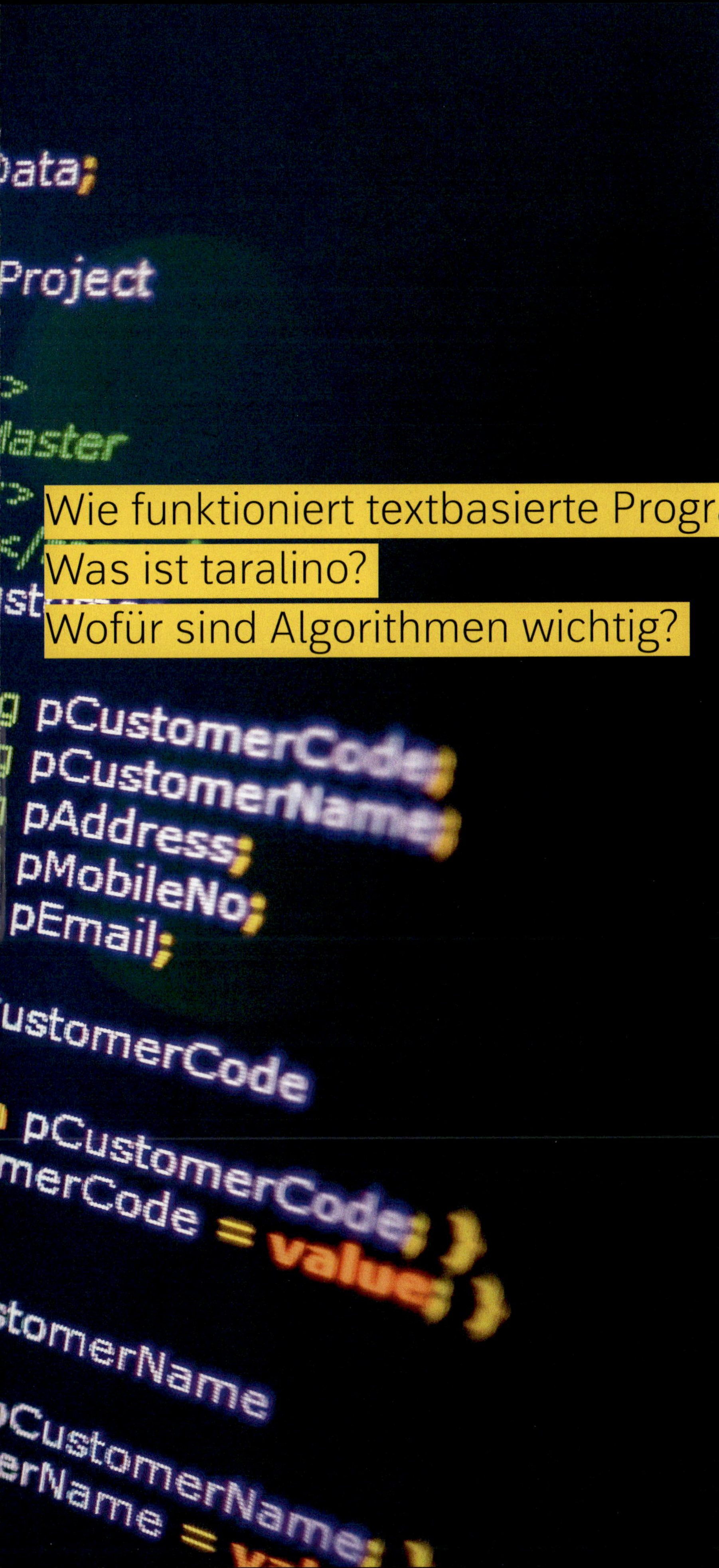

7

Wie funktioniert textbasierte Programmierung ?
Was ist taralino?
Wofür sind Algorithmen wichtig?

Mithilfe von taralino können bestimmte Algorithmen textbasiert dargestellt werden. Das Ergebnis können Bilder, Abläufe oder sogar kleine Programme sein.

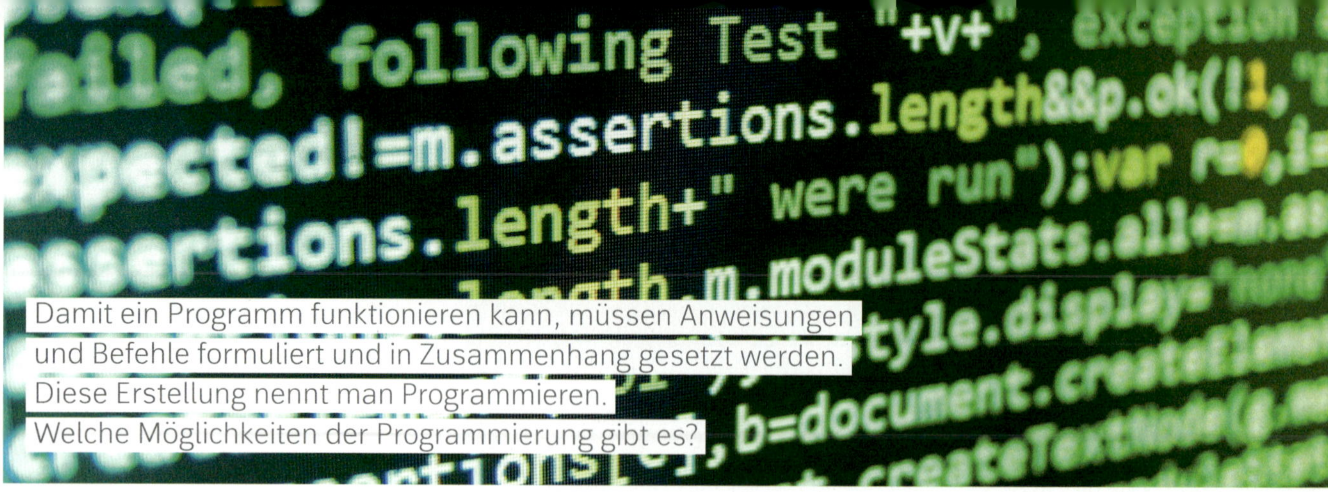

Damit ein Programm funktionieren kann, müssen Anweisungen und Befehle formuliert und in Zusammenhang gesetzt werden. Diese Erstellung nennt man Programmieren. Welche Möglichkeiten der Programmierung gibt es?

1 Auszug aus einem textbasierten Programm

Textbasierte Programmierung

Hinter taralino verbirgt sich ein gemeinnütziger Verein, der sich zum Ziel gesetzt hat, ein Bewusstsein für Algorithmen zu schaffen und die Problemlösekompetenz des algorithmischen Denkens zu fördern.

Worum geht es?

Bei einer **grafischen** Programmiersprache wie Scratch, Snap oder NEPO werden Befehle und Anweisungen eines Programms durch grafische Elemente definiert. Bei einer **textbasierten** Programmierung wird ein Programmablauf in von Menschen lesbarem Text beschrieben. Dazu benötigt man eine geeignete Programmiersprache, die den sogenannten **Quellcode** oder kurz **Code** verarbeiten kann. Ein solcher Code besteht aus einer Abfolge von Zeichen, Symbolen und Schlüsselwörtern. Textbasierte Programmiersprachen werden verwendet, um Computerprogramme zu schreiben. Computerprogramme können eine Vielzahl von Aufgaben erfüllen, von einfachen Berechnungen bis hin zu komplexen Anwendungen wie Computerspiele. Der Code wird zuerst vom Menschen geschrieben und dann von einem Compiler oder einer Laufzeitumgebung verarbeitet. So wird der Code für den Computer verständlich gemacht.

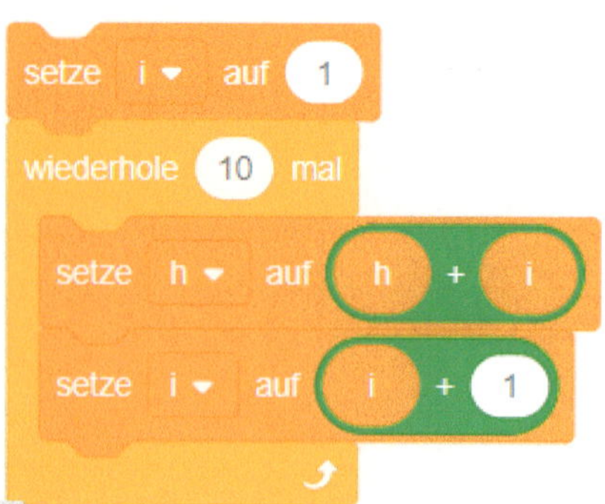

A

```
// JacaScript
for (var i = 1; i <= 10; i = i + 1) {
  h = h + i;
}

# Python
for i in range(1, 10):
    h = h + i;

// PHP
for ($i = 1; $i <= 10; $i = $i + 1) {
  $h = $h + $i;
}
```

B

2 Eine Schleife, um die Zahlen 1 bis 10 zu addieren: A in Scratch; B in verschiedenen textbasierten Programmiersprachen

```
<!DOCTYPE html>
<html>
<head>
  <meta charset="utf-8">
  <meta name="viewport" content="width=device-width, initial-scale=1.0">
  <script src="taralino.js"></script>
</head>
<body>
<script>

// Zeichenflaeche initialisieren
Canvas.init([0,20], [0,12], {width:480, background:"lightgrey"});

// Kreis zeichnen
Canvas.circle(10, 6, 5, {fill:"blue"});

// Zeichenkette darstellen
Canvas.text(10, 6, "Hello world!", {fill:"white"});

</script>
</body>
</html>
```

Diese Zeile bindet die taralino-Bibliothek ein

Zeilen, die mit // beginnen, sind Kommentare. Sie nehmen keinen Einfluss auf den Programmablauf.

Zeichenketten sind mit Anführungszeichen zu versehen und werden meist farblich hervorgehoben.

Jede Zeile mit einer Anweisung endet mit einem Semikolon.

Spezielle Schlüsselwörter der taralino-Bibliothek werden farblich gekennzeichnet.

Es sind nur die Programmzeilen zwischen den Anweisungen <script> und </script> von Bedeutung. Die Zeilen davor und danach werden immer identisch sein und können ignoriert werden.

4 Beispiel eines Programmablaufs in JavaScript unter Verwendung der taralino-Bibliothek

Viele Sprachen

Je nach Einsatzgebiet gibt es verschiedene Programmiersprachen. Eine oft genutzte Sprache ist **Python**. Mit Phyton soll ein gut lesbarer und leicht verständlicher Code erzeugt werden. Eine andere Programmiersprache ist **PHP**. Sie wird oft für die Webentwicklung verwendet, das heißt zur Erstellung von Webseiten. **C++** ist eine Sprache, die zur Programmierung von Steuergeräten genutzt wird. Steuergeräte kommen zum Beispiel in Autos zum Einsatz.

taralino-Bibliothek

Eine weitere gängige Programmiersprache ist **JavaScript**. Diese Sprache wurde bereits in den 1990er Jahren entwickelt und ist heute in allen Webbrowsern Standard. Für einen anschaulichen Einstieg in JavaScript kann die taralino-Umgebung eingesetzt werden. Dabei handelt es sich um einen Online-Editor zum Schreiben eigener Programme. Sie dient aber auch der Erweiterung grundlegender Konzepte und Befehle, um beispielsweise das Zeichnen von Formen so einfach wie möglich zu halten. Solche Erweiterungen werden in der taralino-Bibliothek zusammengefasst. Auch dabei handelt es sich um ein Programm, das in JavaScript geschrieben ist. Die taralino-Bibliothek muss daher in jedem Programm eingebunden werden. Die vollständige taralino-Umgebung kann genutzt werden, ohne ein zusätzliches Programm installieren zu müssen. Auf den taralino-Webseiten steht eine Entwicklungsumgebung als Online-Editor zur Verfügung. Dafür ist keine Anmeldung notwendig.

Material mit Aufgaben

Digital+
WES-188528-14

M1 **Der taralino Online-Editor**

Schritt 1: Folge dem Webcode.

Schritt 2: Verändere die Farbe des Kreises in rot: Ersetze dazu im Quellcode die Zeichenkette blue durch red. Klicke anschließend auf Vorschau, um den Quellcode erneut auszuführen.

1 Die Canvas-Zeichenfläche

Die Canvas-Zeichenfläche

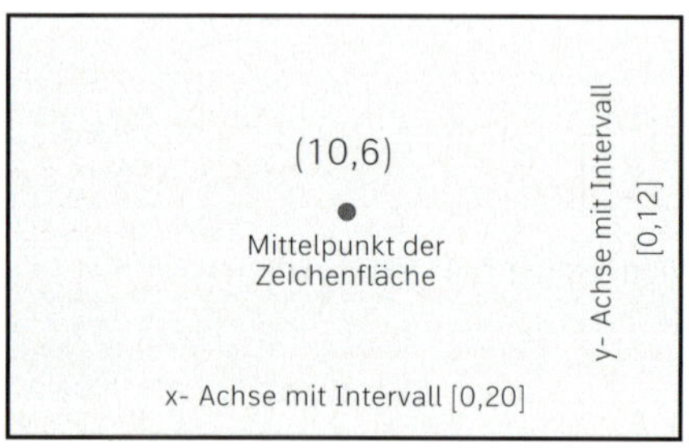

2 Definition einer Zeichenfläche

Zeichenfläche

Die taralino-Bibliothek bietet mit dem sogenannten Canvas-Paket eine Reihe von Befehlen, um Formen auf einfache Art und Weise zeichnen zu können. Hierzu muss die Zeichenfläche zunächst definiert werden. Man spricht auch von der **Initialisierung** der Zeichenfläche. Das heißt, es ist der Bereich der Zeichenfläche entlang der x- und y-Achsen festzulegen. Bestimmt wird bei der Initialisierung somit ein Rechteck eines Koordinatensystems, damit anschließend Formen wie Kreise und Linien innerhalb des festgelegten Rechtecks dargestellt werden können. Zudem können bei der Initialisierung einige Optionen definiert werden wie beispielsweise die Darstellungsbreite der Zeichenfläche oder die Hintergrundfarbe. Nachdem eine Zeichenfläche initialisiert ist, können Formen gezeichnet werden. Ein Kreis zum Beispiel wird durch die x- und y-Koordinaten des Mittelpunkts sowie den Radius bestimmt.

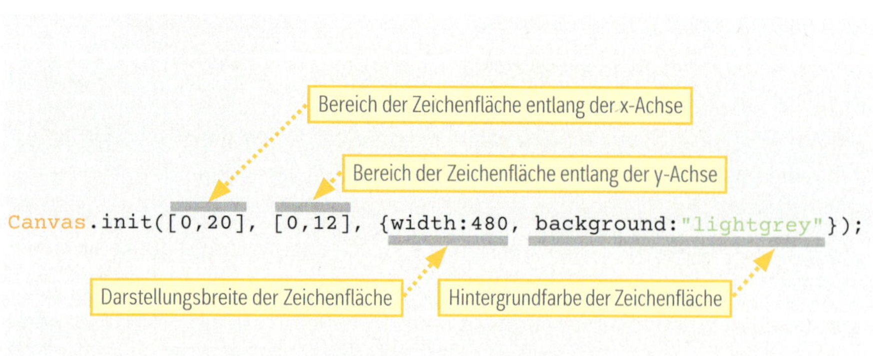

3 Der Befehl Canvas.init zur Initialisierung der Zeichenfläche

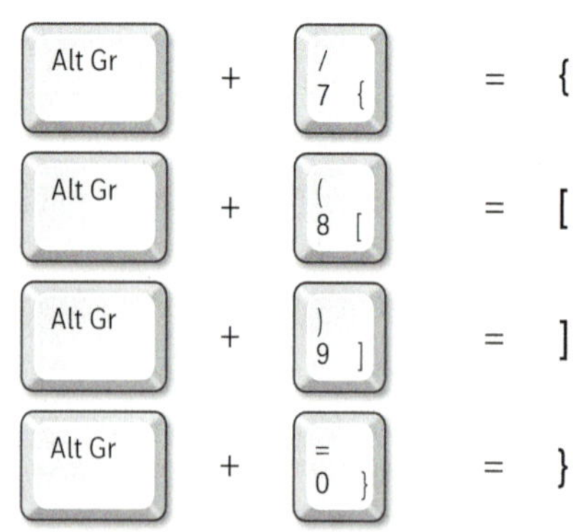

4 Tastenkombinationen für die Klammern

Argumente und Optionen

Ein grundlegendes Konzept der taralino-Bibliothek besteht in der Trennung zwischen verpflichtenden Argumenten, die einem Befehl zwingend übergeben werden müssen, und optionalen Parametern, die nur bei Bedarf eingesetzt werden. Beim Zeichnen von Formen sind Angaben zur Position und Größe verpflichtende Argumente. Informationen zur Farbwahl sind optionale Parameter. Es kommen Standardwerte zum Einsatz, falls die optionalen Parameter nicht definiert werden. Beim Zeichnen mit dem Canvas-Paket wird standardmäßig eine schwarze Füllung verwendet.

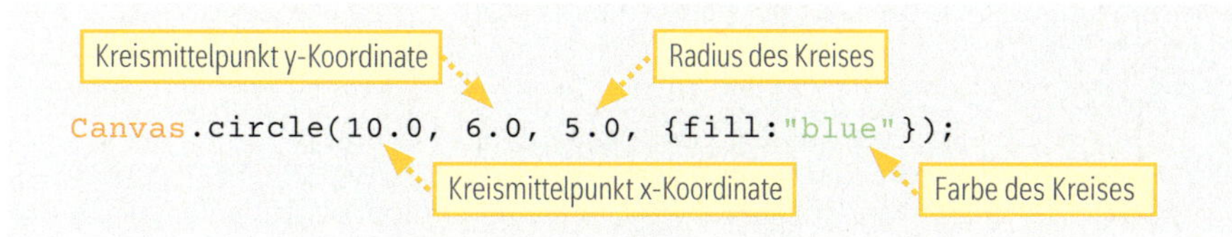

5 Der Befehl Canvas.circle zum Zeichnen eines Kreises

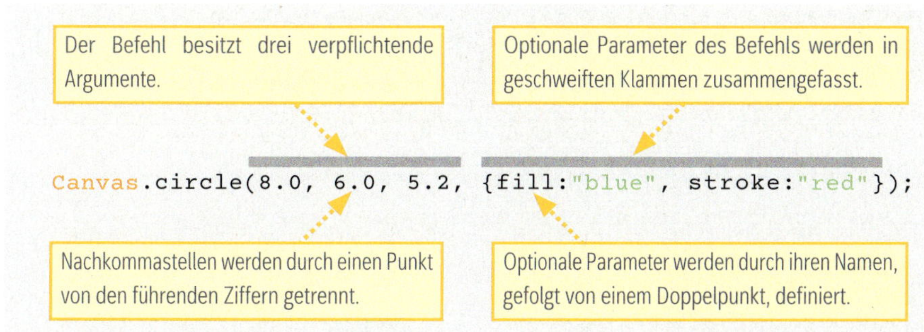

6 Verwendung verpflichtender Argumente und optionaler Parameter

Farben

Die taralino-Bibliothek beinhaltet eine Reihe vordefinierter Farben, die beim Zeichnen von Formen verwendet werden können. Dabei kann die Farbe anhand einer Zeichenkette ausgewählt werden zum Beispiel red für Rot oder blue für Blau. Man kann Farben auch über ihre RGB-Kodierung spezifizieren.

Die vollständige Liste vordefinierter Farben: Digital+ WES-188528-15

Material mit Aufgaben

M1 Zeichenfläche und Farben

Digital+ WES-188528-16

Schritt 1: Folge dem Webcode und mache dich mit dem Quellcode vertraut.

Schritt 2: Verändere die Zeichenfläche, damit der Bereich der y-Achse auf das Intervall [0,16] vergrößert wird.

Schritt 3: Ändere die Hintergrundfarbe der Zeichenfläche in schwarz. Ersetze dafür lightgrey durch black.

Schritt 4: Experimentiere mit den Positionen und Größen der Kreise. Erprobe auch unterschiedliche Füllfarben und Kreislinien.

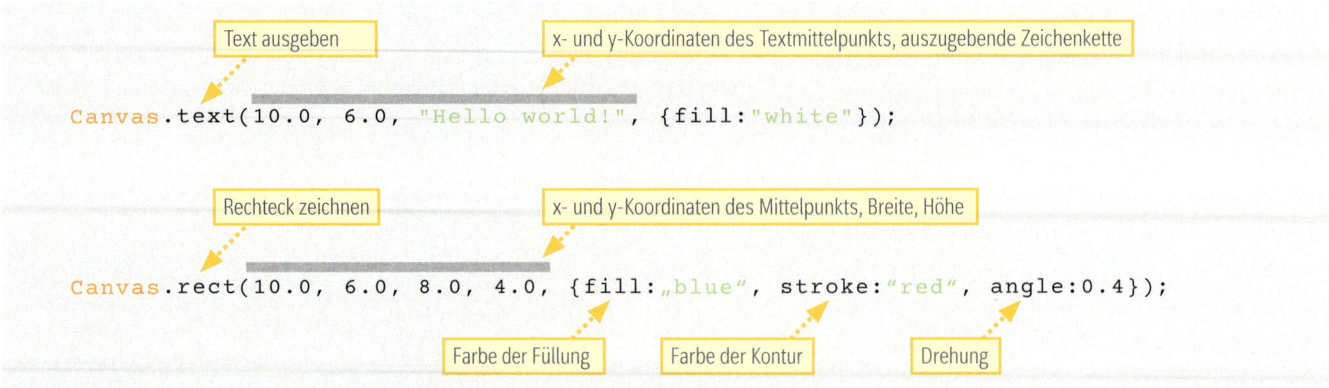

7 Weitere Beispiele des Canvas-Pakets zum Zeichnen von Formen und Linien

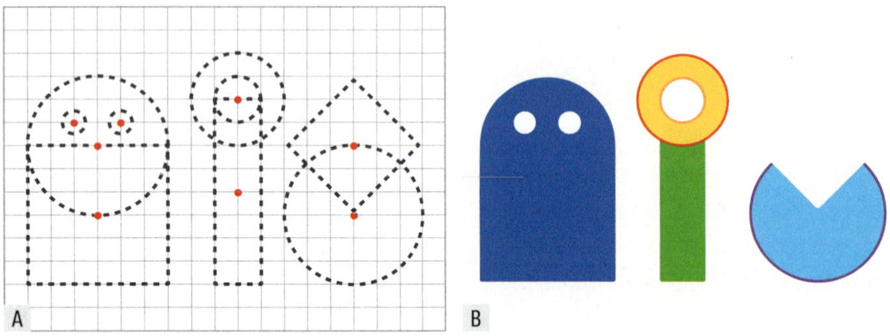

8 **A** Formen und Figuren auf Karopapier; **B** Formen und Figuren mit dem Canvas-Paket gezeichnet

Die vollständige Referenz des Canvas-Pakets: Digital+ WES-188528-17

Formen des Canvas-Pakets

Das Canvas-Paket bietet neben Kreisen weitere Möglichkeiten zum Zeichnen von Formen wie Rechtecke und Linien. Die unterschiedlichen Formen können kombiniert werden, um auch komplexere Figuren zu zeichnen. Dabei kann eine Skizze auf Karopapier helfen, um die Argumente der Befehle zum Zeichnen der Formen einfacher zu bestimmen. Es ist zu beachten, dass der Programmablauf auch die Reihenfolge definiert, in der die Formen gezeichnet werden.

Material mit Aufgaben

M2 Figuren zeichnen

Digital+ WES-188528-18

Schritt 1: Folge dem Webcode und mache dich mit dem Quellcode vertraut.

Schritt 2: Wähle eine Figur aus, die du mit den Formen des Canvas-Pakets zeichnen möchtest.

Schritt 3: Du kannst dir auch eigene Figuren ausdenken oder mit den Farben experimentieren.

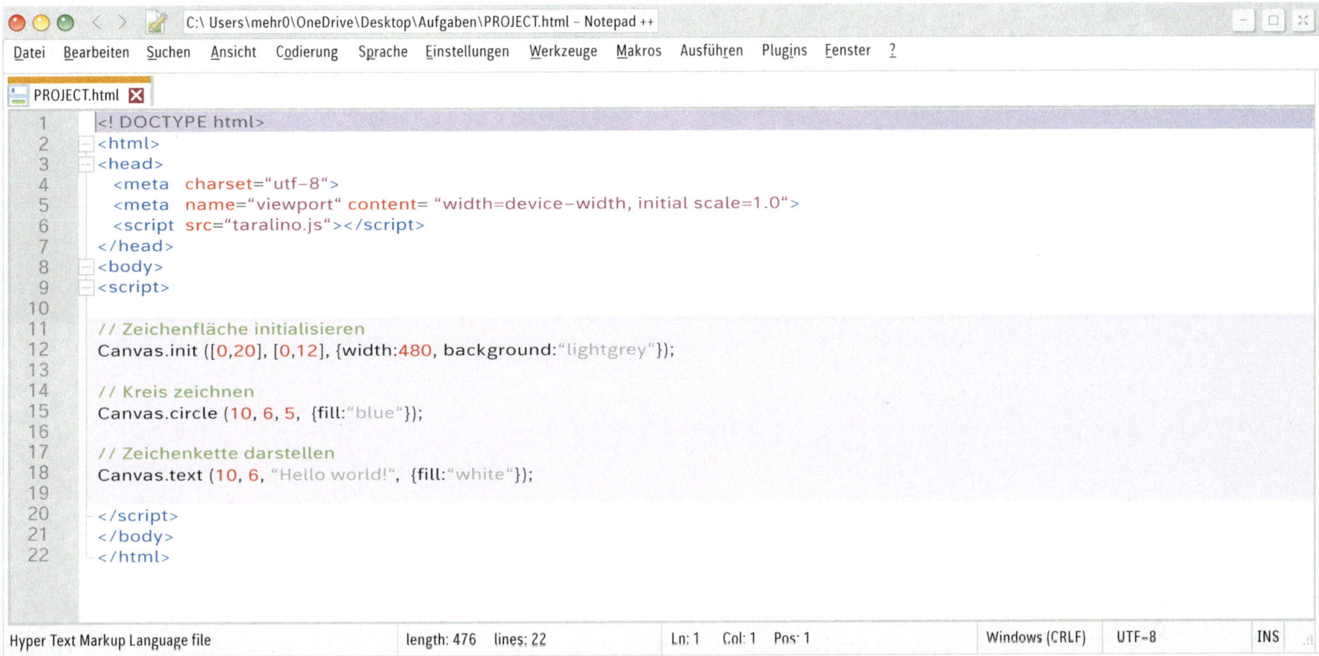

9 Screenshot des Texteditors Notepad++ mit geöffneter PROJECT.html-Datei

Online oder Offline?

Je nach Internetverbindung mag es schwierig sein, auf den Online-Editor zugreifen zu können. Die taralino-Bibliothek kann aber auch offline genutzt werden, ohne ein zusätzliches Programm installieren zu müssen. Dazu kann die taralino-Bibliothek heruntergeladen werden (Dateiname taralino.js). Eigene Programmcodes können als HTML- beziehungsweise Textdatei abgespeichert werden (Dateiname mit der Endung .html). Die Codes lassen sich nun in einem beliebigen Texteditor bearbeitet und anschließend in einem beliebigen Browser ausführen. Dafür ist keine Internetverbindung nötig. Wichtig ist aber, dass die taralino-Bibliothek sowie die eigenen Programme lokal auf der Festplatte im gleichen Ordner abgespeichert werden.

Material mit Aufgaben

M3 Die taralino-Bibliothek offline verwenden

Digital+ WES-188528-19

Schritt 1: Folge dem Webcode und lade dir die Datei taralino.js herunter. Zudem solltest du das Beispiel als PROJECT.html herunterladen. Speichere beide Dateien im selben Verzeichnis ab.

Schritt 2: Öffne die Datei PROJECT.html in einem beliebigen Browser. Jetzt sollte ein blauer Kreis mit einem Schriftzug zu sehen sein.

Schritt 3: Öffne die Datei „PROJECT.html" in einem Texteditor wie Notepad++ oder einem Standard-Editor aus dem Zubehör. Es sollte der Quellcode erscheinen, den du bearbeiten kannst.

Schritt 4: Verändere die Farbe des Kreises in rot: Ersetze im Quellcode die Zeichenkette blue durch red. Speichere deine Änderung ab (Datei überschreiben).

Schritt 5: Wechsle wieder in den Browser und lade die zuvor geöffnete Datei erneut. Wenn ein roter Kreis erscheint, hast du die Aufgabe erfolgreich abgeschlossen.

1 Einfaches Muster

Schleifen

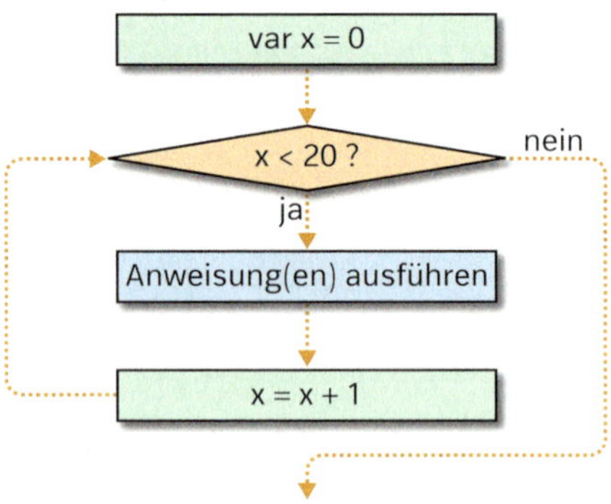

2 Ablauf einer einfachen Schleife

Die for-Schleife

Die for-Schleife (Zählschleife) ist eine Struktur, um Anweisungen wiederholt durchzuführen. Die Struktur beginnt mit dem Schlüsselwort **for**. Es folgen drei Befehle in runden Klammern: Definition samt Initialisierung einer Zählvariablen, eine Schleifenbedingung sowie ein Zählschritt zur Veränderung der Zählvariablen. Die Anweisungen, die in jedem Schleifendurchlauf auszuführen sind, werden als Block mit geschweiften Klammern zusammengefasst. Dabei kann innerhalb des Blockes die Zählvariable verwendet werden.

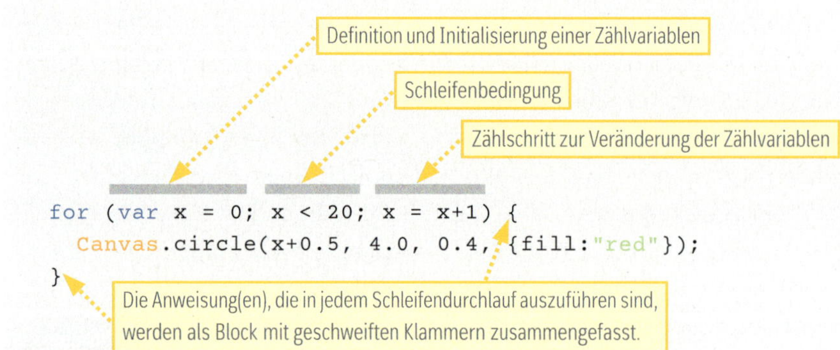


```
for (var x = 0; x < 20; x = x+1) {
  Canvas.circle(x+0.5, 4.0, 0.4, {fill:"red"});
}
```

3 Beispiel einer for-Schleife

Ablauf der for-Schleife

Zunächst wird die Zählvariable initialisiert. Als nächstes wird die Schleifenbedingung geprüft. Wenn die Bedingung erfüllt ist, dann werden die Anweisungen des Blockes ausgeführt. Anschließend wird die Zählvariable gemäß dem Zählschritt verändert. Nun wird wieder die Schleifenbedingung überprüft und der Durchlauf wiederholt, bis nach einer gewissen Anzahl an Durchläufen die Schleifenbedingung schließlich nicht mehr erfüllt ist.

Hinweise zur for-Schleife

Es ist zu beachten, dass die Initialisierung der Zählvariablen, die Schleifenbedingung sowie der Zählschritt so aufeinander abgestimmt sein müssen, dass die Schleife nach einer bestimmten Zeit endet. Es kann auf die geschweiften Klammern verzichtet werden, falls der auszuführende Block der for-Schleife aus einer einzelnen Anweisung besteht. Die Definition der for-Schleife und die auszuführende Anweisung sollen dann in der gleichen Zeile stehen.

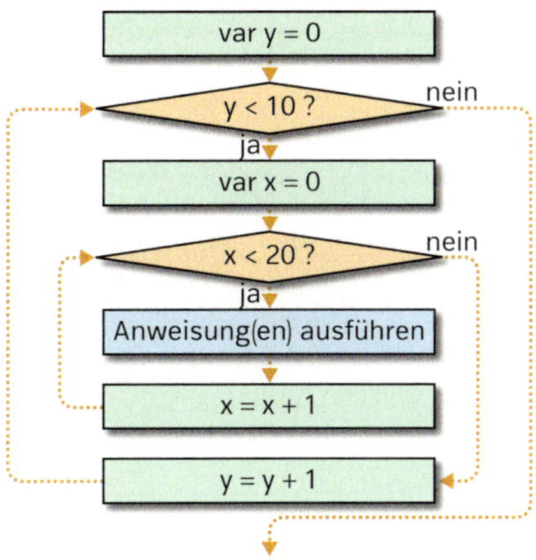

4 Ablauf einer verschachtelten Schleife

Verschachtelte for-Schleifen

Eine for-Schleife kann verwendet werden, um eine Reihe oder Zeile von Formen zu zeichnen. Werden mehrere for-Schleifen verschachtelt, können Muster erzeugt werden. So kann beispielsweise eine äußere for-Schleife genutzt werden, um y-Koordinaten zu definieren. Eine weitere, innere for-Schleife kann nun eingesetzt werden, um die x-Koordinaten zu spezifizieren. Entsprechend werden Formen Zeile für Zeile gezeichnet. Dabei ist zu berücksichtigen, dass die Zählvariablen der beiden for-Schleifen eine unterschiedliche Bezeichnung haben, zum Beispiel y für die äußere und x für die innere for-Schleife.

Zufallsfunktion

Um Muster zu erzeugen, bei denen sich Formen an zufälligen Positionen befinden, können Zufallszahlen eingesetzt werden. Die taralino-Bibliothek stellt hierzu die Funktion **random** bereit: So führt etwa der Aufruf random(0,20) dazu, dass eine zufällige (rationale) Zahl zwischen 0 und 20 zurückgegeben wird.

äußere for-Schleife

innere for-Schleife

```
for (var y = 0; y < 10; y = y+1) {
  for (var x = 0; x < 20; x = x+1) {
    Canvas.circle(x+0.5, y+0.5, 0.4, {fill:"red"});
  }
}
```

5 Beispiel einer verschachtelten for-Schleife

Material mit Aufgaben

Digital+ WES-188528-20

M1 Einfache Muster zeichnen

Schritt 1: Folge dem Webcode und mache dich mit dem Quellcode vertraut.

Schritt 2: Nutze eine for-Schleife, um Muster ähnlich zu den nebenstehenden zu erzeugen. Die zufälligen Positionen und Drehungen der Formen können mit der Zufallsfunktion generiert werden.

Schritt 3: Experimentiere mit der Anzahl der Objekte sowie mit Formen und Farben.

Digital+ WES-188528-21

M2 Komplexe Muster zeichnen

Schritt 1: Folge dem Webcode und mache dich mit dem Quellcode vertraut.

Schritt 2: Nutze verschachtelte for-Schleifen, um Muster ähnlich zu den nebenstehenden zu erzeugen. Es kann auch hier die Zufallsfunktion eingesetzt werden.

Schritt 3: Erzeuge weitere Muster mit verschachtelten for-Schleifen. Tauscht eure Muster samt Quellcode untereinander aus.

1 Variablen sind wie Schubladen eines Apothekerschranks, nur mit Daten gefüllt.

Variablen

Definition

Variablen sind abstrakte Behälter für Daten wie zum Beispiel Zahlen. Der Inhalt der Behälter kann sich im Ablauf eines Programms verändern. Dies ist auch bei Zählvariablen der Fall.

Variablen in JavaScript

Bevor eine Variable verwendet werden kann, muss diese deklariert werden. Hierzu wird in JavaScript das Schlüsselwort **var** verwendet. Zudem besitzt jede Variable einen eindeutigen Namen. Für den Variablennamen kann eine beliebige Kombination aus Buchstaben, Ziffern und Unterstrich gewählt werden, wobei der Name mit einem Buchstaben beginnen muss. Schließlich sollte jede Variable initialisiert werden. Dies bedeutet, Variablen ihren ersten Wert zuzuweisen.

Datentypen

Jede Variable besitzt abhängig von ihrem Wert einen Datentyp. Variablen, die einen numerischen Wert beinhalten, haben den Datentyp Zahl. Dabei kann es sich um eine ganze oder um eine rationale Zahl handeln. Ein zweiter Datentyp sind Zeichenketten. Der Inhalt einer Variable des Datentyps Zeichenkette ist ein Wort oder ein Text. Wichtig ist, dass Zeichenketten jeweils mit Anführungszeichen beginnen und enden. Ein dritter Datentyp sind Datenfelder oder Arrays. Dabei handelt es sich um eine Liste von Daten, beispielsweise um eine Liste von Zahlen.

```
// Variablen vom Datentyp Zahl
var x = 10.0;
var y = 6.0;
var r = 5.0;

// Variablen vom Datentyp Zeichenkette
var t = "Hello world!";
var c = "blue";

// Variablen vom Datentyp Datenfeld
var xAchse = [0.0, 20.0];
var yAchse = [0.0, 12.0];

// Zeichnung erstellen
Canvas.init(xAchse, yAchse, {width:480});
Canvas.circle(x, y, r, {fill:c});
Canvas.text(x, y, t, {fill:"white"});
```

Initialisierung mit einem Wert

Schlüsselwort, um Variablen zu deklarieren

Verwendung einer Variablen vom Datentyp Datenfeld

2 Beispiel zur Deklaration, Initialisierung und Verwendung von Variablen

Notwendigkeit von Variablen

In der Programmierung gibt es viele Fälle, in denen Variablen notwendig sind. Wenn zum Beispiel zwei Kreise mit unterschiedlichen Radien, aber demselben Mittelpunkt gezeichnet werden sollen. Wenn die x- und y-Koordinate des Mittelpunktes zufällig generiert werden, dann müssen diese in einer Variablen gespeichert werden. Andernfalls sind beim Zeichnen des zweiten Kreises die Koordinaten des Mittelpunktes nicht mehr bekannt.

Variablen vom Datentyp Zahl

Einerseits werden Variablen benötigt, um auf deren Inhalte immer wieder zurückgreifen zu können. Andererseits kann sich der Inhalt einer Variablen während des Programmablaufs verändern. Bei Variablen vom Datentyp Zahl können dazu die üblichen vier Grundrechenarten eingesetzt werden. Es kommen die bekannten Rechenregeln wie Punkt- vor Strich-Rechnung zur Anwendung. Darüber hinaus besteht die Möglichkeit, runde Klammern zu nutzen. Auch hier gilt die bekannte Regel, dass zunächst Klammern aufgelöst werden.

Zufällige Farben

Statt einer Zeichenkette wie zum Beispiel red kann der Option fill beim Zeichnen einer Form auch ein Wert zwischen 0 und 1 zugewiesen werden. Jeder Zahlenwert steht für eine bestimmte Farbe. Mit der Zufallsfunktion wird eine Form entsprechend in einer zufälligen Farbe gezeichnet, falls als Option fill:random(0,1) definiert wird.

```
Canvas.init([0,20], [0,8], {width:480});

var x = random(2, 18);
var y = random(2, 6);
var color = random(0, 1);

Canvas.circle(x, y, 1.0, {fill:color});
Canvas.circle(x, y, 0.6, {fill:"yellow"});
```

3 Beispiel zur Notwendigkeit von Variablen

```
+ Zahlen (bzw. Variablen vom Datentyp Zahl) addieren
- Zahlen (bzw. Variablen vom Datentyp Zahl) subtrahieren
* Zahlen (bzw. Variablen vom Datentyp Zahl) multiplizieren
/ Zahlen (bzw. Variablen vom Datentyp Zahl) dividieren
```

4 Arithmetische Operatoren für Berechnungen mit Variablen vom Datentyp Zahl

Material mit Aufgaben

Digital+ WES-188528-22

M1 Muster zeichnen

Schritt 1: Folge dem Webcode und mache dich mit dem Quellcode vertraut.

Schritt 2: Nutze eine for-Schleife, um Muster ähnlich zu den nebenstehenden zu erzeugen. In jedem Schleifendurchlauf sind zufällige x- und y-Koordinaten der Formen zu generieren, die in Variablen gespeichert werden.

Schritt 3: Sei kreativ und experimentiere mit der Anzahl der Objekte sowie mit Formen und Farben. Welches deiner Muster gefällt dir am besten?

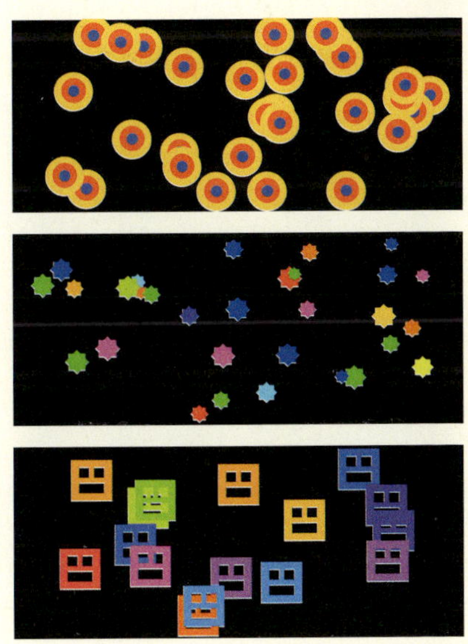

1 Eine if-else-Struktur ist ähnlich wie ein Wegweiser: Es wird entschieden, welcher Weg im Programmablauf gewählt wird.

Bedingte Anweisungen

```
>  größer als

<  kleiner als

>= größer als oder gleich

<= kleiner als oder gleich

== gleich

!= ungleich
```

2 Vergleiche von Zahlen

Bedingungen

Bei einer Programmierung werden Anweisungen oft nur ausgeführt, wenn eine Bedingung erfüllt ist. Dies kann eine Überprüfung sein, ob beispielsweise der Wert einer Variable größer oder kleiner als ein bestimmter Wert ist. Eine Bedingung ist ein Vergleich, der als Ergebnis entweder wahr oder falsch ergibt. Anweisungen werden nur ausgeführt, wenn die Bedingung erfüllt ist.

if-Struktur

Die einfachste Möglichkeit einer bedingten Anweisung ist die sogenannte if-Struktur. Beginnend mit dem Schlüsselwort **if** wird eine Bedingung definiert, gefolgt von einem Block von Anweisungen in geschweiften Klammern. Die Anweisungen werden aber nur dann ausgeführt, wenn die Bedingung erfüllt (wahr) ist. Ist die Bedingung nicht erfüllt (falsch), wird der Block von Anweisungen einfach übersprungen.

if-else-Struktur

Die if-Struktur lässt sich erweitern, indem eine Bedingung gefolgt von zwei Blöcken von Anweisungen definiert wird. Die beiden Blöcke werden durch das Schlüsselwort **else** voneinander getrennt. Der erste Block von Anweisungen wird ausgeführt, wenn die Bedingung erfüllt (wahr) ist. Der zweite Block von Anweisungen wird nur dann ausgeführt, wenn die Bedingung nicht erfüllt (falsch) ist. In allen Fällen werden somit abhängig von der jeweiligen Bedingung die Anweisungen genau eines Blockes ausgeführt.

Definition einer if-Struktur

Bedingung der if-Struktur

```
if (r > 0.3) {
  Canvas.circle(x, y, r, {fill:"blue"});
  Canvas.circle(x, y, r-0.2, {fill:"black"});
}
```

Anweisungen, die nur dann ausgeführt werden, wenn die Bedingung erfüllt ist.

```
if (r < 0.3) {
  Canvas.circle(x, y, r, {fill:"red"});
} else {
  Canvas.circle(x, y, r, {fill:"blue"});
}
```

3 Beispiel einer if-Struktur (oben) und einer if-else-Struktur (unten)

Vergleiche von Zahlen

Um Zahlenwerte miteinander zu vergleichen, können Vergleichsoperatoren eingesetzt werden: größer (>), kleiner (<), größer gleich (>=) und kleiner gleich (<=). Aufgrund von Rundungsfehlern, die in jedem Rechner auftreten, sollten nur Werte auf Gleichheit (==) oder Ungleichheit (!=) verglichen werden, bei denen es sich um ganze Zahlen handelt. Wichtig ist, dass für eine Abfrage auf Gleichheit zwei Gleichzeichen verwendet werden. Ein einfaches Gleichzeichen bedeutet stets eine Wertezuweisung.

und-Verknüpfung

Bei der Bedingung einer if- oder einer if-else-Struktur können mehrere Vergleiche miteinander kombiniert werden. Die und-Verknüpfung dient dazu, zwei Vergleiche zu kombinieren, die beide erfüllt sein müssen, damit die Bedingung erfüllt (wahr) ist. In JavaScript wird der und-Operator mit den Symbolen && umgesetzt. Die beiden Vergleiche vor und nach dem und-Operator sind jeweils in runden Klammern zu definieren.

oder-Verknüpfung

Auch bei einer oder-Verknüpfung werden zwei Vergleiche zu einer Bedingung kombiniert. Dabei muss aber nur ein Vergleich erfüllt sein, damit die Bedingung erfüllt (wahr) ist. Dies bedeutet, dass die Bedingung nur dann nicht erfüllt (falsch) ist, wenn beide Vergleiche nicht erfüllt sind. In JavaScript wird der oder-Operator mit den Symbolen || umgesetzt. Auch hier sind die beiden Vergleiche vor und nach dem und-Operator in runden Klammern zu definieren.

Bedingung mit und-Verknüpfung

```
if ((x <= 2) && (y >= 3)) {
  Canvas.circle(x, y, r, {fill:"blue"});
}
```

Bedingung mit oder-Verknüpfung

```
if ((x < 1.5) || (x > 3.5)) {
  Canvas.circle(x, y, r, {fill:"green"});
}
```

4 Beispiele für Bedingungen mit und- sowie oder-Verknüpfung

Verschachtelungen

Bedingte Anweisungen können an beliebigen Stellen im Programmablauf verwendet werden, beispielsweise innerhalb von Schleifen, Befehlen oder Funktionen. Sie können auch ineinander verschachtelt werden, sodass sich beliebig komplexe Anweisungen definieren lassen.

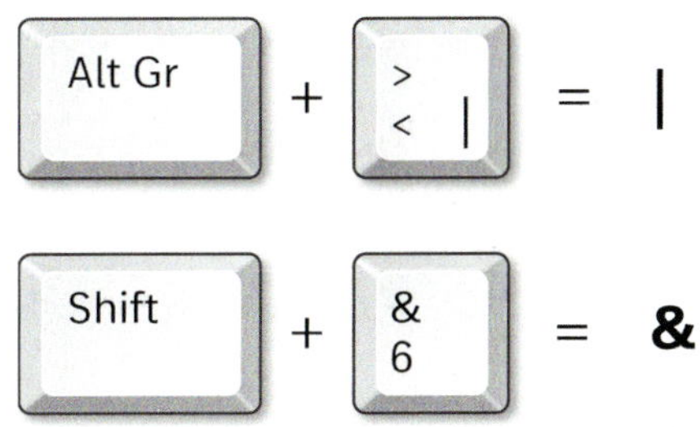

5 Tastenkombinationen für die Operatoren

Material mit Aufgaben

Digital+ WES-188528-23

M1 Bedingte Anweisungen

Schritt 1: Folge dem Webcode und mache dich mit dem Quellcode vertraut. Es werden zufällige x- und y-Koordinaten einiger Punkte erzeugt, die anschließend dargestellt werden.

Schritt 2: Formuliere Bedingungen, sodass die Punkte jeweils gemäß der nebenstehenden Beispiele eingefärbt werden.

Schritt 3: Fertige zu jedem Beispiel ein zugehöriges Struktogramm an, welches die verwendeten Bedingungen beschreibt.

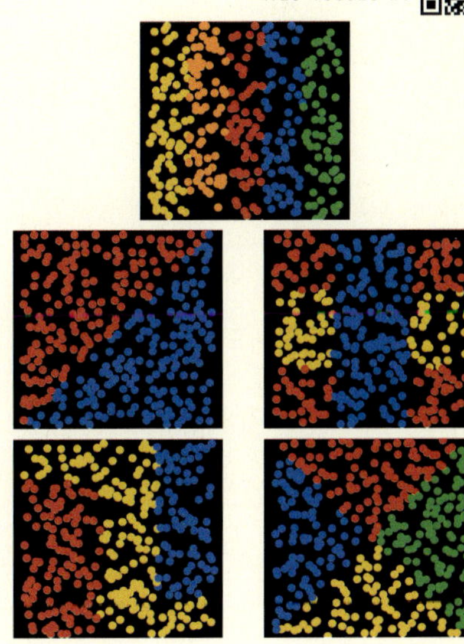

1 Eine gut sortierte Schublade ist mit einem Datenfeld vergleichbar.

Datenfelder

Definition

Arrays oder **Datenfelder** sind Variablen, die als Liste von Daten gesehen werden können. Der Zugriff auf die Elemente eines Datenfeldes erfolgt über den zugehörigen Index. Dabei können die Elemente einen beliebigen Datentyp haben: Zahlen, Zeichenketten oder auch wieder Datenfelder. Bei der Verwendung von Datenfeldern ist es wichtig, zu prüfen, dass nur auf Elemente zugegriffen wird, die zuvor tatsächlich definiert wurden.

Definition eines Datenfeldes anhand eckiger Klammern

Index 0

Index 1

Index 5

```
var A = [-0.3, 1.5, -1.2, 1.3, 0.4, -0.7];

Canvas.init([-1,6], [-2,2], {width:480, background:"lightgrey"});

for (var i = 0; i < A.length; i = i+1) {
  Canvas.circle(i, A[i], 0.2, {fill:"blue"});
}
```

Um den Wert eines Elements des Datenfeldes auszulesen, wird der Variablenname samt Index in eckigen Klammern verwendet.

2 Beispiel zur Definition und Verwendung von Datenfeldern in JavaScript

Datenfelder in JavaScript

Ein Datenfeld wird in JavaScript wie eine Variable samt Variablennamen behandelt. Bei der Initialisierung werden eckige Klammern verwendet. Die Elemente des Datenfeldes werden durch ein Komma voneinander getrennt. Um anschließend den Wert eines Elements auszulesen, ist der Variablenname samt Index in eckigen Klammern zu verwenden. Es ist wichtig, dass das erste Element eines Datenfeldes den Index 0 besitzt und nicht den Index 1.

Datenfelder und Schleifen

Um alle Elemente eines Datenfeldes auszulesen, werden Datenfelder häufig in Verbindung mit Schleifen eingesetzt: Die Zählvariable beginnt bei 0 und im Zählschritt wird der Wert der Zählvariablen um 1 erhöht. Bei der Schleifenbedingung ist die Anzahl der Elemente des Datenfeldes zu berücksichtigen. Falls die Anzahl jedoch gar nicht bekannt ist, kann die Länge eines zuvor definierten Datenfeldes ausgelesen werden, indem an den Variablennamen des Datenfeldes **.length** angehängt wird.

```
var A = [];

for (var i = 0; i < 12; i = i+1) {
  A.push(random(-1,1));
}

Canvas.init([-1,A.length], [-2,2], {width:480, background:"lightgrey"});

for (var i = 0; i < A.length; i = i+1) {
  Canvas.circle(i, A[i], 0.2, {fill:"blue"});
}
```

Definition eines Datenfeldes, das zunächst noch keine Elemente beinhaltet

In jedem Schleifendurchlauf wird dem Datenfeld ein Element angehängt. Der Wert des neuen Elements ist jeweils eine zufällige Zahl zwischen -1 und 1.

Abfrage der (aktuellen) Länge des Datenfeldes. In diesem Beispiel gilt A.length = 12.

3 Beispiel zum Umgang mit Datenfeldern: Es werden Elemente angehängt und die Länge des Datenfeldes ausgelesen.

Umgang mit Datenfeldern

Es gibt viele Möglichkeiten, Datenfelder zu ändern und zu verarbeiten. So kann einem Element des Datenfeldes ein neuer Wert zugewiesen werden, indem wie zuvor der Variablenname samt Index in eckigen Klammern verwendet wird. Es kann sich aber auch die Länge eines Datenfeldes während des Programmablaufs verändern. Um einem Datenfeld ein Element anzuhängen, kann der Befehl **.push()** genutzt werden. Der Befehl erwartet ein Argument, nämlich den (initialen) Wert des neuen Elements.

Variableninhalte ausgeben

Es besteht auch die Möglichkeit, sich den Wert von Variablen in einem Textfeld ausgeben zu lassen. Hierzu dient der Befehl **Console.print()**. Dem Befehl ist ein Argument, meist eine Variable, zu übergeben, dessen Wert ausgegeben werden soll. Auf diese Weise können beispielsweise die Werte eines Datenfeldes bestehend aus einer Reihe zufälliger Zahlen angeschaut werden.

Die vollständige Referenz des Console-Pakets: Digital+ WES-188528-24

```
var A = [];

for (var i = 0; i < 8; i = i+1) {
  A.push(random(0,10));
}

Console.print(A);
```

In jedem Schleifendurchlauf wird dem Datenfeld A ein Element angehängt. Der Wert des neuen Elements ist jeweils eine zufällige Zahl zwischen 0 und 10.

Dieser Befehl kann verwendet werden, um die Werte der Elemente von A anzuschauen.

4 Beispiel, um den Inhalt eines Datenfeldes auszugeben

Material mit Aufgaben

M1 Datenfelder analysieren

Digital+ WES-188528-25

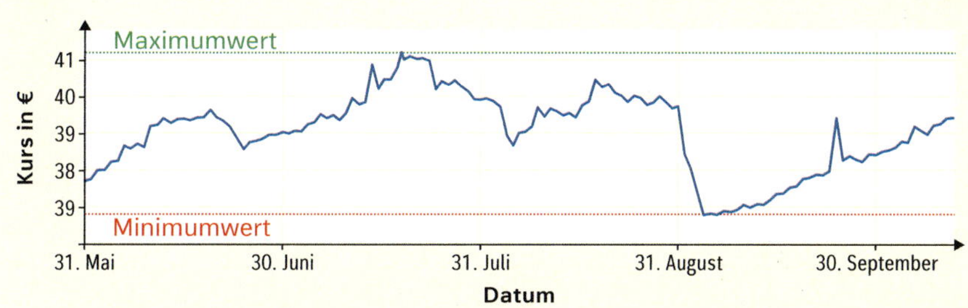

Schritt 1: Folge dem Webcode und mache dich mit dem Quellcode vertraut.

Schritt 2: Ergänze den Code, um die kleinste und die größte Zahl des Datenfeldes zu bestimmen. Lasse das Ergebnis ausgeben.

Schritt 3: Bestimme die Summe aller Zahlen des Datenfeldes und gib das Ergebnis aus.

Schritt 4: Ermittle zusätzlich den Mittelwert der Zahlen des Datenfeldes. Beachte dabei, dass die Länge des Datenfeldes variieren kann.

```
var A = [];

for (var i = 0; i < 8; i = i+1) {
  A.push(random(0,10));
}
Console.print(A);

var h = A[0];
A[0] = A[1];
A[1] = h;

Console.print(A);
```

Diese drei Zeilen dienen dazu, die Werte der Elemente mit den Indize 0 und 1 zu vertauschen. Dazu wird eine Hilfsvariable benötigt.

5 Vorgehensweie, um die Werte zweier Elemente eines Datenfeldes zu tauschen.

```
var A = [
  [1, 2],
  [6, 3],
  [4, 1]
];

for (var i = 0; i < A.length; i = i+1) {
  Canvas.circle(A[i][0], A[i][1], 1);
}
```

Definition eines zweidimensionalen Datenfeldes unter Verwendung von Zeilenumbrüchen. Jedes Element von A definiert die Koordinaten des Mittelpunkts eines Kreises.

In diesem Beispiel gilt A.length = 3

Wert des ersten Elements von A[i]

Wert des zweiten Elements von A[i]

4 Beispiel zur Definition und Verwendung zweidimensionaler Datenfeldern

Werte zweier Elemente tauschen

Ein wichtiges Konzept bei der Verwendung von Datenfeldern ist das Tauschen der Werte von zwei Elementen. Dazu wird eine Hilfsvariable benötigt. Diese übernimmt zuerst den Wert eines Elements. Danach kann der Tausch mithilfe der Hilfsvariablen durchgeführt werden. Das Tauschen der Werte zweier Elemente ist das wichtigste Konzept, wenn ein Datenfeld aus zufälligen Zahlen sortiert werden soll.

Zweidimensionale Datenfelder

Wenn die einzelnen Elemente eines Datenfeldes selbst wieder Datenfelder sind, spricht man von **zweidimensionalen** Datenfeldern. Um auf einzelne Elemente des zweidimensionalen Datenfelde zuzugreifen, braucht man zwei Indizes wie zum Beispiel A[2][1].

Material mit Aufgaben

M3 Zweidimensionale Datenfelder

Digital+ WES-188528-26

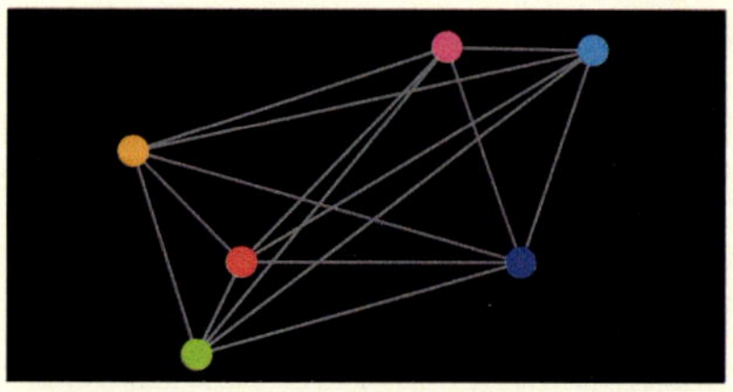

Schritt 1: Folge dem Webcode. Es wird ein zweidimensionales Datenfeld definiert, das als Tabelle bestehend aus sechs Zeilen und drei Spalten angesehen werden kann.

Schritt 2: Jede Zeile definiert einen Kreis, wobei die drei Elemente einer Zeile folgende Bedeutung haben: x-Koordinate des Mittelpunktes, y-Koordinate des Mittelpunktes, Farbe (als Zahlenwert zwischen 0 und 1). Schreibe ein Programm, um die sechs Kreise darzustellen. Zeichne zudem zwischen je zwei Punkten eine Linie.

Schritt 3: Erweitere das Programm und erzeuge ein zweidimensionales Datenfeld mit einer beliebigen Anzahl an Zeilen mit jeweils drei zufälligen Werten. Auch hierzu sollen die zugehörigen Kreise samt Linien dargestellt werden.

Strategien zur Fehlersuche

Methode

Softwarefehler

Wir alle kennen es, wenn eine App nicht wie erwartet funktioniert. Das liegt oft an Softwarefehlern, die auch als **Bugs** (englisch, Käfer oder Wanze) genannt werden. In der textbasierten Programmierung kommt es oft vor, dass Fehler passieren. Je früher die Fehler gefunden werden, desto geringer ist der Aufwand, sie zu beheben. Es gibt unterschiedliche Möglichkeiten, wie Bugs aufgespürt und vermieden werden können.

Debugging

Beim **Debugging** werden spezielle Programme zum Auffinden von Bugs eingesetzt. Ein Debugger hilft dabei, den eigenen Programmablauf Schritt für Schritt zu verfolgen. Hierzu können beispielsweise Haltepunkte eingebaut oder die Werte von Variablen während der Laufzeit überwacht werden. Zudem können Debugger, die speziell auf eine Programmiersprache ausgelegt sind, Fehler wie falsche Zuweisungen, undefinierte Variablen oder Schleifen, die nicht richtig funktionieren, identifizieren.

Unerlaubte Argumente

Um Fehler zu vermeiden, werden bei der Verwendung von Befehlen der taralino-Bibliothek die Argumente automatisch auf Richtigkeit überprüft. Das bedeutet, dass ein Befehl nur dann ausgeführt wird, wenn die richtige Anzahl an Argumenten übergeben wird und diese passende Datentypen besitzen. Passiert dies nicht, erscheint eine Fehlermeldung. Auch bei den optionalen Parametern in geschweiften Klammern werden die Variablen automatisch überprüft. Hier erscheint jedoch keine Fehlermeldung, falls etwas nicht stimmt. Stattdessen wird der Standardwert verwendet.

Logging

Eine weitere Möglichkeit, um Fehler aufzuspüren, ist das **Logging**. Dabei handelt es sich um eine Protokollierung der Werte von Variablen während der Laufzeit, die in einer **Logdatei** dokumentiert werden. Bei der taralino-Bibliothek kann zum Logging der Befehl Console.print() verwendet werden. Auch damit lassen sich die Werte von Variablen zur Laufzeit protokollieren, beispielsweise innerhalb von Schleifen oder Befehlen. Dadurch kann die Ursache von Fehlern oft identifiziert werden.

1 Namensgeber für Softwarefehler (bugs)

Material mit Aufgaben

Digital+ WES-188528-27

M1 Unerlaubte Argumente

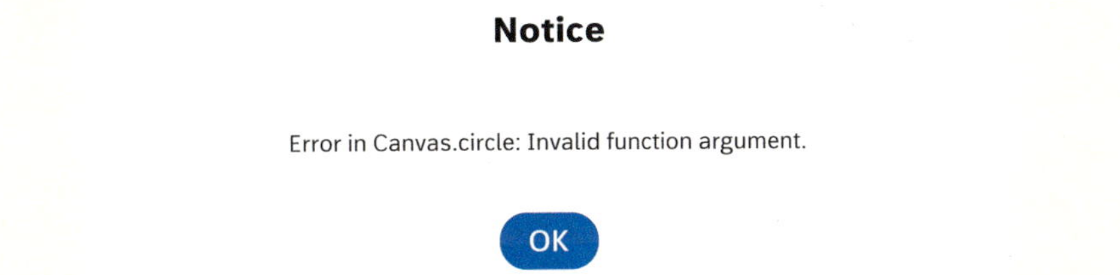

Schritt 1: Folge dem Webcode und mache dich mit dem Quellcode vertraut. Übergib dem Befehl zum Zeichnen eines Kreises nicht drei, sondern nur zwei verpflichtende Argumente.

Schritt 2: Verwende drei verpflichtende Argumente, wobei ein Argument keine Zahl, sondern eine Zeichenkette sein soll.

Schritt 3: Beschreibe, was passiert, wenn der Befehl zum Zeichnen eines Kreises aufgerufen wird, ohne dass die Zeichenfläche zuvor initialisiert wurde.

Schritt 4: Experimentiere mit unerlaubten Datentypen bei optionalen Parametern.

1 Smileys können nicht nur gebacken oder verschickt, sondern auch programmiert werden.

Befehle und Funktionen

Befehle

Um an unterschiedlichen Stellen im Programmablauf gleiche Anweisungen auszuführen, können Befehle eingesetzt werden. Zum Beispiel ist Canvas.circle(x, y, r) ein Befehl, der zum Zeichnen eines Kreises dient. Dem Befehl werden in diesem Fall drei Argumente übergeben, nämlich x- und y-Koordinaten des Mittelpunktes sowie Radius r. Der Befehl zeichnet den Kreis in Abhängigkeit der Werte der Argumente.

Schlüsselwort zur Definition eines Befehls

Name des Befehls

Argumente des Befehls. In diesem Beispiel x- und y-Koordinaten als Variablen vom Datentyp Zahl.

```
function smiley(x, y) {
  Canvas.circle(x, y, 1.5, {fill:"yellow"});
  Canvas.circle(x, y-0.3, 0.6, {fill:"black"});
  Canvas.rect(x, y+0.3, 2.0, 1.2, {fill:"yellow"});
  Canvas.circle(x+0.5, y+0.4, 0.3, {fill:"black"});
  Canvas.circle(x-0.5, y+0.4, 0.3, {fill:"black"});
};

Canvas.init([0,16], [0,8], {width:600, background:"black"});
smiley(4.0, 4.0);
```

Anweisungen, die beim Aufruf des Befehls durchgeführt werden.

Aufruf des Befehls samt Werte der Argumente

2 Beispiel zur Definition und zum Aufruf eines Befehls

Befehle definieren

Eigene Befehle werden durch das Schlüsselwort **function** definiert sowie mit einem eindeutigen Namen versehen. Es folgen die Argumente in runden Klammern, wobei es sich dabei um Variablen der bekannten Datentypen handelt. Der Block von Anweisungen, der in Abhängigkeit der Argumente durchgeführt werden soll, wird in geschweiften Klammern zusammengefasst. Um einen zuvor definierten Befehl auszuführen, ist nun der Name des Befehls samt Argumenten in runden Klammen anzugeben.

Funktionen

Auch Funktionen dienen zur Ausführung von Anweisungen in Abhängigkeit gewisser Parameter. Bei Funktionen wird jedoch der Wert einer Variablen zurückgegeben: Die Funktion random(a, b) generiert eine Zufallszahl zwischen a und b. Es können eigene Funktionen programmiert werden, um bestimmte Rechnungen in Abhängigkeit der Argumente wiederholt durchzuführen.

Funktionen definieren

Funktionen können genau wie Befehle definiert werden, wobei zusätzlich das Schlüsselwort **return** am Ende des Blockes den Rückgabewert definiert: Nach dem Schlüsselwort return folgt das Ergebnis einer Berechnung wie beispielsweise der Wert einer Variablen, der zur weiteren Verwendung zurückzugeben wird.

```
function mittelwert(a, b) {
  return (a+b) / 2;
};

var m = mittelwert(3, 7);
```

In Abhängigkeit der Argumente wird ein Wert berechnet und zurückgegeben.

Schlüsselwort, um einen Wert zurückzugeben

Aufruf der zuvor definierten Funktion. Der Rückgabewert wird in einer Variablen gespeichert.

3 Beispiel zur Definition einer Funktion mit einer Zahl als Rückgabewert

Das Math-Paket

Funktionen können für sehr unterschiedliche Berechnungen programmiert werden. Aber auch übliche mathematische Funktionen sind ein wichtiger Anwendungsfall. JavaScript stellt hierzu das Math-Paket bereit, welches beispielsweise zur Berechnung von Sinus und Kosinus verwendet werden kann.

Die vollständige Referenz des Math-Pakets: Digital+ WES-188528-28

Sichtbarkeit von Variablen

Ein recht theoretisches, aber dennoch sehr wichtiges Konzept ist die Sichtbarkeit von Variablen:

Variablen, die innerhalb des Blockes eines Befehls oder einer Funktion definiert werden, sind auch nur dort sichtbar, können also nur innerhalb des Blockes ausgelesen und verändert werden.

Variablen, die hingegen global, also außerhalb des Blockes eines Befehls beziehungsweise einer Funktion definiert werden, sind überall sichtbar und können daher auch innerhalb von Blöcken ausgelesen und verändert werden.

Material mit Aufgaben

M1 Befehle implementieren

Digital+ WES-188528-29

Schritt 1: Folge dem Webcode und mache dich mit dem Quellcode vertraut. Es wird ein Befehl definiert, der zum Zeichnen eines Smileys dient. Dabei werden zwei Argumente erwartet, nämlich x- und y-Koordinaten des Mittelpunkts.

Schritt 2: Erweitere den Quellcode, sodass der Befehl mehrfach mit jeweils unterschiedlichen Parametern aufgerufen wird.

Schritt 3: Führe ein drittes Argument des Befehls ein, sodass neben den x- und y-Koordinaten auch die Farbe des Smileys zu übergeben ist. Teste den Befehl, indem Smileys in unterschiedlichen Farben gezeichnet werden.

M2 Funktionen implementieren

Digital+ WES-188528-30

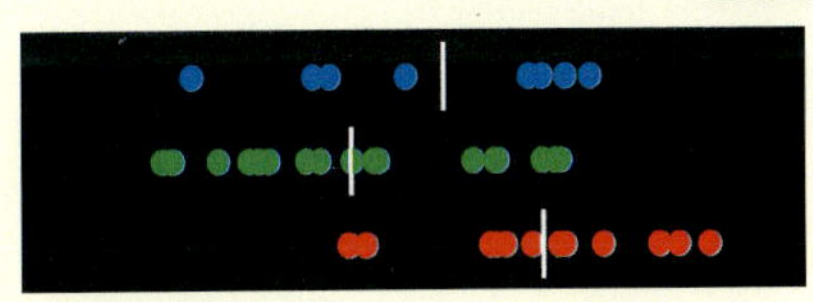

Schritt 1: Folge dem Webcode und mache dich mit dem Quellcode vertraut. Es wird eine Funktion definiert, die den Mittelwert zweier Argumente bestimmt und zurückgibt.

Schritt 2: Schreibe eine Funktion, die nur ein Argument erwartet. Das Argument soll ein Datenfeld mit einer beliebigen Anzahl an Zahlen sein. Die Funktion soll den Mittelwert der Zahlen des Datenfeldes bestimmen und zurückgeben.

Schritt 3: Teste deine Funktion mit einer geeigneten grafischen Ausgabe. Nutze die im Quellcode definierten Datenfelder A, B und C.

Unterprogramme und Anforderungen

Unterprogramme
Nicht nur ganze Software-Bibliotheken, auch einzelne Befehle und Funktionen können als **Unterprogramm** aufgefasst werden. Unterprogramme werden in einem Programmablauf häufig wiederholt aufgerufen, um Berechnungen in Abhängigkeit durchzuführen.

Anforderungen
Der erste Schritt bei der Entwicklung eines Unterprogramms ist die Definition von **Anforderungen**. Diese beschreiben eindeutig, was das Unterprogramm leisten soll. Es werden die Argumente und Parameter des Unterprogramms ebenso wie ein möglicher Rückgabewert definiert. Bei der Definition von Anforderungen sind alle möglichen Verläufe zu berücksichtigen beispielsweise auch das Verhalten des Unterprogramms, falls ungültige Argumente übergeben werden. Mithilfe der Anforderungen wird das Verhalten des Unterprogramms in allen denkbaren Fällen festgelegt.

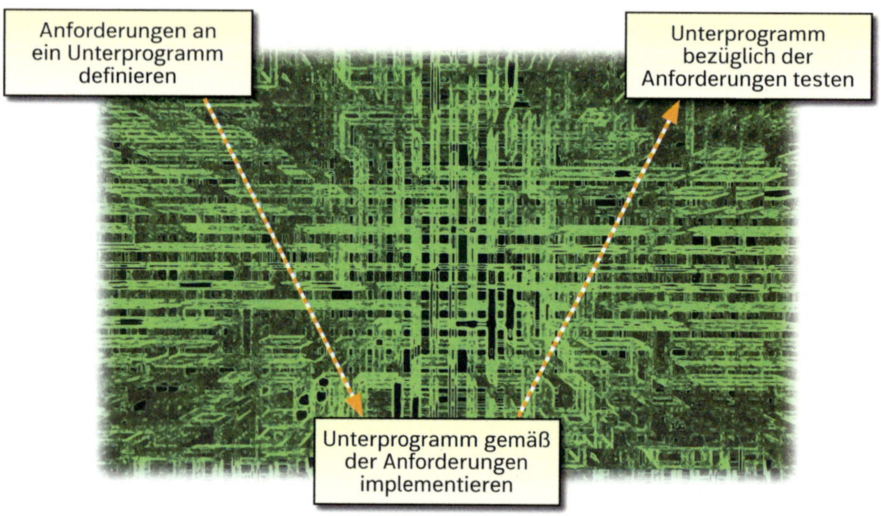

1 Das vereinfachte V-Modell zur Vorgehensweie in der Softwareentwicklung

Implementierung
Bei der **Implementierung** eines neuen Unterprogramms sollte man sich exakt an die zuvor definierten Anforderungen halten. Sind die Anforderungen eindeutig definiert, dann sollten bei der Implementierung keine Fragen bezüglich des Verhaltens des Unterprogramms auftreten. Ist dies doch der Fall, dann müssen die Anforderungen genauer spezifiziert oder ergänzt werden.

Tetsphase
Nach der Implementierung eines Unterprogramms ist es wichtig, dieses zu testen. Auch dafür können Anforderungen genutzt werden. Zu jeder Anforderung werden Testfälle erzeugt, um das Verhalten des Unterprogramms mit den jeweiligen Argumnten und Parametern zu überprüfen. Während der Testphase sollte auch untersucht werden, wie sich das Unterprogramm verhält, falls zum Beispiel ungültige Argumente übergeben werden.

Das V-Modell
Das **V-Modell** ist ein Modell der Softwareentwicklung, welches vereinfacht den zuvor beschriebenen Ablauf beschreibt: Definition von Anforderungen, Implementierung und Testphase. Entwickler sollten diesem Modell Schritt für Schritt folgen, um sicherzustellen, dass die Software funktioniert. Das V-Modell hilft, Fehler früh zu erkennen und die Qualität der Software zu verbessern. Es funktioniert wie eine Check-Liste, damit beim Entwickeln der Software Schritt für Schritt alles richtig gemacht wird.

Historische Softwarefehler

Wie wichtig es ist, Anforderungen an Unterprogramme genau zu spezifizieren und diese zu testet, zeigt ein Blick in die Vergangenheit. Ein Besipiel bei dem dies nicht ausreichend getan wurde, ist der Raketenstart der Ariane 5 im Juni 1996. Ein Unterprogramm, das aus einer früheren Software übernommen wurde, wurde vorher nicht ausreichend für den Einsatz in der neuen Software getestet. Dies führte dazu, dass die Rakete von ihrem Kurs abkam und sich etwa 40 Sekunden nach ihrem Start selbst zerstörte.

2 Eine Ariane 5-Rakete

Material mit Aufgaben

M1 Anforderungen einer Wetter-App

Digital+ WES-188528-31

Wie viele Argumente besitzt die Funktion?
Welche Datentypen besitzen die Argumente der Funktion?
Wie ist die genaue Reihenfolge der Argumente der Funktion?
Wie soll sich die Funktion verhalten, falls ungültige Argumente übergeben werden?
Welchen Datentyp besitzt der Rückgabewert der Funktion?
Was genau soll die Funktion in Abhängigkeit der Argumente berechnen?
Welches Ergebnis gibt die Funktion zurück?
Was soll passieren, wenn die Werte der Argumente keine Berechnung erlauben?

Eine Wetter-App soll eine neue Funktion bekommen. Je nachdem, wie das Wetter am Morgen ist, soll die App eine Empfehlung für den Tag formulieren. Zum Beispiel: „Denke an einen Regenschrim“ oder „Vergiss die Sonnencreme heute nicht.“

1. Definiere Anforderungen für die neue Funktion der Wetter-App. Nutze den Notizzettel.
2. Folge dem Webcode und erweitere das bestehende Programm. Implementiere die neue Funktion der Wetter-App mithilfe der definierten Anforderungen aus 1.
3. Teste die neue Funktion auf die in 1 definierten Anforderungen. Dokumentiere, welche Tests durchgeführt wurden, welche Anforderungen getestet wurden und wie die Tests ausgefallen sind.

1 Figur aus einem alten Computerspiele-Klassiker als Mosaik

Animationen

Die Befehle setup und loop

Die taralino-Umgebung bietet die Möglichkeit, auf einfache Art und Weise Animationen zu erstellen. Verwendet wird dazu eine Canvas-Zeichenfläche, auf der wiederholend Formen gezeichnet werden können. Das grundlegende Konzept der Animation basiert auf zwei speziellen Befehlen:

Falls ein Befehl mit dem Namen **setup** definiert ist, so wird dieser automatisch aufgerufen und ausgeführt, wenn das Programm gestartet wird. Der Befehl sollte Anweisungen beinhalten, die zur Initialisierung der Animation beitragen. Beispielsweise kann dort eine Zeichenfläche definiert werden.

Der Befehl mit dem Namen **loop** wird automatisch und sich ständig wiederholend aufgerufen und ausgeführt. Hier können Variablen verändert werden, die zum Beispiel die Positionen von zu zeichnenden Formen beinhalten. Zudem kann der Befehl Canvas.clear hilfreich sein. Dieser sorgt dafür, dass die Zeichenfläche gereinigt wird, bevor Formen erneut gezeichnet werden.

```
var x = 0;

function setup() {
  Canvas.init([0,20], [0,12], {width:600, background:"black"});
};

function loop() {
  x = x + 0.1;
  if (x > 20) x = 0;
  Canvas.clear();
  Canvas.circle(x, 6.0, 0.8, {fill:"yellow"});
};
```

Die Variable ist global definiert und kann daher auch innerhalb der Befehle verwendet werden.

Der Befehl setup wird einmal genau dann ausgeführt, wenn das Programm gestartet wird.

Der Befehl loop wird wiederholend immer wieder erneut aufgerufen.

Dieser Befehl reinigt die Zeichenfläche. Die Hintergrundfarbe bleibt beibehalten.

2 Beispiel zur Programmierung einer Animation

Bildrate und Laufzeit

Wie zuvor beschrieben wird der loop-Befehl wiederholend immer wieder aufgerufen. Wie häufig dies geschieht, hängt unter anderem mit dem Gerät, auf dem das Programm ausgeführt wird, zusammen. Um explizit zu beeinflussen, wie häufig der loop-Befehl pro Sekunde maximal aufgerufen werden soll, kann die Animation unter Verwendung der Option **fps** innerhalb des setup-Befehls initialisiert werden. Man spricht von der sogenannten **Bildrate**. In diesem Zusammenhang ist auch die Funktion **time** interessant: Diese gibt die Dauer in Sekunden zurück, die seit dem Start des Programms vergangen ist. Dadurch lassen sich Bewegung unabhängig von der Bildrate mit einer festen Geschwindigkeit realisieren.

Die Abkürzung **fps** steht für frames per second und kann mit Bilder pro Sekunde übersetzt werden.

```
function setup() {
  Canvas.init([0,20], [0,12], {width:600, background:"black"});
  Animation.init({fps:2});
};

function loop() {
  var a = time();
  Canvas.clear();
  Canvas.rect(10, 6, 1, 8, {fill:"yellow" , angle:a});
};
```

Der Befehl zur Initialisierung der Animation sollte innerhalb des Befehls setup aufgerufen werden.

Die option fps definiert, wie häufig der loop-Befehl pro Sekunde aufgerufen werden soll.

Die Funktion time gibt die Dauer in Sekunden zurück, die seit dem Start des Programms vergangen ist.

3 Beispiel zur expliziten Initialisierung der Animation sowie zur Verzweigung der Funktion time

Material mit Aufgaben

Digital+ WES-188528-32

M1 Bewegte Figuren

Schritt 1: Folge dem Webcode und mache dich mit dem Quellcode vertraut.

Schritt 2: Erweitere das Programm, sodass die Formen an den Rändern der Zeichenfläche reflektiert werden.

Schritt 3: Zeichne statt einfacher Formen kleine Figuren. Programmiere einen Befehl, der eine Figur in Abhängigkeit ihrer Position zeichnet.

Material mit Aufgaben

Digital+ WES-188528-33

M2 Springende Bälle

Schritt 1: Folge dem Webcode und mache dich mit dem Quellcode vertraut.

Schritt 2: Erweitere die Animation, sodass ein springender Ball simuliert wird.

Schritt 3: Führe eine zusätzliche Bewegung entlang der x-Achse ein.

Digital+ WES-188528-34

M3 Animationen und Bildrate

Schritt 1: Folge dem Webcode und mache dich mit den beiden Quellcodes vertraut.

Schritt 2: Verändere die Bildrate und beobachte jeweils die Geschwindigkeit der Formen.

Schritt 3: Experimentiere mit den Geschwindigkeiten in Abhängigkeit der Zeit.

Expertenwissen

Interaktionsmöglichkeiten

1 Maus und Tastatur als Eingabegeräte

Interaktionen mit der Maus

Im Zusammenhang mit Animationen ist auch das Konzept der Interaktionen interessant. Beispielsweise können Anweisungen ausgeführt werden, falls auf eine zuvor definierte Zeichenfläche geklickt wird. Hierzu muss ein Befehl mit dem Namen **on_mouse_down** programmiert werden, der zwei Argumente besitzt: die x- und die y-Koordinaten des Mauszeigers auf der Zeichenfläche. Weitere Befehle dienen dazu, Anweisungen auszuführen, wenn der Mauszeiger über die Zeichenfläche bewegt oder nachdem die Maustaste losgelassen wird.

Interaktionen mit der Tastatur

Neben der Maus stehen auch Interaktionen mit der Tastatur zur Verfügung. Es können Anweisungen ausgeführt werden, falls eine Taste gedrückt oder losgelassen wird. Der Befehl **on_key_down** wird zum Beispiel dann ausgeführt, wenn eine Taste der Tastatur gedrückt wird. Dabei wird ein Argument übergeben, nämlich die Taste, die betätigt wurde, jeweils codiert als Zeichenkette in Großbuchstaben. Beispiele sind die Zeichenketten UP, DOWN, LEFT und RIGHT für die vier Pfeiltasten sowie SPACE für die Leertaste.

Der Befehl wird genau dann aufgerufen, wenn auf eine zuvor definierte Zeichenfläche geklickt wird. Die Koordinaten des Mauszeigers auf der Zeichenfläche werden als Argumente übergeben.

```
function setup() {
  Canvas.init([0,20], [0,12], {width:600, background:"black"});
};

function on_mouse_down(x,y) {
  Canvas.circle(x, y, 0.4, {fill:"yellow"});
};
```

2 Beispiel zur Programmierung einer Animation

```
on_mouse_down(x,y)   ---->  wird aufgerufen, wenn eine Maustaste gedrückt wird
on_mouse_up(x,y)     ---->  wird aufgerufen, wenn eine Maustaste losgelassen wird
on_mouse_move(x,y)   ---->  wird aufgerufen, wenn der Mauszeiger bewegt wird
on_mouse_enter()     ---->  wird aufgerufen, wenn der Mauszeiger die Zeichenfläche betritt
on_mouse_leave()     ---->  wird aufgerufen, wenn der Mauszeiger die Zeichenfläche verlässt
```

3 Übersicht der Möglichkeiten zur Interaktion mit der Maus

```
on_key_down(id)      ---->  wird aufgerufen, wenn eine Taste gedrückt wird
on_key_up(id)        ---->  wird aufgerufen, wenn eine Taste losgelassen wird
```

4 Übersicht der Möglichkeiten zur Interaktion mit der Tastatur

Material mit Aufgaben

M1 Interaktionen mit der Tastatur

Digital+ WES-188528-35

Der Befehl wird genau dann aufgerufen, wenn eine Taste gedrückt wird. Als Argument wird eine Information über die gedrückte Taste als Zeichenkette übergeben.

```
function on_key_down(id) {
  if (id == "RIGHT") x = x + 0.5;
  if (id == "LEFT") x = x - 0.5;
};
```

Das Argument des Befehls besitzt den Datentyp Zeichenkette.

Falls der Wert des Arguments id gleich der Zeichenkette LEFT ist, dann wurde die linke Pfeiltaste gedrückt.

Schritt 1: Folge dem Webcode. Du kannst einen Punkt per Pfeiltasten bewegen. Manchmal musst du einmal mit der Maus auf die Zeichenfläche klicken, damit das Drücken der Taste verarbeitet werden kann.

Schritt 2: Erweitere den Quellcode, sodass sich der Punkt dauerhaft in eine Richtung fortbewegt. Wähle dazu jeweils die Richtung, deren Pfeiltaste zuletzt gedrückt wurde.

Schritt 3: Führe folgende Erweiterung ein: Falls die Leertaste betätigt wird, dann soll der Punkt an eine beliebige Stelle der Zeichenfläche versetzt und die Bewegung gestoppt werden, bis eine Pfeiltaste erneut gedrückt wird.

M2 Partikelsimulation

Digital+ WES-188528-36

Schritt 1: Folge dem Webcode und ergänze für alle Punkte eine jeweils zufällige Bewegung. Führe dazu für jeden Punkt eine zufällige (aber feste) Geschwindigkeit in x- sowie in y-Richtung ein.

Schritt 2: Alle Punkte sollen am Rand der Zeichenfläche reflektiert werden, sodass kein Punkt die Zeichenfläche verlassen kann.

Schritt 3: Falls auf die Zeichenfläche geklickt wird, dann soll ein weiterer sich bewegender Punkt der Simulation hinzugefügt werden.

Schritt 4: Alle Punkte, die einen Abstand zueinander besitzen, der kleiner als eine zuvor definierte Schwelle ist, sollen mit einer Linie verbunden werden.

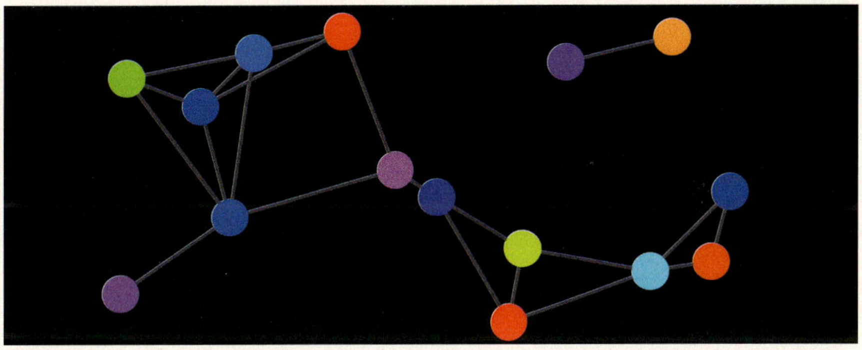

```
function distance(x1, y1, x2, y2) {
  return Math.sqrt((x1-x2)·(x1-x2) + (y1-y2)·(y1-y2));
};
```

Diese Funktion gibt den Abstand zwischen den beiden Punkten mit den Koordinaten (x1,y1) und (x2,y2) zurück.

Hinweis: Dazu ist im Quellcode bereits eine entsprechende Funktion mit dem Namen distance implementiert.

Schritt 5: Führe zudem für die Punkte unterschiedliche Farben ein, die beim Erstellen der Punkte gewählt werden.

Rekursion

1 Farnblatt als Beispiel von Rekursion in der Natur

2 Beispiel einer rekursiven Grafik

Rekursion in der Natur

Farnblätter, Verästelungen von Bäumen oder die Anordnung von Blättern an einem Ast: In der Natur finden sich zahlreiche Beispiele, bei denen sich optische Strukturen scheinbar beliebig oft wiederholen beziehungsweise selbst beinhalten. Das grundlegende Prinzip lässt sich auch in der Programmierung umsetzen. Dadurch lassen sich nicht nur rekursive Grafiken erstellen, auch viele fortgeschrittene Algorithmen greifen auf die Möglichkeiten der rekursiven Programmierung zurück.

Iteration und Rekursion

Bei der Anwendung von Schleifen spricht man von sogenannter **Iteration**. Es handelt sich um Anweisungen, die wiederholt aufgerufen werden, bis ein Abbruchkriterium erfüllt ist. Im Vergleich zur Iteration ist die **Rekursion** eine Abfolge von Anweisungen innerhalb eines Befehls oder einer Funktion, die sich selbst aufruft. Viele gängige Algorithmen lassen sich mittels Rekursion geeignet implementieren. Bekannte Beispiele sind insbesondere Sortier- und Suchalgorithmen.

```
function ring(x, y, r, n) {
  Canvas.circle(x, y, r, {fill:"green"});
  Canvas.circle(x, y, 0.6*r, {fill:"lightgrey"});
  if (n > 1) {
    ring(x+r, y+r, 0.5*r, n-1);
    ring(x-r, y+r, 0.5*r, n-1);
  }
};

Canvas.init([0,20], [0,12], {width:480, background:"lightgrey"});
ring(10, 4, 3, 5);
```

Rekursionstiefe

Mittelpunkt und Radius des (ersten) Ringes

3 Beispiel eines Befehls mit rekursivem Aufruf

Rekursive Grafiken

Ein anschaulicher Anwendungsfall von Rekursion ist die Erstellung von Grafiken, die in sich wiederholende Elemente beinhalten. Derartige geometrische Muster werden auch als **Fraktale** bezeichnet. Beim Aufruf des Befehls ring(x,y,r,n) wird einerseits ein Ring mit dem Mittelpunkt (x,y) sowie Radius r gezeichnet, andererseits wird der Befehl (falls n>1) zweimal erneut aufgerufen, um zwei weitere Ringe zu zeichnen. Dabei wird Mittelpunkt und Radius angepasst sowie die Rekursionstiefe um Eins reduziert.

Gut zu wissen

Das Prinzip der rekursiven Programmierung mag anfangs schwierig und komplex erscheinen. Zudem lassen sich alle Problemstellungen, die mittels Rekursion gelöst werden, grundsätzlich auch mit iterativen Strukturen wie der for-Schleife programmieren. Dennoch führt das Konzept der Rekursion nach einiger Übung häufig zu einem deutlich übersichtlicheren Quellcode und es lässt sich einfacher implementieren. Die Rekursion ist daher eine Strategie, die in vielen gängigen Verfahren zum Einsatz kommt.

Material mit Aufgaben

M1 Rekursive Grafiken

Digital+ WES-188528-37

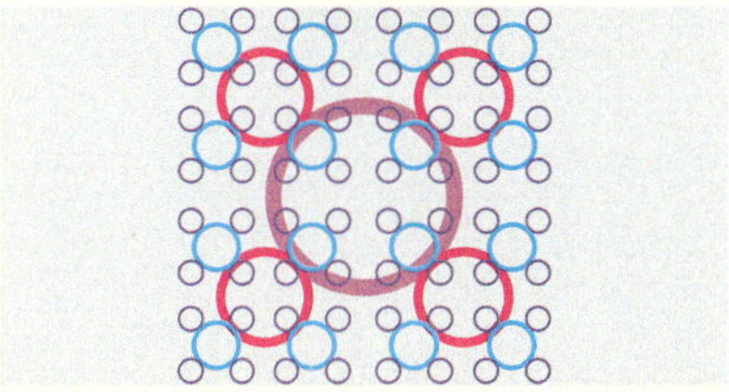

Schritt 1: Folge dem Webcode und mache dich mit dem Quellcode vertraut. Verändere die Rekursionstiefe von 5 auf 3 sowie auf 7 und beobachte jeweils das Ergebnis.

Schritt 2: Bestimme die Anzahl der Ringe, die in Abhängigkeit der Rekursionstiefe gezeichnet werden.

Schritt 3: Verändere und erweitere das Beispiel, um ähnliche rekursive Grafiken zu erzeugen.

Material mit Aufgaben

M2 Rekursive Bäume

Digital+ WES-188528-38

Schritt 1: Folge dem Webcode und mache dich mit dem Quellcode vertraut. Hinweis: Die genaue Berechnung der Werte x2 und y2 muss nicht im Detail nachvollzogen werden. Wichtig ist aber zu wissen, dass x2 und y2 den Endpunkt des Astes in Abhängigkeit von x, y, s und a beschreiben.

Schritt 2: Experimentiere mit den Argumenten beim Befehlsaufruf. Verändere auch die Parameter beim rekursiven Aufruf innerhalb des Befehls. Verändere den Faktor 0.8 sowie die Summanden +0.3 und -0.3. Welchen Einfluss haben die Veränderungen auf das Erscheinungsbild des Baumes?

Schritt 3: Experimentiere und erweitere das Beispiel, um ähnliche rekursive Bäume zu erzeugen. Dabei können auch Zufallszahlen unter Verwendung der random-Funktion eingesetzt werden.

1 Schokokugeln, die der Größe nach sortiert werden.

Sortierverfahren

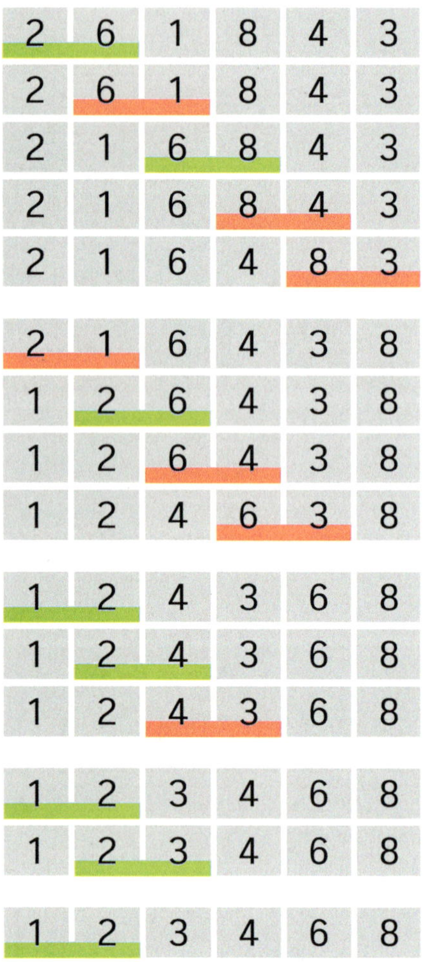

2 Darstellung des Bubblesort-Verfahrens

Sortierverfahren

Die Aufgabe, Zahlen zu sortieren, ist eine der ältesten und wichtigsten Herausforderungen der Informatik. Ein Sortierverfahren ist ein Algorithmus, der dazu dient, ein Datenfeld von Zahlen zu sortieren. Es gibt viele verschiedene Algorithmen mit jeweils unterschiedlichen Vor- und Nachteilen. Die wichtigsten Kriterien sind die Laufzeit oder Komplexität des Verfahrens sowie der benötigte Speicherbedarf.

Bubblesort

Beim **Bubblesort-Verfahren** wird das Datenfeld von links nach rechts durchlaufen. Dabei wird jeweils das aktuelle Element mit dem folgenden verglichen. Ist das aktuelle Element größer, werden die Werte der beiden Elemente getauscht. Nach dem ersten Durchgang steht das größte Element am Ende des Datenfeldes. Nach dem zweiten Durchgang hat das vorletzte Element den zweitgrößten Wert des Datenfeldes und so weiter. Der Vorgang wird wiederholt, bis das gesamte Datenfeld sortiert ist.

Mergesort

Das Bubblesort-Verfahren lässt sich vergleichsweise einfach verstehen und programmieren. Es hat jedoch den Nachteil, dass es verhältnismäßig lange dauert, große Datenfelder zu sortieren. Daher werden in der Praxis Sortierverfahren eingesetzt, die ein identisches Ergebnis liefern, jedoch deutlich weniger Laufzeit in Anspruch nehmen. Einer dieser Algorithmen ist das **Mergesort-Verfahren**. Dabei wird das zu sortierende Datenfeld zunächst in viele kleine bereits sortierte Datenfelder zerlegt. Diese werden anschließend in einer Art Reißverschlussverfahren zu einem immer größer werdenden sortierten Datenfeld zusammengefügt.

Das Mergesort-Verfahren ist etwas aufwendiger zu programmieren. E kann jedoch besonders elegant implementiert werden, indem rekursive Funktionen eingesetzt werden. Dadurch lassen sich auch sehr große Datenfelder in vertretbarer Zeit sortieren, für die das Bubblesort-Verfahren sehr lange benötigen würde.

Damit das Datenfeld A nach dem Sortieren unverändert bleibt, wird das Datenfeld zunächst kopiert.

Der Funktion wird als Argument ein Datenfeld von Zahlen übergeben, das sortiert werden soll.

Zwei verschachtelte for-Schleifen zur Durchführung des Bubblesort-Verfahrens

Zwei benachbarte Elemente des Datenfeldes B werden verglichen. Wenn der Wert des Elements zum Index j-1 größer ist als der Wert des rechten Nachbarn, werden die Werte der beiden Elemente getauscht. Dazu wird eine Hilfsvariable h benötigt.

Nach der Durchführung der for-Schleifen ist das Datenfeld B sortiert und wird zurückgegeben. Das Datenfeld A bleibt insgesamt unverändert.

```
function bubble_sort(A) {
  var B = [];
  for (var k = 0; k < A.length; k = k+1) B.push(A[k]);

  for (i = 0; i < B.length; i = i+1) {
    for (j = 1; j < B.length-i; j = j+1) {
      if (B[j-1] > B[j]) {
        var h = B[j-1];
        B[j-1] = B[j];
        B[j] = h;
      }
    }
  }

  return B;
};
```

3 Möglicher Quellcode zur Durchführung des Bubblesort-Verfahrens

Material mit Aufgaben

M1 Bubblesort verstehen

Digital+ WES-188528-39

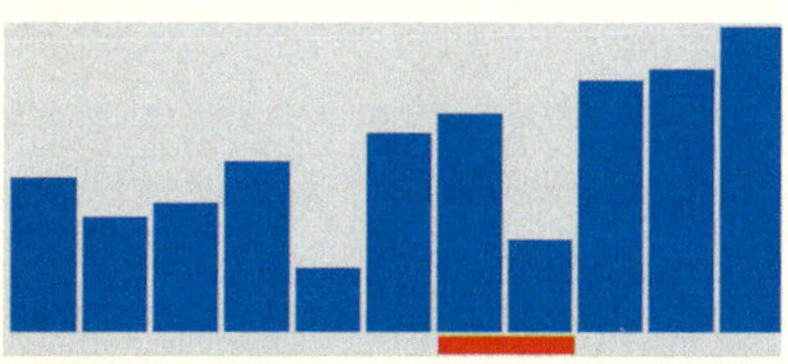

Schritt 1: Mache dich mit Bild 2 vertraut, um die Vorgehensweise des Bubblesort-Verfahrens zur Sortierung eines Datenfeldes mit sechs Zahlen zu verstehen.

Schritt 2: Folge dem Webcode und schaue dir die Anwendung an. Versuche, die Arbeitsweise des Bubblesort-Verfahrens nachzuvollziehen.

M2 Bubblesort programmieren

Digital+ WES-188528-40

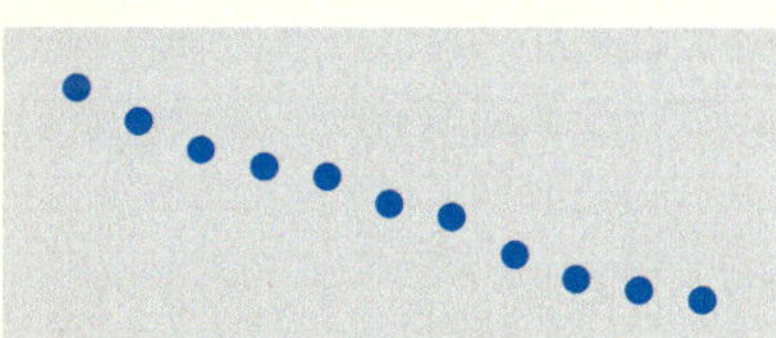

Schritt 1: Folge dem Webcode und mache dich mit dem Quellcode des Bubblesort-Verfahrens vertraut. Konzentriere dich auch auf die drei Zeilen zum Tausch zweier Zahlenwerte.

Schritt 2: Was muss im Quellcode angepasst werden, damit das Datenfeld nicht aufsteigend, sondern absteigend sortiert wird?

M3 Laufzeitvergleich

Digital+ WES-188528-41

	10.000	20.000	30.000	40.000	50.000
Bubblesort					
Mergesort					

Schritt 1: Folge dem Webcode. Es wird je ein Datenfeld mit Zufallszahlen generiert und sortiert. Ausgegeben wird die Laufzeit, die zum Sortieren benötigt wird.

Schritt 2: Befülle die Tabelle. Verändere dazu im Quellcode die Anzahl der Elemente des zu sortierenden Datenfeldes und führe den Code erneut aus.

Schritt 3: Schätze, wie sich die Laufzeit des Bubblesort-Verfahrens verändert, wenn die Anzahl der Elemente verdoppelt wird.

Farben spielen nicht nur beim Zeichnen oder Streichen eine wichtige Rolle, sondern auch in der Informatik. Wie können Farben kodiert werden?

1 Jede Farbe besitzt einen bestimmten Wert in einem definierten Farbraum.

Der RGB-Farbraum

Subtraktive Farbmischung

Wie es aus dem Kunstunterricht bekannt ist, ergeben sich neue Farben, wenn zwei verschiedene Farben gemischt werden. Beispielsweise ergibt ein Mischen von Gelb und Blau als Ergebnis Grün. Hierbei handelt es sich um die sogenannte **subtraktive Farbmischung**. Die drei Grundfarben sind Cyan, Magenta und Gelb, aus denen gemeinsam mit der Deckfarbe Schwarz alle denkbaren Farben gemischt werden können. Auch Farbdrucker arbeiten mit diesen drei Grundfarben, wie anhand der Farbpatronen erkennbar ist.

Additive Farbmischung

Ein anderer Farbraum kommt zum Einsatz, wenn Farben auf einem Bildschirm oder einem Display dargestellt werden. Hier handelt es sich um die **additive Farbmischung** bestehend aus den Grundfarben Rot, Grün und Blau. Es lässt sich nicht mehr so einfach verstehen, welche Farbe sich ergibt, wenn zwei Grundfarben gemeinsam verwendet werden. Die additive Farbmischung kann aber sichtbar gemacht werden, indem drei Taschenlampen mit rotem, grünem und blauem Licht an eine weiße Wand gehalten werden.

2 Subtraktive Farbmischung

3 Additive Farbmischung

Material mit Aufgaben

M1 Additive Farbmischung

Digital+ WES-188528-42

Schritt 1: Folge dem Webcode und erprobe die additive Farbmischung, indem du die Intensitäten der drei Grundfarben veränderst.

Schritt 2: Versuche eine RGB-Definition der acht nebenstehenden Farben zu finden.

4 Additive Farbmischung an der Wand

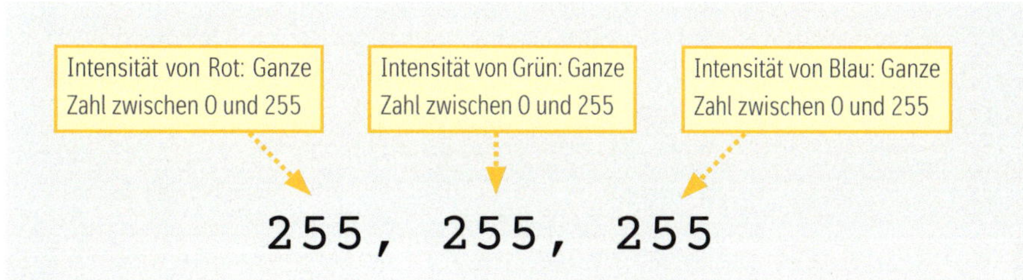

5 RGB-Definition als Datenfeld aus drei ganzen Zahlen jeweils zwischen 0 und 255

Definition der Hintergrundfarbe mittels RGB-Werten

```
Canvas.init([0,8], [0,4], {background:[40, 40, 40]});

Canvas.circle(2.0, 2.0, 1.0, {fill:[255, 0, 0]});
```

Definition der Farbe eines Kreises mittels RGB-Werten

6 Definition von Farben mittels RGB-Werten

RGB: Rot, Grün, Blau

Auch in der Programmierung kommt zur Definition von Farben häufig die additive Farbmischung zum Einsatz. Aufgrund der drei Grundfarben Rot, Grün und Blau wird vom sogenannten **RGB-Modell** gesprochen. Der jeweilige Anteil beziehungsweise die jeweilige Intensität der drei Grundfarben wird durch eine ganze Zahl zwischen 0 und 255 definiert. Beispielsweise ist [255, 0, 0] die RGB-Definition von Rot.

RGB-Farben in taralino

Bei der Programmierung unter Verwendung der taralino-Bibliothek wurden Farben bereits entweder als Zeichenkette oder als Zahl zwischen 0 und 1 definiert. Es ist aber auch möglich, eine explizite RGB-Definition anzugeben. Die Farbe wird dann anhand eines Datenfeldes bestehend aus drei ganzen Zahlen jeweils zwischen 0 und 255 definiert.

Transparenz

Bei der RGB-Definition als Datenfeld kann optional ein viertes Element verwendet werden, um Transparenz zu erzeugen. Auch das vierte Element ist eine ganze Zahl zwischen 0 und 255, wobei 0 nicht sichtbar und 255 vollständig deckend bedeutet.

Material mit Aufgaben

M2 Farben als RGB-Definition

Digital+ WES-188528-43

Schritt 1: Folge dem Webcode und mache dich mit dem Quellcode vertraut.

Schritt 2: Verwende zur Definition der Farbe des Kreises die nebenstehenden RGB-Definitionen. Um welche Farbe handelt es sich jeweils?

[255, 255, 0]	[149, 123, 249]
[0, 166, 255]	[253, 89, 146]
[247, 169, 255]	[255, 221, 119]
[56, 63, 49]	[216, 224, 208]

M3 Farbverlauf

Digital+ WES-188528-44

Schritt 1: Folge dem Webcode und mache dich mit dem Quellcode vertraut. Es entsteht ein Farbverlauf.

Schritt 2: Passe den Quellcode an, um den oben abgebildeten Farbverlauf nachzubilden. Erstelle eigene Farbverläufe.

Jedes Bild, das auf einem Bildschirm oder Display dargestellt wird, besteht aus vielen farbigen Quadraten, den Pixeln. Wie können Bilder mit taralino definiert und manipuliert werden?

1 Die Weltkarte als Pixelart

Bildverarbeitung

Digitale Bilder

Bilder, die auf einem Bildschirm oder auf einem Display dargestellt werden, können als zweidimensionales Datenfeld aufgefasst werden. Jedes Element beschreibt einen quadratischen Bildpunkt und ist wiederum ein Datenfeld, das aus drei Zahlen besteht, um die zugehörige Farbe über ihre RGB-Werte zu kodieren. Die einzelnen Bildpunkte eines Bildes werden auch **Pixel** genannt.

Das Picture-Paket

Das Picture-Paket der taralino-Bibliothek bietet eine einfache Möglichkeit, um digitale Bilder darzustellen. Dem Befehl Picture.draw ist als verpflichtendes Argument ein zweidimensionales Datenfeld zu übergeben, dessen Elemente RGB-Werte sind. Die Option zoom kann verwendet werden, um die Größe der Darstellung zu verändern. Zudem stellt Picture.example ein Beispielbild bereit.

2 Ein Bild bestehend aus 4 x 3 Pixel

```
var a = [255, 0, 0];
var b = [255, 220, 0];
var c = [0, 200, 0];
var d = [0, 0, 255];

var M = [
  [a, b, c, d],
  [d, a, b, c],
  [c, d, a, b]
];

Picture.draw(M, {zoom:60});
```

Es werden vier Farben über ihre RGB-Werte definiert und in Variablen gespeichert

Ein Bild bestehend aus 4 x 3 Pixel unter Verwendung der zuvor definierten RGB-Werte

Bei der Darstellung definiert die Option zoom die Vergrößerung des Bildes

3 Beispiel zur Definition eines Bildes sowie zur Verwendung des Picture-Pakets

Manipulation von Bildern

Wenn die Farben der Pixel eines digitalen Bildes mittels RGB-Werten gegeben sind, können die Farben algorithmisch manipuliert werden. Beispielsweise kann der Rot-Anteil aller Pixel auf 0 gesetzt werden. Zur Manipulation einzelner Pixel sind drei Indizes notwendig, nämlich Zeile und Spalte zur Auswahl eines Pixels sowie der sogenannte **Farbkanal**. Der Index zum Farbkanal ist dabei 0 für Rot, 1 für Grün und 2 für Blau.

Zwei Möglichkeiten, ein Bild zu manipulieren, sind das Invertieren der Farben sowie das Überführen eines Farbbildes in ein Schwarz-Weiß-Bild. Beim Letzteren kommt der sogenannte **Graufilter** zum Einsatz: Hierbei wird jedem Pixel eines farbigen Bildes eine passende Graustufe zugewiesen. Weitere gängige Methoden der Bildverarbeitung sind die Veränderung von Helligkeit und Kontrast.

```
var M = Picture.example();

Picture.draw(M, {zoom:4});

for (var i = 0; i < M.length; i = i+1) {
  for (var j = 0; j < M[i].length; j = j+1) {
    M[i][j][0] = 0;
  }
}

Picture.draw(M, {zoom:4});
```

- Es wird ein Beispielbild des Picture-Pakets ausgelesen
- Das Beispielbild wird dargestellt
- Der Rot-Anteil aller Pixel wird auf 0 gesetzt
- Verschachtelte for-Schleifen, um alle Pixel des Bildes zu manipulieren
- Das manipulierte Bild wird dargestellt

4 Beispiel zur Manipulation eines Bildes

`[r, g, b]`	Farben invertieren →	`[255-r, 255-g, 255-b]`
`[r, g, b]`	Graufilter →	`[c, c, c] mit c = (r+g+b)/3`
`[r, g, b]`	Farben verschieben →	`[b, r, g]`

5 Ausgewählte Möglichkeiten, Bilder zu manipulieren

Material mit Aufgaben

M1 Bilder definieren

Digital+ WES-188528-45

Schritt 1: Folge dem Webcode und mache dich mit dem Quellcode vertraut. Verändere die Farben sowie die Reihenfolge bei der Darstellung der Farben.

Schritt 2: Definiere ein 6 x 6 Bild. Experimentiere mit den Farben und entwirf weitere kleine Bilder, zum Beispiel einen Smiley oder einen Regenbogen.

M2 Manipulation von Bildern

Digital+ WES-188528-46

Schritt 1: Folge dem Webcode und mache dich mit dem Quellcode vertraut. Es wird ein Beispielbild manipuliert und dargestellt.

Schritt 2: Experimentiere mit weiteren Möglichkeiten der Bildmanipulation: invertiere oder verschiebe die Farben oder wende den Graufilter an.

Schritt 3: Überlege, wie die Helligkeit des Bildes verändert werden kann. Probiere es direkt am Quellcode aus.

Textbasierte Programmierung mit taralino

Digital+ WES-188528-47

Eine Zeichenfläche wird definiert und erste Formen gezeichnet

```
Canvas.init([0,100], [0,60], {width:640, background:"black"});
Canvas.circle(80, 50, 4, {fill:"yellow"});
Canvas.box(25, 0, 75, {fill:[20,30,50], angle:0.7854});
Canvas.box(70, 0, 50, {fill:[30,40,70], angle:0.7854});
```

Es werden Variablen deklariert und jeweils ein initialer Wert zugeordnet

```
var n = 8;
var A = [];
var farbe = "blue";
```

Eine Schleife, um das Datenfeld A zu befüllen
Es entsteht ein zweidimensionales Datenfeld

```
for (var i = 0; i < n; i = i+1) {
  var h = [random(5,70), random(20,55), random(2,5)];
  A.push(h);
}
```

Ein Befehl, um eine Figur in Abhängigkeit von vier Argumenten zu zeichnen

```
function luftballon(x, y, r, c) {
  Canvas.line(x, y, x, y-4*r, {stroke:"white"});
  Canvas.circle(x, y, r, {fill:c});
};
```

Eine Schleife, um den Befehl mehrfach aufzurufen
Als Argumente werden die Werte des Datenfeldes verwendet

```
for (var i = 0; i < A.length; i = i+1) {
  farbe = "blue";
  if (A[i][1] < 40) farbe = "violet";
  luftballon(A[i][0], A[i][1], A[i][2], farbe);
}
```

Beispiel einer bedingten Anweisung (if-Struktur)

Die taralino-Plattform bietet einen anschaulichen Einstieg in die textbasierte Programmierung. Das Herzstück ist die Canvas-Zeichenfläche. Diese bietet die Möglichkeit, einfache Formen zu zeichnen. Die wichtigste Grundlage jeder Programmiersprache sind Variablen, die als Behälter von Daten angesehen werden können. Neben Zahlen und Zeichenketten können Variablen auch Datenfelder sein. Dabei handelt es sich um Listen von Daten. Um bestimmte Programmabläufe wiederholt durchzuführen, dienen Schleifen. Damit lassen sich Datenfelder befüllen oder sämtliche Daten eines Datenfeldes verarbeiten. Befehle und Funktionen können programmiert werden, um identische Anweisungen in Abhängigkeit von Argumenten durchzuführen. So können zum Beispiel Objekte abhängig von ihrer Position und Farbe gezeichnet werden. Ein weiterer Baustein jeder Programmiersprache sind bedingte Anweisungen. Dadurch lassen sich Anweisungen nur dann ausführen, wenn eine zugehörige Bedingung erfüllt ist. Mit diesem Basiswissen lassen sich grundlegende Algorithmen implementieren, zum Beispiel Sortierverfahren oder Methoden der Bildmanipulation.

1 Luftballons platzen lassen

Digital+ WES-188528-48

A Folge dem Webcode. Es sind einige Befehle und Funktionen vorhanden, die als Grundlage für ein kleines Spiel dienen.

B Erweitere das Programm, sodass sich nicht nur ein, sondern mehrere Kreise auf der Zeichenfläche bewegen. Verwende dazu Datenfelder.

C Berücksichtige, dass auf die Kreise geklickt werden kann. Falls auf einen Kreis geklickt wird, sollen für diesen zufällig neue Werte vergeben werden.

D Überarbeite die grafische Darstellung. Zeichne einen Hintergrund und stelle die Kreise zum Beispiel als Luftballons dar.

E Führe einen Zähler ein, um die Anzahl der zerplatzten Luftballons zu zählen.

F Lass deiner Kreativität freien Lauf und erweitere das Spiel nach Belieben.

2 Fliegender Vogel

Digital+ WES-188528-49

A Folge dem Webcode. Es ist bereits ein kleiner Kreis als Spieler vorhanden, der sich per Mausklick vertikal bewegt. Schritt für Schritt soll auch dieser Quellcode erweitert werden, um ein eigenes Spiel zu entwickeln.

B Erweitere das Programm, sodass sich mehrere Kreise auf der Zeichenfläche horizontal bewegen. Verwende dazu Datenfelder.

C Berücksichtige, dass der Spieler mit allen anderen Kreisen kollidieren kann. Überlege dir eine sinnvolle Anordnung der sich horizontal bewegenden Kreise.

D Überarbeite die grafische Darstellung. Zeichne einen Hintergrund und stelle den Spieler sowie die Kreise geeignet dar.

E Führe einen Zähler ein, um die Entfernung bis zur ersten Kollision zu ermitteln.

F Lasse deiner Kreativität freien Lauf und erweitere das Spiel nach Belieben.

Wie ist eine Datenbank aufgebaut?
Wie kann man mit Daten arbeiten?
Welche Bedeutung haben Datenbanken?

Daten und Datenbanken

8

Große Mengen von Daten können in Datenbanken gespeichert werden. Dafür müssen sie sortiert und strukturiert werden. Nur so kann mit diesen Daten gearbeitet werden. Mit entsprechenden Programmen können auch große Datenmengen ausgewertet und anschaulich dargestellt werden.

Bei Umfragen, Untersuchungen und Erfassungen werden mitunter sehr viele Daten aufgenommen. Wie können diese erfasst, dargestellt und verarbeitet werden?

1 Daten in einer Tabelle

Mit Daten arbeiten

Struktur von Daten

In der Informatik werden Daten gespeichert und aufbereitet. Daten gleicher Art wie beispielsweise die Entfernung einer Stadt zu anderen Städten müssen immer gleich in einem Datensatz gespeichert werden. Dies begründet sich darin, dass immer klar sein muss, an welcher Stelle sich genau welche Teilinformation befindet, wenn die Anwendung auf Datensätze zugreift.

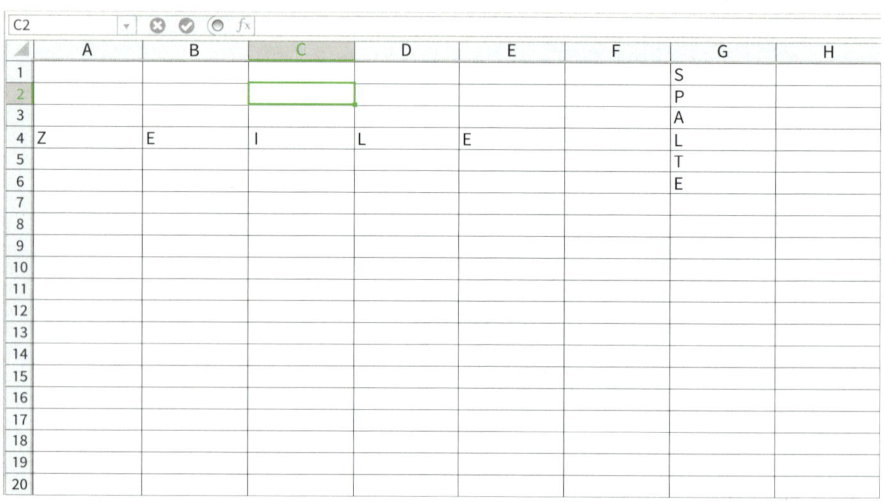

2 Tabellen gestalten

Daten in Tabellen erfassen

Ein Tabellenkalkulationsprogramm kann Daten erfassen, verarbeiten und ausgeben. Daten können zum Beispiel Zahlen oder auch Texte wie Namen sein. Das Programm kann einfache Berechnungen oder umfangreiche Kalkulationen durchführen. Man arbeitet in einer Tabelle, die in Spalten und Zeilen eingeteilt ist. Daten können mit dem Programm anschaulich aufbereitet werden. Es gibt die Möglichkeit, Daten in verschiedenen Formen von Diagrammen darzustellen. Ein neues Dokument heißt je nach Programm entweder „Arbeitsmappe“ oder auch „Tabellendokument“.

Tabellen gestalten

Jede einzelne Zelle des Tabellenblattes kann durch eine Kombination aus einem Buchstaben für die Spalte und einer Zahl für die Zeile adressiert werden. Die abgebildete „aktive Zelle“ hat die Adresse C2. Bei der Eingabe wird eine Zelle mit der Maus als „aktiv“ markiert. Texte und Zahlen, die jetzt eingegeben werden, erscheinen in der aktiven Zelle und in der „Bearbeitungsleiste“. Eine spätere Bearbeitung von Zellinhalten kann in der Bearbeitungsleiste erfolgen.

Tabelle formatieren

Eine Tabelle besteht aus den Klassen Spalten, Zeilen und Zellen. Einzelne Spalten, Zeilen oder Zellen sind Objekte. Jedes Objekt besitzt festgelegte Eigenschaften, die man als Attribute bezeichnet. Ein Objekt wie eine Zeile kann durch bestimmte Methoden bearbeitet werden. So können Zeilen eingefügt, gelöscht oder markiert werden. In einem Tabellenkalkulationsprogramm erfolgt die Veränderung von Objekten meistens durch Schaltflächen. Sie finden sich entweder in der Menüleiste oben am Rand oder man kann durch rechten Mausklick ein „Kontextmenü“ aufrufen und die gewünschten Veränderungen auswählen.

KLASSE →	**Objekt** →	**Attribute** →	**Methode** →	**Attributwert**
ZELLE →	**Zelle D1** →	**z.B. Hintergrundfarbe** →	***setze Hintergrundfarbe*** →	**z.B. grün**

3 Objektorientierte Beschreibung einer Zelle

Funktion	Symbol
Einfügen: Wo der Cursor steht oder am Zeilen-/Spaltenkopf kann man Zeilen oder Spalten einfügen.	
Verbinden und zentrieren: Mehrere Zeilen können zu einer Zelle verbunden werden. Verbinden kann man jedoch nur Zellen, die nebeneinander oder untereinander stehen.	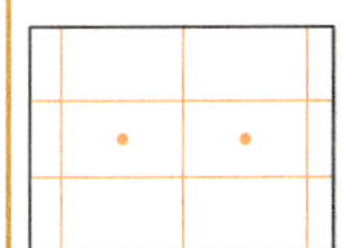
Farbig gestalten: Man kann den Hintergrund von Zellen farbig gestalten (z.B. ausfüllen), aber auch die Schrift einfärben.	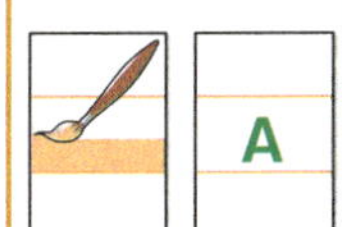

1	✂ Ausschneiden
2	Kopieren
3	**Einfügeoptionen:**
4	Inhalte einfügen
5	Zeilen einfügen
6	Zellen löschen
7	Inhalte löschen
8	Zellen formatieren
9	Zeilenhöhe
10	Ausblenden
11	Einblenden
12	...
13	

Mögliches Kontextmenü

4 Veränderung von Objekten mithilfe von Schaltflächen

Material mit Aufgaben

M1 Mit Daten arbeiten

Das Team der Schülerzeitung sucht Verstärkung und möchte für Interessenten einen Kennenlerntermin vereinbaren. Die Interessenten werden gebeten am schwarzen Brett auszuhängen, wann sie Zeit hätten.

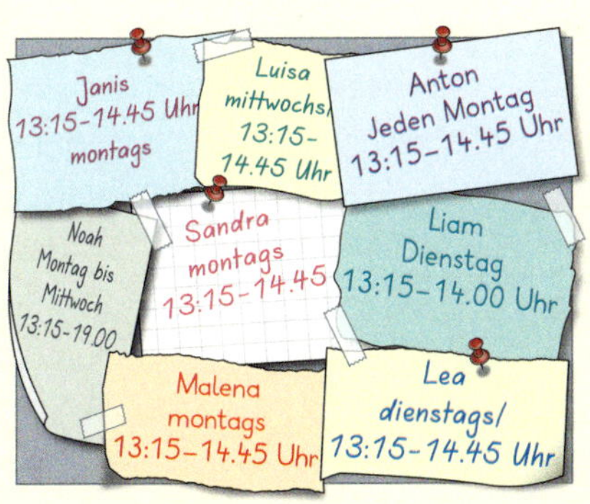

Kennenlerntermin			
Name	Montag	Dienstag	Mittwoch
Janis	X		
Luisa			X
Anton	X		
Noah	X	X	X
Sandra	X		
Liam		X	
Malena	X		
Lea		X	

1. Werte die Zettel an der Pinnwand aus und kläre, welcher Wochentag sich anbietet.

a. Richte in deinem Tabellenkalkulationsprogramm eine Tabelle wie im Beispiel gezeigt ein.

b. Suche in deinem Programm die Sortierfunktion. Markiere die einzelnen Spalten und sortiere die Daten.

c. Erweitere die Tabelle um weitere Daten aus der Pinnwand und werte die Ergebnisse weiter aus.

Diagramme auswerten und interpretieren

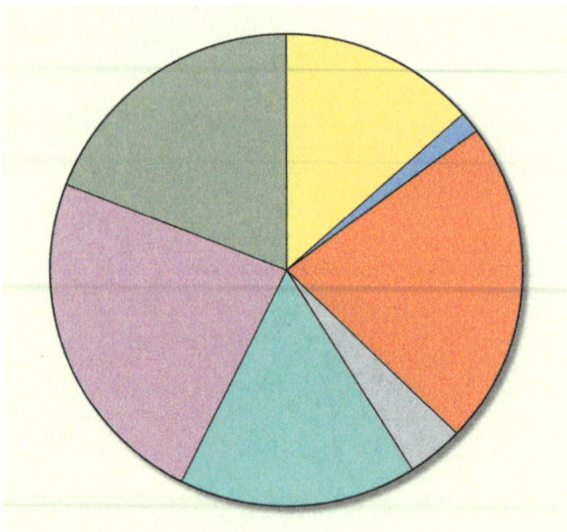

1 Kreisdiagramm

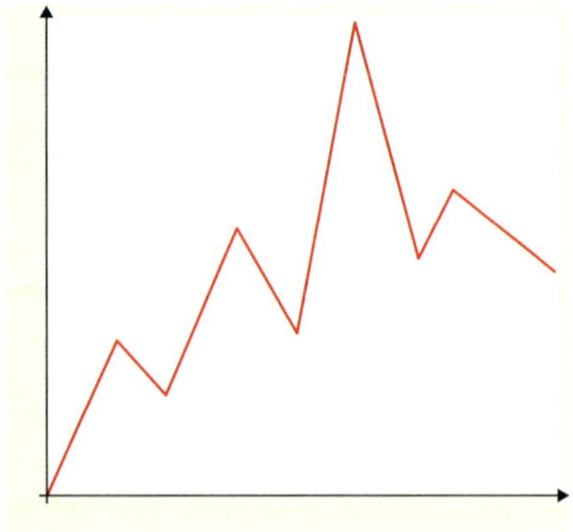

2 Liniendiagramm

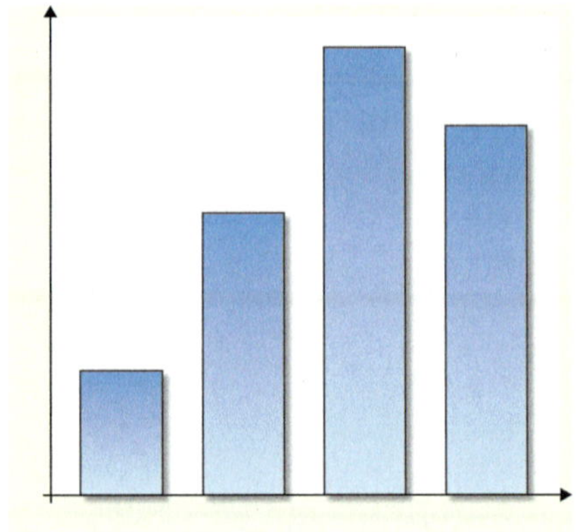

3 Säulendiagramm

Material mit Aufgaben

M1 Manipulation

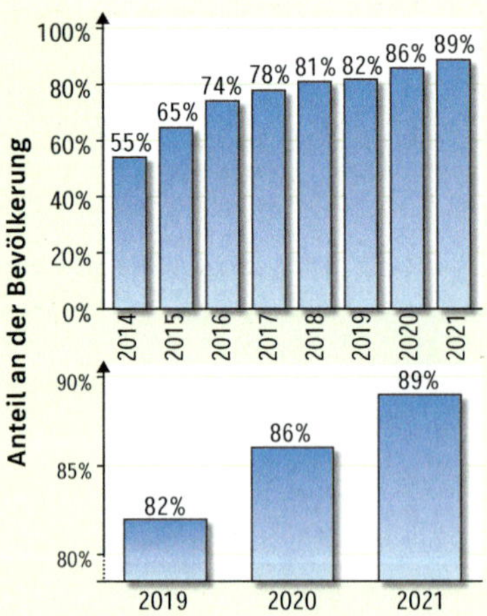

Die Diagramme stellen immer die gleichen Werte dar.

1. Vergleiche die Diagramme miteinander.
2. Beschreibe, wie in den Beispielen gezielt Eindrücke erzeugt werden.
3. Erkläre, was man bei der Erstellung von Diagrammen beachten muss.

Daten und Information

Aus Daten können Informationen gewonnen werden. Den Daten wird eine gewisse Bedeutung zugesprochen. Die Daten werden interpretiert. Bei der Interpretation ist es wichtig, dass zwischen den Daten und der gewonnenen Information unterschieden wird. Es muss auch kritisch überprüft werden, ob genügend Daten vorhanden sind.

Diagrammtypen richtig einsetzen

Diagramme können Daten anschaulich darstellen. Es gibt verschiedene Diagrammtypen, die mit einer Tabellenkalkulationssoftware erstellt werden können. Jedoch eignet sich zur Darstellung der Daten nicht immer jedes Diagramm. Soll zum Beispiel dargestellt werden, welchen Anteil die fossilen Energieträger an der aktuellen Stromerzeugung in Deutschland haben, eignet sich vor allem ein Kreisdiagramm. Hiermit können gut Anteile von einem Ganzen dargestellt werden. Ein Liniendiagramm eignet sich dafür nicht. Die verschiedenen Diagrammtypen haben unterschiedliche Stärken der Präsentation.

Diagramme interpretieren

Werden Diagramme interpretiert, werden diese nicht nur abgelesen oder der Verlauf eines Diagramms beschrieben. Eine genaue Beschreibung ist jedoch die Voraussetzung für eine gute Interpretation. Bei der Beschreibung wird zunächst beschrieben, was die jeweiligen Achsen zeigen. Die Achsenbeschriftung ist daher für jedes Diagramm wichtig. Bei einem Balkendiagramm oder Säulendiagramm muss das Diagramm vollständig vom Ursprung (Nullpunkt) dargestellt werden. Wenn nur ein Ausschnitt eines Säulendiagramms gezeigt wird, wird das Verhältnis der Säulen und somit der Daten zueinander verfälscht. Auch die Skalierung der Achsenwerte hat einen Einfluss auf die Wahrnehmung der Daten. Je feiner die Einteilung der Achsenwerte ist, desto größer wirken die Unterschiede zwischen den Säulen. Die Unterschiede zwischen den Säulen wirken kleiner, je gröber die Einteilung der Achsenwerte gewählt wird. Man kann mit Diagrammen daher bewusst Darstellungen manipulieren, um gezielte Eindrücke zu vermitteln.

Material mit Aufgaben

M2 Nutzungsverhalten von Social Media

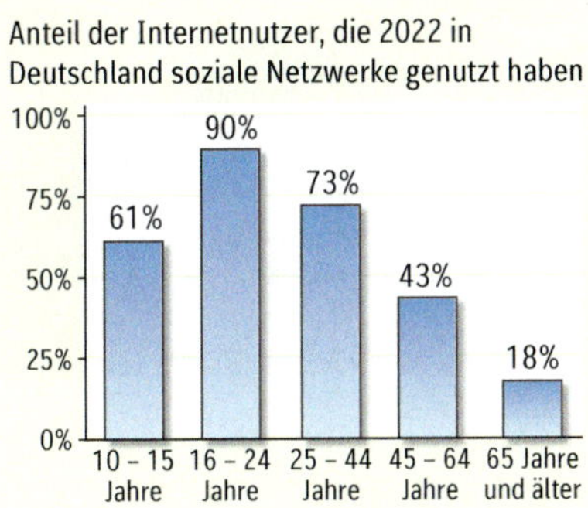

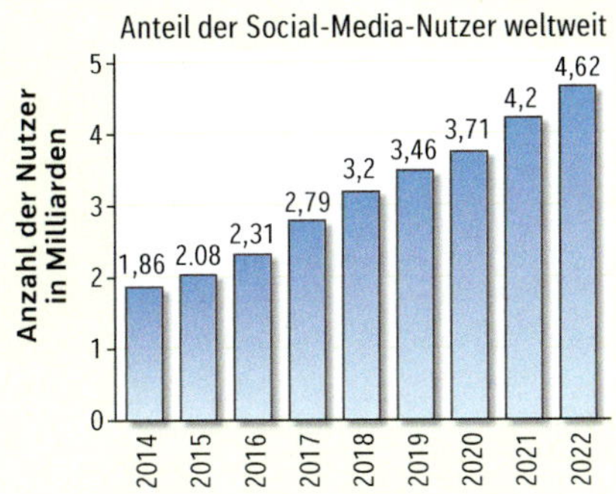

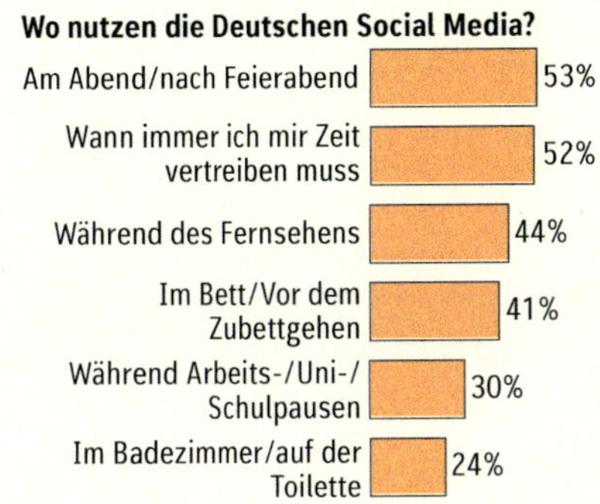

Das Internet wird häufig genutzt, um in sozialen Netzwerken aktiv zu sein. Im Jahr 2022 gab es weltweit geschätzt 4,6 Milliarden Nutzer von sozialen Netzwerken.

1. Betrachte die dargestellten Daten. Begründe, welche Diagrammtypen sich für die jeweiligen Daten eignen.
2. Wähle einen Datensatz aus. Überführe die Daten in ein Tabellenkalkulationsprogramm und erstelle ein geeignetes Diagramm.
3. Führt eine Umfrage in eurer Klasse durch. Erstellt einen Datensatz, wer soziale Netzwerke nutzt und wie häufig diese Netzwerke genutzt werden. Stellt die Daten als Diagramm dar.
4. Erfasst in eurer Klasse, welche sozialen Netzwerke genutzt werden. Stellt die gesammelten Daten in einem geeigneten Diagramm dar.

M3 Energieversorgung in Deutschland

In Deutschland werden zur Erzeugung von elektrischem Strom verschiedene Energieträger genutzt.

1. Vergleiche die beiden Diagramme. Beachtung die Veränderungen in den Anteilen.
2. Erkläre, warum sich ein Kreisdiagramm für den dargestellten Datensatz eignet.
3. Erläutere anhand der dargestellten Diagramme, was Kreisdiagramme gut veranschaulichen und was sie nicht darstellen.

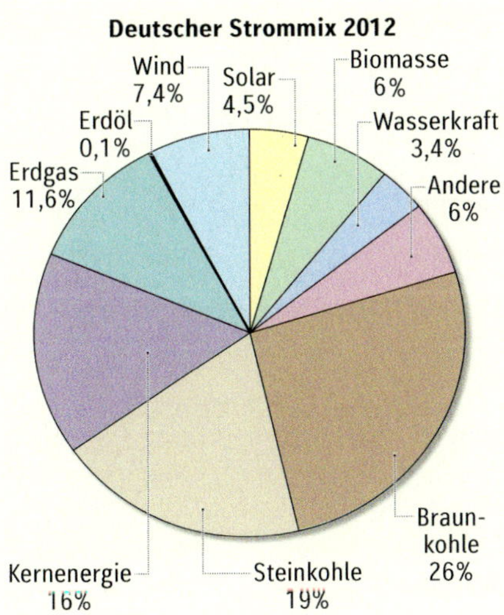

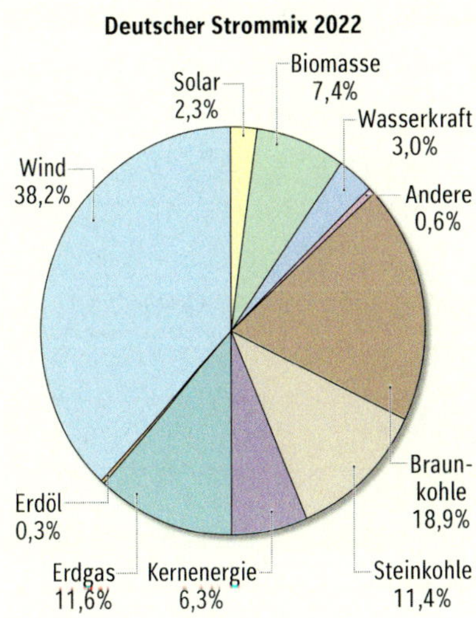

1 Wer ein Tabellenkalkulationsprogramm hat, braucht keinen Taschenrechner.

Mit Daten rechnen

Zellen formatieren

Viele Programme erkennen, welche Art von Daten eingegeben werden. Den Daten kann eine bestimmte Formatierung wie Text, Zahl oder Währung zugewiesen werden. Die Formate von Zellen können auch verändert werden. Dazu nutzt man die Menüleiste oder man klickt im Kontextmenü einer Zelle auf „Zelle formatieren".

Format	Erklärung	Beispiel	Beachte!
Standard	Zellinhalt wird genauso dargestellt, wie er eingegeben wurde, z. B. Text oder Zahl	Rabatt 12	Mit Text kann nicht gerechnet werden.
Zahl	Darstellung der Zahl mit/ohne Tausendertrennzeichen und/oder Dezimalstellen	1.000 1,55	Soll gerechnet werden, müssen Zahlen alleine in einer Zelle stehen.
Währung	Darstellung der Zahl mit Währungssymbol und Dezimalstellen	15,25 €	Ausnahme: Mit dem Währungssymbol € kann gerechnet werden.

Rechenart	Berechnung in Zelle C5	... mit Zahlen	...mit Zellbezug
Subtraktion		=100,00-50,00-5,50	=C2-C3-C4

2 Zellen formatieren und Berechnungen durchführen

Einfache Berechnung durchführen

Mit den Daten der Zellen kann gerechnet werden. Möchte man ein Ergebnis einer Berechnung darstellen, wählt man sich eine Zelle aus. Die Formel wird mit einem „="-Zeichen in der gewählten Zelle begonnen. Es kann mit konkreten Zahlen gerechnet werden. Jedoch können auch die Zellbezüge (B1, B2, B3...) zur Berechnung genutzt werden. Dabei nutzt das Programm die in den Zellen hinterlegten Werte. Die Berechnung mit Zellbezug hat Vorteile: Ändern sich die Daten in den Zellen, werden die Ergebnisse der Berechnungen automatisch angepasst.

Funktionen nutzen

In Tabellenkalkulationsprogrammen gibt es voreingestellte Funktionen, die das Rechnen vereinfachen. Mit diesen Funktionen können zum Beispiel Rechenarten wie Addieren oder Subtrahieren durchgeführt werden. Mit der Funktion „Summe" wird addiert, mit der Funktion „Differenz" wird subtrahiert.

Funktion	Summe
Funktions-aufbau	=SUMME(1.Zelle:letzte Zelle)
Formel in Zelle C9	=SUMME(C3:C7)

3 Aufbau von Funktionen

Aufbau einer Funktion

Möchte man zum Beispiel mehrere Zellen in einem Tabellenkalkulationsprogramm in Folge addieren, kann eine spezielle Funktion dafür genutzt werden. Jede Funktion hat eine gewisse Schreibweise. Die Schreibweise bezeichnet man auch als Syntax. Man weist der Funktion Summe die Zellen zu, die addiert werden sollen. Ein Doppelpunkt zwischen den Zellen schließt bei der Bildung der Summe den Bereich zwischen den ausgewählten Zellen ein. Die erste und letzte Zelle wird mitberechnet. Möchte man jedoch einzelne Zellen addieren, werden die gewünschten mit einem Strichpunkt voneinander abgetrennt.

Mittelwerte berechnen

Es gibt Datensätze, bei denen Durchschnittswerte errechnet werden sollen. Wenn zum Beispiel durchschnittliche Jahrestemperaturen verschiedener Orte verglichen werden, wird ein Durchschnittswert aus mehreren Werten gebildet. Es wird das arithmetische Mittel bestimmt. Dazu kann die Funktion **„Mittelwert"** genutzt werden. Die Funktion nutzt die Summe aller markierten oder eingegeben Werte und teilt sie anschließend durch die Anzahl der Werte.

Funktion	Funktionsaufbau
Funktionsaufbau	=MITTELWERT(1.Zelle:letzte Zelle)
Formel in Zelle C9	=MITTELWERT(C3:C8)

4 Mittelwerte bestimmen

Material mit Aufgaben

M1 Mit Funktionen umgehen

Merle ist Kassenwartin der Klasse 10d. Für die Abschlussfeier fehlt der Klasse noch Geld. Der Schulleiter erlaubt der Klasse einmal die Woche in der Aula Brötchen zu verkaufen.

	A	B
1	**Kassenstand der Klasse 10d**	
2	**Verkaufswoche**	**Einnahmen**
3	1. Woche	124 €
4	2. Woche	110 €
5	3. Woche	100 €
6	4. Woche	116 €
7	5. Woche	118 €
8	6. Woche	120 €
9	7. Woche	112 €
10	**Gesamteinnahmen:**	
11		
12	Kassenstand Mai	112 €
13	**Kassenstand Juni**	
14	Kosten für die Klassenfeier	790,50 €
15	**Kassenstand Juli**	
16		

1. Erstelle eine Tabelle wie in der Vorlage und trage die Werte ein.
2. Berechne den Kassenstand zum Juni der Klasse 10d mit der Summen-Funktion.
3. Die Abschlussfeier der Klasse war günstiger als gedacht! Im Bild sind die Kosten notiert. Erstelle eine Tabelle und berechne den Kassenstand zum Juli.

M2 Mittelwerte berechnen

Digital+ WES-188528-50

Der Schulleiter möchte gerne einen Überblick über die Notenschnitte der Klassen 10a, 10b und 10c.

	A	B	C	D
1	**Notenliste Schuljahr 2023/2024**			
2	**Schüler**	**Klasse 10a**	**Klasse 10b**	**Klasse 10c**
3	1	2	3	1
4	2	3	3	3
5	3	1	3	4
6	4	1	2	4
7	5	4	2	4
8	6	5	3	2
9	7	4	5	3
10	8	3	6	2
11	9	2	1	2
12	10	3	2	5
13	11	3	6	6
14	12	2	2	2
15	13	1	3	1
16	14	4	4	1
17	15	3	3	1

1. Hinter dem QR-Code findest du die Tabelle.

a. Ermittle die Mittelwerte der jeweiligen Klassen.

b. Stelle die Mittelwerte in einem geeigneten Diagramm dar.

1 Geburtstagsfeier im Freien

Einfache „Wenn"-Funktionen nutzen

Wenn...dann...sonst...

Wenn das Wetter schön genug ist, **dann** findet die Geburtstagsparty im Garten statt, sonst feiern wir die Party im Partykeller. Es gibt viele Alltagssituationen, in denen solche **Bedingungen** überprüft werden. Auch in der Informatik werden bei Algorithmen Verzweigungen von Bedingungen abhängig gemacht. In Tabellenkalkulationsprogrammen können Berechnungen und Abfragen von Bedingungen ebenfalls abhängig gemacht werden. Das Programm prüft die Situation. Trifft eine Bedingung zu, dann setzt das Programm den **Dann-Wert** ein. Ist die Bedingung nicht erfüllt, wird der **Sonst-Wert** eingesetzt. Damit das Programm diese Entscheidung treffen kann, müssen für die Entscheidungen Werte festgelegt sein. In unserem Beispiel: Ab welcher Temperatur in °C ist das Wetter schön?"

Logik der Wenn-Funktion

Die Wenn-Funktion besteht immer aus drei Teilen. Es gibt eine Abfrage mit Bedingung, den Dann-Wert und den Sonst-Wert. Die Formeln können angezeigt werden. Man kann sofort sehen, welche Formel oder Funktion die jeweilige Grundlage einer Zelle darstellt.

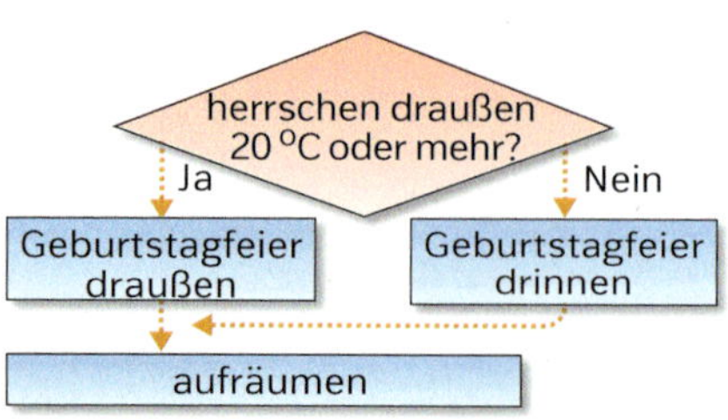

2 Ablaufplan

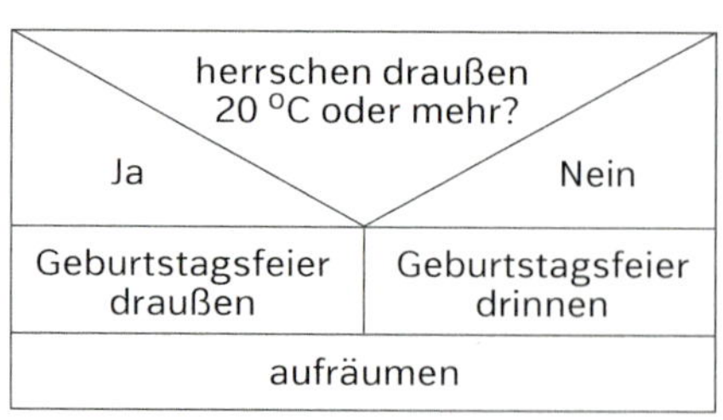

3 Struktogramm

	A	B
1	Temperatur in °C	Ort der Feier
2	18	drinnen
3	19	=WENN(A3>=20;"draußen";"drinnen")
4	20	draußen
5	21	draußen
6		

4 Abfrage mit Bedingung

Material mit Aufgaben

M1 Wenn-Funktion

In diesem Jahr findet die Wahl zum Stadtparlament statt. Da es sich um eine Kommunalwahl handelt, dürfen alle teilnehmen, die 16-Jahre alt sind. Wer aus der Klasse darf teilnehmen?

	A	B	C
1	**Teilnahme Wahl Stadtparlament (24.09.2023)**		
2	Schüler-/in	Alter	wahlberechtigt?
3	Felix	16	=WENN(B3>=16;...
4	Ezio	15	
5	Dana	15	
6	Benja	16	
7	Ira	17	
8	Maxi	16	
9	Luan	15	

1. Stelle die Problemstellung in einem Struktogramm dar.
2. Erfasse die obigen Daten in einer Tabelle. Prüfe, wer in der Klasse schon an der Wahl teilnehmen darf. Nutze die Wenn-Funktion.
3. In der unteren Tabelle sind Mitglieder der Klasse aufgelistet, die zum Zeitpunkt der Wahl noch zu jung sind.
Erfasse die Tabelle. Achte auf die Zellformatierung Datum. Berechne für jede Person in Spalte C, wie viele Tage sie jeweils zu jung ist.

	A	B	C
1	**Verbleibende Tage bis zum 16. Geburtstag**		
2	Schüler-/in	Geburtstag	Anzahl Tage
3	Ezio	16.12.2023	=WENN(B3...
4	Dana	03.10.2023	
5	Luan	22.11.2023	
6			
7	Wahltag:	24.09.2023	

M2 Theoretische Fahrprüfung

Digital+ WES-188528-51

	A	B	C	D	E	F
1	Prüfungsergebnisse der theoretischen Fahrprüfung					
2		Prüfungsblock A	Prüfungsblock B	Prüfungsblock C	Summe	Prüfung bestanden
3	Lou	0	0	0		
4	Ira	1	1	2		
5	Erin	0	1	1		
6	Largo	4	3	3		
7	Finn	0	3	0		
8	Nayla	2	3	4		
9	Nikolas	1	0	0		
10						

In der Drive-Academy-Fahrschule werden die Ergebnisse der Theorieprüfung für den A1-Motorrad-Führerschein festgehalten. Früher hat der Chef die Ergebnisse immer handschriftlich auf Papier festgehalten. Der Chef der Fahrschule beauftragt einen Mitarbeiter die Ergebnisse der Prüflinge mit einer Tabellenkalkulationssoftware festzuhalten. Dann können die Ergebnisse besser ausgewertet werden.

1. Erfasse die Werte der Tabelle übersichtlich in einer Tabelle. Du kannst die Vorlage hinter dem QR-Code nutzen.
2. Ermittle die summierte Fehlerzahl der Prüflinge mithilfe deiner Tabelle.
3. Prüfe mithilfe einer Wenn-Funktion, ob die Prüflinge bestanden haben. Das Ergebnis soll mit „Ja“ oder „Nein“ in der Tabelle sichtbar sein. Die bestandenen Prüflinge sollen dann farblich hervorgehoben werden.

M3 Lagerbestand im Supermarkt

Die Leiterin eines Supermarkts möchte, dass der Lagerbestand der Waren immer im Auge behalten wird.
Ist der Bestand einer Ware 20 oder kleiner als 20 soll automatisch nachbestellt werden. (Bedingung)

1. Erfasse die Tabelle. Prüfe, ob die Waren nachbestellt werden müssen. Trifft die Bedingung zu, soll hinter der Ware ein „Ja“ erscheinen, wenn nicht ein „Nein“.

	A	B	C
1	Supermarkt Lagerbestand		
2	Ware	Bestand (in Packungen)	Nachbestellung
3	Spaghetti 500 g	15	
4	Dosentomaten 500 g	19	
5	Mehl 1000 g	20	
6	Zucker 1000 g	27	
7	Toilettenpapier	11	
8	Hygiene Reiniger	23	
9	Tiefkühlpizza Speciale	16	

2. Es gibt mehrere Möglichkeiten die Funktion aufzubauen. Notiere mindestens zwei verschiedene Möglichkeiten.

1 Buchung eines Online-Tickets

Bedeutung von Datenbanken

Daten - ein kostbares Gut

Wird eine Ware bei einem Online-Shop bestellt, müssen Daten angegeben werden: Name, Adresse, Geburtsdatum, das Geschlecht oder auch die Kreditkartennummer. Es werden auch Benutzerkonten angelegt. Nicht nur Online-Shops, sondern auch staatliche Behörden, soziale Netzwerke und Wirtschaftsunternehmen speichern und verwalten Daten. Ein Ziel mancher Wirtschaftsunternehmen ist es, an viele und brauchbare Daten zu gelangen, zum Beispiel von bestehenden und künftigen Kunden. So können zum Beispiel gezielt Kunden beworben werden. Mittlerweile können Unternehmen auch Daten wie eine Ware einkaufen, sodass sie gezielt auch Nichtkunden bewerben können.

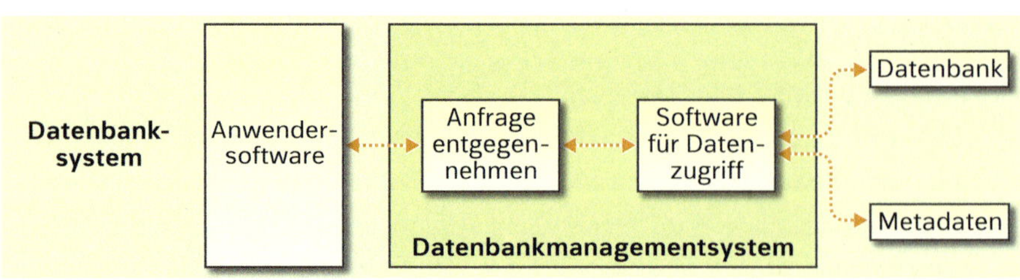

2 Komponenten eines Datenbanksystems

Nutzung von Datenbanken

Online-Shops speichern ihre Daten in der Regel nicht in einer Tabelle wie bei einer Tabellenkalkulationssoftware. Dies wäre für das Unternehmen zu aufwändig und es besteht die Gefahr, dass Daten von Bestellern mehrfach angelegt werden. Diese redundanten Daten sollen vermieden werden. Dies kann die Auswertung der Daten erschweren. Daher nutzen die meisten Unternehmen spezielle Datenbanksysteme. In einer Datenbank werden Daten erfasst, gespeichert und auch ausgewertet.

Ziele von Datenbanken

Wenn Daten in einer Datenbank gesammelt werden, sollen die Daten eindeutig sein. Die Daten sollen klar kategorisiert sein. Man spricht von der Konsistenz der Daten. Überflüssige, wiederholende Daten sollen vermieden werden. Es sollen Redundanzen vermieden werden. Die Datenbank soll so aufgebaut sein, dass beim Eingeben, Löschen oder Überschreiben von Daten keine Fehler auftreten.

Relationale Datenbanken

Bei vielen Unternehmen sind Datenbanksysteme im Einsatz, bei denen Daten in Tabellenform vorliegen. Die Daten können aber zueinander in Beziehung gesetzt werden. Man spricht dann von relationalen Datenbanken. Eine Tabelle enthält Zeilen und Spalten. Eine Spalte bezeichnet man als Datenfeld. Je nach Namen des Datenfelds sind verschiedene Attribute hinterlegt. Eine Zeile enthält einen Datensatz, der alle Informationen zu einem Objekt oder einer Person enthält. Objekte erhalten meist eine künstliche, eindeutige Nummer. Man spricht von Identifikationsnummer, kurz ID. So erhalten zum Beispiel Besteller bei einem Online-Shop eine ID, die den Account des Bestellers eindeutig identifiziert. Oft ist die ID für Benutzer nicht sichtbar.

Suchanfragen

In Datenbanksystemen können wie bei einem Tabellenkalkulationsprogramm Daten gezielt gefiltert oder auch sortiert werden. Für Suchanfragen in Datenbanksystemen gibt es eine eigene Sprache. Eine sehr weit verbreitete Sprache ist zum Beispiel SQL. Die Abkürzung SQL steht für Structured Query Language. Diese Sprache ermöglicht eine strukturierte Suche in den Daten je nach der jeweiligen Suchanfrage. Die Suche in den Daten erfolgt über spezielle SQL-Befehle. Bei der Programmierung der Datenbank werden diese in den Programmcode der Datenbank integriert. Datenauswertungen aus der Datenbank können meist auch als Diagramme angezeigt werden. ▶

Name, Vorname	Straße und Hausnr.	PLZ und Ort	Geburtsdatum	Telefon
Arm, Daniela	Hofweg 6	89765 Aichling	18.06.1956	08675/9876

3 Exemplarische Daten einer Datenbank

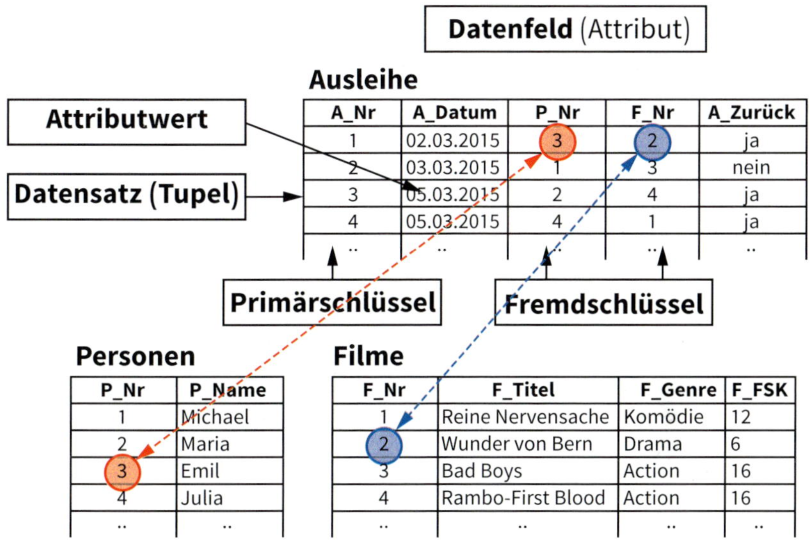

4 Tabellenstruktur eines Datenbanksystems

Material mit Aufgaben

M1 Daten in einer Datenbank

Abeck, Leo	Farnstraße 14	89765 Aichling	02.05.2006	08675/58586	0097531
Bohn, Anja	Hofweg 6	89765 Aichling	18.06.1998	08675/9876	0048796
Bohn, Elena	Hofweg 6	89765 Aichling	22.10.1997	08675/4589	0034977
Meiner, David	Am Hang 53	89765 Aichling	03.03.1965	08675/12134	0021846
Ohler, Henry	Maiweg 20	89567 Bergham	28.11.1986	08743/23654	0087423
Yilmaz, Dilara	Im Freien 37	89567 Bergham	05.04.2004	08743/11335	0026194

1. Beschreibe den Aufbau der Daten in der Tabelle.
2. Prüfe, ob die Daten konsistent sind und ob Redundanzen vermieden werden. Begründe.
3. Begründe, weshalb nicht alle Daten widerspruchsfrei ausgewertet werden können.
4. Erkläre die Bedeutung der ID-Nummern für Datenbanken.

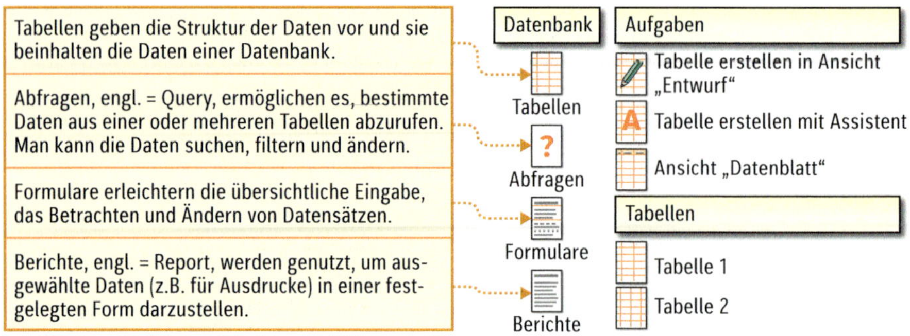

5 Datenbank anlegen

Vorteile relationaler Datenbanken

In großen Firmen stehen Datenbanksysteme zur Verfügung, die für große Datenmengen ausgelegt sind. Dabei kann jeder Mitarbeiter auf ausgewählte Daten, die für seinen Bereich wichtig sind, zugreifen. Die tabellarisch erfassten Daten stehen in Beziehung zueinander. Man sagt, sie stehen in Relation zueinander. Die Daten liegen auf einem Server. Sie stehen den Nutzern, den Clients, zur Verfügung. Ein Datenbanksystem ermöglicht einen gleichzeitigen Zugriff von mehreren Clients. Die Clients können auch an unterschiedlichen Daten gleichzeitig arbeiten. Man spricht vom Mehrnutzerbetrieb. In einer Firma werden Zugriffsrechte an Mitarbeiter vergeben, die sich je nach Aufgabe in der Firma unterscheiden können. So können manche nur gewisse Daten, andere können alle Daten sehen und es gibt Mitarbeiter, die auch Daten erfassen und bearbeiten können. Wegen des Datenschutzes werden Zugriffsrechte meist mit einem Passwort des Mitarbeiters versehen. Die Daten liegen oft auch verschlüsselt auf den Servern, sodass die Daten vor Fremdzugriff geschützt sind. Oft können Datenbanken auch mit anderen Datenbanken Daten austauschen. Es werden sogenannte Schnittstellen geschaffen.

Material mit Aufgaben

M2 Bahnticket buchen

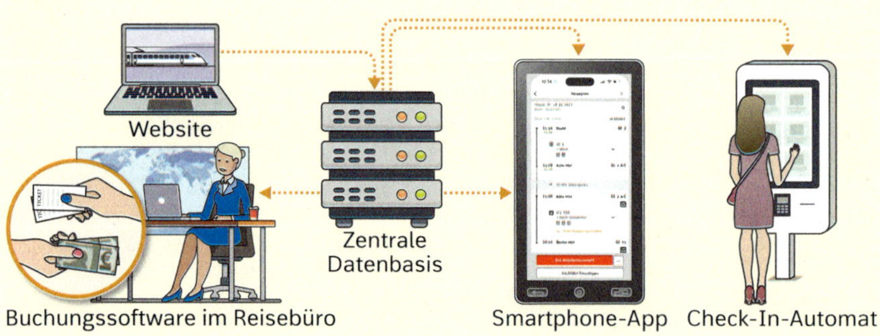

1. Beschreibe mithilfe der Abbildung, wie heutzutage Bahntickets gebucht werden können.
2. Erkläre die Bedeutung eines Datenbankmanagementsystems.
3. Erläutere Vorteile eines Mehrrollenzugriffs.
4. Erläutere die Bedeutung von Schnittstellen.

Datenbanken nutzen Formulare

Es gibt viele verschiedene Anbieter von Datenbanksystemen. Sie ähneln sich jedoch im Grundaufbau und nutzen Tabellen, Abfragen und Formulare. Bei einer Datenbank werden Daten mithilfe von Formularen in Tabellen erfasst. Tabellen werden miteinander verknüpft. Formulare erleichtern die übersichtliche Eingabe, das Betrachten und Ändern von Datensätzen. Wird eine Tabelle angelegt, wird die Datenbank während der Eingabe automatisch aktualisiert. Bei Datenbanken gibt es auch verschiedene Berichte. Die Berichte werden genutzt, um ausgewählte Daten auszuwerten und in einer ansprechenden Form zu präsentieren.

Was ist Big Data?

Big Data ist ein allgemeiner Sammelbegriff für sehr große Datenmengen, die von Unternehmen und Organisationen gesammelt werden. Die Datenmengen sind so groß, dass sie kaum in einer relationalen Datenbank festgehalten werden können.

Daten und ihre Struktur

In einer Datenbank sind Daten strukturiert nach einem vorgefertigten Muster erfasst. Unter Big Data versteht man jedoch nicht nur **strukturierte Daten**, sondern auch **unstrukturierte Daten**. So können zum Beispiel auch Daten aus Bildern und Textdokumenten ausgelesen werden. Die Daten haben kein vordefiniertes Format. Big Data umfasst daher einen so großen Datensatz, dass herkömmliche Analysemethoden nicht ausreichen.

Nutzen von Big Data

Es gibt Werkzeuge, die aus unterschiedlichsten Quellen Daten, egal ob diese strukturiert oder unstrukturiert sind, miteinander verknüpfen. Mithilfe von **künstlicher Intelligenz** können die Daten analysiert werden, um zum Beispiel Muster im Kaufverhalten von Kunden zu erkennen. Es können auch Vorhersagen des Nutzerverhaltens getroffen werden. Big Data wird in der Wirtschaft eingesetzt, um Kundenbedürfnisse zu verstehen und um neue Geschäftsmöglichkeiten zu entdecken.

A Beschreibe den Unterschied zwischen strukturierten Daten und unstrukturierten Daten.

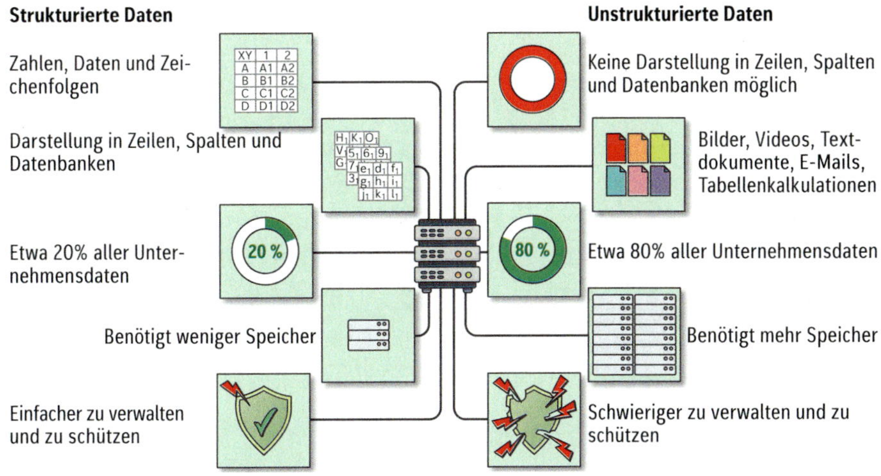

1 Strukturierte Daten und unstrukturierte Daten

Material mit Aufgaben

M1 Big Data

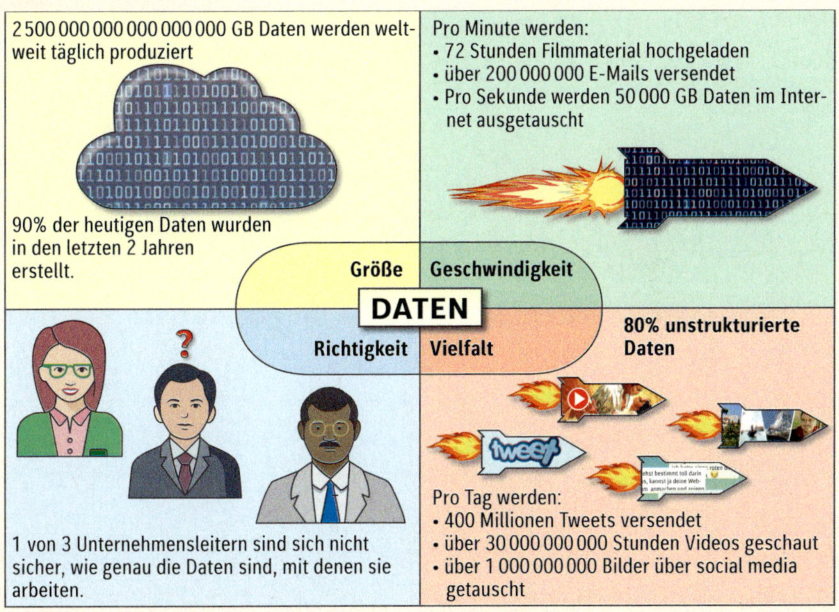

1. Beschreibe die Merkmale von Big Data.
2. Beschreibe mithilfe der Abbildung, wie große Datenmengen gewonnen werden können.
3. Stelle begründete Vermutungen an, weshalb Big Data vor allem unstrukturierte Daten umfasst.
4. Stelle Vermutungen an, wie Firmen Big Data nutzen können.

Zusammenfassung Daten und Datenbanken

Daten erfassen

- ▹ In Tabellen werden Daten erfasst und Berechnungen ausgeführt.
- ▹ Ein Dokument heißt Arbeitsmappe und kann ein oder mehrere Tabellenblätter enthalten.
- ▹ Eine Tabelle ist in Spalten und Zeilen eingeteilt. Die Zelle bildet den Schnittpunkt zwischen einer Spalte und einer Zeile.
- ▹ Zelladresse: Buchstaben des Spaltenkopfes und Zahl des Zeilenkopfes.
- ▹ Berechnungen werden immer mit einem „=“ eingeleitet.
- ▹ Funktionen sind vorgefertigte Formeln. (Beispielsweise „=SUMME(C1:C5)“)
- ▹ Funktionen unterliegen einer bestimmten Schreibweise.
- ▹ Mann kann mit Zellinhalten oder mit Zellbezügen arbeiten.

Tabellenkalkulationsprogramme bieten einfache Möglichkeiten, Daten zu erfassen und zu verarbeiten. Mithilfe von Tabellen können Daten erfasst werden. Berechnungen mit den erfassten Daten können durchgeführt werden.
Eine Tabelle ist in Spalten und Zeilen eingeteilt. Der Schnittpunkt einer Spalte und einer Zeile ist eine Zelle. Die Daten werden in die Zellen eingetragen. Vorgefertigte Formeln, die Funktionen, erleichtern die Arbeit mit den Daten. Man kann mit Zellinhalten oder mit Zellbezügen arbeiten.

Diagramme erstellen

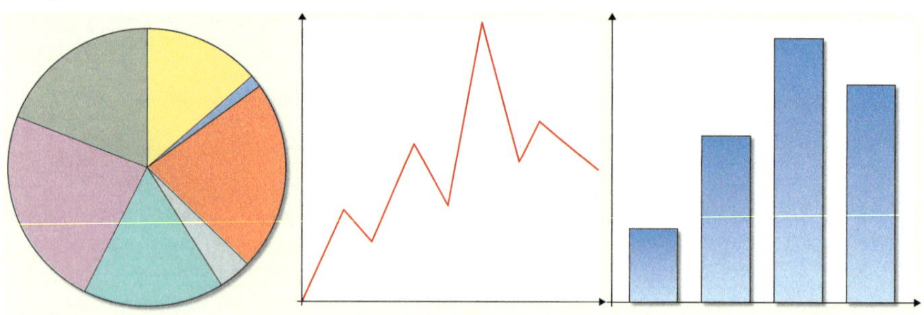

Die Werte in den Tabellen können als Diagramme anschaulich dargestellt werden. Es gibt verschiedene Arten von Diagrammen wie zum Beispiel Säulendiagramme, Liniendiagramme oder Kreisdiagramme. Je nach Art der Daten eignen sich bestimmte Diagrammtypen. So lassen sich Anteile gut als Kreisdiagramm darstellen.

Datenbanksysteme

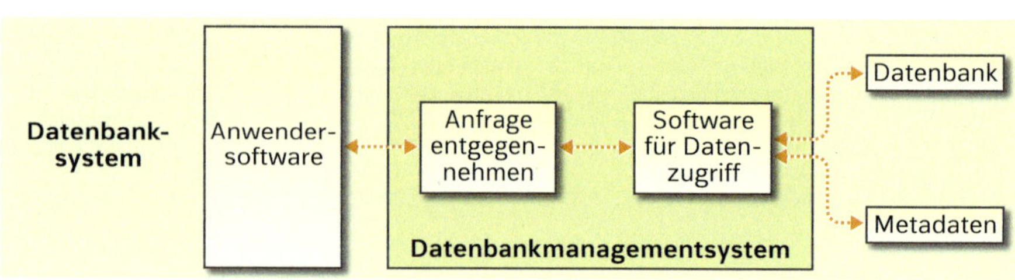

Je größer die Menge der Daten ist, desto unübersichtlicher wird die Verwaltung mit einer Tabellenkalkulationssoftware. Vor allem Firmen setzen daher Datenbanksysteme ein. Die Werkzeuge von Datenbankprogrammen bieten weitergehende Möglichkeiten zur Erfassung Verwaltung, Speicherung, Filterung und Ausgabe von Daten.

1 Funktionen anwenden

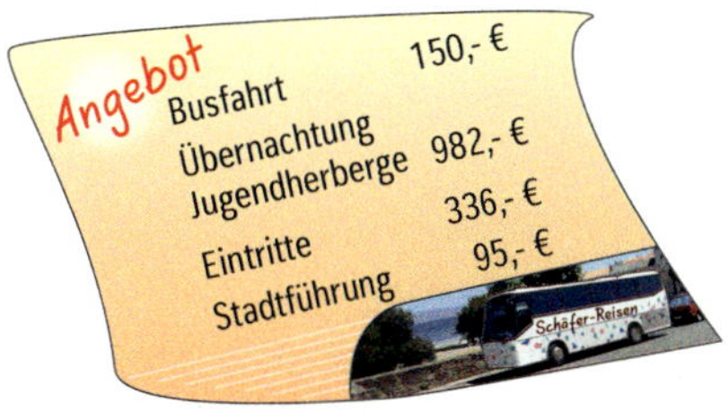

Die Klasse 10 plant eine Abschlussfahrt nach Berlin. Ein Angebot eines Reiseveranstalters liegt vor.

A Erfasse die Daten des Angebots in einer Tabelle.
B Ermittle die Summe, die die Klasse für die geplante Abschlussfahrt aufbringen muss. Nutze eine Funktion.
C Kurz vor Antritt der Abschlussfahrt erhöht der Reiseveranstalter seine Preise für Übernachtung und Busfahrt um 15%. Berechne in einer neuen Spalte die aktuellen Preise.
D Berechne nun den Wert, den die Klasse im Vergleich zum vorherigen Angebot mehr bezahlen muss.

2 Mittelwerte berechnen

Temperaturenmessung			
Tag	Station A	Station B	Station C
1. Juli	23	28	17
2. Juli	21	25	16
3. Juli	22	27	16
4. Juli	24	27	20
5. Juli	24	28	21
6. Juli	21	24	17
7. Juli	23	25	17

An drei Wetterstationen wurde eine Woche lang jeden Tag um 12:00 Uhr die Temperatur gemessen.

A Öffne eine Arbeitsmappe und erfasse die Tabelle.
B Ermittle die Mittelwerte für die drei Standorte.
C Stelle den Temperaturverlauf der drei Standorte in einem aussagekräftigen Diagramm dar.

3 Wenn-Funktionen anwenden

	A	B	C
1	Lagerbestand		
2	Ware	Bestand (in Stück)	Nachbestellung
3	Burgerbuns	188	
4	Burgerpattys	199	
5	Tomaten	224	
6	Zwiebeln	215	
7	Burgersauce 500 ml	202	
8	Käse	183	

In einem Burger-Restaurant werden die vorhanden Waren erfasst. Wenn der Bestand einer Ware unter 200 fällt, wird diese nachbestellt.

A Öffne eine Arbeitsmappe und erfasse folgende Tabelle.
B Ermittle in Spalte C, ob die jeweilige Ware nachbestellt werden muss. Trifft die Bedingung zu, soll in der jeweiligen Zelle ein „Ja" erscheinen.
C Beschreibe verschiedene Möglichkeiten die Wenn-Funktion anzulegen.

4 Diagramme erstellen

An der Schule wurde ein neuer Schülersprecher oder eine Schülersprecherin gewählt. Das Wahlergebnis wurde in einer Tabelle festgehalten.

A Erfasse die Daten in einem Tabellenblatt.
B Berechne mit der Summenfunktion, wie viele Stimmen abgegeben worden sind.
C Stelle in einem Säulendiagramm dar, wie viele Stimmen jeder Kandidat oder jede Kandidatin bekommen hat.
D Stelle die prozentuale Stimmenverteilung in einem Kreisdiagramm dar.
E Vergleiche die beiden Diagramme.

	A	B	C
1	Schülersprecherwahl		
2	Kandidaten	erhaltene Stimmen	prozentualer Anteil der Stimmen
3	Lina	8	
4	Betys	12	
5	Irida	11	
6	Stefania	15	
7	Ilcan	8	
8			
9			

Register

f. = die folgende Seite, ff. = die folgenden Seiten

Register

W

Z

Bildquellen

|Alamy Stock Photo (RMB), Abingdon/Oxfordshire: Daisy-Daisy 98.1; Dieterich, Werner 3.13, 105.2; EThamPhoto 60.1; insta_photos 78.1; Khalouf, Somar 210.1; Popov, Andriy 90.1; UrbanImages 26.4; ZUMA Press, Inc. 102.3. |Atelier tigercolor Tom Menzel, Scharbeutz/Klingberg: 2.3, 2.4, 2.5, 3.8, 3.10, 3.12, 3.14, 3.16, 3.17, 3.18, 3.19, 3.20, 3.21, 10.2, 11.1, 11.2, 12.2, 13.1, 13.2, 14.2, 15.1, 15.2, 16.1, 16.3, 17.2, 20.2, 23.2, 25.3, 25.4, 26.1, 26.2, 27.1, 27.2, 28.2, 28.3, 29.1, 29.2, 30.2, 31.1, 31.2, 31.3, 31.4, 32.1, 32.2, 32.3, 33.3, 36.2, 37.1, 37.2, 38.2, 39.1, 39.2, 40.2, 40.3, 40.4, 41.2, 44.2, 45.1, 45.2, 47.1, 51.1, 52.1, 53.4, 53.5, 53.6, 53.7, 53.8, 55.1, 55.2, 56.1, 57.1, 57.2, 57.3, 57.4, 57.5, 57.6, 57.7, 57.8, 57.9, 58.2, 58.3, 59.1, 61.1, 61.2, 61.3, 61.4, 61.5, 63.1, 64.1, 64.2, 64.3, 64.4, 65.2, 65.3, 66.1, 66.2, 67.7, 70.2, 71.1, 71.2, 72.1, 73.2, 73.3, 73.4, 74.2, 75.1, 75.2, 75.3, 76.2, 77.1, 77.2, 78.2, 79.1, 79.2, 79.3, 80.2, 81.1, 81.2, 81.3, 81.4, 81.5, 82.1, 82.2, 82.3, 82.4, 82.5, 82.6, 82.7, 83.1, 83.2, 83.3, 83.4, 83.5, 83.6, 86.2, 87.2, 87.3, 88.1, 88.2, 89.1, 89.2, 90.2, 91.2, 92.2, 92.3, 93.1, 93.2, 94.2, 95.1, 95.2, 96.1, 96.2, 97.1, 97.2, 98.2, 98.3, 99.1, 99.2, 100.1, 100.2, 101.1, 103.4, 103.6, 104.1, 104.4, 104.5, 104.6, 104.7, 104.8, 104.9, 105.1, 105.4, 108.2, 109.1, 109.2, 118.2, 119.2, 119.5, 121.2, 123.2, 123.3, 123.4, 123.6, 123.7, 123.8, 124.2, 125.4, 126.2, 126.3, 127.1, 127.2, 130.6, 130.7, 130.8, 130.9, 130.10, 130.11, 130.12, 134.2, 135.1, 135.2, 135.4, 136.1, 137.1, 137.2, 137.3, 137.4, 150.2, 151.1, 152.3, 156.1, 157.1, 160.2, 161.5, 162.1, 162.2, 162.3, 166.2, 167.2, 168.1, 168.2, 168.3, 169.1, 170.2, 171.1, 171.2, 172.1, 172.2, 172.3, 173.1, 173.2, 173.3, 174.1, 174.3, 175.1, 175.2, 175.3, 180.2, 181.1, 182.1, 182.2, 182.3, 182.4, 182.5, 183.1, 184.2, 185.1, 185.2, 185.3, 185.4, 185.5, 187.1, 187.2, 187.3, 189.1, 189.2, 189.3, 189.4, 189.5, 189.6, 191.1, 192.1, 193.2, 195.1, 196.1, 197.2, 201.1, 202.2, 203.1, 203.2, 203.3, 203.4, 203.5, 206.2, 208.2, 208.3, 210.2, 213.1, 213.2, 213.3, 217.2, 217.3, 217.4, 224.2, 226.1, 226.2, 227.1, 227.2, 228.4; Mit freundlicher Genehmigung Calliope gGmbH 3.6, 140.2, 141.1, 141.2, 145.1, 156.2, 157.3. |Calliope gGmbH, Berlin: Futterlieb, Franka 154.1. |fotolia.com, New York: eyewave 131.1. |Fraunhofer-Institut für Intelligente Analyse- und Informationssysteme IAIS, Sankt Augustin: (Roberta, NEPO und Open Roberta sind eingetragene Warenzeichen der Fraunhofer-Gesellschaft e.V.) 156.3, 157.2; (Roberta, NEPO und Open Roberta sind eingetragene Warenzeichen der Fraunhofer-Gesellschaft e.V.); bearbeitet von: Atelier tigercolor Tom Menzel 142.2, 142.3, 142.4, 143.1, 143.2, 143.3, 144.1, 144.2, 144.3, 144.4, 144.5, 144.6, 144.7, 144.8, 144.9, 144.10, 144.11, 144.12, 144.13, 144.14, 144.15, 144.16, 144.17, 144.18, 144.19, 144.20, 144.21, 144.22, 144.23, 144.24, 144.25, 144.26, 144.27, 146.2, 146.3, 146.4, 147.1, 147.2, 148.2, 149.1, 149.3, 153.1, 153.2, 154.2, 155.2, 157.4. |Goessel, Hannes von, Erding: 3.2, 3.3, 3.4, 3.5, 3.7, 17.1, 20.1, 21.1, 35.1, 43.1, 43.2, 43.3, 67.1, 67.2, 67.3, 67.4, 67.5, 67.6, 110.2, 110.3, 111.1, 111.2, 111.3, 117.1, 117.2, 127.4, 127.5, 127.6, 128.1, 128.2, 128.4, 128.5, 128.6, 128.7, 129.2, 136.2, 149.2, 155.1, 164.2, 165.1, 165.2, 166.1, 167.1, 167.3, 169.2, 169.3, 174.2, 195.2, 207.1, 207.2, 209.2, 217.1, 217.5, 218.1, 218.2, 218.3, 218.4, 219.1, 219.2, 219.3, 219.4, 219.5, 219.6, 219.7, 222.2, 222.3, 228.1, 228.2, 228.3, 229.1. |Hardel, Thorsten/www.39punkt.de (RV), Wees: 89.3, 89.4, 89.5, 89.6. |Imago, Berlin: ZUMA Wire 73.1. |iStockphoto.com, Calgary: 5./15 WEST 25.1; aapsky 33.1; Belyaev, Dmitry 2.2; bfk92 124.1; borchee 108.1; deepblue4you 161.3; denizunlusu 33.2; fotolinchen 30.1, 53.1, 53.2, 53.3; fotosipsak 41.1; Funtap Titel; gorodenkoff 76.1; imaginima 36.1; KENGKAT 6.1, 158.1; loops7 Titel, 42.1; maciek905 178.1; Mimadeo 188.1; NicoElNino 3.9, 87.1, 104.2; Putrisetya163 180.1; Ventura, Pollyana 222.1; Yok_Piyapong 220.1; yokaew Titel; yul38885 184.1. |Picture-Alliance GmbH, Frankfurt a.M.: BeckerBredel 5.2, 138.1; Foto Huebner 3.15, 105.3; Geisler-Fotopress 103.3. |Rosier, Susanne, Braunschweig: 221.1, 221.2, 222.4, 223.1, 223.2, 223.3, 223.4, 225.1, 229.2, 229.3. |Scratch Foundation, Bethesda, MD: Die Software „Scratch" ist ein Projekt der Scratch Foundation und der Lifelong Kindergarten Group am MIT Media Lap. Es steht kostenlos unter https://scratch.mit.edu zu Verfügung. Die Software „Scratch" sowie die daraus entstandenen Screenshots unterliegen der CC-BY-SA 2.0 Lizenz, zu finden unter https://creativecommons.org/licenses/by-sa/2.0/. 112.2, 113.1, 113.2, 113.3, 114.1, 114.2, 114.3, 114.4, 114.5, 114.6, 114.7, 114.8, 114.9, 114.10, 114.11, 115.1, 115.2, 115.3, 115.4, 115.5, 115.6, 115.7, 115.8, 115.9, 115.10, 116.1, 116.2, 116.3, 118.3, 118.4, 119.1, 119.3, 119.4, 119.6, 120.3, 120.4, 121.1, 122.1, 122.2, 122.3, 122.4, 122.5, 123.1, 123.5, 124.3, 125.1, 125.2, 125.3, 125.5, 125.6, 126.4, 127.3, 128.3, 129.3, 130.2, 130.3, 130.4, 130.5, 131.2, 131.3, 131.4, 132.1, 132.2, 132.3, 132.4, 133.4, 133.5, 133.6, 133.7, 135.3, 136.3, 137.5, 163.2, 163.5, 163.6; „Die Software „Scratch" ist ein Projekt der Scratch Foundation und der Lifelong Kindergarten Group am MIT Media Lap. Es steht kostenlos unter https://scratch.mit.edu zu Verfügung. Die Software „Scratch" sowie die daraus entstandenen Screenshots unterliegen der CC-BY-SA 2.0 Lizenz, zu finden unter https://creativecommons.org/licenses/by-sa/2.0/." 132.5, 178.2. |Shutterstock.com, New York: Africa Studio 129.1; Andrey_Popov 134.1; blackzheep 12.1; Bruxelle, Marc 74.1; CHIMPALEE, EKKAPHAN 26.3; Dan74 44.1; DenPhotos 10.1; Dundua, Tai 46.1; Ellyy 22.1; Freelography 140.1; Gahbane 171.4; GaudiLab 4.2, 84.1; IKO-studio 3.11, 86.1, 104.3; junrong 193.1; kuruneko 216.1; Leibe, Onjira 224.1; maurobeltran 50.1, 64.5; Monkey Business Images 102.2; penofoto 102.4; RossHelen 152.1; RYosha 150.1; siamionau pavel 206.1; sp3n 170.1; Syda Productions 160.1; ulyana_andreeva 102.1; Vlad, Dmytrenko 58.1; Walker, Tommy Lee 38.1. |stock.adobe.com, Dublin: akf 161.4; AlesiaKan 112.1; asiana 24.3; Becke, Jan Christopher 103.1; curtbauer 91.1; DC Studio 34.1; Deemerwha studio 5.1, 106.1; Denis 19.2; Dmitriy 70.1; Dominik 209.1; f2comma8 130.1; Fälchle, Jürgen 161.1; Flamingo Images/langstrup 118.1; fotoatelier.hamburg/Schink, Sandra 142.1; Framestock 7.1, 214.1; Grechanyuk, Aleksandr 18.2, 65.1; ipopba 25.2; Jackson, Brian 146.1; Kneschke, Robert 110.1; Kuzmin, Andrey 190.1; Lambert, Frank 169.4; Lande, Alexandra 197.1; LariBat 19.1; Le Moal, Olivier 80.1; lochstampfer 202.1; madrolly 120.1, 163.3, 163.4; Malik/peopleimages.com 54.1; Monk, Stuart 103.6; naszalyg 208.1; New Africa Studio/Yastremska, Olga 164.1; NorGal 3.1; ok-foto 171.3; Parradee 126.1; penofoto.de 23.1; Photobank 48.1; picsmart 92.1; Pixel-Shot 200.1; pololia 103.5; Proxima Studio 24.2; Rawf8 120.2; Reshetnikov, Mikhail 40.1; Ropat, Ruslan 18.1; Roth, Ulrich 54.2, 54.3, 54.4; ryanking999 152.2; SASITHORN 103.2; SFIO CRACHO 148.1; splitov27 24.1; Stockhausen 163.1; Tee11 6.2, 176.1; tiero 161.2; Trujillo, Gabriel 94.1; Tryfonov 186.1; Tupungato 198.1; Weissblick 4.1, 68.1; yamel photography 16.2; Zeitgugga6897 194.1; zephyr_p 28.1; Zeremski, Zoran 2.1, 14.1. |Wildermuth, Werner, Würzburg: 133.1, 133.2, 133.3.